인권경영, 세상을 바꾸는 패러다임

인권경영, 세상을 바꾸는 패러다임

초판 1쇄 발행 2022년 4월 29일

지은이 | 이상수

펴낸곳 | (주)태학사
등록 | 제406-2020-000008호
주소 | 경기도 파주시 광인사길 217
전화 | 031-955-7580
전송 | 031-955-0910
전자우편 | thspub@daum.net
홈페이지 | www.thaehaksa.com

편집 | 조윤형 여미숙 김선정
디자인 | 한지아
마케팅 | 김일신
경영지원 | 이정은
인쇄·제책 | 영신사

값 22,000원
ISBN 979-11-6810-065-7 (93360)

책임편집 | 조윤형
북디자인 | 임경선

인권경영

세상을 바꾸는 패러다임

인권경영의 개념, 국제규범, 법제화, 그리고 한국 기업의 사례

Business and Human Rights

이상수 지음

태학사

서문

아침마다 마시는 향기로운 커피에 아동노동이 섞여 있을 수 있다고 생각해 봤는가? 영원한 행복을 약속하는 다이아몬드 반지에 아프리카 원주민의 피가 묻어 있다면 어떤가? 우리가 날마다 쓰는 휴대전화에 수백만 명의 억울한 영혼이 붙어 있다면 어떤가? 날마다 즐겨 먹는 싼 생선에는 강제노동이 섞여 있을 수 있다. 이 모든 것은 가정이 아니다. 그것은 현실이다. 그리고 그러한 사례는 실로 많다. 우리가 날마다 쓰는 전기, 자동차, 옷, 집, 지하철, 심지어 물은 과연 깨끗할까? 어쩌면 우리가 애용하는 것들에 누군가의 피와 살점, 그리고 한과 죽음이 묻어 있을 수 있다. 우리는 이런 문제를 무시해도 되는가? 우리는 우리가 모르는 누군가의 억울한 희생을 나 몰라라 하고 희희낙락해도 되는가? 답할 것도 없겠지만, 우리 지구촌의 양심은 그래서는 안 된다고 답한다. 이제는 멈춰야 한다고 주장한다. 그리고 이런 문제를 기업에 의한 인권침해 문제라고 불렀다. 이런 부조리는 모두 기업의 영리활동과 연결되어 있기 때문이다.

국제사회가 기업에 의한 인권침해 문제를 본격적으로 공론화하기 시작한 것은 대략 1990년대 후반부터다. 이에 관한 다양한 논의를 모두 합쳐 '기업과 인권(business and human rights, BHR)'이라고 한다. 이렇게 본다면 '기업과 인권'의 역사는 불과 20년 남짓이라고 할 수 있다. 그렇지만 길지 않은 이 시간 동안 실로 많은 변화가 있었다.

오늘날 국제사회는 기업의 인권 책임을 의문의 여지 없이 인정하고 있다. 유엔과 OECD 등 국제기구는 다양한 '기업과 인권' 규범의 제정을 통해 기업의 인권 책임을 구체화하고 있다. 각국 정부도 여러 법제와 정책을 통해 이에 부응하고 있다. 글로벌 시민사회는 정보기술을 적극 활용하면서 지구촌 구석구석에서 일어나는 기업 관련 인권침해를 폭로하고 비난하는 활동을 강화하고 있다. 이런 흐름에 맞춰 거대 다국적기업들도 인권 문제에 얽히지 않기 위해 다방면으로 노력하고 있고, 변호사나 컨설팅 회사도 이 분야에 뛰어들고 있다. 글로벌의 학자들은 '기업과 인권'을 독립된 학문 영역으로 인정하고, 학회를 구성하고 학술지를 발간하는 등 활발한 연구 활동을 하고 있다. 이런 모든 활동에 의해 '기업과 인권'의 가치와 방법론은 불과 20여 년 만에 주류사회로 빠르게 진입하고 있다. 이는 분명 놀랄 만한 일이다.

한국도 이러한 흐름에서 벗어나 있지 않다. 대략 2000년대 후반부터 '기업과 인권'에 대한 논의를 시작했으니 적어도 10년 이상의 경력을 가지고 있는 셈이다. 그간 주요한 변화는 국가인권위원회가 주도했다. 인권위원회는 '기업과 인권'이라는 다소 불편한 용어 대신 '인권경영'이란 용어를 이용하여 '기업과 인권'에 관한 글로벌의 논의를 한국에 확산시켰다.[1]

---

1 '기업과 인권'과 '인권경영'은 반드시 같은 의미는 아니며, 대체로 '기업과 인권'이 더 상위개념이고 인권경영은 기업 측의 활동에 초점을 둔 개념이다. 그러나 이 책에서는 양자를 개념적으로 명료하게 구분하지 않고 편의적으로 섞어 쓸 것이다. 일단 두 가지를 같은 개념으로 생각하고 이 책을 읽어 나가다 보면, 결론 부분에 이르러 양자가 명료하게 구분되고, 그 관계가 저절로 명확해질 것이다.

시민사회는 해외 진출 한국 기업의 인권침해를 중심으로 문제를 제기하고 대응해 왔다. 최근의 주목할 만한 변화는 '공공기관 인권경영'이다. 이 정책은 척박한 우리나라 현실에서 인권경영에 대한 붐을 일으켰다. 이 시도와 경험은 향후 우리나라 전체에서 인권경영의 확산에 적잖이 기여할 것으로 기대된다.

그러나 돌아보면 한국에서 인권경영이 제대로 방향을 잡아 나가고 있는지 의구심이 들 때가 적지 않다. 공공기관 인권경영이 사실상 의무화됐지만, 그로 인해 현장에서의 인권상황이 개선됐다는 보고는 찾기 어렵다. 오히려 공공기관의 인권경영에 관한 최근의 실태조사 보고서는 지극히 비판적이다. 심지어 공공기관 인권경영의 도입으로 득 봤다는 소소한 에피소드조차 찾기 힘들다. 실무자들은 자주 변경되고 새로운 실무자는 인권경영이 무엇인지조차 모르기 일쑤이다. 경영자나 지식인, 심지어 사회운동을 하는 NGO나 정치가 중에도 인권경영에 무관심한 사람이 많다. 인권경영의 직접 수혜자가 될 노동자들도 관심이 별로 없어 보이고, 많은 노동조합은 인권경영에 대해서 무관심하거나 냉소적인 태도를 갖는다. 이것이 우리나라 인권경영의 솔직한 현주소이다.

인권경영이 확실한 명분을 가지고 있음에도 불구하고 이렇게 지지부진한 데에는 여러 원인이 있겠으나, 그중 하나는 인권경영의 개념에 대한 무지나 오해에 기인한 것이다. 대표적인 것이 인권경영을 준법경영, 윤리경영, '기업의 사회적 책임', 혹은 ESG 등과 구분하지 못하는 것이다. 이런 오해로 인해 인권경영은 또 하나의 지나가는 유행으로 이해되기도 한다. 공공기관의 인권경영을 평가하는 기관도 인권경영에 대한 정확한 이해가 없이 평가를 하는 것으로 보인다. 인권경영에 대해서 자문을 제공하는 경영 컨설팅 회사나 로펌 등에서도 인권경영이 무엇인지 이해하는 데 애로를 겪는다. 인권위원회나 법무부가 제공하는 지침들이 있지만, 지침은 실무자를 위한 안내서여서 인권경영 자체에 대한 깊은 이해를 제공하지는 않는다. 이런 상황에서 필요한 것은 인권경영 자체에 대한 보다 권위 있는 해설서이다. 이것이 이 책을 쓴 첫 번째 이유이다. 이 책은 인권경영의 개념, 역사, 이론, 그리고 사례에 관한 학문적 성과물을 제공함으로써, 인권경영에 대한 깊은 이해와 확신을 갖도록 돕고자 한다.

한편 한국 사회에서 인권경영의 개념에 대한 무지나 오해는 단지 짧은 시간이나 지적 능력 탓은 아니라는 것이 내 진단이다. 다시 말해 우리 사회에서 많은 사람들은 인권경영의 도입에 무심하거나 의식적으로 저항한다는 것이다. 사실 기업에 의한 인권침해는 기업과 기업인을 살찌게 하고, 투자자의 수익을 증가시키고, 소비자에게는 싸고 좋은 제품을 공급하는 것을 의미할 수 있다. 그러니 인권경영에 대한 저항의 흐름이 생기는 것은 어쩌면 당연하고, 정부나 정치가도 적극적으로 문제 해결에 나서지 않을 수 있다. 결국 죽어나는 것은 인권 피해자이다. 그런데 인권 피해자는 대개 사회의 소수자이고 약자이다. 인권경영은 이 흐름을 멈추려는 것이다. 이 흐름을 멈추기 위해서는 어떤 힘이 필요하다. 따라서 현시점에서 인권경영을 주창하는 것은 새로운 사회규범을 도입하려는 것으로서, 일종의 사회운동적 성격을 갖는다. 인권경영은 경영자에게 경영기법을 가르치는 학문이기도 하지만, 그렇게 되기 위해서도 인권경영은 타인의 인권침해로부터 이득을 얻는 기업을 용납해서는 안 된다는 사회운동이 되어야 한다. 그런 점에서 이 책의 진정한 독자는 기업 경영자라기보다, 기업에 의한 인권침해를 멈추어야 한다고 믿는 수많은 일반인들이다. 여기에는 시민, 학생, 노동자, 연구자, 정치가, 행정관료 등이 있을 것이고, 기업 경영자도 있을 것이다. 이것이 이 책을 쓴 둘째 이유이다. 이 책은 기업에 의한 인권침해를 멈추고자 하는 사람들이 기업의 인권침해에 대해서 어떻게 비판해야 하며 어떤 대안을 요구해야 하는지, 나아가 인권경영에 어떻게 참여해야 하는지 보여 준다. 그럼으로써 이 책은 인권경영에 관한 전 국민의 각성과 운동을 촉구한다.

이 책에서 말하는 인권경영은 나의 개인적 창조물도 아니고 어떤 대가 (大家)의 개인적 견해도 아니다. 좀 단순화해서 말하면, 오늘날 글로벌에서 인권경영은 단 한 가지가 존재한다. 그것은 '유엔 기업과 인권 이행원칙'(이하 '이행원칙')이 정의한 인권경영이다. 이행원칙은 조약(법)은 아니지만 글로벌에서 가장 권위 있는 인권경영 표준이다. 국제사회에서 인권경영을 도모하는 거의 모든 주요 기구와 조직, 기업, 학자 등이 이행원칙의 권위를 인정하고 이에 의거하고 있다. 이 책에서 말하는 인권경영도 이와 같다. 그런 점에서 이 책은 '인권경영에 관한 글로벌 표준'에 대한 해설서라고 할 수 있다.

이 책은 먼저 기업에 의한 인권침해의 사례를 제시함으로써, 인권경영이 해결하려는 문제의 범위와 특징을 보여 준다. 이어서 1부는 인권경영의 개념을 설명한다. 1장에서는 인권경영을 정의하고 있는바, 인권경영이란 이행원칙의 실사를 기축으로 하며, 준법경영과 다르다는 점을 지적한다. 이어 2장에서는 인권경영과 '기업의 사회적 책임(CSR)'과의 차이를 논증한다. CSR이 사회에 대한 기업의 긍정적 기여를 강조하는 반면, 인권경영은 인권침해라는 악을 저지하는 데 초점이 있다. 3장은 인권경영이 요즘 유행하는 ESG와 어떻게 다른지를 설명한다. ESG가 투자자의 경제적 수익을 위한 ESG 정보 공시에 그치는 한—이것이 사실상 ESG의 정의이다—ESG와 인권경영은 별개의 것이라고 주장한다. 결국 인권경영과 CSR이나 ESG 사이에는 중첩된 부분이 있을 수 있지만, 근본적으로 목적과 방법이 다르며 심지어 상충할 수도 있다는 것을 보인다.

2부에서는 인권경영을 둘러싼 유엔과 OECD의 움직임을 살펴본다. 4장은 인권경영의 핵심 문서인 이행원칙의 등장 과정을 설명한다. 유엔의 공식 문서인 이행원칙의 등장에서 존 러기(John Ruggie)의 역할은 결정적이었다. 우리는 그를 인권경영의 아버지라고 불러야 마땅할 것이다. 5장은 'OECD 다국적기업 가이드라인'(이하 '가이드라인')을 검토한다. 가이드라인에 따른 국가연락사무소(NCP)는 인권경영과 관련한 공적 분쟁 처리 절차를 제공한다는 점에서 지극히 중요하다. 그럼에도 불구하고 한국 연락사무소는 그 역할을 방기하고 있다는 점을 지적한다. 6장은 2014년부터 시작한 '유엔 기업과 인권 조약'에 관한 논의를 소개한다. 2021년에 공개된 최종 조약안은 당사국에게 인권경영의 의무화를 요구한다.

3부는 인권경영의 국내법적 의무화를 다룬다. 이행원칙이 발표된 2011년 당시에는 인권경영(인권실사)을 법적 의무로 해야 한다는 생각이 명료하지 않았다. 하지만 이후 기업과 인권에 관한 국제법의 제정 움직임과 더불어 인권경영을 국내법적 의무로 만들려는 움직임이 일어났다. 7장은 인권경영을 법적 의무로 만드는 것의 이론적 기초를 논했다. 여기에서는 인권경영의 법이론적 설명을 위해서 토이브너의 반성적 법이론을 원용했고, 환경법의 영역에서 반성적 법의 사례와 교훈을 도출했다. 이를 통해 인권경영을 법적 의무로 하는 것은 충분히 시도해 볼 만한 이론적·경험적 근거가 있다는 것, 그리고 인권경영을 법적 의무로 할 때 각별히 주의해야 할 지점들을 제시했다. 다소 어렵지만 인권경영을 깊이 이해하는 데 필요한 내용이다. 8장은 실제로 인권경영을 법적 의무로 만든 프랑스의 실사법을 상세히 살펴보았다. 프랑스의 실사법은 나름 한계도 없지 않지만, 선례를 만듦으로써 유럽 지역에서 인권경영의 법적 의무화를 견인했다는 의미가 있다. 9장은 인권경영 시대를 맞이하여 로펌 및 기업변호사도 인권 문제를 다루어야 한다고 주장한다.

4부는 한국 사회를 배경으로 한 인권경영 논의이다. 10장은 밀양 송전선 분쟁에서 인권 피해자들이 겪은 고통이 무엇인지를 보여 준다. 그리고 정부가 직접 인권을 침해했더라도 기업의 인권 책임이 없어지지 않는다는 것을 지적한다. 11장은 현대중공업 하청노동자의 산재 문제를 다룬다. 여기에서는 기업이 공급망에 있는 노동자의 인권에 대해서 어떻게 책임을 져야 하는지를 보여 주고, 공급망에서 인권침해를 당하는 노동자가 이용할 수 있는 새로운 전술도 소개한다. 12장은 국민연금이 인권경영을 표방하고 있으면서도 실제로는 인권경영을 하고 있지 않다는 것을 폭로하고 비판한다. 13장은 삼성 백혈병 사건을 인권경영의 관점에서 비평한 것이다. 이를 통해 삼성과 같은 대기업의 인권경영이 갖는 각별한 중요성을 지적했다.

이 책은 기존에 발표한 논문을 모아서 엮은 글이라 난삽한 문장이 적지 않고 통독하기 쉽지 않다. 하지만 책 전체의 메시지는 명백하고 각각의 장은 독립한 논문으로서의 완결성을 갖추고 있기 때문에 반드시 책의 순서대로 읽을 필요가 없고, 또한 반드시 전체를 읽을 필요도 없다. 독자는 각기 자신의 관심과 필요에 맞는 글을 읽으면 된다. 예컨대 변호사가 아니라면 9장에 관심이 없을 수 있다. 또 국민연금의 책임자라면 12장을 먼저 읽고 싶을 것이다. 삼성의 책임자라면 13장을 먼저 읽어도 된다. 책의 전체적인 내용과 주장을 짧은 시간에 파악하고 싶다면 서론과 결론 부분을 꼼꼼히 읽으면 된다. 그런 다음에 관심이 가는 장을 읽으면서 차차 이해도를 높이면 된다.

이 책의 출간은 실로 난산이었다. 10년 정도 이 주제를 공부하면서 이제는 공부한 것을 책으로 엮으면 되겠다고 생각했지만 순진한 생각이었다. 논문을 쓰는 것과 책을 쓰는 것은 다른 일이었다. 논문으로는 책이 될 수 없다는 것을 자각하는 데 긴 시간이 걸리지는 않았다. 그래도 우기고 논문을 책으로 개작해 보려고 애썼다. 결국 책의 출간은 진행과 포기를 거듭하는 과정이었다.

마지막으로 포기할 즈음에 사단법인 온율이 도움의 손길을 내밀었다. 온율은 법무법인 율촌이 설립한 공익활동 전담 법인이다. 율촌과 온율이 이 책의 출간을 지지하고 출판을 위한 경제적 후원을 약속해 줌으로써 이 책의 출간 작업이 재개됐다. 율촌의 도움이 없었더라면 이 책은 빛을 보지 못했을 것이다. 이 자리를 빌려 이 일의 성사를 위해서 음양으로 노력해 주신 율촌의 강석훈 대표변호사님께 감사드린다. 그리고 율촌과의 인연을 만들어 주시고 또 경제적 후원까지 결정해 주신 온율의 윤세리 이사장님께도 깊이 감사드린다.

태학사를 처음 만났을 때도 내가 출간 작업을 거의 포기했을 때였다. 태학사는 그 버려진 원고를 처음부터 끝까지 다 읽고 거듭날 수 있도록 도와주었다. 김연우 대표님은 확고한 지지를 보내 주었으며, 조윤형 주간님은 전체 구성에 대한 제안을 해 주었을 뿐만 아니라 본문 내용에서 중복된 것, 난삽한 것들을 과감하게 쳐 주고 고쳐 주는 작업을 해 주었다. 주간님의 열정과 수고가 없었으면 책이 나오지도 못했을 것이며, 나왔더라도 지금보다 훨씬 형편없는 것이 됐을 것이다. 김연우 대표님, 조윤형 주간님, 그리고 보이지 않는 곳에서 도움을 주신 태학사의 모든 직원 분께 깊이 감사드린다.

마지막으로 영원한 나의 동반자, 김현실 님께 감사드린다. 님은 이 책의 재료가 된 논문을 쓰는 동안, 그리고 이 책을 만드는 동안 연구와 집필에만 몰두할 수 있도록 물심양면으로 배려해 주었다. 연구도 책도 중요하지만 이렇게까지 신세 져도 되는지 잘 모르겠다. 노력하겠지만, 아마 이번 생에는 다 갚지 못할 것이다. 덕분에 진정으로 행복하고 감사하다.

2022년 4월
저자 씀

차례

1부 인권경영의 개념

4부　한국 기업의 인권침해 사례

기업의 인권침해 사례

기업이 현대사회의 유지·발전에 결정적인 역할을 하고 있다는 것은 논란의 여지가 없다. 특히 기업은 효율적인 생산활동을 통해 우리에게 풍요로운 생활을 가져다주었다. 그것만으로도 우리는 기업 없는 사회를 상상할 수 없으며, 아마도 기업을 기축으로 한 경제구조는 앞으로도 오랜 기간 변함없을 것이다. 게다가 기업은 과학과 기술 혁신을 주도하며 교육, 의료, 문화, 교육, 언론 등 우리 삶의 전반에서 중요한 기여를 하고 있다. 또한 기업이 내는 엄청난 세금은 인권의 증진을 위한 재원이 된다. 이렇게 볼 때 기업을 통해서 우리는 예전에는 상상할 수 없던 많은 자유와 인권을 향유하게 됐다고 할 수 있다. 그러니 우리의 밝은 미래가 실로 기업의 번영에 달려 있다고 해도 과언이 아니다. 인권경영은 이 점을 부인하지 않는다. 다만 인권경영은 기업의 이러한 순기능을 다루는 논의가 아니라는 점을 먼저 지적한다.

한편 기업이 늘 인권의 향유에 기여하는 것은 아니다. 심지어 기업은 종종 엄청난 인권침해를 저지른다. 예컨대, 16~19세기에 광범하게 있었던 노예무역상은 적어도 천만 명 이상의 삶과 생명을 파괴했다. 2차대전중 수백만 명의 유태인이 나치에 의해 살해될 때, 일부 기업은 나치에게 독가스를 공급하거나 약탈한 재산을 관리해 줌으로써 큰돈을 벌었다. 이런 기업은 그야말로 인권침해 자체를 사업 모델로 삼은 것이다. 오늘날이와 같은 극단적인 형태의 사업 활동은 거의 없어졌다고는 하지만, 여전히 적지 않은 기업은 인권침해를 불사하면서 영리사업을 하고 있다. 이것이 '기업에 의한 인권침해' 문제이며 인권경영이 해결하고자 하는 문제다.

외국 기업의 인권침해 사례

기업에 의한 인권침해는 이처럼 기업의 영리활동에 수반하여 발생하는 인권침해를 말한다. 이러한 사례는 헤아릴 수 없이 많지만, 널리 알려진 사례 몇 가지를 적어 본다.

○네덜란드에 본사를 둔 셸(Royal Dutch Shell)은 1960년대 이래 나이지리아의 나이저 델타에서 석유를 채굴해 왔다. 현지 주민은 석유의 채굴로부터 어떤 수익도 얻지 못했을 뿐만 아니라 폐가스의 불기둥과 송유관에서 유출된 기름으로 인해 농업과 어업 위주의 생존 기반을 심하게 훼손당했다. 1990년대에 이르러서 주민들의 저항이 시작됐을 때, 셸은 나이지리아 정부에 시설보호를 요청했다. 그러자 나이지리아 정부는 군대를 파견하여 주민들을 잔인하게 제압했으며 주민 대표를 체포하여 약식재판 후 처형했다. 국제사회의 강력한 요청에도 불구하고 셸은 주민 대표의 구명을 위해 아무런 일도 하지 않았을 뿐만 아니라, 군

인에 의한 마을 파괴, 폭행, 고문, 살인 등에도 개입했다는 의혹을 받고 있다.[1]

O 호주에 기반을 둔 광산 기업 리오 틴토(Rio Tinto)는 1970년대부터 1990년대에 걸쳐 파푸아뉴기니에서 광산을 개발하면서 중금속을 대량 방출하는 등 환경오염을 유발했고, 흑인 주민들에게 노예 수준의 노동 조건을 부과했다. 현지 주민이 저항하자 정부가 대신 나서서 폭력적으로 진압했고, 뒤이어 10년에 걸친 내전이 일어났다. 이 과정에서 수천 명이 살해됐고, 폭력, 강간 등 수많은 비인간적 처우가 일어났다.[2]

O 콩고민주공화국(DRC)은 1990년대 중반 이후 10년간 내전을 겪었는데, 그 기간에 무려 500만 명 이상이 사망했다. 유엔이 현지에 전문가를 파견하여 조사해 본바, 그러한 대규모 내전에서 기업이 중요한 역할을 했음이 밝혀졌다. 즉 기업들이 제공한 희귀광물 구매 대금이 불법적 무장단체의 활동을 유지·확대시키는 자금줄이었던 것이다.[3] 문제의 희귀광물은 주석·탄탈륨·텅스텐·금이며, 이들은 TV·휴대전화·인공위성 등 첨단기술 제품의 필수 소재이다. 우리는 이 네 가지 광물을 '분쟁광물 (conflict minerals)'이라고 부른다.

O 1990년대 아프리카의 시에라리온에서도 심각한 내전이 있었다. 반

---

1 Center for Constitutional Rights, Factsheet: The Case Against Shell, March 24, 2009.

2 Iris Halpern, "Tracing the Contours of Transnational Corporations' Human Rights Obligations in the Twenty-first Century," 14 Buff. Hum. Rts. L. Rev. 129, 2008, p.159.

3 UN Security Council, "Letter dated 15 November 2010 from the Chair of the Security Council Committee established pursuant to Resolution 1533 (2004) concerning the Democratic Republic of the Congo addressed to the President of the Security Council," S/2010/596, 29 November 2010.

군은 무기 구입 비용을 마련하기 위해 강제노동을 이용하여 다이아몬드를 채취했다. 이들 반군은 저항하는 주민을 제압하고 주민의 선거 참여를 막기 위해 주민들의 팔뚝을 자른 것으로 악명이 높다. 영국의 한 메이저 다이아몬드 거래상은 이런 사실을 알면서도 반군으로부터 다이아몬드를 매입하여 큰 이득을 챙겼다.[4]

○미국계 유니온 카바이드 사는 인도의 보팔 중심가에 살충제 공장을 운영했는데, 1984년 이것이 폭발했다. 인도 정부의 자료에 의하면 3,000명 이상이 그로 인해 사망했고 50만 명 이상이 부상당했다. 인도 정부와 기업 사이에 손해배상액에 대한 합의가 있었지만, 많은 피해자들은 그 합의를 인정하지 않고 있으며, 합의금은 아직 피해자들에게 제대로 전달되지도 않고 있다.[5]

○2006년 스위스 무역회사의 런던 지부인 트라피규라(Trafigura)는 대량의 독성 폐기물을 처리해야 했다. 처음에는 유럽 내의 폐기물처리 전문 기업에게 위탁하고자 했으나 높은 처리 비용 때문에 포기하고 대신 코트디부아르의 토미(Tommy)라는 유령회사에 헐값에 위탁했다. 당시 전문가들은 코트디부아르에는 그 폐기물을 처리할 기술적 능력이 없다고 진단했다. 결국 토미는 폐기물을 무단 방출했고, 이로 인해 지역 주민 여러 명이 사망하고 그 지역에서 관련 질병이 발생했다.[6]

---

4 〈블러드 다이아몬드(Blood Diamond)〉(2006)라는 영화는 이를 배경으로 한 것이다.

5 Surya Deva, "Bhopal: The Saga Continues 31 Years on," Dorothée Baumann-Pauly & Justin Nolan (eds.), *Business and Human Rights: From Principles to Practice*, London: Routledge, 2016.

○나이키는 1970년대 이래 엄청난 사업적 성공을 거두었다. 그런데 1997년 나이키 성공의 배후에는 아동노동이 있다는 것이 언론을 통해 폭로됐다.[7] 당시 나이키는 광고비로 수천만 달러를 지불했지만, 나이키의 제품을 만드는 아동은 종일 일한 대가로 60센트 정도를 받았다. 이 사건은 개도국의 아동노동이나 착취공장(sweat shop)을 이용하는 다국적기업의 부도덕성을 크게 부각시켰다.

○2013년 방글라데시의 다카 주에 있던 라나플라자(Rana Plaza)라는 8층짜리 불법적 공장 건물이 붕괴하여 1,000명 이상이 현장에서 사망했다. 여기에 입주한 기업의 상당수는 베네통, 망고 등 세계 최고의 브랜드 의류를 제조하는 하청기업이었다.[8]

○리바이스 등 유명 청바지 기업은 빈티지 스타일의 청바지를 만들어 큰 수익을 올리고 있다. 이들 청바지의 상당 부분은 터키에서 샌드블래스팅(sandblasting)이라는 방법으로 생산된다. 이 방법은 규폐증을 유발하여 전 세계적으로 사용이 금지되어 있지만, 외화가 필요한 터키 정부는 이러한 생산방식을 철저히 규제하지 않는다.[9]

---

6 Amnesty International, *Injustice Incorporated: Corporate Abuses and the Human Rights to Remedy*, London: Peter Benenson House, 2014; Iris Halpern, "Tracing the Contours of Transnational Corporations' Human Rights Obligations in the Twenty-first Century," 14 Buff. Hum. Rts. L. Rev. 129, 2008, p.151 ff.

7 이원재, 「왜 글로벌 패션의류기업은 인권경영에 나서게 되었나?」, 『패션정보와 기술』 제6권, 2009.

8 Justin Nolan, "Rana Plaza: The Dollapse of a Factory in Bangladesh and its Ramification for the Global Garment Industry," Dorothée Baumann-Pauly & Justin Nolan (eds.), 앞의 책, p.27.

9 Garrett D. Brown, "Fashion Kills: Industrial Manslaughter in the Global Supply Chain," *EHS Today*, 2010. 9. 1.

○애플의 제품을 생산하던 중국의 팍스콘 공장에서 2010년 한 해 동안 14명의 노동자가 자살했다. 비인간적 노동조건이 직접적 원인이었다.[10]

지금까지 언론을 통해서 알려진 것만 거론하더라도 이와 같은 목록은 계속 이어질 수 있다. 이처럼 기업에 의한 인권침해는 그 수가 많을 뿐만 아니라 침해되는 권리의 종류, 침해의 정도, 침해가 발생하는 지역과 산업 부문이 다양하다.[11] 하지만 위의 사례에서 보듯이 오늘날 특히 관심을 받은 인권 문제는 주로 개발도상국에서 발생한 것들이다. 그렇다고 해서 이 문제가 개도국만의 문제라는 뜻은 아니다.

왜냐하면 이들 인권침해는 다국적기업의 사업 활동과 연결되어 있으며, 이 다국적기업들은 대개 선진국에 본사를 두고 있기 때문이다. 개도국에서 발생하지만 다국적기업(transnational corporation)의 영리사업과 연관된 이러한 인권침해—이른바 다국적기업의 공급망에서 발생한 인권침해—가 오늘날 인권경영 논의를 촉발한 계기였다. 여기에서 다국적기업이 반드시 인권침해의 직접 가해자가 아니라는 점은 유의할 필요가 있다. 위의 사례에서 보듯이 많은 경우 다국적기업은 직접 인권침해를 가하지는 않았지만, 개도국 정부나 하청기업에 의한 인권침해에 원인과 동기를 제공하거나 인권침해로부터 이득을 누리는 방식으로 사업을 했다. 이런 유형의 사업 행태를 어떻게 개선할 것인지가 인권경영 논의의 기축이다. 하지만 이것이 선진국에서 기업에 의한 인권 문제가 없다거나 사소하다는 뜻은 아니다. 예컨대, 선진국 기업이 주도하는 트위터, 페이스북 등 SNS나 인공지능(AI) 기술이 이미 중대한 인권 문제를 야기하고 있다. 또 우리 시대 최대의 화두에

---

10 Scott Nova, Isaac Shapiro, "Polishing APPLE: Fair Labor Association gives Foxconn and Apple Undue Credit for Labor Rights Progress," *Economic Policy Institute Briefing Paper*, No. 352, November 8, 2012.

11 존 러기, 이상수 옮김, 『기업과 인권』, 필맥, 2014, 114~115쪽.

속하는 이른바 '기후변화'도 인권경영의 문제로 포섭되고 있다. 기후변화는 사회적 약자에게 특히 가혹한 인권영향을 미칠 뿐만 아니라 기후변화에 기업이 중대한 역할을 했다는 것이 점점 명확해지고 있기 때문이다.[12] 이처럼 오늘날 글로벌에서 기업과 인권 문제는 다국적기업의 공급망 관리 책임에서 시작했지만, 이제 이를 넘어 전방위적으로 확산되고 있다.

해외 진출 한국 기업의 인권침해 사례

다국적기업에 의한 인권침해는 남의 나라 이야기가 아니다. 한국의 경제 규모는 이미 세계 10위권이다. 이것이 의미하는 바는 많은 한국계 기업이 이미 지구적으로 활동하는 다국적기업이라는 것이다. 외국의 다국적기업이 관여한 인권침해가 폭로되고 있듯이, 한국 기업 혹은 한국에 본사를 둔 다국적기업들도 해외 여러 곳에서 인권침해 논란을 일으켰다.

ㅇ포스코는 2005년부터 인도의 오디샤 주와 양해각서(MOU)를 체결하고 대규모 제철소 건설을 추진했다. 그것은 인도 역사상 최대 규모의 직접 투자 계획이었다. 하지만 전통과 생활 근거지를 박탈당하는 주민들의 저항에 부딪혔고, 이에 대처하는 과정에서 오디샤 주정부와 무장괴한들에 의한 폭력 사태가 발생했다.[13] 국제사회는 오디샤 주정부를 비난

---

12 기후변화가 인권에 부정적 영향을 미친다는 것은 널리 인정되고 있다(조효재, 『탄소 사회의 종말』, 21세기북스, 2021). 그와 별도로 기후변화에 대한 기업의 기여를 설득력 있게 제시한 논문으로는 다음을 참고하라. Richard Heede, "Tracing Anthropogenic Carbon Dioxide and Methane Emissions to Fossil Fuel and Cement Producers, 1854–2010," *Climatic Change*, 2014, 1222:229-241.

13 Samantha Balaton-Chrimes, POSCO's Odisha Project: OECD National Contact Point Complaints and a Decade of Resistance, June 2015.

하는 한편, 이 문제의 해결에 소극적인 포스코를 싸잡아 비난했다. 포스코는 이 문제를 해결하지 못했고, 결국 10년 만에 이 계획을 포기했다.

O 2014년 캄보디아에서 임금인상을 요구하는 시위대를 대상으로 한 군인의 유혈 진압으로 최소 4명이 사망하고 38명이 부상당한 일이 있었다. 약진통상이라는 한국 기업이 시위를 진압한 군인의 보수를 일부 지급하는 등 진압 부대와 연결되어 있다는 의혹이 제기됐다.[14]

O 우즈베키스탄 정부는 전 국민을 강제로 동원하여 목화를 수확해 왔다. 선진국의 기업들은 아동노동, 강제노동을 이유로 우즈베키스탄의 목화 수입을 거부했지만, 대우인터내셔널은 이들로부터 목화를 구매했을 뿐 아니라 현지에 목화 가공 공장을 짓는 등 적극적으로 투자에 나섰다.[15]

O 한국의 원양어선에는 외국인 노동자를 많이 고용하는데, 이들의 노동조건은 지극히 열악하다고 한다. 2012년 오양수산에서 일하던 선원 31명이 뉴질랜드에서 집단적으로 이탈하여 인권침해 현실을 폭로했다. 뉴질랜드 정부에 의한 조사에 이어 한국 정부에 의한 조사도 이어졌다.[16] 이들 조사에 의하면 외국인 노동자에 대한 폭행, 성폭행, 임금미지불, 임금계약서 미작성 등의 인권침해가 있었다.

---

14 해외한국기업감시(KTNC Watch), 『캄보디아 유혈진압과 한국기업 및 한국정부의 연루』(2014년 해외한국기업감시 캄보디아 유혈진압 현지 실태조사 보고서), 2014.

15 정신영, 「우즈벡 정부, 한국기업 그리고 우리는 어디에 있었을까?」, 『우즈벡 목화농장 아동노동과 한국기업의 책임』(시민정치포럼, 진보정의당 박원석 의원, 국제민주연대, 공익인권법센터 어필 공동 주최 토론회 자료집), 2012.

16 정부(국토해양부, 외교통상부 등), 「원양어선내 외국인선원 인권침해 엄중 처벌키로—외국인 선원 근로여건 및 인권 개선대책 마련」(보도자료), 2012. 9. 28.

○삼성물산은 인도네시아의 밀림이었던 곳에 팜 오일(palm oil) 농장을 만들고 투자했다. 그 과정에서 지역 주민의 수자원 고갈 및 노동자에 대한 다양한 인권침해가 일어나고 있다는 보고가 있다.[17]

○2011년부터 2018년에 걸쳐 미얀마에서는 제노사이드에 상당하는 대규모 학살이 군부에 의해 자행됐다. 유엔은 이 사건을 조사한 후 여러 외국 기업들의 실명을 거론하면서 이들 기업이 미얀마 군부와 거래를 하면서 군부의 경제적 기초를 다지는 데 기여했다는 보고서를 내었다. 여기에는 포스코 등 한국 기업들의 이름도 있다.[18]

○2018년 라오스의 댐이 붕괴하여 대규모의 인명 및 재산 손실이 생겼다. 이 댐 건설은 한국의 SK건설이 주도하고 한국서부발전, 한국수출입은행 등이 개입된 대형 프로젝트였다.

이 외에도 한국의 기업은 남미, 중국, 동남아시아 등에서 인권침해와 연관된 것으로 보고되고 있다.[19] 드러난 것도 적지 않지만, 그나마 이 정도라도 알려진 것은 소수의 소규모 시민단체(NGO)의 조사와 폭로 활동에

---

17 기업인권네트워크(KTNC Watch), 『2016 해외 한국기업 인권실태 조사: 인도네시아 조사 보고서(2016. 11. 10.~2016. 11. 25.)』, 2016.

18 Independent International Fact-Finding Mission on Myanmar, "The Economic Interests of the Myanmar Military, Human Rights Council," A/HRC/42/CRP.3, 5 August 2019. para. 143.

19 앞에 인용된 자료 외에 참고할 만한 것들은 다음과 같다. 황필규·나현필, 『필스전 현지 조사 보고서(2007. 11. 22.~2007. 11. 27.)』, 2017; 국제민주연대, 『아시아지역 한국기업인권침해 사례 모음』, 2013; 기업인권 네트워크(KTNC Watch), 『2016 해외 한국기업인권실태 조사: 멕시코 조사 보고서(2015. 9. 1.~9. 12., 2016. 8. 11.~18.)』, 2016; 기업인권 네트워크(KTNC Watch), 『2016 해외 한국기업 인권실태 조사: 중국 조사 보고서』, 2016.

의한 것이므로 실제로는 훨씬 더 많은 인권침해가 있었을 것이다.

한국 내 기업의 인권침해 사례

한국 기업에 의한 인권침해는 해외에 거주하는 외국인에 한정되지 않는다. 한국 내 노동자들과 일반 국민도 기업에 의한 인권침해로 고통을 겪는다. 인권 문제가 늘 그렇듯이, 기업에 의한 인권침해에서도 준법 여부는 부차적이다. 다시 말해 기업이 불법을 저지른 결과 누군가의 인권이 침해될 수도 있지만, 기업이 불법을 저지르지 않는다고 해서 인권이 존중된다고 단정할 수는 없다는 것이다. 즉, 인권침해는 기업이 법을 준수하는 경우에도 발생한다. 이러한 점을 염두에 두면서 한국에서 어떤 기업인권 문제가 제기됐는지 살펴보자.

○ 2014년 현대중공업 조선소에서 14명의 노동자가 사망했다. 현대조선소에서 일어나는 중대재해의 피해자는 대부분 사내하청노동자인데, 이에 대해서 원청인 현대중공업은 자신이 직접 고용한 노동자가 아니라는 이유로 책임을 회피해 왔다. 하청노동자의 산재에 대해 하청사업주에게 법적 책임이 부과된다고 하지만, 산업안전을 제고하기 위해서 하청사업주가 할 수 있는 일은 별로 없다. 결국 별다른 대책 없이 노동자가 죽어 나가는 것이다.[20]

○ 한국전력은 밀양 지역을 통과하는 초고압 송전탑을 건설하면서 주민들의 저항에 직면했다. 주민들은 재산권과 환경권의 침해를 주장하

---

20 본서 11장을 참고하라.

면서 15년 이상 투쟁을 지속했다. 특히 주민 2명은 무고하게 피해를 입은 데 대한 분함을 견디지 못하고 항의 표시로 자살했다. 주민을 자살로 내모는 고통은 존재하는데 아무도 책임은 지지 않고 있다.[21]

○ 삼성전자에서 일하던 노동자 중 적어도 160명 이상이 백혈병의 진단을 받았거나 그로 인해 사망했다. 이를 둘러싼 투쟁이 10년 이상 계속됐다. 이 사건은 당사자 간 합의를 통해서 해결된 소수의 사건 중 하나다. 하지만 올바른 해결이었는지에 대한 의문이 적지 않다.[22]

○ 2009년 쌍용자동차의 구조조정이 시작됐고 그에 저항하는 파업이 있었다. 파업은 경찰에 의해서 제압되었다. 그러나 이후 진행 과정에서 20명 이상의 노동자가 삶의 고통을 견디지 못하고 자살했다. 거기에 죽지 않은 자의 고통까지 합친다면 얼마나 많은 고통이 있었겠는가? 이후에 쌍용자동차는 다른 기업에 매각됐고, 누구도 죽음에 대해 책임지지 않았다. 기업 주도의 구조조정은 많은 삶을 앗아갔지만 법원은 해고가 적법하다고 했다.

○ 2018년 대한항공 총수 일가의 갑질이 사회적인 문제로 부각됐다. 총수 가족은 직원들에게 욕설을 일삼으면서 모멸적인 대우를 했다. 기업을 통해서 생계를 유지해야 하는 약자는 속수무책으로 당할 수밖에 없었다. 갑질을 당하는 순간 약자들에게 법은 무용지물이었다. 총수의 갑질은 기업 권력을 휘두른 행위로서 인간 존엄에 대한 부인이라는 점에서 기업인권의 문제이다.

---

21 본서 10장을 참고하라.
22 본서 13장을 참고하라.

국내에서 논란된 몇 가지 사례를 들어 보았다. 그러나 우리나라에서 기업에 의한 인권침해가 어찌 이뿐이겠는가? 최저임금 미지급, 노동권 탄압, 세계 최고 수준의 산업재해, 외국인 노동자에 대한 학대와 차별, 넘치는 비정규직과 고용불안, 장시간 노동, 기업 내 여성 및 성소수자 차별 등 문제가 산적해 있다. 게다가 오늘날에는 국민 누구도 기업과 분리되어 있지 않기 때문에, 누구든 기업에 의한 인권침해에 노출되어 있다. 예컨대, 옥시크린 등 가습기 살균제에 의한 소비자의 피해, 세월호의 안전불감증으로 인한 수백 명의 사망, 소비자의 개인정보 유출 등 기업에 의한 인권침해는 우리 주변 어디에나 있다. 게다가 카카오 등 뉴미디어나 신기술 등에 의한 새로운 유형의 인권침해도 속속 등장하고 있다. 한국에서 기업에 의한 인권침해는 일일이 거론할 수 없을 정도로 많고 일상적이다.

여기에서 제시한 국내외의 인권침해 사례들이 모두 오늘날 우리가 대면한 인권경영의 문제이다. 기업이 거대해진 만큼 기업에 의한 인권침해도 흔해지고 강해지고 있으며, 이제는 더 이상 방치할 수 없는 지경에 왔다. 어떤 의미에서 기업은 국가보다 더 밀접하게 우리의 삶을 지배하고 있으며, 오늘날 인간 존엄에 대한 가장 강력한 도전거리가 되었다. 기업에 의한 인권침해가 지구적 성격을 띠는 만큼 국제사회가 기업에 의한 인권침해 문제의 해결에 나서는 것은 충분히 납득할 만하며, 한국 사회도 이에 무심할 수 없다는 것은 명백하다. 이 엄중한 문제에 대해 지구촌 공동체가 제시한 대안이 바로 '인권경영'이다. 그렇다면 인권경영이란 무엇이고, 인권경영은 과연 이런 다양하고 복잡한 인권문제를 해결할 대안이 될 수 있을까? 이 책은 이 질문에 대한 대답을 추구한다.

1부

인권경영의 개념

Business and
Human Rights

1장

인권경영의 개념과
법적 의무화 가능성

1. 인권경영의 핵심, 인권실사

인권경영을 한마디로 정의한다면, '기업과 인권'에 관한 국제규범을 준수하는 경영활동이다. 현재 '기업과 인권'에 관한 국제규범은 단일하고 명료하다. 적어도 원칙적 차원에서는 그렇다. 그 단일한 국제규범의 뿌리가 되는 것이 유엔 사무총장의 특별대표였던 존 러기(John Ruggie)의 주도하에서 만들어진 '기업과 인권에 관한 이행원칙: 유엔 "보호, 존중, 구제" 프레임워크의 실행'[1](이하 '이행원칙')이다.[2] 이 문서 자체는 법이 아니지만 글로벌

---

1 UN Human Rights Council, "Guiding Principles on Business and Human Rights: Implementing the United Nations 'Protect, Respect and Remedy' Framework," HR/PUB/11/04, 2011.

2 존 러기 스스로 이행원칙이 만들어진 과정과 영향 그리고 향후 과제를 정리한 책을 출판했다(존 러기, 이상수 옮김, 『기업과 인권』, 필맥, 2014).

에서 기업과 인권에 관한 실질적인 지도원칙(Guiding Principles)으로 작동하고 있다. 즉, 이 문서는 그 자체가 유엔의 공식 입장일 뿐 아니라 OECD, 유럽연합(EU), 각국 국가인권기구, 국제표준화기구(ISO), 기업, 금융기관, NGO 등 인권경영과 관계된 거의 모든 이해관계자에 의해서 수용, 실천되고 있다. 그 결과 현재로서 인권경영이라고 했을 때, 원칙의 차원에서 이행원칙과 입장을 달리하는 국제규범은 존재하지 않는다. 우리나라의 국가인권위원회나 법무부가 말하는 인권경영도 이행원칙의 내용을 기축으로 한 것이다. 이처럼 오늘날 인권경영이란 기업 경영자가 마음대로 정의할 수 있는 어떤 것이 아니다. 오늘날 인권경영은 국제적으로 합의된 규범의 준수 행위이며, 좀 더 구체적으로 말하면 이행원칙의 실천 활동이다. 그렇다면 이행원칙에 입각할 때 인권경영은 어떤 모습인가?

이행원칙의 핵심 내용을 간단히 요약하면, 모든 기업은 국제적으로 승인된 모든 종류의 인권을 존중(respect)해야 한다는 것, 이를 위해서 기업은 인권 존중의 정책선언을 하고 인권실사를 하며, 이미 발생한 인권침해에 대해서는 구제 조치를 취해야 한다는 것이다. 여기서 특히 생소하고 두드러진 개념이 '인권실사(human rights due diligence)'이다.[3] 이행원칙에서 기업의 인권 존중 책임에 관한 아홉 개 원칙 중 여섯 개가 인권실사를 다루고

---

3 human rights due diligence의 통일된 번역어는 아직 없다. 국가인권위원회는 '인권에 대한 상세한 주의'(국가인권위원회, 『기업과 인권이행지침: 유엔 '보호, 존중, 구제' 프레임워크의 실행』, 2011), '실사'(『중소기업 인권경영 실태조사 및 법령제도 개선방안 연구』, 2014), '인권 상세주의 의무'(『인권영향평가 및 관리에 관한 지침』, 2014), '실천점검의무'(『인권경영가이드라인 및 체크리스트』, 2014) 등으로 혼란스럽게 번역했다. 통상산업자원부(종전 지식경제부)는 일관되게 '실사'로 번역하여 사용하고 있다(OECD 다국적기업 가이드라인 대한민국 연락사무소 사무국, 『OECD 다국적기업 가이드라인』, 2011; 지식경제부 기술표준원, 『사회적 책임에 대한 지침, KSA ISO 26000』, 2012). 이 책에서는 '인권실사'로 번역했다. 무엇보다 실무계에서 due diligence를 이미 '실사'로 번역하여 사용해 오고 있고, 인권실사는 이런 기존 개념을 인권 영역에 적용한 것이기 때문이다. 따라서 human rights due diligence도 인권 '실사'로 번역하는 것이 적절해 보이고, 그렇게 하는 것이 인권실사의 개념을 더 빨리, 정확히 확산시킬 수 있을 것으로 생각된다.

있다. 그만큼 인권실사는 기업의 인권 존중 책임에서 핵심 중의 핵심이라고 할 만하다. 이 장은 인권실사의 개념에 대한 깊은 이해를 통해 인권경영의 실질이 무엇인지를 드러내고자 한다.

2. 인권실사란 무엇인가

인권실사의 개념 자체에 대한 논의가 그리 많지는 않은데, 그 이유 중 하나는 이행원칙에서 그것을 상세히 설명하고 있기 때문인지도 모른다. 이행원칙 제17문은 인권실사의 전체적인 내용을 서술하고 있다.

> 제17문
> 부정적 인권영향을 식별하고 방지하고 완화하며, 어떻게 그에 대처하는지를 설명하기 위해서 기업은 인권실사를 수행해야 한다. 이 절차는 실제적, 잠재적 인권영향을 평가하는 것, 그 결과를 [경영에] 통합하고 실행하는 것, 반응을 추적하는 것, 영향에 어떻게 대처하는지에 대해 소통하는 것을 포함해야 한다. 인권실사는,
> (a) 기업이 자신의 활동을 통해서 유발하거나 기여할 수 있는 부정적 인권영향, 또는 그 사업 관계에 의해 자신의 사업 활동, 제품 및 서비스와 직접 연결될 수 있는 부정적 인권 영향을 모두 다루어야 한다.
> (b) 기업의 크기, 중대한 인권영향의 위험, 그리고 사업 활동의 성격과 맥락에 따라 달라야 한다.
> (c) 계속적인 것이어야 한다. 이는 기업의 사업 활동과 사업 맥락이 전개되면서 시간이 감에 따라 인권위험이 변화할 수 있다는 것을 인정해야 한다는 것이다.

이어지는 이행원칙 제18문에서 제21문까지는 위의 내용을 더욱 상세히 설명하는 원칙들이며, 각 원칙을 해설하는 주석을 담고 있다. 제17문 및 이하의 내용을 종합해 보면, 인권실사는 크게 네 개의 개념으로 구성되었음을 알 수 있다. 그것은 ① 인권영향평가의 실시, ② 인권영향평가의 결과를 경영에 반영하여 실행하는 것, ③ 경영에서 실행한 것이 소기의 성과를 얻고 있는지를 추적하는 것, ④ 이러한 과정과 성과에 대해서 공개하는 것이다. 즉 기업은 자신의 사업 활동이 다른 사람의 인권을 침해할 소지가 있는지 미리 살펴보고, 그럴 소지가 있으면 그 점을 고려해 경영함으로써 인권침해가 발생하지 않도록 사전예방적으로 조치하고, 그 모든 과정과 결과를 공개하라는 것이다.

얼핏 보기에 그다지 특별할 것 없는 이 주장의 고유한 의미를 파악하기 위해 이를 유사 개념과 비교해 보는 것은 하나의 유익한 방법이 된다.

1) 인권실사의 목적

인권실사는 기업에 의한 인권침해를 방지하기 위한 것으로서, 근본적으로는 실제적 혹은 잠재적 인권 피해자를 위한 절차이다. 그런데 이는 기업에게 도움이 될 수도 있다. 실제로 존 러기는 인권 문제가 기업의 재무적 성과에 영향을 미치는 중요한 위험 요소가 된다는 점을 여러 곳에서 강조하고, 나이지리아에서 인권 문제를 해결하지 못한 셸이 결국 투자를 철회할 수밖에 없었던 예를 들었다.[4] 인권실사에 관한 기타의 문헌도 종종 이 점을 지적한다.[5] 이처럼 오늘날 인권 문제는 기업의 입장에서 관리해야 하는 하나의 리스크이다. 그렇기 때문에 기업이 환경 리스크, 준법 리스크, 기후

---

4 존 러기, 앞의 책, 102쪽 참조.

리스크 등을 관리하듯이, 인권 리스크도 관리할 필요가 있다는 것이다. 그러나 '인권 리스크 관리(human rights risk management)'와 인권실사는 엄연히 다르다. 인권실사도 리스크 기반(risk-based) 접근법이기는 하지만[6] 인권실사에서 말하는 리스크는 인권이 기업의 재무적 성과에 미치는 리스크가 아니다. 즉 인권실사를 통해서 식별해 내려는 리스크는 사업 활동이 '다른 사람'의 인권을 침해할 위험성을 말한다. 이행원칙은 "인권실사는 단순히 회사 자체에 대한 중대한 위험을 관리하는 것을 넘어 권리 보유자에 대한 인권위험을 다룬다."라고 밝히고 있다(이행원칙 제17문 주석). OECD가 인권실사를 다룬 '분쟁광물 실사 지침'에서도 이 두 측면을 개념적으로 분리했다. 즉 이 지침에서 위험이란 기업 활동의 잠재적인 부정적 영향과 관련하여 정의된다고 하면서, 부정적 영향은 외부적 영향과 내부적 영향으로 나뉜다고 했다. 외부적 영향이란 기업 밖의 사람들에 대한 영향을 말하는 것이고, 내부적 영향이란 명망의 손상과 법적 책임 등 회사에 대한 영향을 말한다.[7] 이렇게 구분한 이유는 인권실사란 흔히 말하는 '인권 리스크 관리'와 다르다는 것을 부각하기 위함이다.

　말하자면, 인권 문제가 기업에게 미치는 부정적인 재무적 영향을 관리하는 것은 '인권 리스크 관리'이고, 기업의 사업 활동이 자신 이외의 제3자의 인권에 미치는 부정적 영향을 관리하는 것이 '인권실사'이다. 인권실사의 목적은 기업이 누리는 이득이 아니라 실제적·잠재적 인권 피해자가 누

5　예컨대, International Council on Mining and Metals(ICCM), "Integrating Human Rights Due Diligence into Corporate Risk Management Processes," 2012. 3.; John Sherman & Amy Lehr, *Human Rights Due Diligence: Is it Too Risky?*, Corporate Social Responsibility Initiative Working Paper, No. 55, Cambridge, MA: John F. Kennedy School of government, Harvard University, 2010.

6　존 러기, 앞의 책, 209쪽.

7　OECD, *OECD Due Diligence Guidance for Responsible Supply Chains of Minerals from Conflict-Affected and High-Risk Areas: Second Edition*, OECD Publishing, 2013, p.13.

리는 이득에 있다. 인권 피해자의 이득을 도모하지 않는 자칭 '인권실사'
는 인권 리스크 관리라고 할 수 있을지언정, 이행원칙이 말하는 인권실사
는 아니다.[8] 따라서 인권실사는 반드시 기업의 재무적 이익에 합치되지는
않으며, 때로는 기업의 이익과 상충될 수도 있다.[9] 특히 인권실사가 부정적
인권영향의 공개를 포함하는 활동임을 생각하면 이 점은 더욱 명백하다.

2) 인권실사의 주체

기업이 심각한 인권침해를 저질렀을 때 막을 수 있는 방법은 무엇일까? 가
장 손쉽게 떠오르는 것은 기업이 준수해야 하는 기준을 명문으로 확정한
다음, 위반한 기업을 적발하고 제재하는 방법일 것이다. '다국적기업 및 기
타의 사업에 대한 유엔 인권규범'[10](이하 '기업인권규범')이 바로 이런 접근
법을 택했다. 기업인권규범은 기업이 준수해야 하는 인권규범의 목록을
제시하고, 그것의 위반을 적발하는 장치를 제공하며, 나아가 위반한 기업
에 대해 제재하는 방법을 담고 있다. 이는 전통적인 규제 방식인 소위 '명
령과 통제(command and control)' 방식에 가까우며, 여기에서 기업은 수동적

---

8 해리슨은 공개적이고 검증 가능한 인권 영향(impact) 평가 절차와 기업이 자신의 목적
을 위해서 행하는 인권위험(risk) 평가를 구분해야 한다고 지적했다(James Harrison,
An Evaluation of the Institutionalisation of Corporate Human Rights Due Diligence,
University of Warwick School of Law, Legal Studies Research Paper, No. 12-18, 2012, p.12).
이는 피해자의 이익을 고려한 인권실사와 기업의 이익을 위한 인권 리스크 관리를 구분
해야 한다는 취지와 합치한다. 이 책에서 인용한 여러 글을 포함하여 인권실사를 논의하
는 많은 글들이 아쉽게도 이 점을 구분하지 않고 있다.

9 존 러기 스스로도 인권실사가 기업의 인권 리스크를 관리하는 방법이지만, 동시에 기업의
인권 책임을 사실상 증가시킬 수 있다는 점을 알고 이를 지적한 바 있다. John Ruggie,
"Business and Human Rights: Towards Operationalizing the 'Protect, Respect and
Remedy Framework'," A/HRC/11/13, April 2009.

10 이에 대한 상세한 논의는 본서 4장을 참고하라.

인 규제의 대상에 불과하다. 이런 접근법은 효과적인 규제를 낳을 것 같지만 바로 그 단순명료함 때문에 다양하고 복잡한 기업인권 문제를 다루기에는 적절하지 않다는 것이 드러난다. 기업이 유의해야 할 인권 항목은 너무나 많고, 기업의 규모, 산업의 종류, 사업 활동 맥락 등도 지극히 다양하기 때문이다. 이러한 다양성을 고려하지 않은 규제는 최소 규제로 갈 수밖에 없으며, 결국 그다지 현실적 의미가 없는 규제에 그칠 가능성이 크다.

인권실사는 명령과 통제의 방식이 갖는 이런 어려움을 극복하려는 한 가지 방법이다. 인권실사는 모든 산업 분야에서, 모든 규모의 기업에게, 사업 활동의 구체적인 맥락을 고려하면서, 모든 종류의 인권을 존중할 것을 요구하는 접근법이다. 이 체제에서 기업은 자신의 사업 활동이 어떤 종류의 사람에게 어떤 종류의 인권에 어떤 부정적 영향을 미치는지를 스스로 조사하고 나아가 스스로 방지 및 완화 대책을 세우고 실행해야 한다. 이 모든 것을 기업이 주도하며 비용도 스스로 지출한다. 과연 기업이 자신의 자원을 활용하면서 이런 의미의 인권실사를 적극적으로 수행할지는 별도의 문제이다. 아무튼 인권실사는 기업 측의 주도성을 본질적인 요소로 한다.

3) 인권실사의 내용

앞에서 보았듯 인권실사는 ① 인권영향평가의 실시, ② 인권영향평가의 결과를 경영에서 실행하는 것, ③ 경영에서 실행한 것이 소기의 성과를 얻고 있는지를 추적하는 것, ④ 이러한 절차와 결과에 대해서 공개하는 것 등 네 가지 요소를 포함한다. 몇 가지 측면을 보충해 보자.

첫째, 인권실사에서 말하는 인권은 '국제적으로 인정된 모든 인권'을 의미한다(이행원칙 제12문 주석). 국제적으로 인정된 모든 인권이란 국제인권장전과 여덟 개의 ILO 핵심 규약에 규정된 것을 의미하며, 나아가 그 외 각종 국제인권규범이 고려된다. 국제금융공사(IFC)와 국제기업지도자포럼(IBLF)은 이행원칙이 의미하는 '모든 인권'이란 결국 35개 정도라고 보았다.[11] 아무튼 기업의 인권실사는 사업 활동이 모든 사람의, 모든 종류의 인권에 대해서 미치는 부정적 영향을 식별하여 대처하는 활동을 의미한다.

둘째, 기업이 스스로 야기하거나 기여하지 않은 인권침해의 경우에도, 일정한 경우 기업은 인권실사를 통해 그러한 인권침해에 대응해야 한다. 이행원칙에 따르면 기업에 의한 인권침해에는 세 가지 유형이 있다. 즉, 기업은 인권침해를 야기(cause)하거나, 제3자에 의한 인권침해에 기여(contibute)할 수 있으며, 사업관계를 통해 인권침해에 직접 연결(directly link)될 수도 있다(이행원칙 제13문). 인권침해를 야기한다는 것은 기업이 직접 인권침해를 유발하는 경우를 의미한다. 예컨대, 기업이 노동자에게 노조에 가입하면 불이익을 주겠다고 위협하는 경우가 이에 속한다. 인권침해에 기여한다는 것은 법에서 말하는 연루(교사·방조)와 비슷한 것으로서, 스스로 인권침해를 야기한 것은 아니지만 제3자에 의한 인권침해를 부추기거나 그에 도움을 주는 경우를 말한다. 예컨대 하청기업에게 노조에 가입한 노동자에게 불이익을 주라고 종용했다면 이는 기여에 해당한다.

이에 비해 사업관계로 '직접 연결'된 인권침해는 기업 측의 가해행위가 수반되지 않는다는 점에서 다소 독특하다. 여기서 말하는 사업관계란 기업의 가치사슬에 있는 여러 행위자를 말한다. 여기에는 동업자, 공급자, 소비자, 국가 등이 포함된다(이행원칙 제13문 주석). '직접 연결'됐다는 것은 사업관계에서 인권침해의 야기나 기여 행위가 있었는데, 그 인권침해의 흔적이 자신의 제품이나 서비스에 남아 있는 경우를 지칭한다고 할 수

---

11 IFC/IBLF, *Guide to Human Rights Impact Assessment and Management*, 2010, p.136.

있다.[12] 예를 들어, 나이키의 제3차 하청업자가 아동노동을 이용해서 나이키 제품을 제조했다면, 나이키가 그런 아동노동 이용행위를 종용하지 않았더라도 나이키는 아동노동에 직접 연결됐다고 할 수 있다. 심지어 나이키가 아동노동 방지를 위해서 노력을 했는데, 그 하청업자가 은밀하게 아동노동을 했다고 하더라도 나이키의 책임이 면제되는 것은 아니다. 이처럼 기업의 인권 존중 책임은 법에서 말하는 연루(교사·방조)[13] 책임의 범위를 넘어 사업관계를 통해 직접 연결된 인권침해에까지 확장된다.[14] 따라서 인권실사도 사업관계로 직접 연결된 인권침해를 식별하고 방지·완화하는 활동을 포함하게 된다.

셋째, 인권실사에서 이해관계자의 참여는 필수적이다. 인권실사는 인권영향평가를 포함하는데, 이행원칙은 인권위험을 측정하는 데 있어 잠재적으로 영향받는 그룹과 여타 이해관계자들과의 의미 있는 협의를 포함해야 한다고 규정한다(이행원칙 제18문). 여기서 이해관계자는 인권 피해자를 주로 염두에 둔 것이지만 그에 한정되지 않는 넓은 개념으로서, 예를 들어 투자자나 NGO 등을 포함한다. 인권실사는 시혜적인 것이 아니기 때문에 기업이 일방적으로 추진할 일은 아니며, 실제적·잠재적 인권 피해자를 포함하여 다양한 이해관계자와의 소통을 통해 추진되어야 한다. 좀 더 엄밀

---

12 야기, 기여, 직접 연결에 대한 엄밀한 논의는 다음 보고서를 참고하라. Debevoise & Plimptom, *Practicla Definitions of Cause, Contribute, and Directly Linked to Inform Business Respect for Human Rights*, Feburary 2017.

13 기업에 의한 인권침해의 맥락에서 연루(교사·방조)의 의미를 탐색한 것으로는 다음을 참조하라. 이상수, 「기업의 인권침해 연루에 관한 법적 규제―국제법상 연루의 법리를 중심으로」, 『서강대학교 법과기업연구』 제8권 제1호, 2018. 4.

14 물론 각각에 대해서 기업이 책임지는 방식은 조금씩 다르다. 야기한 경우 기업은 그 행위를 즉시 중지하고 피해에 대해서는 구제를 제공해야 한다. 기여한 경우는 그 행위를 즉시 중지하고 그 피해에 대해서는 (자신이 기여한 정도에 합당한) 구제를 제공해야 하며, 추가적으로 영향력을 행사하여 해당 인권침해를 방지·완화하는 활동을 해야 한다. 직접 연결의 경우는 구제를 제공할 의무는 없다고 보지만, 영향력을 행사하여 해당 인권침해를 방지·완화하는 활동을 해야 한다(이행원칙 제19문, 제22문 참조).

히 말하면 인권실사는 이해관계자의 인권을 승인하는 개념이다. 인권실사에서 이해관계자는 수혜자가 아니라 권리자이며, 권리자로서 인권실사에 참여한다. 따라서 이해관계자의 참여가 없는 인권실사는 그 자체가 인권침해이며 정당성이 인정될 수 없다.

넷째, 인권실사에서 공개의 중요성이 지적되어야 한다. 이행원칙은 기업에게 인권실사의 전 과정을 공개하도록 하고 있다. 인권실사의 전 과정을 공개한다는 것은 인권 피해자를 포함한 이해관계자의 참여권을 실질적으로 보장하는 것이며, 아울러 특정 기업의 인권경영에 대한 외부인(규제자 포함)의 감시를 수용하는 것이다. 따라서 공개는 이해관계자를 포함한 외부인에게 접근 가능한 형식과 빈도로 이루어져야 하며, 문제가 된 특정 인권영향에 대한 기업의 대응이 적절한지 평가하기에 충분한 정보를 제공해야 한다[이행원칙 제21문 (a), (b)]. 이처럼 인권실사를 한다는 것은 기업이 자신에게 불리할 수도 있는 정책과 정보를 모두 공개한다는 것을 의미한다.[15]

이상에서 이행원칙이 제시한 '인권실사'의 내용을 살펴보았다. 그 과정에서 인권실사는 '인권 리스크 관리'와는 다르다는 점을 지적했다. 인권실사는 자신과 자신의 공급망에서 발생하는 실제적·잠재적 인권침해를 기업이 스스로 식별하여 사전예방적으로 대처하는 제반 절차이다. 인권실사는 이해관계자의 참여가 보장된 속에서 진행되며 그 과정과 성과는 모두 공개되어야 한다. 이 모든 활동이 인권실사이다. 이렇게 정의된 인권실사가 이 책에서 말하는 인권경영의 핵심이다. 인권실사에 인권정책선언과 고충처리장치의 운영을 추가하면 인권경영은 완성된다고 하겠다. 요컨대

---

15 롤링은 기업이 자신에게 불리한 사실의 공개를 꺼린다는 점을 지적하면서 동시에 공개를 통해서 단점을 드러내는 것이야말로 중요하다고 지적했다. Sandra Roling and Thomas Koenen, *Human Rights Impact Assessments: A Tool towards Better Business Accountability*, CSR Europe, 2010, p.16.

인권경영은 이행원칙에서 정의한 기업의 인권 존중 책임을 실천하는 경영 활동으로서, 인권실사, 인권정책선언, 고충처리장치의 운영을 포함한다. 시간이 감에 따라 이와 같은 인권경영의 개념이 변화할 가능성이 없지 않지만, 적어도 오늘날 우리나라를 포함한 글로벌에서 널리 통용되는 인권경영은 이것에 다름 아니다.[16]

이런 의미의 인권경영은 기업의 입장에서 인권 리스크 관리의 일환일 수 있겠지만, 반대로 잠재되어 있던 인권 이슈를 수면 위로 올리고 이해관계자의 입지를 강화시킴으로써 기업의 인권 리스크를 키우는 결과를 낳을 수도 있다. 이처럼 인권경영으로 인해서 기업이 얻는 이익이 없지 않지만, 추가적인 인권 리스크와 비용 또한 기업에 부과된다고 했을 때 기업이 자발적으로 충실한 인권경영을 할 것으로 기대하는 것은 순진하고 무책임해 보인다. 이런 우려는 인권경경의 충실한 실시를 위한 추가적인 제도적 장치의 필요성을 제기하고, 특히 인권경영을 법적 의무화할 가능성을 검토하게 한다.

---

16 인권경영이란 표현은 글로벌에서 일반적으로 사용되는 표현이 아니라는 점에서 지극히 한국적인 것이다. 그러나 이 표현은 여러 가지로 유용하다. 첫째, 한국에서 인권경영은 'business and human rights'의 번역어로 쓰이기도 하는데, '기업과 인권'이란 표현은 다소 거추장스럽다. 또 '기업과 인권'은 개념상 기업 차원의 인권 존중 활동뿐만 아니라 국가의 인권 보호 의무를 포함하는 것이므로, 기업 차원의 경영활동에 대하여 논의할 때는 인권경영이 더 적합하다. 둘째, 인권경영은 인권실사의 번역어처럼 쓰이기도 하는데, 인권실사라는 단어는 일반인의 입장에서 직관적으로 그 의미를 이해하기 힘든 데다, 인권정책선언이나 고충처리장치와의 관계가 잘 드러나지 않는다는 문제가 있다. 이에 비해 인권경영은 자연스럽게 이해되고, 기업 차원의 인권정책, 인권실사, 고충처리장치를 모두 포함하는 것이 어색하지 않게 된다. 셋째, 인권경영이란 단어는 기업 이외의 조직에서도 그대로 이용할 수 있다. 예컨대, 공공기관의 인권경영, 피파(FIFA)의 인권경영 등과 같이 이용할 수 있다. 이 책에서 인권경영은 맥락에 따라 '기업과 인권'을 의미하기도 하고, 좁은 의미의 인권실사를 의미하기도 하고, 좁은 의미의 인권경영에 구제장치와 정책선언을 포함한 것을 의미하기도 한다.

3. 인권실사의 법적 의무화

1) 이행원칙의 입장

기업의 인권 존중 책임의 핵심에 인권실사가 놓여 있지만, 기업에게는 인권실사를 할 유인이 충분하지 않다는 것이 문제이다. 그렇다면 이행원칙은 기업으로 하여금 인권실사를 실천하도록 추동함에 있어서 어떤 방안을 제시하고 있을까?

존 러기는 '기업과 인권' 이슈와 관련하여 종전의 접근법이 이분법적이라고 지적하고 이를 비판했다.[17] 그는 법적인 접근과 자발적 접근이라는 두 개의 접근법 모두 한계가 많으며, 그 이유로는 모국과 주재국이 모두 법을 통한 규제를 할 의지나 역량이 부족하다는 것, 국제사회는 법을 제정하기가 어려우므로 국제법 제정만을 완고하게 주장하는 것은 현실의 당면 문제를 회피하는 것에 불과하다는 것, 자발적 접근의 성과가 있기는 하지만 효과가 매우 제한적이라는 것 등을 꼽았다. 그러면서 자신의 대안적 접근법을 제시했는데, 인권과 관련하여 다국적기업의 행동에 영향을 미치는 것은 단일하지 않으며 공법과 공공정책, 민간 지배구조, 기업 자체의 지배구조 등 세 가지 요소가 있다고 보았다.[18] 공법과 공공정책은 모국과 주재국 차원에서 작동하는 것과 국제사회 영역에서 작동되는 것으로 나뉜다.

러기는 기업의 인권침해로부터 개인과 지역사회를 보호하기 위해서는 이러한 모든 지배구조 체제가 함께 동원될 필요가 있다고 보았다. 즉, "공적·사적 지배구조 체제들—시민사회뿐만 아니라 기업도 포함하는—이 각각 서로 다른 가치를 추구하고, 서로 약점을 보충하고, 서로를 강화하는 새

---

17 존 러기, 앞의 책, 143쪽 이하.
18 존 러기, 앞의 책, 84쪽 이하.

로운 규제 역학이 필요하다."고 했다.[19] 이것이 그가 의미한 "다중심적 지배구조"[20] 혹은 "다중 이해관계자 접근"[21]이다.

다중심적 지배구조라는 개념은 가용한 모든 방식을 동원하자고 주장하고 모두의 노력을 촉구한다는 측면에서 거부하기 어렵다. 하지만 문제는 각각의 지배구조나 이해관계자가 무엇을 해야 하는지 명료한 설명이 없다는 점이다. 실제로 이행원칙은 각각의 지배구조나 이해관계자가 무엇을 할 것인지 명료하게 설명하지 않으며[22] 국가와 기업이 해야 하는 일에 대해서만 설명한다. 이행원칙은 기업에게 인권실사를 포함한 인권 존중 책임을 요구하고 있는데, 그렇다면 국가에게는 인권실사와 관련하여 무엇을 요구하고 있을까?

이행원칙의 큰 특징 중 하나는 국가의 보호 의무(state duty to protect)를 부각한 점이다. 이행원칙에 의하면 국가는 국제법상 부여된 인권 보호 의무를 수행해야 하며, 이를 위해 효과적인 정책, 입법, 규제, 재판을 통해 기업을 포함한 제3자에 의한 인권침해를 방지하고, 조사하고, 처벌하고, 시정하는 적절한 조치를 취해야 한다(이행원칙 제1문). 여기서 질문은 이행원칙이 국가로 하여금 기업에게 인권실사를 강제하고 인권실사를 실행하지 않는 기업을 제재하는 법의 제정을 요구하고 있는지이다. 국가의 인권 보호 의무와 관련하여 인권실사라는 표현이 몇 군데 등장한다. 각각의 문구를 중심으로 이와 관련한 이행원칙의 입장을 살펴보자.

① 이행원칙 제3문의 주석에서 이행원칙은 국가가 기업에게 지침

---

19 존 러기, 앞의 책, 164쪽.

20 존 러기, 앞의 책, 164쪽.

21 존 러기, 앞의 책, 255쪽.

22 이 점은 이행원칙의 중대한 결함이다. 유엔 기업인권규범이 국제사회와 NGO가 무엇을 해야 하는지에 대해서만 집중했다면, 이행원칙은 이에 대해 전혀 언급하고 있지 않다.

(guideline)을 제공함으로써, 인권실사를 포함한 여러 수단에 관하여 "조언(advise)"할 것을 규정하고 있다. 여기서 인권실사는 지침의 차원에서 거론된다. 즉 법적 규제에 대해서 말하고 있지는 않다.

② 이행원칙 제4문에서 이행원칙은 국가가 소유하거나 통제하는 기업, 예컨대 국유기업이나 공기업 등의 인권침해 문제를 다루고 있는데, 이들에 대해서 국가는 인권실사를 요구할 권한이 있으므로, 요구할 만하면 요구해야(require) 한다는 것을 밝히고 있다. 여기에서 '요구한다'는 것은 법률적으로 강제한다는 의미를 담은 것이다.

③ 이행원칙 제4문 주석에서는 수출신용기관, 공적 투자보험 및 보증기관, 개발기관, 그리고 개발금융기관 등 국가와 관련한 기관을 이용하는 방법에 대해 서술하고 있다. 이들 기관과 이들 기관의 지원을 받는 기업이나 사업에 인권실사를 장려하거나 요구할(require) 수 있다는 것이다. 예컨대 개발 자금을 공여하는 경우 인권실사를 조건으로 요구하는 방법이 있을 수 있다. 여기에서도 인권실사를 '요구한다'는 것은 법률적으로 강제한다는 의미를 담았다고 보인다.

④ 이행원칙은 국가가 인권 보호 의무를 다함에 있어서 "법"의 역할을 강조했다(이행원칙 제3문). 하지만 여기에서 말하는 법은 인권과 관련된 기존 실정법의 온전한 집행을 말하는 것이다. 이행원칙은 그 예로서 반차별법, 노동법, 그리고 환경, 재산, 프라이버시, 반부패 등에 관한 법을 거론하고 있다. 따라서 이 부분은 인권실사를 법으로 강제하는 문제와는 상관없는 것이다.

⑤ 마지막으로 이행원칙은 기업으로 하여금 자신이 어떻게 인권영향에 대처했는지에 관해 소통하도록 권장해야 하며, 필요하다면 요구해야 한다고 한다[이행원칙 제3문(d)]. 소통이란 이해관계자들과의 비공식적 대화 혹은 공식적인 공적 보고를 포함하는 것이다[이행원칙 제3문(d) 주석]. 여기에서 인권실사의 중요한 부분인 대화와 보고를

법적으로 강제할 수 있다는 의미를 담고 있다. 하지만 실사 자체의 법적 의무화를 염두에 둔 것은 아니다.

이상에서 볼 때 이행원칙은 국유기업이나 공기업에 한정하여 인권실사를 법적으로 요구하는 방안과 수출신용기관 등을 이용하여 개별적으로 인권실사를 요구하는 방안이 있음을 암시한다. 사기업에 인권실사를 강제할 수 있다는 뉘앙스는 보이지 않지만, 적어도 이해관계자와 대화하고 그 내용을 공개하도록 법적으로 강제할 수는 있다는 정도의 입장을 보인다. 대신 국가는 기업에게 인권실사를 법적 의무로서 부과하기보다는 인권실사 지침을 만들어서 제공하라고 말한다.

전체적으로 보자면, 이행원칙은 기업에게 인권실사 의무를 법적인 의무로 부과하는 것을 완전히 부인하지는 않지만 매우 신중한 태도를 취한다. 존 러기도 이행원칙은 기업에게 새로운 법적 요구를 제안하지 않았다고 명시적으로 밝혔다.[23] 대신 이행원칙은 인권실사를 하도록 기업을 압박하는 데 국가 이외의 다양한 주체가 참여해야 한다고 주장한다. 이행원칙은 기업의 인권 존중 책임과 관련하여 국가의 보호 의무는 강조하고 있지만, 기실 '다중심적 지배구조'나 '다중 이해관계자 접근법'을 강조함으로써 상대적으로 인권실사의 법제도화 가능성은 그다지 강조하지 않고 있다. 그렇다면 이행원칙에서 제안된 것 이상으로 인권실사를 법제화하는 것은 바람직하지 않거나 가능하지 않은 것일까? 즉 인권실사 자체를 기업에게 법적 의무로서 요구하고, 이를 위반하면 법적 제재를 가할 수는 없을까?

---

23 존 러기, 앞의 책, 186쪽.

2) '인권실사의 법적 의무화'의 맹아적 형태

OECD 다국적기업 가이드라인[24]

영국의 인권단체인 레이드(RAID)[25]는 2005년 4월 콩고민주공화국에서 벌어진 대규모 인권침해에 관한 유엔 전문가위원회의 보고서[26]를 인용하면서 다스-에어(DAS Air)를 비롯한 여러 기업이 'OECD 다국적기업 가이드라인'(이하 '가이드라인')이하을 위반했다는 이유로 이들 기업에 대해 영국 연락사무소(NCP)에 진정을 제기했다. 이에 대해서 영국 연락사무소는 2008년 7월 1일 최종성명(final statement)[27]을 발표하고 다스-에어에 관한 입장을 밝혔다. 영국 연락사무소는 다스-에어가 광물을 수송하면서 실사를 하지 않았으며, 국제항공규약을 위반했다는 사실을 확인하고, 따라서 다스-에어는 가이드라인을 위반했다고 결론 내렸다. 당시 가이드라인은 실사라는 단어를 사용하지 않았지만, 기업의 실사 의무는 가이드라인에 규정된 경제적·사회적·환경적 진보에 기여해야 할 의무(가이드라인 II.1), 인권 존중 의무(II.2), 그리고 협력 사업자로 하여금 가이드라인에 따르게 할 의무(II.10)에서 도출된다고 보았다.

영국의 또 다른 인권단체인 글로벌 위트니스(Global Witness)[28]는 2007

---

24 OECD 다국적기업 가이드라인에 대해서는 본서 5장을 참고하라. 연락사무소는 이 가이드라인 위반을 둘러싼 분쟁을 해소하는 기능을 가지고 있다.

25 RAID(Rights and Accountability in Development)는 기업의 비윤리적 행동에 대처하기 위해서 국제적으로 활동하는 NGO이다. 〈http://www.raid-uk.org/〉

26 UN Security Council, "Letter dated 15 November 2010 from the Chair of the Security Council Committee established pursuant to Resolution 1533 (2004) concerning the Democratic Republic of the Congo addressed to the President of the Security Council," S/2010/596, 29 November 2010.

27 United Kingdom National Contact Point (NCP), Statement for OECD Guideline for Multinational Enterprises: DAS AIR, 17 July 2008.

28 글로벌 위트니스는 지구촌 각지에서 벌어지는 분쟁, 부패, 환경파괴 등에 대처하기 위해 국제적으로 활동하는 NGO이다. 〈http://new.globalwitness.org/〉

년 2월 역시 콩고민주공화국에서의 인권침해와 관련하여 가이드라인 위반을 이유로 어프리맥스(Afrimax UK Ltd)에 대해 영국 연락사무소에 진정을 제기했다. 이에 대해 영국 연락사무소는 2008년 8월 28일 최종성명을 발표했다.[29] 이 문서에서 영국 연락사무소는 유엔 기업인권 프레임워크에서 정의된 인권실사를 직접 인용하면서,[30] 어프리맥스가 공급망에서 발생하는 인권침해를 회피하기 위한 인권실사를 충분히 실시하지 않았다고 지적하고, 이는 가이드라인에서 요구하는 지속가능한 경제적·사회적·환경적 발전에 기여할 의무(II. 1)와 인권 존중 의무(II. 2)를 위반한 것이라고 판정했다.

　이 두 사례는 인권실사의 부재를 문제 삼고 있다는 점에서 특이하다. 물론 실제적인 인권침해가 있었다는 점을 전제로 하는 것이지만, 그와 별도로 실사의 부재 혹은 불충분한 실사 그 자체를 문제 삼았다는 것이 특이하다.[31] 더구나 두 사례는 기업의 직접적인 인권침해에 대해서가 아니라 인권실사를 통해 공급망에서 발생한 인권침해를 사전에 살피지 않은 점을 문제 삼은 것이다. 이 두 사례는 인권실사가 제도의 차원에서 기업의 실체적 인권 의무로 부상했다는 것을 보여 준다. 더구나 OECD 이사회는 2011년 가이드라인을 개정하여 인권에 관한 새로운 장을 삽입했다. 새로운 가이드라인은 명시적으로 기업에게 인권실사를 요구하고 있으며(IV. 5), 이로써 적어도 OECD 차원에서는 인권실사가 공적 규범이 됐다고 할 수 있다. 물

29　United Kingdom National Contact Point (NCP), Final Statement for the OECD Guidelines for Multinational Enterprises: AFRIMEX (UK) LTD, 28 August 2008.

30　인권실사라는 표현이 처음 등장하는 인권 문서는 '이행원칙'의 전신이라고 할 수 있는 '유엔 기업인권 프레임워크'이다. UN, "Protect Respect and Remedy: a Framework for Business and Human Rights," A/HRC/8/5, 7 April 2008.

31　다스-에어 사례에서는 기업 측이 공급사슬에서 일어나는 일에 대해 애당초 관심을 가지지 않은 점을 문제 삼았고, 어프리맥스 사례에서는 공급사슬에서의 인권침해 여부에 대한 조사가 충분하지 못했던 점을 문제 삼았다.

론 이는 '조약' 혹은 '국내법' 차원의 제도화는 아니다.

현행 실정법에 등장하는 다양한 종류의 인권 관련 실사

셔터(Oliver De Schutter) 등(이하 '셔터')은 실사가 여러 법 문서에서 거론된 다는 것을 지적하고 기업에게 인권실사를 하도록 하는 데 국가의 역할이 무엇이어야 하는지 논했다.[32] 그는 이행원칙이 발표되기 이전부터 20개 이상의 국가에서 노동, 환경, 소비자 보호, 반부패 등 인권과 관련 있는 영역에서 실사가 기업을 규제하는 수단으로 이용되어 왔다는 것을 보인다. 이를 통해 그는 정부가 기업에게 인권실사를 법적 의무로서 부과하도록 하는 것이 가능하며 중요하다고 주장한다.

예를 들어 보자.[33] 영국 뇌물법(2010)에 따르면 회사와 관련 있는 사람이 계약이나 사업상의 혜택을 받기 위해 외국 관료에게 뇌물을 준 경우 범죄로 간주되어 처벌되는데, 이때 기업에게도 큰 벌금이 부과되며, 기업의 의도 여부는 묻지 않는다. 그런데 이 법은 기업에게 실사 방어(due diligence defense)를 제공한다. 즉, 기업이 불법적 뇌물 수수를 막기 위한 예방적 절차, 즉 실사 절차를 가지고 있었다면 그 기업은 처벌하지 않는 것이다. 이는 기업이 실효적인 실사 절차를 작동시켜 온 경우 책임을 면할 수 있도록 하여, 기업이 스스로 뇌물 수수 방지를 위한 실사 절차를 갖추도록 유도한다는 아이디어이다.

이러한 메커니즘은 다른 인권 관련법에서도 이용된다. 즉 노동기준이나 환경기준의 위반에 대해 기업을 처벌할 때 실사 절차가 존재한다면 책임을 면제하거나 경감할 수 있다. 이런 제도는 기업이 스스로 적극적으로

---

32 Oliver De Schutter, Anita Ramasastry, Mark B. Taylor, Robert C. Thompson, *Human Rights Due Diligence: The Role of State*, ICAR, 2012

33 사례들은 Oliver De Schutter et al., 위의 책, p.17 이하를 참고했다.

인권침해를 방지하도록 사전 예방적 노력을 하게 한다는 점에서 이행원칙의 인권실사와 문제의식을 공유한다. 셔터는 이들 실사와 이행원칙의 인권실사가 합치한다고 보고, 인권 보호와 관련된 범죄에서 이런 방식을 확장할 것을 권고했다.[34] 그리고 실사를 이용하여 기업의 책임을 묻는 방식은 형사책임에서뿐만 아니라 민사법상 및 행정법상의 책임에서도 마찬가지로 이용 가능하다고 보았다.[35] 예컨대 부패 자금이 테러 자금으로 이용되는지에 대한 실사를 금융기관에 요구할 수 있다는 것이다.

이러한 제도는 인권과 관련된 사안에서 기업이 자기 주도하에 사전 예방적 조치를 취한다는 점에서 인권실사와 유사하지만, 엄밀한 의미에서 인권실사는 아니다. 이는 기본적으로 '법률' 위반에 대한 제재를 피하기 위해서 기업이 취하는 조치이며, 자발적 준법장치(legal compliance mechanism)에 가깝다. 즉 법 위반을 하지 않도록 사전 예방적 조치를 하는 경우 기업에게 양형 또는 민사제재에서 일정한 혜택을 주어 기업이 자발적으로 준법장치를 두도록 장려하는 것이다.

그 외에 셔터는 실사가 이용되는 사례로 규제적 승인의 요건으로 실사를 요구하는 경우, 정부와 거래를 하는 요건으로서의 실사를 요구하는 경우 등을 기술하고 있다. 예컨대 환경영향평가를 조건으로 개발허가를 하거나 아동노동이 없는 제품을 조달하는 등의 경우이다. 마지막으로 셔터는 기업들에게 인권 관련 정보를 공시하게 한다면 인권실사를 장려하는 효과를 낳을 것이라고 지적했다.

이처럼 셔터는 실사 제도가 이미 실제 현실에서 아주 광범하게 이용되고 있으며, 인권과 관련한 사안에서도 그렇다고 주장했다. 말하자면 실사제도는 이미 현실 속에서 검증되고 확산된 규제 양식이라는 것이다. 그러

---

34 Oliver De Schutter et al., 위의 책, p.61.
35 Oliver De Schutter et al., 위의 책, p.61.

니 인권실사를 법적으로 요구한다고 하더라도 하등 기이한 것도 아니고 기업이나 규제자에게 감당하기 힘든 부담을 주는 것도 아니라는 것이다. 사실 존 러기가 인권 '실사'라는 개념을 도입한 것도 기업이 실사의 개념과 실무에 익숙하다는 점을 고려했기 때문이었다. 기업이 매수합병, 환경, 반부패 등과 관련하여 실사를 해 왔듯이, 인권에 대해서도 유사한 방식으로 실사를 하면 된다는 것이다.[36]

사실 셔터가 인권실사의 법적 의무화가 가능하고 필요하다는 주장을 하기 위해 그렇게 길고(이 글은 93쪽에 이른다!) 치밀한 글을 썼지만, 그 글 발표 이후 근 10년이 지난 지금 인권실사를 법적 의무화할 수 있을지 여부는 더 이상 치열한 논란 지점이 아니게 됐다. 왜냐하면 이미 인권실사의 의무화가 현실에서 진행되고 있기 때문이다. 예컨대, 한국의 경우 공공기관의 인권경영이 사실상 의무화되어 시행되고 있고, 유럽의 일부 국가(프랑스, 독일, 노르웨이, 영국, 네덜란드 등)는 사기업의 인권실사 의무화 법제를 도입했다. 다만 이미 도입된 인권실사 의무화 법제들 사이에는 상당한 차이가 있고, 이에 따라 어떤 형태의 인권실사법이 더 나은지에 대한 논란을 낳고 있다. 이런 점에서 아래에서는 인권실사의무화법에 담겨야 할 내용에 어떤 것들이 있는지, 주요 논쟁점은 무엇인지를 제시하는 것으로서 마무리하고자 한다.

3) 인권실사의무화법

이행원칙이 이미 인권실사 내지 인권경영의 내용을 제시했지만, 이것을

---

36 실제로 환경경영과 인권경영 혹은 환경실사와 인권실사 사이에는 아주 긴밀한 유사성이 있다. 이에 관해서는 본서 7장을 참고하라.

법적 의무로 만들기 위해서는 추가적으로 검토할 내용들이 적지 않다. 특히 인권실사를 법적 의무로 한다는 것은 위반시 법적 제재를 수반하기 때문이다. 이 점을 고려할 때 인권실사의무화법(이하 '인권실사법')은 적어도 다음과 같은 것들을 포함하고, 명확히 제시해야 한다.

적용 대상 기업의 획정

인권실사를 한다는 것은 적어도 기업 내부에서 관련 정책을 수립하고 집행 조직을 만들어 실행하는 것을 포함하기 때문에 소규모 기업은 이를 실행하기 어렵다. 규제자의 입장에서도 모든 기업을 대상으로 해서는 규제하기 어렵다. 이런 이유로 인권실사법의 적용 대상 기업은 일정하게 제한할 필요가 있다. 그렇기 때문에 적어도 인권실사 의무화 법제의 도입 초기에는 인권에 대한 영향력도 크고 인권경영을 할 여력이 있는 소수 대기업을 중심으로 적용 대상 기업을 한정하는 것이 필요하다.

대상 대기업의 결정은 매출액을 기준으로 할 수도 있고(독일), 노동자의 수를 기준으로 할 수도 있고(프랑스), 상장 여부를 기준으로 할 수도 있을 것이다. 혹은 여러 기준을 혼합적으로 활용할 수도 있다(노르웨이). 그리고 공기업이나 외국 기업에 대한 규제 원칙도 세워야 한다. 아무튼 이행원칙에 의하면 기업의 종류, 활동 지역, 규모에 상관없이 모든 기업이 인권실사를 해야 하지만, 인권실사를 법적 의무로서 부과받는 기업은 일정하게 제한하는 것이 불가피할 것이다.

적용 대상 인권의 획정

이행원칙에 의하면, 기업은 '국제적으로 승인된 모든 인권'에 대한 존중 책임을 진다. 기업이 실사를 함에 있어서 모든 인권에 대한 실사를 법적으로 의무화할 것인지(프랑스, 독일, 노르웨이), 일정하게 한정된 인권에 대한 실사만을 법적으로 의무화할 것인지(영국, 네덜란드)를 우선 결정해야 한다. 여기서 한 가지 더 지적할 것은 최근 인권실사 의무화 법제는 환경권을 포함하여 실사할 것을 명시적으로 요구한다는 점이다(프랑스, 독일, 노르웨이). 현재 논의 중인 '기업과 인권 조약(안)'은 기후변화를 실사에 포함할 것을 명시했다.[37] 말하자면 이행원칙에서 정의한 인권실사의 방법을 환경과 기후변화 문제에도 그대로 적용하라는 것이다.

인권실사의 정의

인권실사법은 기업에게 인권실사를 하도록 의무화하는 법인 만큼, 그 법은 의무기업이 수행해야 하는 인권실사의 내용을 명기해야 한다. 정책선언을 해야 하는지, 인권영향평가는 어떻게 해야 하는지, 이해관계자의 참여는 어떤 식으로 보장해야 하는지, 고충처리 절차는 어떻게 제공해야 하는지, 공개는 어떻게 해야 하는지 등을 명확하게 법조문 형식으로 만들어 담아야 할 것이다.

공개의 방식

인권실사법은 기업에게 어떤 인권을 어느 정도로 준수하라고 직접 명령하지 않는다. 다만 인권경영을 하라고 명령할 뿐이다. 그럼에도 기업이 각자의 사정에 맞게 상세히 인권정책을 마련하고 실시하는 것은 인권실사의 내용이 공개되기 때문이다. 그렇기 때문에 인권경영에서 공개는 지극히 중요하다. 따라서 인권실사법은 공개의 방식과 내용에 대해서 상세히 정의할 필요가 있다. 다만 세밀한 항목은 법 자체에서 규정된다기보다 시행령 등이 이용될 수 있을 것이다(프랑스, 독일).

---

37 '기업과 인권 조약'에 대해서는 본서 6장을 참고하라.

인권실사법의 위반에 대한 법적 제재

인권실사법이 만들어진다는 것은 그 법을 위반했을 때 일정한 법적 제재가 수반된다는 것을 의미한다. 그렇지 않다면 법의 제정에도 불구하고 결국은 기업의 자발성과 시장에만 의존하는 결과가 되어 법을 제정하는 보람이 없을 것이기 때문이다. 법적 제재는 민사적·형사적·행정적 제재가 있을 수 있고, 이런 다양한 제재가 혼합되어 이용될 수도 있다.

민사적 제재는 피해자 혹은 이해관계자가 법원을 통해서 민사 구제를 청구하는 방식이다. 기업이 실사를 하지 않음으로써 손해를 야기한 경우 손해배상을 청구할 수도 있고(프랑스), 일정한 행동의 금지명령 혹은 이행명령을 구하는 방식도 있을 수 있다(프랑스). 실사의 여부와 별개로 인권침해 자체에 대해 청구되는 민사 손해배상과 관련하여 인권실사법이 일정하게 입증책임을 전환하거나 경감하는 내용을 담을 수도 있다.[38] 형사적 제재는 기업이 실사법을 위반한 경우, 그 자체로서 기업에 형벌을 부과하는 방식이다(프랑스에서 관련 규정은 위헌판결을 받았다. 독일 실사법은 형사제재가 예상되어 있다). 행정적 규제는 행정부가 충실한 실사 여부에 대해서 감시하고 감독권을 행사하는 것이다. 행정부는 시정명령이나 과징금을 부과할 수 있다(독일, 노르웨이).

이상에서 인권실사의무화법에 담겨야 할 내용의 큰 틀을 제시해 보았다. 이제 인권실사의무화법이 가능한지 여부에 대한 논란은 뒤로하고, 어떻게 제대로 된 인권실사의무화법을 제정할 것인가를 고민할 때가 된 듯하다. 이를 위해서는 인권실사에 대한 깊은 이해가 선행되어야 하고, 이어서 외국의 법제를 참조하면서 우리 실정에 맞는 제도를 설계하는 것이 필요하다.

---

38 앞의 서터의 서술에서 보듯이, 현실의 많은 실사 법제는 법적 책임의 경감과 연결되어 있다. Oliver De Schutter et al., 앞의 책 참조.

2장

'기업의 사회적 책임'과 '인권경영'

최근 '기업의 사회적 책임(corporate social responsibility, CSR)'과 '인권경영(business and human rights, BHR)'이란 말이 함께 유행하고 있다. 문자적 의미로 보면, 전자는 '사회'에 대한 기업의 책임을, 후자는 '인권'에 대한 기업의 책임을 말한다. 기업에게 전에 없던 새로운 책임을 부과하려는 이 두 시도는 왜 같은 시대에 등장하여 함께 존재하는가? 두 용어는 같은 뜻의 서로 다른 표현일 뿐인가, 아니면 아예 서로 다른 내용을 담고 있는가? 다르다면 해결하고자 하는 문제 자체가 서로 다른가, 아니면 문제 자체는 동일한데 해결을 위한 접근법이 다른 것인가? 양자의 관계는 상호 보완적인가 상호 배타적인가? 또 당위의 차원에서 양자의 관계는 어떠해야 하는가?

이러한 질문에 답하기 위해서는 먼저 CSR과 인권경영의 개념을 정의해야 한다. 문제는 현재까지 두 용어에 대한 개념 자체가 모호한 채로 남아 있다는 것이다. 결과적으로 CSR과 인권경영을 비교한다는 것은 각각의 개념을 어떻게 정의하느냐에 달려 있다고 할 수 있다. 그래서 이 장에서는 역사적·

현실적 자료를 토대로 CSR과 인권경영에 관한 논의의 전개 과정을 살펴보면서 어떤 식의 개념 정의가 적정한지 알아보고, 그 토대 위에서 양자의 관계를 논의하고자 한다.

1. CSR과 인권경영의 차이

1) CSR의 대두 과정과 ISO 26000의 제정

CSR은 기업이 이윤추구라는 본연의 목적에만 충실해서는 안 되며 사회에 일정한 기여를 해야 한다는 관념을 담고 있다. CSR을 이렇게 넓게 정의한다면 이 논의는 상당히 멀리 거슬러 올라갈 수 있다. 하지만 CSR에 대한 현대적 논의는 'CSR의 아버지'라고 일컬어지는 하워드 보언(Howard R. Bowen)의 『기업인의 사회적 책임』이 출판된 1953년 이후로 본다.[1] 이 책의 제목에서 보이듯이 보언이 '기업'이 아닌 '기업인'의 사회적 책임이라는 표현을 썼다는 것은 그 당시까지의 CSR 논의 수준을 반영한다. 아무튼 그는 이윤추구의 극대화가 사업 성공의 기준인 시대는 저물고 있으며, 경영자는 대중 교육, 노동자, 지역사회, 정부, 생산성, 경제적 안정, 경쟁, 천연자원 보존 등을 고려하는 경영을 해야 한다고 주장했다.[2] 비록 그가 '기업의 사회적 책임'이라는 정확한 표현을 사용하지는 않았지만, '사회적 책임'에 관하여 그 현상, 원인, 내용, 이에 대한 비판에 대한 반박, 그리고 추가적인

---

[1] Howard R. Bowen, *Social Responsibility of the Businessman*, Iowa City: University of Iowa Press, 2013(1953). 보언을 'CSR의 아버지'라고 칭한 사람은 CSR 이론의 대가인 캐럴(A. B. Carroll)이었다. Archie B. Carroll, "Corporate Social Responsibility: Evolution of a Definitional Construct," *Business and Society*, September 1999, p.270.

[2] Howard R. Bowen, 위의 책, p.52, pp.46-67.

진전을 위한 구체적인 정책 제안을 포함하는 포괄적인 이론화를 추구했다는 점에서 그는 'CSR의 아버지'라고 불릴 만하다.

CSR과 관련하여 각별히 주목할 만한 문건은 밀턴 프리드먼(Milton Friedman)의 1971년 에세이다.[3] 그는 우선, 보언과 마찬가지로, '기업'의 사회적 책임은 적절하지 않은 표현이라고 지적한 다음 '경영자(corporate executive)'의 사회적 책임에 대해 다음과 같이 주장했다.

> (경영자에게는) 하나의, 단 하나의 사회적 책임이 존재할 뿐이다. 그것은 게임의 규칙 안에 머무는 한에서, 다시 말해 사기나 기만 없이 공개적이고 자유로운 경쟁 안에서 활동하는 한에서 이윤을 증가시키기 위해 그 자원을 쓰고 활동하는 것이다.

프리드먼의 글을 통해 우리는 1970년까지도 '기업의 사회적 책임 (CSR)'이라는 표현이 확고히 정착되지 않았음을 알 수 있다. 이 글의 가장 큰 특징이라면 사회에 대해 기업이 책임져야 할 것과 그렇지 않은 것 사이의 경계를 지극히 명료하게 보여 주었다는 점이다. 즉, 그는 '사회적 책임'이란 주주의 이익에 합치하지 않는 방식으로 피고용자나 소비자의 이익 혹은 기타 사회적 목적에 기여하는 것이라는 점을 명확히 했다. 경영자가 주주의 목적인 이윤추구를 위해서 선해 보이는 행동을 할 수는 있지만, 이 것은 사회적 책임이라기보다는 '위선적 치장(hypocritical window dressing)'에 불과하다고 했다. 달리 말하면 경영자가 주주의 이윤 극대화를 위해 선해 보이는 행동을 하는 것은 이윤추구 활동의 일환에 불과하여 '사회적 책임' 활동이라고 부를 수 없다는 것이다. 반면, 경영자가 주주의 이익을 희

---

3 Milton Friedman, "The Social Responsibility of Business is to Increase its Profits," *New York Magazine*, 13 September 1970.

생시키면서 사회를 위해 선한 행위를 하는 것을 '사회적 책임'이라고 부를 수 있겠지만, 이는 경영자가 결코 하지 말아야 할 반시장적이고 부도덕한 행위라고 했다. 프리드먼이 볼 때 '위선적 치장'이 아닌 명실상부한 '사회적 책임' 활동은 경영자가 결코 해서는 안 되는 일이었다.

이러한 프리드먼의 주장은 CSR에 대한 하나의 개념 규정이면서 동시에 CSR에 대한 가장 강력한 공격이었다. 그의 주장은 CSR이 추구한 가치를 정면으로 부정했을 뿐만 아니라, 단지 이론에만 머물지 않고 현실적인 힘이 됐다. 즉, 그의 입론은 규제완화와 경제의 세계화로 대표되는 20세기 후반의 시대정신이 되었던 것이다. 이것이 바로 신자유주의이다. 신자유주의 시대에서는 '기업은 주주의 이익 극대화 이외의 어떠한 가치도 추구해서는 안 된다.'는 이데올로기가 현실을 지배했다. 이러한 흐름은 CSR에 대한 사형선고나 마찬가지였다.

신자유주의의 압도적 확산에도 불구하고 CSR에 대한 학문적 논의는 1970년대 이후에도 끊이지 않고 진행되었다.[4] 급기야 1990년대 이후에는 CSR이 학문적 논의를 넘어 현실에서 부상하기 시작했다. 신자유주의는 본질적으로 CSR의 가치를 부인하는 입론이었지만, 역설적이게도 바로 그 점 때문에 CSR은 두 가지 방식으로 번성하게 되었다. 첫째, 신자유주의 아래서 기업이 노골적으로 주주의 이익만을 추구함으로써 많은 사회적 문제를 야기했고, 이는 '주주의 이익만 추구하는 기업은 사회적으로 수용될 수 없다.'는 인식을 확산시켰다. 둘째, 규제완화에 따라 공적 규제가 약화된 반면 기업은 급격히 거대해짐에 따라서 사회에 대한 기업의 상대적 영향력이 급증했고, 동시에 기업에 대한 사회적 기대도 전에 없이 커졌다. 이처럼 신자유주의의 확산이 오히려 CSR의 부상을 이끌었던 것이다.

1990년대 이래 CSR 활동과 논의가 활발해졌다는 것은 여러 측면에서

---

4 Archie B. Carroll, 앞의 논문, p.273 이하.

확인된다. 무엇보다 CSR에 대한 기업들의 참여가 눈에 띄게 두드러졌다. 특히 대규모 다국적기업은 경쟁적으로 CSR을 표방했고, 그 성과를 지속가능성 보고서(Sustainability report) 형태로 발표했다. NGO를 포함하여 CSR 관련 기관들도 급증했다. CSR은 이제 그 자체가 하나의 산업이 되었고, 이에 대한 이론적 논의도 더욱 정교해졌다. 프리먼(E. Freeman)의 이해관계자 이론이 널리 확산된 것도 이즈음이다.[5] 경영대학에서는 CSR 혹은 기업윤리 등이 정규 과목으로 채택됐다. 이제 기업이 사회적 책임을 진다는 주장 자체에 공공연히 반대하는 학자나 기업은 거의 없어 보인다. 그런 점에서 CSR은 주류화되었다고 할 수 있다.

그러나 이러한 변화와 확산이 CSR 개념의 난립과 혼란을 낳은 것도 사실이다. 이 문제를 해결하기 위한 국제사회의 노력이 국제표준화기구(ISO)를 중심으로 전개되었으며, 그 결과로서 CSR에 대한 국제표준(이하 ISO 26000)이 제정되었다.[6] ISO 26000은 기업뿐만 아니라 모든 '조직'의 사회적 책임을 다루는 형식을 취하고 있지만, 그 초점이 기업에 있다는 것은 부인할 수 없다. ISO 26000은 오늘날 CSR에 관한 가장 권위 있는 문서라고 할 수 있다. ISO 26000은 각종 국제표준의 제정에서 전문성을 가진 ISO의 주도하에 10년(2001~2010)이라는 긴 기간에 걸쳐 체계적으로 준비되었을 뿐만 아니라, CSR에 관한 방대한 이해관계자의 논의와 합의의 산물이기 때문이다. 구체적으로 ISO 26000의 제정 과정에는 99개 회원, 40개 국제기구, 450명의 전문가들이 대거 참여하여 초안을 만들고 합의를 이루어 갔다.[7] 이 점은 매우 중요한데, 왜냐하면 국제공법적 기구가 아닌 국제표준

---

5 이해관계자 이론을 거칠게 정의하자면, 기업은 주주의 이익만이 아니라 종업원, 소비자, 지역사회 등 다양한 이해관계자의 이익을 고려하여 운영되어야 한다는 이론이다. Edward Freeman, *Strategic Management: A Stakeholder Approach*, London: Cambridge University Press, 1984.

6 ISO, *Guidance on Social Responsibility*, ISO 26000, 2010.

화기구가 '사회적 책임에 대한 국제표준'의 정당성을 확보하기 위해 의식적으로 절차적 정당성을 추구했기 때문이다.[8] 이런 점들을 고려할 때, ISO 26000은 CSR의 개념을 파악하는 출발점으로 삼기에 부족함이 없다고 하겠다.

2) 인권경영의 대두 과정과 '기업과 인권 이행원칙'의 제정

인권경영(BHR)의 개념도 확정하기가 쉽지 않다. 인권경영을 가장 넓게 정의한다면 '기업은 인권에 대해서 모종의 책임을 진다.'는 것이다. 그렇다면 이러한 관념은 언제부터 생겼을까? '인권'이라는 단어가 널리 사용되기 시작한 것을 20세기 중반으로 본다면, 기업의 인권 책임도 그 전으로 소급할 수는 없다.

기업의 인권 책임에 대한 관념의 등장을 암시하는 최초의 문장은 「세계인권선언」 서문에서 찾을 수 있다. 이 서문은 "모든 개인과 사회의 각 기관"이 인권과 자유에 대한 존중을 신장하기 위해서 노력해야 한다고 규정한다. 여기에서 말하는 "사회의 각 기관"이 기업을 포함하는 것이라고 해석할 수도 있겠지만,[9] 실제로 이것이 기업을 염두에 둔 표현이라는 증거는 거의 없다. 따라서 20세기 중반에 기업의 인권 책임에 대한 관념이 생겼다고 보기는 어렵다.

인권에 대한 기업의 책임을 명시적으로 논의하기 시작한 것은 1990년

---

7 노한균, 『ISO 26000을 통해 사회책임 살펴보기: 새로운 국제표준의 이해와 실천』, 박영사, 2011, 41쪽 이하.

8 Ruediger Hahn, Christian Weidtman, "Transnational Governance, Deliberative Democracy, and the Legitimacy of ISO 26000: Analyzing the Case of a Global Multi-Stakeholder Process" (*Business and Society* 게재 예정 논문임)

대다. 이를 가장 선명하게 보여 주는 문서는 1998년 NGO인 국제 앰네스티(Amnesty International)가 발표한 「기업을 위한 인권 원칙」이다.[10] 이 문서는 기업이 인권 책임을 져야 한다는 전제하에 기업이 인권에 대해 어떤 책임을 어떤 방식으로 져야 하는지에 대해 서술했다.

이후 기업의 인권 책임에 관한 논의를 주도한 것은 유엔(UN)이었다. 2000년에 출범한 '유엔 글로벌 콤팩트(UNGC)'는 기업의 인권 존중 책임을 선언했다.[11] 하지만 이 문서는 인권 문제만을 다룬 것은 아니라는 점에서 오히려 CSR의 일종으로 보는 것이 더 적절할 것이다.

기업의 인권 책임을 더욱 본격적으로 다룬 것은 2003년에 유엔 인권위원회가 공개한 '기업인권규범'이었다.[12] 이는 기업에게 법적으로 구속력 있는 인권 의무를 부과하려는 시도였다. 이 시도는 비록 유엔의 공식 입장으로 채택되지는 못했지만, 기업에게 인권 책임을 부과하고 이의 이행을 강제하려 했다는 점에서 인권경영에 관한 선구적 문서라고 할 수 있다.[13]

유엔 기업인권규범의 좌절은 인권경영을 둘러싸고 여러 이해관계자들 사이에서 격심한 의견 대립이 존재한다는 점을 보여 주는 사건이었다. 기업인권규범에 관한 논의 과정에서 기업에게 과연 인권 의무가 있는지, 있다면 그 근거와 내용은 무엇인지, 그리고 기업의 인권경영을 현실화하기

---

9 이런 관점을 제시한 저명한 국제법학자가 헨킨 교수이다. Louis Henkin, "The Universal Declaration at 50 and the Challenge of Global Markets," 25 Brook. J. Int'l L. 17, April 1999, p.25.

10 Amnesty International, "Human Rights Principles for Company," ACT 70/001/1998, 1998. 〈https://www.amnesty.org/download/Documents/148000/act700011998en.pdf〉

11 유엔 글로벌 콤팩트의 전개 과정과 현황 등에 대해서는 다음을 참고하라. 이상수, 「UN 지구협약의 특징과 가능성: soft law vs. hard law」, 『홍익법학』 제12권 제1호. 2011.

12 Sub-Commission on the Promotion and Protection of Human Rights, "Norms on the Responsibilities of Transnational Corporations and Other Business Enterprises with Regard to Human Rights," U.N. Doc. E/CN.4/Sub.2/2003/L.11, 2003.

13 '기업인권규범'의 주요 내용과 그에 대한 비평에 대해서는 본서 4장을 참고하라.

위해서는 무엇이 필요한지 등 기본적이고 중요한 사항에서 견해차가 매우 크다는 사실이 드러난 것이다. CSR에 대한 견해의 난립으로 인해 CSR의 통일적 이해를 위한 국제표준(ISO 26000)이 필요했던 것과 마찬가지로, 인권경영에 대해서도 공통된 이해가 필요하다는 사실이 명확해졌다. 그러나 어떻게 이것이 가능하겠는가? 인권경영을 둘러싼 이해관계자들 사이의 의견 차이가 극심한 만큼 그에 관한 공통적 이해를 마련하는 것은 지극히 어려운 일일 수밖에 없었다.

이 어려운 일은 존 러기(John Ruggie)라는 아주 특별한 사람에 의해서 가능하게 되었다. 그는 유엔 사무총장의 특별대표 자격으로 6년간의 노력 끝에 인권경영이 무엇을 의미하는지에 대한 포괄적인 문서를 만들어 냈다. 그것이 이른바 '유엔 기업과 인권 이행원칙'(이하 '이행원칙')이다.[14] 이 문서도 '기업인권규범'과 마찬가지로 온전히 '기업과 인권' 문제에 집중하고 있다. 이 문서는 인권경영에서 지극히 중요한 문서가 됐는데, 왜냐하면 이 문서가 후에 인권경영과 관련한 거의 대부분의 이해관계자들이 동의하는 보편적인 텍스트로 정착해기 때문이다. 이 문서는 제안 즉시 유엔 인권이사회에서 만장일치의 승인을 얻었을 뿐만 아니라, 유럽연합(EU), 경제협력개발기구(OECD), 세계은행 등의 국제기구와 기업계 그리고 NGO 등으로부터 광범한 지지를 받았고, 그 이후에도 계속해서 그 영향력을 확대해 왔다. 이런 점을 생각할 때 이행원칙은 현재 '인권경영의 국제표준'이라고 할 만하다. 따라서 인권경영의 특징을 이해하기 위해서는 이행원칙을 검토하는 것이 매우 적절하다.

14　United Nations, "Guiding Principles on Business and Human Rights: Implementing the United Nations 'Protect, Respect and Remedy' Framework," HR/PUB/11/04, 2011.

2. CSR과 인권경영의 유사성

1) ISO 26000의 내용

ISO 26000은 "사회적 책임의 최종적 목표는 사회 전체 및 지구의 지속가능발전에 기여하는 것"이라고 한다.[15] 이를 위해서 기업이 부담하는 책임을 일곱 가지 핵심 주제로 나누어 설명한다. 여기에는 지배구조, 인권, 노동 관행, 환경, 공정 운영 관행, 소비자 이슈, 지역사회 참여 및 발전이 포함된다. 여기서 보듯이 글로벌에서 합의한 CSR은 단순히 금전 등을 기부하는 자선 행위(philanthrophy)가 아니다. CSR의 중심은 번 돈을 기부하는 행위라기보다는 돈 버는 과정에 관한 것이다. 자선 행위는 기껏해야 CSR의 극히 작은 부분일 뿐이다. 따라서 이 장에서도 자선 행위로서의 CSR은 거의 거론하지 않는다.

핵심 주제 중 인권 항목을 보면, "조직은 자신의 영향권 내에서 인권을 존중할 책임이 있다."고 하고,[16] 이를 위해 인권실사(human rights due diligence)를 실시할 것을 요구한다. 인권실사란 조직의 활동에서 발생하는 실제적·잠재적 인권영향(human rights impact)을 식별하고, 예방하고, 조치하는 활동을 의미한다. 기업이 존중해야 하는 인권 목록에는 시민적·정치적 권리와 경제적·사회적·문화적 권리가 포함된다.

ISO 26000은 사회적 책임을 실천하기 위한 이행 체계에 대해서도 서술하고 있다. 이에 따르면 기업은 실사를 통해 조직이 대응해야 할 사회적 책임을 식별하고, 그에 대처하기 위한 조치를 경영에 통합하여 실행하고, 그 결과에 대해서 소통해야 한다.

---

15 ISO, 앞의 책, p.9.
16 ISO, 앞의 책, p.23.

2) '유엔 기업과 인권 이행원칙'의 내용

이행원칙은 국가의 인권 보호 의무, 기업의 인권 존중 책임, 구제에의 접근이라는 세 가지 축으로 구성되어 있다.

국가의 보호 의무란 국가가 자신의 영토나 관할권 내에서 기업을 포함한 제3자에 의한 인권침해로부터 개인을 보호할 의무를 말한다. 이행원칙은 또한 기업의 인권 존중 책임의 존재를 확인하고 그 내용도 아울러 규정한다. 먼저 이행원칙은 기업에는 인권 존중 책임이 있다는 것을 선언한다. 이 말의 의미는, 기업은 규모, 장소, 소유 구조 등에 관계없이 국제적으로 승인된 모든 종류의 인권에 대해서 부정적 영향을 미치지 말아야 할 책임이 있다는 것이다. 이를 위해 기업은 인권정책을 선언하고, 인권실사를 실시하고, 구제절차를 제공해야 한다. 인권실사란 기업의 부정적 인권영향을 평가하고, 그에 대처하기 위한 정책을 실행하고, 그 정책의 효과를 추적하며, 이 모든 과정을 이해관계자에게 공개하는 것을 의미한다. 마지막으로 이행원칙은 인권 피해자에게 구제절차를 제공하는 것의 중요성을 지적하고 구체적인 방안을 제시했다.

3) ISO 26000과 이행원칙의 유사성

형식적으로 보자면 이행원칙이 '기업에 의한 부정적 인권영향의 방지'라는 소극적인 목표를 제시하고 있는 반면, ISO 26000은 '사회 전체 및 지구의 지속가능발전에 기여'한다는 원대한 최종 목표를 명시하고 있다. 하지만 양자 사이에는 중첩되거나 공통되는 부분도 의외로 많다.

먼저 기업의 인권 책임에 관한 한 ISO 26000과 이행원칙의 내용에는 상당한 유사성이 있다. 모든 기업의 인권 '존중' 책임을 인정한 점, 준수해야 할 인권 목록에 제한이 없는 점, 인권실사와 피해자 구제를 강조한 점 등 양자는 핵심 내용에서 실질적으로 동일할 뿐만 아니라 사용되는 단어 조차 거의 같다. 이처럼 양자가 유사한 이유는 ISO 26000의 인권 관련 내용이 사실상 존 러기의 개입하에 만들어졌기 때문이다.[17]

그러나 ISO 26000과 이행원칙 사이의 유사성은 여기에 그치지 않는다. 경우에 따라서는 두 가지가 거의 동일한 책임 내용을 갖는 것처럼 보인다. 왜냐하면 ISO 26000은 인권 이외에 노동, 환경, 소비자, 공정 운영 관행, 지역사회 이슈 등도 핵심 이슈로서 제시하고 있는데, 이들도 모두 사실상 인권 이슈로 볼 여지가 있기 때문이다. 게다가 ISO 26000이 말하는 이행 체계는 이행원칙이 제시한 인권실사와 그다지 다르지 않다. 이렇게 본다면 ISO 26000에서 제시된 CSR 개념과 이행원칙을 통해 합의된 인권경영 사이의 간극은 그리 멀지 않아 보인다.

3. CSR과 인권경영의 통합 가능성

CSR과 인권경영이 기업에게 요구하는 행동이 유사하다면, 왜 굳이 다른 표현을 사용할까? 어느 한쪽으로 통합할 수는 없을까?

경제윤리 문제를 천착해 온 베트슈타인(F. Wettstein)은 사회적 책임을 논하는 이들과 인권 책임을 논하는 이들 사이에 소통이 없다는 점을 지적하고, 양자의 논의를 통합하여 상호 보완적으로 발전할 가능성을 검토했다.[18] 그는 두 개념을 구분하면서, CSR은 바람직한 것 즉 선택적인 면을 강

---

17 존 러기, 이상수 옮김, 『기업과 인권』, 필맥, 2014, 245쪽.

18 Florian Wettstein, "CSR and the Debate on Business and Human Rights: Bridging the Great Gap," *Business and Ethics Quarterly*, Vol.22 No.4, October 2012.

조하는 반면, 이행원칙으로 대표되는 인권경영은 바람직하지 않은 것 즉 불가피한 면을 부각한다는 점이 결정적인 차이라고 보았다. 동시에 그는 이행원칙이 기업의 인권 책임을 너무 협소하게 정의한 점, 즉 기업의 인권 책임을 기업의 인권 '존중' 책임으로 한정한 점을 비판하면서, 이러한 접근을 '최소주의적 접근'이라고 불렀다.

그에 의하면, 인권은 도덕적 권리이고 그러한 도덕적 권리에 대해서 기업은 인권 책임을 진다. 여기서 기업의 인권 책임은 '존중' 책임에 한정될 수 없고, 인권의 '보호(protect)'와 '충족(fulfill)' 책임을 포함한다.[19] 아울러 그는 기업이 그러한 인권 책임을 지는 이유는 그럴 만한 역량을 가지고 있기 때문이라고 주장했다. 다시 말해 기업이 인권 책임을 진다는 것은 기업이 인권을 침해했기 때문이 아니라, 특정한 조건에서 기업이 인권에 대해 정치적 책임을 지기 때문이라는 것이다. 그는 이것을 '역량에 기초한 인권 의무(capacity-based human rights obligation)'라고 불렀다.[20] 요컨대, 베트슈타인은 인권의 본질에 관한 논의에서 시작하여 기업이 단지 소극적 인권 의무만이 아니라 적극적 인권 의무도 진다는 것을 논증함으로써, 기업의 인권 책임을 확장하고자 했다.

그는 기업의 인권 책임을 이렇게 넓게 이해할 때 비로소 CSR과 인권경영은 통합될 수 있다고 보았다. 즉, 확장된 인권 책임으로 CSR의 내용을 채울 수 있다는 것이다. 그는 이런 이해를 통해 단순히 양자를 기계적으로

---

19 흔히 국가의 인권 의무를 존중, 보호, 충족 의무로 나눈다. 이런 구분은 에이드(A. Eide)와 슈(H. Shue)가 제안한 것으로서 국제인권법에서 널리 수용되는 분류법이다. UN Economic and Social Council, "The Rights to Adequate Fod as an Human Rights, Report prepared by Mr A Eide," E/CN.4/Sub.2/1987/23, 1987; Henry Shue, *Basic Rights, Subsistence, Afluence, and US Foreign Policy*, Princeton University Press, 1980, p.52. 대략 구분하면, '존중'이란 국가 스스로 인권을 침해하지 않는 것이고, '보호'란 제3자에 의한 인권침해로부터 개인을 보호하는 활동이고, '충족'이란 교육권을 충족하기 위해서 국가재정을 쓰듯이 국가가 적극적인 재정 지출을 통해서 인권의 실현을 도모하는 활동을 말한다.

20 F. Wettstein, 앞의 글, p.755.

통합하는 것이 아니라, 기존의 CSR 개념이 갖는 임의적·선택적 특성을 극복하고, 아울러 이행원칙의 인권 개념이 갖는 협소함을 극복할 수 있다고 주장한 것이다. 이런 입장을 가진 그에게 CSR과 인권경영의 통합은 이루어야 할 하나의 과제가 된다.

그러나 그가 주장하듯이, CSR과 인권경영을 통합하는 것이 과연 가능할까? 그리고 그것이 바람직한 발전 방향이라고 할 수 있을까? 나는 이에 대해서 다소 회의적인 견해를 제출하고자 한다. 그 이유는 아래에서 보듯이 두 개념은 성격이나 접근법에서 질적 차이가 결코 작지 않기 때문이다.

1) CSR의 기원과 논리 구조

학문적 기원으로 보면, CSR은 주로 경영학자에 의해 발달된 사고방식이다. 이들은 기업이 주주의 이윤만 추구해서는 안 되며, 법이 요구하지 않더라도 주주 이외 다른 이해관계자의 이익을 도모하거나 사회에 뭔가 적극적 기여를 해야 한다고 주장한다. 이들이 주로 염두에 두고 있는 청중은 기업 혹은 기업인이다. 그렇다면 이들은 왜 기업이 CSR 활동을 해야 한다고 주장하는가?

기존의 CSR 이론은 이에 대해 몇 가지 대답을 제공한다. 그것은 대체로 세 가지 정도로 요약된다. 첫째는 사회적 허가(social licence to operate)다. 기업활동을 하려면 그에 대한 사회적 지지와 동의가 있어야 하는데, 이를 확보하기 위해서는 기업이 다양한 이해관계자의 이익을 고려하지 않을 수 없다는 것이다. 둘째는 리스크 관리(risk management)다. 기업이 사회적·환경적 차원에서 문제를 야기할 경우 기업의 명망에 심각한 손상이 생길 수 있고, 이는 곧 재무적 손상으로 이어질 수 있다는 것이다. 셋째는 사업 명분(business case)이다. 즉 기업이 사회적 요구에 적극적으로 대응하는 것은 새로운 사업 기회가 될 수 있다는 것이다. 미국의 경영학자 마이클 포터(Michael E. Porter)의 공유가치창출(Creating Shared Value, CSV)이라는 개념도 이런 사업 명분의 맥락에 있다.[21]

그런데 만약 CSR이 위와 같은 동기에 의해서 추동되는 활동이라면, 그것은 밀턴 프리드먼이 의미하는 사회적 책임 활동이 아니다. 앞에서 보았듯이, 그는 경영자가 이윤추구의 목적을 위해서 선해 보이는 행동을 할 수는 있지만 그것은 사회적 책임 활동이라기보다 '위선적 치장(hypocritical window dressing)'에 불과하다고 보았다. 이런 관점에서 본다면 사회적 허가, 리스크 관리, 사업 명분을 도모하는 것은 이윤추구 행위의 일환이다. 그것은 캐럴이 의미한 가장 저차원의 사회적 책임 활동, 즉 경제적 책임(economic responsibility) 차원의 논의이다.[22] 기업이 사회적 책임을 다하는 이유가 경제적 동기에 의해서 설명되기 때문이다. 따라서 위에서 제시한 세 가지에 근거한 사회적 실천은, 프리드먼에 의하면 CSR 활동으로 불릴 자격이 없다.

여기서 우리는 새로운 질문을 해 볼 수 있다. 과연 CSR에 대한 프리드먼식 정의는 적절한가? 다시 말해 사회적 허가, 리스크 관리, 사업 명분을 위해 뭔가 선해 보이는 행위를 하는 경우 이것이 CSR 활동이 아니라고 보아야 할까?

나의 대답은 그렇지 않다는 것이다. 첫째, 실제 현실에서 사회적 허가, 리스크 관리, 사업 명분에 기업이 반응하는 행위를 이미 CSR 활동이라고 부르고 있다. 따라서 이를 부정하는 것은 현실의 어법과 합치하지 않는다.

---

21 Michael E. Porter, "The Role of Business in Society: Creating Shared Value," Badson Enterpreneurship Forum, 2011, p.7.

22 Archie B. Carroll, "The Pyramid of Corporate Social Responsibility: Toward the Moral Management of Organizational Stakeholders," *Business Horizons*, July-August 1991. 캐럴의 CSR 피라미드는 본서 12장에도 소개되어 있다.

둘째, 사회적 허가, 리스크 관리, 사업 명분에 기업이 반응하는 행위는 그 자체가 종전의 노골적인 이윤추구 행위와는 다른 고유한 특성을 지니고 있다. 그것은 기업에 대한 사회의 기대가 변화했다는 전제하에서 기업에게 새로운 종류의 행동이 요구되는 상황을 반영한다. 그러한 기대는 법적인 요구를 뛰어넘는 것으로, 도덕적 성격을 지닌다. 이제 기업은 이윤추구 행위를 지속하기 위해서도 이러한 도덕적 기대를 어느 정도 충족해야 한다. 기업의 입장에서 CSR을 실천하는 동기는 경제적인 것일 수 있지만, 기업에 대한 사회적 기대는 도덕적 성격을 띤다.

따라서, 기업이 경제적인 동기에서 움직인다면 그 내용이 무엇이든 CSR이라고 부를 수 없다는 프리드먼의 개념 규정은 현실을 제대로 반영한 것도 아니며, 현실을 제대로 파악하도록 돕지도 않는다. 오히려 CSR은 기업에 대해 사회가 높은 도덕성을 요구하는 상황에서 등장한, 기업 측의 새로운 대응 양식이라고 보는 것이 더 적합하다. 기업은 사회적 책임을 다하지 않으면 안 되는 강한 사회적 압력을 받기 때문에 그에 부응하는 모종의 행동을 하지 않을 수 없다는 것이다. 이런 유의 행동을 굳이 CSR 활동이 아니라고 말할 이유는 없어 보인다.

또 한 가지 지적할 것은, CSR을 말하고 실천하는 기업이나 학자들 또한 반드시 경제적 동기만을 말하지 않는다는 점이다. 일부 논자들은 CSR 활동이 낳는 경제적 이득뿐만 아니라 그것을 넘어선 윤리와 도덕에 대해 말한다. ISO 26000은 사회적 책임의 최종 지향점은 '지속가능발전'에 있다고 명시했다. 이런 점에서 CSR은 경제적 책임을 다하는 것 이상으로 윤리적 가치를 추구하는 활동을 포함한다. 이는 CSR이 현실에서 그러한 방향의 가시적인 성과를 내고 있다는 것을 말하는 것이 아니다. 오히려 CSR의 가치지향이 어디인지, CSR이 어떻게 정당화되는지를 말하고 있는 것이다. 현실에서 대다수의 기업이 경제적 동기에 의해서, 혹은 사회적 압력에 의해서 어쩔 수 없이 CSR을 실천한다고 해서 이 점이 바뀌는 것은 아니다.

이러한 실천 활동과 가치지향이 CSR의 핵심 요소라고 했을 때, 우리는 CSR이란 우리 시대의 독특한 기업경영 활동으로서, 기업에게 사회적 가치의 실천을 요구하는 사회의 기대나 압력에 반응하는 기업 측의 활동이라고 정의할 수 있다.

2) 인권경영의 기원과 논리 구조

기원의 측면에서 볼 때, CSR이 경영에 관한 전문가들의 담론이라면, 인권경영은 인권 전문가들의 담론이라고 할 수 있다. 인권경영은 1990년대 이래 국제 인권 NGO와 인권법학자들에 의해 대두되어 확산한 개념이다. 이들은 기업활동의 결과로서 인권이 침해되고 있는 현상에 주목하며, 가해자와 피해자가 있다는 사실에 유념한다. 이들은 기업이 가해자이면서도 어떤 제재도 받지 않았다는 사실(impunity)과, 기업에 의한 인권 피해자가 구제를 받지 못한 채 방치되고 있다는 현실을 강조한다. 이들에게 인권의 문제는 정의의 문제이며, 인권경영은 기업에 의해 무너진 정의를 바로 세우는 일이다. 따라서 인권경영은 하면 좋은 것이 아니라, 하지 않으면 안 되는 것 혹은 반드시 해야 되는 것이다.

인권경영은 또한 인권이 국제사회가 이미 공인한 공적 가치의 하나라는 점을 강조한다. 인권은 국제사회에서 원칙적·규범적인 차원에서 수용되고 있을 뿐만 아니라 구체적인 내용도 이미 각종 국제인권법을 통해 정립되어 있다. 이 점은 CSR과 인권경영을 구분하는 중요한 특징 중의 하나이다. 이미 합의된 가치와 법체계가 있다는 것은 인권경영에 힘을 실어 주는 중요한 요소이다. 인권경영은 보편적 인권가치에 근거하고 있으며, 이미 정립되어 있는 국제사회의 법규범에 최대한 의거하고자 한다.

한편 인권 규범이 공적 규범인 만큼, 인권경영은 사적 주체인 기업이 그것을 잘 준수하는지 감시하고 통제하는 것과 관련하여 공적 주체로서의 국가와 국제기구의 역할을 강조한다. 인권경영을 주장하는 사람은 대체로 기업의 인권침해 행위에 대한 법적 접근이 필요하다고 주장한다. 그런 점에서 인권경영에는 법률주의적 경향이 내장되어 있다고 할 수 있다.

인권경영의 이런 특성은 이행원칙에 잘 반영되어 있다. 이행원칙은 모든 기업이 규모나 장소나 소유 구조에 관계없이 국제적으로 승인된 모든 인권을 존중해야 한다는 원칙을 논란의 여지 없이 확립했다. 이행원칙은 기업에 의한 인권 '침해'를 문제 삼는 문서이며, 보호와 충족에 대한 책임을 배제하고 오직 기업의 인권 '존중' 책임만 거론했다는 점에서 최소주의적 접근을 취하고 있다. 또한 이행원칙 자체는 연성법이지만 내용 면에서 보면 국가와 법의 적극적 역할과 사법적 구제의 중요성을 강조하는 법률주의적 경향을 강하게 지닌다. '기업과 인권 조약'을 제정하려는 최근의 움직임도 이런 맥락에서 이해할 수 있다.

이렇게 볼 때 CSR과는 구분되는 가치관이 이행원칙의 정립에 결정적으로 기여했으며, 이행원칙의 정립이 인권경영의 관념을 통일시키고 진전시켰다. 이제 인권경영은 이행원칙을 준거로 삼으면서 이를 현실에서 구현하는 운동이 되었다.

3) 인권경영과 최소주의적 접근

이행원칙의 최소주의적 접근은 베트슈타인에 의해서 지적되고 비판받은 부분이다. 그에 의하면, 인권은 본질적으로 기업에게 적극적인 의무를 요청하므로 이행원칙은 최소주의적 접근 대신 보호와 충족을 포함하는 적극적 인권 의무를 담았어야 했다. 그의 주장이 이론적 차원에서는 완전히 틀렸다고 할 수는 없지만, 이는 현재 제기되는 인권경영의 역사적 맥락을 너무 적게 고려한 것이다. 현재의 인권경영이 제기된 것은 기업이 적극적 인권 의무를 다하지 않았기 때문이 아니라 소극적 인권 의무를 다하지 못했기 때문이다. 이런 상황에서 전선을 확대하는 것은 이행원칙의 문제의식과 장점을 희석시키는 결과를 가져올 것이다. 이행원칙이 성공적으로 정착될 수 있었던 이유 중의 하나는 그것이 최소주의적 접근을 취했기 때문이다. 다시 말해, 이행원칙이 최소주의적 접근을 취함으로써 기업이 반드시 준수해야 하는 최소한의 규범에 대한 국제사회의 합의를 도출할 수 있었고, 또한 법적 강제로 가는 기초를 확보할 수 있었던 것이다.

여기서의 주장은 인권경영이란 최소주의적 접근을 취할 수밖에 없다는 것이 아니다. 오히려 현실에서 최소주의적 접근을 취하는 인권경영의 흐름이 있었다는 것이고, 이 흐름이 현실의 인권경영 운동과 이행원칙의 성립을 이끌었으며, 현실의 인권경영을 대표한다는 것이다.

4) 소결

이상에서 CSR과 인권경영의 근본적인 차이를 보이고자 했다. 양자의 차이를 좀 더 선명하게 정리해 보자.

CSR의 전형적인 특징은 다음과 같다. CSR은 대개 경영학자가 주도하고, 기업 중심의 사고이다. CSR 활동은 개방적이며 최대주의적 지향을 갖는다. CSR을 실천해야 하는 근거는 경제적 이유 혹은 선의 실천에 둔다. CSR은 기업의 선의에 대해서 신뢰하며 사회에 대한 기업의 적극적 기여와 긍정적 영향력을 강조한다. CSR은 자발적이고 비법률적인 접근을 선호하며 CSR 활동에 대한 국가의 개입과 규제에 반대한다. 사회 내에서 적극적 가치를 선양하고 실천하는 것이 보수주의자의 특성이라면 CSR은 보수주의적이다.

이에 비해, 인권경영의 전형적인 특징은 다음과 같다. 인권경영은 대개 (인권법) 법학자, 인권 NGO, 그리고 인권 피해자가 주도하여 만든 흐름이다. 인권경영은 권리자 중심, 피해자 중심의 사고이다. 기업에게 인권경영을 요구하는 것은 인권에 대한 기업의 부정적 영향, 즉 인권침해를 막기 위해서다. 그런 점에서 인권경영은 최소주의적 접근을 한다. 여기서의 인권은 국제인권법이 이미 정립한 인권이다. 인권경영의 주창자들은 국가나 국제기구 등에 의한 강행적이고 법률적인 접근을 선호한다. 그만큼 인권경영에는 기업의 자발성에 대한 불신이 근저에 놓여 있다. 불의를 비판함으로써 사회를 개혁하려는 것이 진보주의자의 특징이라면, 인권경영은 진보주의적이다.

이상 나타난 차이를 주요 키워드를 중심으로 정리해 보면 아래 표 1과 같다.

물론 현실의 CSR과 인권경영에는 이와 같이 명료하게 구분되지 않는 다양한 변형이 있을 수 있다. CSR을 말하면서 인권경영을 실행하는 기업도 있고, 인권경영을 말하면서도 실제로는 CSR의 철학과 방법을 쓰는 기업도 있다. CSR을 말하면서 법적 규제를 강조하거나, 인권경영을 말하면서 최대주의적 접근을 취하는 경우도 있을 수 있다. 따라서 우리의 관심은

	기업의 사회적 책임(CSR)	인권경영(BHR)
키워드	경영학 기업 중심 적극적·개방적 의무 기업의 사회적 기여 최대주의적 접근 자발적·비법적 접근 선호 기업에 대한 신뢰 보수주의적	법학 피해자(인권 NGO) 주도 권리자·피해자 중심 인권침해 방지 최소주의적 접근, 폐쇄적 인권 개념 강제적·법률적 접근 선호 기업에 대한 불신 진보주의적

표 1. 키워드로 본 CSR과 BHR의 차이

어떤 명칭을 쓰는지가 아니라 실제로 어떤 철학과 방법론을 취하는지이다. 이 점을 염두에 두면서 양자의 바람직한 관계에 대해서 논의해 본다.

4. CSR과 인권경영의 바람직한 관계

CSR과 인권경영의 전형이 이와 같다면 양자의 관계는 무엇이며 또 어떠해야 하는가? 양자는 서로 무관한 별개의 움직임인가, 협력하는 관계인가? 아니면 서로 배타적이고 적대적인 관계인가? 상호 수렴·통합할 수는 없는가?

앞에서 보았듯이 양자 간에는 유사성이 있고 이론적 차원에서 통합의 가능성도 없지 않지만, 양자는 서로 다른 주체에 의해서 추동되고 있으며 지향점과 방법론에서 상당한 차이가 있다. 이런 차이점은 수렴과 통합을 매우 어렵게 하는 요소이다. 이 장은 CSR과 인권경영의 이론적·관념적 통합이 아니라, 양자의 현실적 통합, 다시 말해 현실에서 두 가지 운동이 하나의 사회운동이 될 가능성을 검토하는 것이다. 그것은 CSR을 주장하는 사람과 인권경영을 주장하는 사람 사이의 경계가 없어지거나 적어도 희미해질 가능성을 검토하는 것이다. 이럴 가능성은 과연 존재하는가? 그리고 그런 의미에서의 CSR과 인권경영의 통합은 과연 바람직한가?

우선 CSR 주창자에게 CSR을 포기하고 인권 책임을 추구하라고 할 수는 없을 것이다. 이는 경영학자에게 법학자가 되라는 것이나 마찬가지이다. 반대로 인권경영 주창자에게 인권경영을 포기하고 CSR 활동을 추구하라고 말하는 것도 무리이다. 이렇게 될 수 없는 것은 단순히 전공의 차이 때문은 아니다. 그것은 CSR과 인권경영이 본질적으로 다른 것이기 때문이다. 그리고 각각의 개념에는 상대 개념이 할 수 없는 고유한 순기능이 있기 때문이다. 따라서 통합이라는 미명하에 어느 한쪽을 포기하거나 약화시키는 것은 적절한 해법이 될 수 없다.

예컨대, 우리 사회가 CSR을 포기하는 것은 심각한 결과를 낳을 것이다. 이는 기업에 대한 믿음을 포기하는 것, 사회제도와 사회적 압력을 통해서 기업을 더 선하게 만들 수 있는 가능성을 포기하는 것, 기업인이나 기업에 투자하는 사람이 단지 이기적인 존재일 뿐임을 시인하는 것 등을 의미한다. 우리는 어떤 기업이 인권침해 문제를 일으킨다고 해서, 기업이 사회의 건전한 구성원으로서 사회적 책임을 다하는 존재가 될 것이라는 기대를 접을 수는 없다. CSR은 기업에 대한 이러한 꿈과 그것을 실행하는 방안을 담고 있다. 비록 현실에서 충분히 실행되고 있지 못하더라도 그러한 꿈을 유지하면서 실행을 모색해 가는 것의 중요성을 과소평가할 수 없다. 우리는 현실의 기업이 그런 방향으로 나아가고 있다고 믿을 이유가 있으며, 또 그렇게 추동해야 한다. 이것이 우리가 궁극적으로 CSR을 포기할 수 없는 이유이다.

마찬가지로 우리는 인권경영도 약화시키거나 포기할 수 없다. 우리는 기업이 일반적으로 사회에 순기능을 한다고 해서 특정 기업에 의한 인권침해를 방치할 수는 없다. 그것은 우리 사회의 도덕을 유지하기 위한 최소한의 양심과 정의의 문제이다. 인권경영의 임무는 너무나 엄중해서, 기업의 자율성에만 맡겨서는 적정한 해결을 기대할 수 없으며, 법을 통한 엄정하고 긴급한 집행을 요구한다.

그렇다면 양자의 장점만을 살린 통합은 가능하지 않을까? 양자의 입장이나 접근법에 현저한 차이가 있기 때문에, 이는 결코 쉽지 않을 것이다. 심지어 현실에서는 서로 충돌하는 경우도 있다. 예컨대 CSR을 말하는 사람들은 인권 책임의 법적 접근에 대해서 대항하고 저항하고 방해하기도 한다.[23] 또 인권 책임을 말하는 사람 중에는 CSR의 동기와 성과를 비하하고 비판하는 사람도 있다. 각자가 가진 장점을 부인하고 파괴하는 이러한 상호 비난은 바람직하지 않다. 이런 여러 점들을 고려해 볼 때 CSR과 인권경영 사이의 수렴과 통합을 도모하기보나는 차라리 양자의 차이와 선의를 인정하고, 각자 자신의 역할을 성실히 수행하는 것이 더 현실적이고 올바른 접근이 아닐까.

5. 한국에서 CSR과 인권경영의 현실

한국에서 CSR이라는 표현은 매우 일반적으로 사용되고 있다. 글로벌 다국적기업뿐만 아니라, 대부분의 대기업이 CSR을 표방하며 자신들의 활동 성과를 지속가능성 보고서 등으로 발표한다. CSR 관련 평가나 컨설팅도 상당히 발달해 있다. 경영대학에서는 기업윤리 혹은 CSR에 관한 강의가 개설되고 많은 연구가 집적되고 있다. 정부도 CSR에 대해서 많은 관심을 보이고 있다. 정부는 OECD 다국적기업 가이드라인을 번역하여 제공했다.[24] 한국표준협회는 ISO 26000을 번역하여 보급하고 각종 교육을 제공했다.[25] 비재무적 정보 공시, 국민연금의 사회책임투자 원칙도 적극적으로 논의되고 있다.

전체적으로 보아 한국에서 CSR은 그 가치가 공공연하게 인정되고 있으며 기업, 학계, 정부가 공히 이를 수용하여 추진하고 있다는 점에서 거의 주류화되었다고 할 수 있다.

반면 한국에서 인권경영은 주로 NGO들의 활동이 두드러진다. 이들은

---

23 Ronen Shamir, "Between Self-Regulation and the Alien Tort Claims Act: On the Contested Concept of Corporate Social Responsibility," 38 Law & Soc'y Rev. 635, December 2004, p.649.

24 OECD 다국적기업 가이드라인 대한민국 연락사무소 사무국, 『OECD 다국적기업 가이드라인』, 2011.

25 지식경제부 기술표준원, 『사회적 책임에 대한 지침, KS A ISO 26000』, 2012.

'기업에 의한 인권침해'라는 표현을 전면에 내걸고 활동한다.[26] 대표적인 성과는 '해외진출 한국기업 인권실태조사' 및 이에 대한 대응이다. 그러나 NGO들이 인권 피해자를 위해서 동원할 수 있는 수단은 많지 않다. 언론 등을 이용한 캠페인을 하거나 OECD 다국적기업 가이드라인이 제공하는 NCP 절차에 호소해 보는 정도에 그치고 있다.[27] 결국 해외에 있는 인권 피해자에 대한 실제적 구제는 전무한 상황이라고 할 수 있다. 정부에 의한 인권경영 홍보 활동은 상당히 활성화되어 있는 것처럼 보인다. 그것은 주로 국가인권위원회에 의해서 이루어졌다. 국가인권위원회는 이행원칙을 신속히 번역하여 공급하는 외에 많은 연구와 조사를 실시했다. 최근에는 국가인권기본계획에 '기업인권' 장을 삽입하기 위해서 많은 노력을 했다. 또한 공공기관에 대해서는 경영평가를 지렛대 삼아 인권경영을 하도록 했으며 적지 않은 성과를 냈다.

전체적으로 보았을 때 한국에서 인권경영은 공공기관을 제외하면 가시적인 성과가 거의 없다. 그리고 공공기관의 경우도 인권경영이 도입되고 있지만 실제 현장에서 인권 수준이 개선되고 있는지에 대해서는 확인되지 않은 상황이다. 따라서 한국에서 인권경영이 주류화되려면 아직 많은 시간이 걸릴 것으로 보인다.

요컨대 한국에서 CSR이 어느 정도 주류화한 것으로 보이는 반면, 인권경영은 아직 초보적이라고 할 수 있다. 하지만 인권경영을 실천하지 않는 CSR에 과연 의미 있는 실질이 있다고 볼 수 있을지는 심히 의문이다.

---

26 대표적으로 기업인권네트워크(KTNC Watch)라는 연대단체가 있다. 여기에는 국제민주연대, 희망을 만드는 법, 공익변호사 단체 어필, 공감, 민주노총 등이 소속되어 있다.

27 이 절차에 대해서는 본서 5장을 참고하라.

3장

ESG는 인권경영과 어떻게 다른가

환경 및 인권 등 사회문제의 해결이라는 관점에서

1. 새로 부상하는 독특한 흐름으로서의 ESG: ESG 투자

1) ESG의 개념

ESG는 문자적 의미로 '환경, 사회, 지배구조'를 말하지만, 그 이상의 의미를 담고 있다. 즉 ESG는 기업경영에서 ESG 요소를 고려하게 하는 활동, 기업의 ESG 관련 정보를 공시하게 하는 활동, 공시된 ESG 정보에 대한 평가 활동, 투자자에게 ESG 정보를 고려한 투자를 하게 하는 활동 등을 모두 의미할 수 있다. 국제사회에는 GRI,[1] UN PRI,[2] 유럽연합의 NFRD[3]와

---

1 GRI는 1997년에 UNEP와 민간단체가 공동으로 설립한 비영리기구로서, 경제·환경·사회에 관한 보고틀을 제공한다. 2000년에 G1 이후 G4까지 발표됐으며, 현재 ESG를 자임하는 기업이 가장 많이 이용하는 보고틀이다.

SFDR,[4] TCFD 권고안,[5] SASB,[6] MSCI[7] 등의 ESG 이니셔티브가 있으며, 그 외에도 ESG를 표방하는 수많은 공적·사적 단체가 있다.[8]

ESG는 한국에서도 유행처럼 확산되고 있는데, 예를 들어 국민연금은 ESG 투자를 표방하며 제도적 기반을 갖추고 ESG 투자를 실행해 왔다.[9] 기업지배구조연구원은 상장기업을 대상으로 ESG 평가를 실시하고 ESG 등급을 부여하며, 서스틴베스트도 자체 ESG 모형에 따라 평가를 실시하고 ESG 등급을 부여한다. 대신경제연구소도 자체 ESG 모형에 따라 평가를

---

2 UN PRI(Global Reporting Initiative)는 2006년 4월 뉴욕 증권거래소에서 유엔 사무총장에 의해 출범했다. 기관투자가 준수해야 하는 여섯 가지 투자 원칙을 제시했다.

3 유럽연합은 2014년 비재무정보의 공시를 의무화하는 지침으로서 NFRD(Non-Financial Reporting Directive)를 발표했다(Directive 2014/95/EU). 이에 의하면 500명 이상의 기업 또는 그룹은 1) 환경, 2) 사회 및 노동, 3) 인권, 4) 반부패 및 뇌물, 5) 이사회의 다양성에 관한 정보를 공개해야 한다.

4 SFDR(Sustainable Finance Disclosure Regulation)는 2019년 유럽연합이 만든 금융서비스 부문 지속가능성 관련 공시에 관한 규정이다(Regulation 2019/2088).

5 G20의 요청에 따라 금융안정위원회(FSB)가 기후변화 관련 정보의 공개를 위해 2015년 설립한 글로벌 협의체인 TCFD(Task Force on Climate-Related Financial Disclosures)는 기후변화 관련 정보의 공개에 관한 권고안을 마련하여 2017년에 발표했다. 이 지침은 공개의 네 가지 핵심 요소로서 지배구조, 전략, 위험관리, 지표와 감축목표를 제시했다. 이 지침의 특별한 관심은 이런 요소가 기업의 재무적 측면에 미치는 영향이었다. ESG 중에서 E(특히 기후변화)에 집중한 것이다.

6 2012년 미국 지속가능회계기준위원회(Sustainability Accounting Standards Board)가 제정한 투자자를 위한 공시기준이다. 2018년 77개 산업을 위한 공시기준을 마련하였다. 공시 대상은 환경, 사회 자원, 인적 자원, 사업 모델과 혁신, 리더십과 지배구조 등 다섯 개 차원으로 나뉜다. 이 기준은 기존 보고 체제를 확장하고자 하며, 노골적으로 ESG와 재무적 요소를 연결하고자 한다.

7 MSCI(Morgan Stanley Capital International)는 ESG 핵심 이슈 35개에 대한 평가를 실시하여 7단계로 등급화한다.

8 현재 사용되고 있는 ESG 주요 지표는 4,500개 이상이며, 이를 기반으로 만들어진 ESG 평가 순위 체계는 약 400개 이상이라고 한다. 이일청,「유엔 시스템과 기업」,『기업 시민 리서치』제8권, 2020, 7쪽(이은선·최유경,『ESG 관련 개념의 정리와 이해』, 한국법제연구원, 2021. p.35에서 재인용)

9 이에 대해서는 본서 12장을 참고하라.

실시하고 있다. 2021년 대통령은 ESG 원년을 선포하고,[10] 그에 따라 산업자원부가 K-ESG를 준비한다고 한다. 이런 점에서 한국도 이제 ESG 시대로 접어들고 있다고 보아야 할 것이다.

이러한 여러 움직임 중에서 단연 눈에 띄는 것은 2006년 유엔 사무총장에 의해 출범한 UN PRI로, 다음과 같은 여섯 가지 책임투자의 원칙을 제시했다.

① ESG 사안을 투자 분석 및 의사결정 절차에 통합할 것.
② 적극적 주주로서 활동하고 ESG 사안을 투자 보유 정책과 관행에 통합할 것.
③ 투자 대상 기업에 ESG 사안에 대한 공시를 요구하는 길을 모색할 것.
④ 투자 산업 내에서 책임투자 원칙의 수용과 실천을 촉진할 것.
⑤ 책임투자 원칙 실천의 효율성을 개선하기 위해 협력할 것.
⑥ 책임투자 원칙 실천에 관한 활동과 진척 상황을 각기 보고할 것.

이처럼 유엔에게 ESG란, ESG를 고려하여 투자 여부를 결정하고 투자한 후에도 피투자 기업의 ESG 문제에 개입(engagement)하려는 기관투자자의 투자 원칙을 말한다. 이런 투자 원칙은 강행규정은 아니지만 현재 주요 기관투자자가 다수 참여[11]하여 실천함으로써 그 권위와 영향력이 빠르게 확대되고 있으며, 많은 경우 이러한 투자 원칙을 수용한 투자 활동을 간단히 ESG라고 부른다. 한국법제연구원은 단적으로 ESG를 "투자 및 경영 전략으로, 특히 투자자의 관점에서 재무적 요소 외에 고려해야 할 요소로서 환경, 사회, 지배구조를 뜻한다."라고 정리했다.[12] 결국 오늘날 ESG란 주로

---

10 [전문]「문재인 대통령 "ESG 확산 원년 … 따뜻한 자본주의 시대"」, Newscape, 2021. 3. 31.
11 2021년 4,000개 이상의 투자자가 가입하였다. ⟨https://www.unpri.org/pri/about-the-pri⟩

UN PRI로 대표되는 'ESG 투자 활동'을 가리키는 개념이 됐다고 할 수 있다. 이 장에서 주목하는 ESG 역시 바로 이러한 의미의 ESG이다.

2) ESG 개념의 특징

전통적으로 투자자는 환경·인권과 같은 비재무적 가치를 고려하는 것이 금지된다고 이해되어 왔으므로, 투자자의 입장에서 이러한 변화는 획기적이다. 그런데 이제 ESG는 투자자에게 ESG를 고려한 투자를 하라고 권하며, 심지어 그렇게 하는 것이 의무라고 주장한다.[13] 여기에는 우리가 주의해서 봐야 할 주요한 특징들이 있다.

첫째, ESG는 기관투자자가 ESG 투자를 해야 하는 동기를 순-경제적인 것으로 설명한다. 환경이나 인권 문제가 기업의 재무적 성과에 영향을 미치는 것은 명백하기 때문에, 투자자가 투자 판단 시에 ESG를 고려할 경제적 동기(이유)는 적지 않다. ESG에 대한 고려는 관련 리스크를 관리하기 위해서도 필요하며, 관련 기회를 최대한 이용하기 위해서도 필요하다. 또한 ESG 정보는 ESG 리스크에 대한 이사회의 대응 수준을 보여 주는 지표로 간주되기도 한다. 그러므로 신인의무를 지고 있는 기관투자자가 ESG를 고려하여 결정해야 한다는 것은 충분히 납득할 만하다.[14] 다만 여기에는 투

---

12 이은선·최유경, 앞의 책, p.11.

13 이 점을 처음으로 공식 제기한 것은 2005년경으로 보인다. 데린저(F. B. Deringer)는 유엔 환경계획 금융 부문(UNEP Financial Initiative)의 자산관리 실무 그룹(Asset Management Work Group)을 위해 작성한 보고서에서, 기관투자자가 ESG를 고려하는 것은 "법률적으로 명백히 허용될 뿐만 아니라 의무로 보아야 한다(clearly permissible and is arguably required)" 라고 주장했다. Freshfields Bruckhaus Deringer, "A Legal Framework for the Integration of Environmental," *Social and Governance Issues into Institutional Investment*, October, 2005, p.13.

자자들이 장기적 관점에서 고수익을 추구한다는 점이 전제되어 있다. 즉, 투자자는 장기적으로 안정적인 수익을 추구하는 존재이며, 그러므로 타인의 자산을 관리하는 기관투자자는 당연히 ESG를 고려한 투자를 해야 한다고 볼 수 있다.

둘째, ESG는 피투자 기업을 결정하거나 투자를 철회할 때 ESG를 고려하는 것에 그치지 않으며, 적극적 투자를 본질적인 요소로 삼고 있다. 즉 ESG는 피투자 기업 경영자와의 대화, 주주결의안의 상정, 의결권의 적극적 행사 등을 통해 피투자 기업의 경영은 물론 이사회의 구성에까지 영향력을 행사하고자 한다. 이를 통해 장기적이고 안정적인 수익을 얻는 것이 ESG 투자의 목적이다.

셋째, ESG 투자자의 입장에서 ESG 투자를 실천하는 데 장애가 되는 것 중 하나는 피투자 기업의 ESG 정보를 얻기 힘들다는 것이다. 현재 많은 기업이 지속가능성 보고서를 통해서 비재무정보를 공개하고 있으며, GRI 등 다양한 ESG 이니셔티브들이 ESG 공시틀을 제공하거나 ESG 정보를 취합하여 제공하고 있지만, ESG 투자자의 요구에 부응하기에는 턱없이 부족해 보인다. 기존의 ESG 정보 공개 방식은 대체로 피투자 기업 측의 자발성에 의존하고 있으며, 그 결과 ESG 정보의 통일성, 신뢰성, 비교 가능성이 낮다는 평가를 받는다. 현재 ESG 논쟁의 상당한 부분은 이 문제를 어떻게 해결할 것인가에 집중되어 있고, 그 연장선에서 ESG 정보 공시를 표준화하고 법적으로 의무화하자는 논의가 무성하다.[15]

넷째, ESG의 의미를 이렇게 볼 때, 오늘날 투자자뿐 아니라 많은 사람이 ESG 투자에 관심을 갖는 것은 환경·인권이라는 사회문제의 해결에 대

---

14 위 각주 참조.

15 미국에서는 ESG의 의무적 공시를 둘러싼 치열한 논란이 있다. SEC는 이에 대해서 소극적인 입장을 가지고 있는 것으로 보인다. 한국법제연구원도 비슷한 입장을 표명한 바 있다(이은선·최유경, 앞의 책, 41쪽).

해 갖는 함의 때문이다.[16] 여기에는 기업의 ESG 정보가 제대로 공개되면 투자자가 ESG 투자를 제대로 할 것이고, 환경 및 인권 등 여러 사회문제의 해결에 기여할 것이라는 전제가 깔려 있다. 따라서 ESG 투자는 환경과 인권 등 사회적인 문제의 해결에 관심이 있는 사람에게 이러한 가능성에 주목하라는 메시지를 지닌다. 이런 측면을 위의 첫째 특징과 연동해 본다면, 투자자가 군이 사회문제 해결이라는 목적의식 없이 오직 경제적 이익만에 입각하여 ESG를 고려한 투자를 하더라도 이는 자동적으로 사회문제의 해결에 기여한다는 것이 ESG 담론의 주장이다. 심지어 이들은 도덕적 호소보다는 오직 경제적 이익에만 입각하여 ESG를 실천하도록 하는 것이 사회문제의 해결에 더욱 효과적이라고 본다. 이처럼 이들은 다분히 의도적으로 ESG 투자의 도덕적 측면을 배제하고 있는 것이다. 그러나 뒤에서 보듯이, 이 부분이 문제이다.

3) ESG 개념에 대한 의문

그렇다면 ESG, ESG 투자, ESG 공시에 대한 이런 기대는 정당한 것일까? 피투자 기업의 ESG 정보가 제대로 공개되기만 하면 경제적 수익을 추구하는 투자자들의 투자에 의해 인권 및 환경 문제가 다소라도 해결될 수 있을까? 이 질문에 긍정적으로 답하지 못하는 데에는 몇 가지 결정적 이유가 있다.

첫째, ESG를 고려하여 투자한다는 것과 환경·인권이라는 사회문제를

---

16 한국에서 공익적 가치를 추구하는 로펌 변호사의 모임이라고 할 만한 '공익로펌네트워크'는 2021년 11월 'ESG와 사회문제 해결'이라는 제목의 심포지엄을 개최한 바 있다. 이는 ESG 활동이 환경과 인권 등 사회문제의 해결에 도움이 된다는 메시지를 전하려는 것으로 볼 수 있다.

잘 해결한(해결하는) 기업에 투자한다는 것은 같은 게 아니다. ESG가 말하는 ESG 투자는 환경 및 인권 등 사회문제를 잘 해결하는 기업에 대한 투자가 아니라, ESG 관련 리스크를 잘 관리하고, ESG 관련 기회를 잘 활용하며, 이를 통해 기업의 가치를 극대화하는 기업에 대한 투자이다. 그런데 장기적으로 기업가치를 극대화시키는 기업이 늘 환경·인권 등의 사회문제에 적극 나서는 것은 아니다. 때로는 이런 사회문제의 해결에 적극적으로 나서지 않는 것이 기업의 장기적 성장에 도움이 될 수도 있다. 심지어 이런 사회문제를 최대한 외부화(externality)하는 것이 기업의 장기적 발전에 도움이 될 수도 있다. 극단적으로 표현해, ESG를 검토한 결과 환경·인권 등의 사회문제를 무시하기로 결정할 수도 있다.[17] 이렇게 볼 때 ESG 투자가 반드시 사회문제의 해결에 도움이 된다고 단정할 수는 없다.

둘째, ESG는 피투자 기업의 경영에 대한 개입, 즉 적극적 투자를 포함하는데, 이것이 피투자 기업의 경영과 지배구조를 개선하여 기업의 가치를 증가시킬 수 있는지는 의문이다. 왜냐하면 기관투자자가 기업 내부의 경영자보다 더 나은 경영판단을 한다는 보장이 없기 때문이다. 물론 기관투자자는 경영자의 사적 이익 추구 행위에 대해 일정하게 감시하고 견제하는 일은 할 수 있을 것이다. 그러나 기업의 가치를 증가시키는 판단과 관련하여 일반적으로 투자자가 경영자보다 나은 경영적 판단을 할 수 있을까? 게다가 만일 사회문제의 해결에 대한 투자가 기업의 경제적 가치 증가에 방해가 된다고 판단한다면, ESG 투자자는 환경이나 인권이라는 사회문제의 해결에 나서는 경영자를 축출하기 위해 의결권을 행사할 수도 있다. 예를 들어, 인종적 다양성을 높여 이사회를 구성하는 것이 반드시 기업의 장기적·안정적 성장을 가져오는 것은 아니다.

셋째, ESG는 기관투자자가 '장기적으로' 경제적 이익을 추구한다고 전

---

17 실제로 이런 것도 ESG를 고려한 투자의 일종이다.

제하는 경향이 있는데, 왜 기관투자자가 장기적 관점에서 경제적 이익을 추구하는지(혹은 추구해야 하는지)는 설명하지 않는다. 사실 ESG를 고려한 투자와 장기투자는 필연적 연관성이 없다. 1년 단위 혹은 그보다 짧은 단위로 경제적 수익을 추구하는 것을 단기투자라 하고, 적어도 5~10년 또는 그 이상의 주기를 가지고 경제적 수익을 추구하는 것을 장기투자라고 했을 때, ESG를 고려하면서 단기투자를 할 수도 있고 장기투자를 할 수도 있기 때문이다. ESG 투자의 사회적 순기능이 장기투자 관점 때문인지,[18] 아니면 ESG를 고려한 투자 때문인지는 맹백하지 않다.

여기에서 ESG 투자가 무의미하다고 주장하는 것이 아니다. 다만 ESG 투자에서 이론적 정합성이 떨어진다는 것이다. 즉, ESG 투자는 최적의 경제적 수익을 낳는 활동이면서 동시에 환경 및 인권 문제의 개선에 도움을 준다고 주장하는데, 과연 ESG 투자가 최적의 재무적 성과를 낳는지도 의문이거니와, 과연 환경 및 인권 문제의 개선에 도움이 되는지 명백하지 않다는 것이다. 그리고 ESG 투자에 장기투자를 슬그머니 끌어들이는 것도 석연찮은 지점이다. 장기투자의 선한 사회적 효과가 마치 ESG 투자의 효과인 것처럼 호도하는 듯이 보이기 때문이다.

내 주장은 ESG 투자가 환경 및 인권의 개선에 기여하기 위해서는 단지 ESG를 '고려해서' 투자하는 것만으로는 부족하다는 것이다. ESG 투자가 사회문제의 해결에 도움이 되기 위해서는 일정하게 '경제적 손실을 감수하고서라도' 환경 및 사회적 가치를 추구한다는 도덕적 결단을 하고 실천하는 것이 필수적이라는 것이다. 예컨대, 다소의 경제적 손실이 생기더라

---

18 미첼은 기업이 사회적 문제를 일으키는 것은 단기적 관점 때문이라고 보고, "장기 경영이 곧 사회적 책임경영이다."라고 단언했다. Lawrence Mitchell, "The Board as a Path toward Corporate Social Responsibility," Doreen McBarnet et al., *The New Corporate Accountability: Corporate Social Responsibility and Law*, Cambridge: Cambridge University Press, 2007, p.306.

도, ESG 요소에 중대한 결함이 있는 기업에 투자하지 않기로 결단하는 것이 필요하다는 것이다. 이때 투자자가 부담하는 경제적 손실 혹은 기회 비용이 전체 투자 금액이나 전체 수익에 비추어 미미하더라도 기관투자자의 투자 규모와 영향력을 생각하면 그런 결단의 사회적 파급력은 결코 사소하지 않을 것이다.

2. ESG와 인권경영의 관계

1) ESG와 인권경영의 공통점과 차이점

인권경영은 간단히 '유엔 기업과 인권 이행원칙'의 실천이라고 할 수 있다. 이행원칙에 따르면 국가는 인권 보호 의무를 지며, 기업은 인권 존중 책임을 진다. 인권 존중 책임은 공급망을 포함한 모든 사업 활동에서 인권에 대한 침해가 없도록 하는 책임이다. 기업은 인권 존중 책임의 일환으로서 인권실사를 실시하고 그 과정과 결과를 공개해야 한다. 인권실사를 한다는 것은 인권영향을 평가하고, 인권위험에 대한 대책을 세워 실행하고, 성과를 추적하고, 전체 과정을 공개하는 것을 포함한다. 이 모든 과정은 이해관계자의 참여하에 진행된다. 이런 내용의 인권 존중 책임을 기업 차원에서 실천하는 것이 바로 '인권경영'이다. 인권경영의 개념을 이렇게 보았을 때, ESG와 인권경영 사이에는 공통점도 많지만 차이점도 많다.

공통점

ESG와 인권경영은 서로 비슷한 점이 있다. 첫째, 두 개념이 비슷한 시기에 탄생했다. ESG는 2006년 UN PRI 출범 직전에 등장했고, 인권경영이 본격적으로 대두된 것은 2005년 전후이다.[19] 둘째, 양자는 모두 유엔에 의해서 널리 확산됐다. ESG는 UN PRI에 의해, 인권경영은 유엔 인권이사회에 의해 각각 확산됐다. 셋째, ESG와 인권경영은 모두 사회문제를 해결함에 있어서 기업이 가진 잠재력에 주목한다. 넷째, 양자가 관여하는 사회문제도 서로 중첩된다. ESG는 문자 그대로 환경, 사회, 지배구조 문제를 다루며, 사회를 의미하는 S에는 인권이 담겨 있다. 인권경영은 문자적으로 보면 인권 문제에 집중한다. 그러나 인권 개념은 상당히 넓다. 종종 환경권을 포함하며, 경우에 따라서는 지배구조 문제도 포괄한다. 다섯째, ESG와 인권경영은 모두 투명성(공시)을 중요한 도구로 삼는다. 양자는 모두 지금까지의 관련 정보의 질과 양이 충분하지 못했고 이것이 고유한 기능 수행에 장애가 됐다는 점을 심각하게 생각한다. 따라서 양자 모두에서 어떻게 하면 관련 정보가 제대로 공개될 것인지가 초미의 관심사이다.

차이점

그러나 ESG와 인권경영은 동일한 것이 아니다. ESG는 투자자가 어떻게 하면 장기적·안정적으로 경제적 수익을 얻을 것인가에 관심을 가지는 것이고, 인권경영은 어떻게 하면 기업에 의한 인권(및 환경) 피해자를 줄일 것인가에 관심을 가진다. 그렇기 때문에 ESG에서는 투자자의 역할이 부각된 반면, 인권경영에서는 인권 피해자를 위시한 이해관계자와 국가의 역할이 함께 강조된다. 무엇보다 ESG에서 환경 및 인권 문제의 개선은 부차적·우연적이지만, 인권경영에서는 인권 및 환경 문제의 개선 자체가 목적이다. 이런 질적 차이들을 염두에 두면서 양자의 차이를 간단히 정리하면 다음 페이지 표 2와 같다.

---

19 인권경영(BHR)이라는 표현 자체는 2000년대 초 와이스브로트(D. Weissbrodt)가 처음 사용했다고 한다.

	ESG	인권경영
추구하는 목적과 가치	- 투자자 중심의 사고. - 투자자의 장기적 이익 추구. - 사적 가치 추구(경제적 이득).	- 피해자 중심의 사고. - 기업활동과 관련된 인권(환경권 포함) 침해 방지. - 공적 가치 추구(인권 및 환경).
주요 수단	- 투명성(공시) 제고를 전제로 투자자에게 힘을 실어 줌. - 시장(투자)을 작동시킴. - 기업의 ESG 리스크 감소.	- 투명성(공개) 제고를 전제로 이해관계자(특히 피해자)에게 힘을 실어 줌. 국가의 역할도 강조. - 시장(여론)과 규제의 혼용. - 기업의 인권 리스크 증가.
관심사, 관심 범위	- 환경 및 인권(ESG)이 (피투자) 기업에 미치는 영향에 관심 가짐. - 경제적 수익이 일차적 관심이고, ESG 투자가 인권 및 환경에 미치는 영향은 부차적이고 우연적임.	- 기업이 환경 및 인권(ESG)에 미치는 영향에 관심 가짐. - 기업 자신뿐만 아니라 자신의 국내 공급망에서의 인권침해에도 관심 가짐. - 인권 및 환경 문제 해결 자체가 목적임.

표 2. ESG와 인권경영의 차이

기관투자자의 ESG와 인권경영

ESG와 인권경영의 차이를 좀 더 부각하기 위해서 이를 기관투자자에 적용해 보자. 기관투자자는 ESG 투자를 할 수 있다. 한편 기관투자자는 그 자체가 기업이므로 인권경영을 실천해야 할 주체이다. 즉 기관투자자는 ESG를 실천할 수도 있고 인권경영을 실천할 수도 있다. 그렇다면 양자는 어떻게 다른가?

ESG 투자를 실천하는 기관투자자는 재무적 관점에서 피투자 기업의 ESG 요소를 평가할 것이다. ESG 투자자가 선호하는 기업은 ESG라는 리스크 요소를 잘 고려함으로써 장기적으로 재무적 수익을 극대화하는 기업이다. 여기에서 기관투자자의 관심은 피투자 기업의 ESG 등급 또는 환경

이나 인권 같은 사회문제의 개선 실적이 아니다.[20]

ESG 투자는 기껏해야 피투자 기업의 '장기적' 기업가치의 극대화를 도모하는 활동이다. 이런 식의 ESG 투자는 피투자 기업을 개선하고자 하며, 결과적으로 피투자 기업의 ESG 개선을 낳을 수도 있지만, 궁극적으로 투자자 자신의 경제적 이익 극대화를 도모한다는 점에서 전통적인 회사법이나 투자자 관련 법 원리와 모순되지 않는다. 다만 '장기적' 이익 추구라는 측면이 추가된 것은 새롭다.

반면 인권경영을 실천하는 기관투자자는 피투자 기업에서 인권침해가 있는지 감시할 것이다. 사실 피투자 기업은 기관투자자의 공급망(가치사슬)이기 때문에 피투자 기업에서의 인권침해를 감시하는 것은 기관투자자의 인권 존중 책임의 실천이다. 만약 피투자 기업에서 인권침해가 발견되면 기관투자자는 피투자 기업에 영향력을 행사하여 인권침해의 중지나 완화를 요구할 것이고, 여의치 않으면 투자를 포기하거나 철회할 것이다. 그 결과 기관투자자 자신이나 피투자 기업에 재무적 손실이 있더라도, 그렇게 하라는 것이 인권경영의 메시지이다. 이처럼 인권경영은 전통적인 회사법이나 투자자 관련 법으로는 설명되지 않는 새로운 도덕적 책임을 기관투자자에게 부과한다. 그것이 바로 인권 존중 책임이다.

2) ESG 공시와 인권경영 공시의 바람직한 관계

ESG와 인권경영은 모두 투명성을 중시한다. 양자 모두 유용한 정보가 제

---

20 ESG 등급이 높다는 것이 사회의 ESG 문제의 해결에 기여한다는 의미가 아니라 ESG 문제를 잘 관리하는 것을 의미한다고 해도, 수익을 추구하는 기관투자자라면 반드시 ESG 등급이 높은 기업에 투자하지는 않는다. 왜냐하면 후자의 경우에도 이미 그 가치가 주식의 가격에 반영되어 있을 것이기 때문이다.

대로 공개됐을 때 잘 작동한다. 이에 따라 양자는 모두 무엇을 어떻게 공개해야 하는지에 대해 많은 논의를 하고 있다. 최근에는 특히 비재무정보의 의무적 공시라는 논의틀 내에서 무엇이 의무적으로 공개되어야 하는지 논의하고 있다. 그런데 ESG와 인권경영이 요구하는 비재무정보는 서로 다르다.

ESG가 중시하는 공시는 투자자의 재무적 성과에 영향을 미치는 ESG 관련 정보이다. 이런 정보의 공시를 'ESG 공시'라고 하자. ESG 공시틀을 대표적으로 보여 주는 것은 SASB 공시기준이다.[21]

한편 인권경영에서 중시하는 공시는 인권 피해자가 알고자 하는 인권 및 환경 관련 정보이다. 여기에는 인권정책, 인권실사, 구제절차 등에 관한 내용과 이런 제도를 통해 식별하게 된 인권 및 환경 위험에 대한 기업 측의 대응 및 성과에 관한 내용이 포함된다. 이런 정보의 공시를 '인권경영 공시'라고 하자. 인권경영 공시틀을 전형적으로 보여 주는 것은 CHRB[22]이다. ESG 공시와 인권경영 공시를 이렇게 정의했을 때, 향후 비재무정보 공시 제도가 어떻게 전개될지 대략 다음 세 가지 정도의 가능성을 생각해 볼 수 있다.

시나리오 1: ESG 공시가 강화되고, 인권경영 공시는 위축되어 사실상 사라지는 경우

이는 비재무정보의 공시가 법적 의무로 되면서, ESG 공시만 요구하는 경우다. 현재 논의되는 ESG 공시틀은 다소간 인권 요소를 담고 있는데, 이를 근거로 인권경영 공시의 필요성을 부인하는 이런 견해가 득세할 수 있다. 그 결과 인권경영 공시가 사실상 무시되거나 퇴조할 수 있다.

---

21 앞의 각주 6 참조.
22 CHRB(Corporate Human Rights Bench)는 100여 개 이상의 인권단체가 마련한 인권경영공시표준이다. 〈https://www.worldbenchmarkingalliance.org/corporate-human-rights-benchmark/〉

이런 식으로 전개되는 것은 불행한 일이지만, 이렇게 될 가능성도 없지 않다. 미국 증권거래위원회(SEC)의 공식 입장은 이에 가까우며 한국도 크게 다르지 않다. 부분적으로 알려져 있는 K-ESG에서도 인권경영 공시의 문제의식을 찾기는 쉽지 않다.

시나리오 2: ESG 공시와 인권경영 공시가 함께 이루어지는 경우

이는 비재무정보를 공시하는 것이 법적 의무로 되면서, 그 내용으로 ESG 공시와 인권경영 공시를 함께 요구하는 경우이다. 이는 비재무정보의 공시제도를 단지 투자자를 위한 도구로 보지 않는다는 것을 의미한다. 즉 경제적 수익의 극대화를 추구하는 투자자도 공시제도를 통해 필요한 정보를 얻어 가지만, 인권 및 환경 피해자도 필요한 정보를 얻어 가도록 한다는 것을 의미한다. 이는 도덕적 관점에서 투자 판단을 하려는 투자자를 위한 배려를 포함한다는 의미도 된다.

비재무정보 공시에 관한 유럽연합의 논의는 이런 흐름을 보여 준다. 이를 상징적으로 보여 주는 것이 '이중의 중대성(double materiality)'이라는 개념이다. 이는 '유럽연합 비재무정보 공시 지침'에 등장하는 개념으로, 비단 경제적 함의를 갖는 ESG 공시뿐만 아니라 다른 이해관계자를 위한 인권경영 정보도 함께 공시해야 한다는 생각을 반영한다.[23] 이런 접근법은 적어도 재무적 성과에 영향을 미치지 않는 비재무정보도 투자자가 주로 이용하는 공시틀에 통합하여 공시하려고 한다는 점에서 시나리오 1과 구분된다.

시나리오 3: ESG 공시와 인권경영 공시가 별도로 존재하는 경우

세 번째는 ESG 공시와 인권경영 공시가 상호 독립적으로 존재하는 경우이

---

23 European Commission, "Guidelines on Non-Financial Reporting: Supplement on Reporting Climate-related Information," 2019/C209/01, 20 June 2019.

나. 즉 ESG 공시는 투자자를 위한 증권법상의 제도로 남고, 인권경영 공시는 별도의 법에 근거한 별도의 공시 체제로 남는 경우이다.

사실 ESG 공시에 나타난 정보는 재무적 관점의 전문가가 다룰 내용이고, 인권경영 공시에 나타난 정보는 인권 전문가가 검토할 내용이다. 이처럼 정보의 내용과 쓰임새가 다르다면 굳이 같은 공시 체제를 이용할 필요가 없고, 오히려 따로 관리하는 것이 더 효율적일 수 있다. 유럽에서 제정되고 있는 인권실사법은 적용 대상 기업에게 증권법상의 공시제도와 별도로 독립적인 인권경영 보고서를 작성하여 공개할 것을 요구한다.

위 세 가지 시나리오 중 어느 방향으로 전개될지는 정책적 판단의 문제이고, 현실의 여러 변수에 의해서 결정될 것이다. 시나리오 1은 인권경영의 후퇴라는 점에서 바람직하지 않다, 시나리오 2는 투자자의 다양한 동기에 부응하고, 인권경영의 확산에도 도움이 된다는 점에서 진일보한 것이다. 시나리오 3은 ESG와 인권경영이 각자의 전문성을 극대화한다는 점에서 유용하지만, ESG와 인권경영의 상호 보완적 작동 가능성을 잘 이용하지 못하는 안이다.

이상에서 보듯이, ESG와 인권경영 사이에는 공통점이 적지 않지만 그 기능이 서로 다르다. 그렇기 때문에 각각의 기능에 대한 사회적 수요가 없어지지 않는 한 양자는 공존할 것이다. 즉, 기관투자자가 장기적 이윤추구를 계속하는 한 ESG는 사라지지 않을 것이며, 마찬가지로 기업활동과 관련한 인권 피해가 존재하는 한 인권경영도 사라지지 않을 것이다. 양자가 단순히 병존하는 것을 넘어 서로 수렴하기 위해서는 ESG가 인권경영의 요소를 담아내어야 한다. 이는 ESG가 재무적 이익을 전면에 내세우는 태도를 어느 정도 포기하고, 중대한 반인권 및 반환경 기업에는 투자하지 않겠다고 하는 도덕적 선회를 의미한다. 그리고 그것을 실천하기 위해 필요한 내부 체계를 갖추고 운영한다는 것을 의미한다. 그런데 이것은 사실상 인권경영이다! 이렇게 되면 ESG 공시와 인권경영 공시도 자연스럽게 수렴해 갈 것이다. 이러한 것이 ESG의 올바른 발전 방향이라고 본다.

2부

인권경영에 관한
국제규범의 전개

Business and
Human Rights

인권경영에 관한 국제표준의 정립

유엔 기업과 인권 이행원칙

1. 인권경영을 둘러싼 분란

인권의 실현은 유엔의 목적이기도 하거니와,[1] 유엔은 다국적기업에 의한
인권침해 문제와 관련하여 선도적 역할을 해 왔다. 예컨대, 유엔은 2000년
'글로벌 콤팩트'를 출범시켜 기업의 인권경영을 독려해 왔다.[2] 2003년에
는 유엔 인권소위원회가 '다국적기업 및 기타 기업체의 인권 책임에 관한
규범'[3](이하 '기업인권규범')을 마련했다. 기업인권규범은 격렬한 논쟁 끝에
유엔 인권위원회(UN Commission on Human Rights)에서 거부됐지만, 기업

---

1   국제연합(유엔) 헌장 제1조는 유엔의 목적을 기술하고 있는데, 그 3호는 다음과 같이 규정한
    다. "3. 경제적·사회적·문화적 또는 인도적 성격의 국제 문제를 해결하고 또한 인종·성별·언
    어 또는 종교에 따른 차별 없이 모든 사람의 인권 및 기본적 자유에 대한 존중을 촉진하고 장
    려함에 있어 국제적 협력을 달성한다."
2   유엔 글로벌 콤팩트에 대해서는 다음을 참고하라. 이상수, 「UN지구협약의 특징과 가능성:
    soft law vs. hard law」, 『홍익법학』 제12권 제1호, 2011.

4장 인권경영에 관한 국제표준의 정립   95

인권 문제에 관한 유엔의 관심과 노력을 보여 준다. 기업인권규범의 후속으로 유엔은 2008년 '기업과 인권을 위한 정책 프레임워크'[4](이하 '프레임워크')를 채택했고, 2011년에는 이를 실행하기 위한 조치로서 '기업과 인권 이행원칙'[5](이하 이행원칙)을 채택했다.[6]

그런데 이러한 유엔의 최근 노력에 대한 시선이 늘 곱지는 않았다. 유엔 글로벌 콤팩트의 접근법에 대해서 실효성이 없다는 비판이 끊임없이 제기되었거니와,[7] 프레임워크 및 이행원칙에 대해서도 유사한 비판이 제기된 것이다. 특히 일부 NGO들이 이러한 비판에 앞장섰다. 예컨대 160여 개 인권단체를 회원으로 하는 국제인권연대는 이행원칙이 전반적으로 모호하며 유약하다고 비판하면서,[8] 특히 인권 피해자에게 효과적인 구제장치를 제공하지 않는다는 점을 지적했다. 또 기업인권규범을 폐기하고 이행원칙을 채택한 것이 퇴행적(backward)이라고 평가한 학자도 있었다.[9] 이

---

3 United Nations, "Norms on the Responsibility of Transnational Corporation and other Business Enterprises with regard to Human Rights," E/CN.4/Sub.2/2003/12/Rev.2, 26 August 2003.

4 United Nations, "Protect, Respect and Remedy: a Framework for Business and Human Rights," A/HRC/8/5, 7 April 2008. 국내 번역본은 다음과 같다. 국가인권위원회 역,『기업과 인권을 위한 정책 프레임워크: 보호, 존중, 구제』, 국가인권위원회, 2010. 12.

5 United Nations, "Guiding Principles on Business and Human Rights: Implementing the United Nations 'Protect, Respect and Remedy' Framework," A/HRC/17/31, 21 March 2011. 국내 번역본은 다음을 참고하라. 존 러기, 이상수 옮김,『기업과 인권』, 필맥, 2014, 283쪽 이하.

6 2006년 제60차 총회 결의(A/RES/60/251)에 의해서 유엔 경제사회이사회에 속해 있던 인권위원회는 폐지되고 대신 유엔 총회 산하에 인권이사회가 탄생했다.

7 이상수, 앞의 글(2011) 참조

8 FIDH(International Federation for Human Rights), "Joint Civil Society Statement on the draft Guiding Principles on Business and Human Rights," 3 March 2011. 그러나 뒤에서 보듯이 이행원칙에 대한 NGO의 비판은 총체적인 비판이라기보다 미진한 점의 지적이라고 보는 것이 옳을 것이다.

9 David Kinley and Rachel Chambers, "The UN Human Rights Norms for Corporations: The Private Implications of Public International Law," 6 Hum. Rts. L. Rev. 447, 2006, p.461.

행원칙에 대한 이러한 비판은 한국에서도 종종 발견됐다. 비판 지점은 프레임워크나 이행원칙이 다국적기업을 규제하는 구속력 있는 규범에 이르지 못했다는 것이다.

하지만 이러한 평가는 너무 단순하고 가혹해 보인다. 국제 문서가 대체로 그렇듯 모두를 만족시키기는 어렵다. 신속한 사회 변화를 추구하는 진보적 학자나 NGO의 입장에서는 가급적 비판적인 견해를 제출하여 사회를 한 걸음 더 진전시키려는 나름의 전략일 수 있다. 하지만 균형 잡힌 평가도 필요하다. 지나치게 비판적인 평가는 그 자체로 정당하지 않으며, 과도한 저평가는 그것이 갖는 잠재력을 간과함으로써 그 이용 기회마저 놓치게 할 수 있기 때문이다. 이 장에서는 기업인권규범을 거쳐 프레임워크 및 이행원칙이 제정되는 과정을 살펴봄으로써 이행원칙의 성과를 부각하고자 한다.[10]

2. 유엔 '기업인권규범'

1) 제정 과정

1998년 8월 유엔 인권위원회의 소위원회[11]는 결의문을 채택하고 5명으로 구성된 작업그룹에게 3년에 걸쳐 다국적기업의 작동 메커니즘을 검토하는 과제를 부여했다. 2001년 8월 15일에는 해당 작업그룹의 임기를 3년 연

---

10 이행원칙의 더 자세한 제정 과정은 이를 주도한 존 러기가 저술한 『기업과 인권』(이상수 옮김, 필맥, 2014)을 참고하라.

11 소위원회(Sub-commission on the Promotion and Protection of Human Rights)는 유엔 경제사회이사회(UN Economic and Social Council)에 의해서 1947년에 조직된 것으로, 26명의 독립전문가로 구성되어 있다. 이들의 임무는 인권침해 사례 조사, 인권 보호 장애 조사, 새로운 기준의 개발 업무 등이다.

장하고 다국적기업을 규제하는 규범 초안의 작성 임무를 부여했다. 이렇게 해서 마련된 것이 '기업인권규범'이다. 기업인권규범은 2003년 8월 13일 소위원회에서 만장일치로 통과되었으나, 2004년 4월 22일 제60차 인권위원회에서는 통과되지 못했다. 당시 인권위원회는 기업인권규범을 포함하여 '기업과 인권' 문제에 대해 좀 더 검토하기로 했지만, 2005년 봄에 이르러서는 기업인권규범의 폐기가 기정사실이 됐다.

기업인권규범 자체는 그리 긴 문서가 아니다. 이 문서는 서문에 이어 23개 문단으로 구성되어 있으며, 각 문단은 일반 의무, 기회 평등 및 비차별 취급에 관한 권리, 안전에 관한 권리, 노동자의 권리, 각국의 주권과 인권의 존중, 소비자 보호 의무, 환경보호에 관한 의무, 이행에 관한 일반 조항, 개념 정의 등으로 구성되어 있다. 중요 지점을 중심으로 기업인권규범의 내용을 살펴보고, 왜 이것이 폐기됐는지를 검토한다.

2) 적용 범위

기업인권규범의 정식 명칭은 '다국적기업 및 기타 기업체의 인권 책임에 관한 규범'으로, 그 명칭에서 보듯이 '다국적기업'과 '기타 기업체'에 적용하도록 만들어진 것이다. 여기서 다국적기업은 두 국가 이상에서 활동하는 기업이나 기업집단을 의미하며, 법률적 형식이나 활동 장소가 국내인지 국외인지의 여부를 불문한다(기업인권규범 제20문). 즉, 개별적으로든 집단적으로든 하나의 경제단위가 두 국가 이상에서 기업활동을 한다면 다국적기업이라고 할 수 있고, 기업인권규범의 규율 대상이 된다는 것이다.

한편 기타 기업체란 법적 형태에 관계없이 계약자, 하청업자, 공급자 등을 말하는데, 기업인권규범은 다국적기업과 어떤 식으로든 관계를 맺는 기업, 기업활동의 영향이 전적으로 지역에 한정되지 않는 기업, 또는 심지어 안전에 관한 권리를 훼손하는 기업이면 모두 기업인권규범의 적용을 받는다고 규정하므로(제21문), 실제로는 다국적기업의 계약자, 하청업자, 공급자에 한정되지 않는다.

다국적기업과 기타 기업체를 이렇게 정의하므로, 기업인권규범의 적용 범위는 지극히 넓다고 할 수 있다. 세계경제가 거의 하나의 시장처럼 작동하는 지구화 시대에 기업인권규범의 규율 대상이 되지 않는 기업이 과연 있을지 의문이 들 정도이다. 요컨대, 기업인권규범은 사실상 전 세계에 존재하는 웬만한 기업을 모두 규율 대상으로 삼은 것이다.

3) 다국적기업에 국제법적 인권 의무 부과

기업인권규범은 본문에서 기업의 의무를 기술할 때, 조약에서와 같이 'shall'이라는 표현을 쓰고 있다. 이는 기업인권규범의 내용이 기업에 직접 적용된다는 것을 의미한다. 국제사회가 제정한 규범이 '국가의 매개 없이' 기업에 직접 적용된다는 것은 전통적이고 주류적인 국제법 관념에 비추어 보면 그야말로 획기적이다. 통상 국제법의 수범 주체는 주권국가라고 보기 때문이다. 물론 사적 주체도 포함되는 경우가 있지만 매우 제한적이고 예외적이다. 이 점에서 기업인권규범은 지극히 획기적이다.

기업인권규범은 또한 국가에게 이 규범의 이행에 필요한 법적·행정적 틀을 마련하고 보강할 의무를 부과하고 있는데(제17문), 여기에서는 오히려 국제법상 권고의 의미를 갖는 'should'란 표현을 쓰고 있다. 말하자면 기업인권규범이 국가에게는 권고적 의미를 갖는 데 불과하지만, 기업에게는 법적 의미를 갖는다는 것이다. 전통적 의미의 국제법이라면 국가에게 인권 보호 의무를 부과하고, 기업은 그 반사적 효과로서 간접적으로 국제법상의 인권 존중 의무를 가졌지만, 기업인권규범은 이러한 도식에서 이탈하고 있는 것이다.

4) 다국적기업의 인권 의무, 그 실체적 내용

다국적기업이 챙겨야 할 인권 목록은 기업인권규범 제23문에 제시되고 있다. 이에 의하면 '인권' 또는 '국제인권'은 국제인권헌장 및 인권조약에 규정된 시민적, 문화적, 경제적, 정치적, 사회적 권리를 포함한다. 또한 개발권, 국제인도법, 국제난민법, 국제노동법, 기타 유엔 체계 내에서 채택된 관련 규범상의 권리도 포함된다. 기업인권규범의 서문에는 거의 40개에 이르는 각종 국제인권법규를 열거하고 있는데, 여기에는 소비자, 환경, 반부패 관련 사항도 포함하고 있다. 이처럼 기업인권규범은 기업이 대응해야 할 인권 목록을 지극히 넓게 정의하고 있다.

한편 기업인권규범은 이와 같은 인권을 "증진하고, 충족을 보장하며, 존중하고, 존중을 보장하여 또한 보호해야 할" 1차적인 책임이 국가에 있다고 하면서, 동시에 기업도 인권을 "증진하고, 충족을 보장하며, 존중하고, 존중을 보장하여 또한 보호해야" 한다고 규정한다(기업인권규범 제1문). 국가의 인권 의무와 기업의 인권 의무 사이에 차이가 있다고 한다면, 국가의 경우 국가별로 영토나 관할권 내에서 그와 같은 책임을 지는 반면, 기업의 경우는 각자의 활동이나 영향력 범위(sphere of activity and influence) 내에서 그런 책임을 진다는 점이다. 결국 인권 의무가 적용되는 공간적 범위에서 차이가 있을 뿐, 인권 책임의 내용에 관해서는 국가든 기업이든 동일한 의무를 진다는 것이다. 이제 다국적기업은 단순히 경제적 역할에 그쳐서는 안 되며, 적어도 인권 의무에 관한 한 국가와 거의 동일한 내용의 의무를 부담해야 한다는 것이다. 기존의 기업 개념에 비추어 보면 이러한 내용은 엄청나게 획기적이다. 사실 전 세계 어느 나라의 회사법도 기업에게 국가와 같은 내용의 인권 의무를 부과하지는 않는다. 그럼에도 기업인권규범은 각국의 국내법과 상관없이 국제법을 통해서 국가의 인권 의무와 동일한 내용의 인권 의무를 기업에 부과하고 있는 것이다.

심지어, 보기에 따라서 기업인권규범은 국가보다 더 높은 수준의 인권 의무를 다국적기업에게 부과한다고 할 수 있다. 왜냐하면 국가는 자신이 비준하지 않은 국제인권법에 대해서는 준수할 법적 의무가 없지만, 기업인권규범 아래에서 다국적기업이라면 국제적으로 승인된 모든 인권에 대해 법적 의무를 지기 때문이다. 이는 국제인권법을 비준하지 않은 개발도상국에서 활동하는 다국적기업의 규제를 위한 것이겠지만, 선진국 중에도 ILO의 핵심 노동규약을 모두 비준 하지 않는 국가가 적지 않은데, 다국적기업은 자신이 활동하는 국가(주재국)의 조약 비준 여부와 무관하게 모든 인권을 증진·충족·존중·보호해야 한다는 것이다.

배커(L. C. Backer)는 이와 같은 내용을 보면서, 기업인권규범이 다국적기업을 사실상 국가권력으로 취급한다고 평가했다.[12] 그만큼 기업인권규범은 다국적기업에게 지금까지 요구되지 않던 많은 인권 의무를 법적 차원에서 부과하는 것이다.

5) 집행장치

비자발적 규범으로서의 기업인권규범

기업인권규범의 작성에 참여했던 와이스브로트(D. Weissbrodt)는 "[기업인

---

12 Larry Catá Backer, "Multinational Corporations, Transnational Law: The United Nations' Norms on the Responsibilities of Transnational Corporations as a Harbinger of Corporate Social Responsibility in International Law," 37 Colum. Hum. Rts. L. Rev. 287, 2005-2006, p.371.

권]규범은 국제사회에서 수용된 최초의 비자발적 이니셔티브다."[13]라고 했다. 자발적 규범이란 기업이 그 이행 여부를 선택할 수 있다는 의미인데, 기업인권규범은 기업에게 그러한 선택의 여지를 주지 않는다는 것이다. 이런 변화는 획기적이다. 하지만 선택의 여지가 없다는 의미에서 비자발적이라는 것만으로는 충분하지 않다. 중요한 것은 규범의 이행이 어떻게 강제되는지이다. 그렇다면 기업인권규범은 집행장치에 의해서 뒷받침된다는 의미에서도 비자발적인가? 기업인권규범에 대한 한 해설에서는 기업인권규범이 비자발적 규범임을 선언하고 있을 뿐만 아니라 집행장치를 갖추고 있다는 의미에서도 비자발적 규범이라고 서술했다.[14] 기업인권규범은 다음과 같은 이행 혹은 집행장치를 규정하고 있다.

정기적인 보고

기업인권규범은 다국적기업이 이 규범의 완전한 이행을 위해 취한 조치에 대해서 정기적으로 보고(periodically report)해야 한다(제15문). 어디에 어떻게 보고해야 하는지에 대해서는 규정하고 있지 않은데, 적어도 자신의 홈페이지를 포함한다고 보아야 할 것이다.

사적 계약의 이용

기업인권규범은 다국적기업이 다른 경제주체와 계약을 할 때, 기업인권규범의 내용을 그 속에 담도록(incorporate) 요구한다(제15문). 이는 다국적기업이 사적 입법(private legislation) ─사적 계약─을 할 수 있다는 점을 이용한 것이다. 만약 그렇게 된다면 계약의 위반은 법의 위반과 마찬가지로 국

---

13 David Weissbrodt and Muria Kruger, "Norms on the Responsibilities of Transnational Corporations and Other Business Enterprises with Regard to Human Rights," *The American Journal of International Law*, Vol. 97, No. 4, Oct 2003, p.903.

14 〈http://www1.umn.edu/humanrts/ataglance/faq.html〉

내 법원에 의해 강제집행이 되므로, 결국 국내법과 동일한 정도로 집행될 수 있을 것이다. 이를 통해 국제법이 국가의 매개 없이 실효적으로 작동하는 법규범으로 전화할 수 있다. 이는 매우 독특한 접근이다. 말하자면 다국적기업이 인권 친화적 사적 계약을 체결한다면, 그 계약에 근거하여 국가를 통해 강제집행이 가능하다는 것이다. 배커는 인권법이 미약한 국가에서조차 사적인 자율 입법을 이용하여 국제인권법의 이행을 도모한다는 이러한 묘한 접근에 대해 일종의 '속임수(trick)'라고 표현했다.[15] 아무튼 기업인권규범은 다국적기업에게 높은 수준의 인권 의무를 부과함과 동시에 다국적기업을 지렛대로 해서 여러 경제주체(예컨대, 개도국에 있는 자회사나 공급자)에게 국제인권규범을 확대 적용할 수 있도록 고안된 것이다.

독립적인 외부 감시

그런데 만약 다국적기업이 인권과 관련한 아무런 보고도 하지 않거나, 직접 인권침해를 하거나, 제3자와의 계약에서 기업인권규범의 내용을 담지 않는다면 어떻게 할 것인가? 이 부분에 대응하는 것이 독립적인 외부 감시이다.

기업인권규범에 의하면, 다국적기업은 투명하고 독립적인 정기적 감시(monitoring)와 검증(verification)을 받아야 한다(제16문). 이는 유엔과 기타 국내외적 기구(mechanisms)에 의해서 이루어져야 하며, 아울러 감시를 할 때는 NGO를 포함한 이해관계자의 의견과 기업인권규범 위반으로 발생한 인권 피해자들의 신고(input)를 반드시 반영하도록 요구하고 있다(제16문).

---

15 Larry Catá Backer, 앞의 글, p.340.

6) 평가

지금까지 기업인권규범의 전체적인 윤곽을 그려 보았다. 기업인권규범을 서술한 와이스브로트는 기업인권규범이 새로운 규범을 창출했다기보다는 기존의 국제법 원리를 '재진술(restatement)'한 것이라고 말한다.[16] 그러나 위에서 보듯 기업인권규범은 단순한 재진술이 아니라 다국적기업에게 국제법상 인권 의무를 '직접' 부과하려는 최초의 시도이자, 사적 계약을 이용하여 기업인권규범을 실행하려는 최초의 시도이며, 유엔과 국제기구, NGO와 인권 피해자를 위시한 이해관계자에게 다국적기업의 인권 감시와 관련하여 전례 없이 큰 권한을 부여하려는 새로운 시도였다. 이렇게 볼 때 기업인권규범은 기업의 인권 책임과 관련한 '거대한 도약(landmark step)'[17]이라고 할 만하며, 기업을 규제하는 초국가적 기초를 모색하는 노력의 정점을 대표한다고 할 수 있다.[18] 또한 다국적기업에 대한 규제 패러다임의 변화이며, 나아가 국제법의 패러다임을 변화시켜 '혁명(revolution)'[19]을 도모했다고 할 만하다.

하지만 '혁명'은 성공하지 못했다. 기업인권규범은 인권위원회의 소위원회를 통과했지만, 인권위원회는 이를 채택하지 않았던 것이다. 정확히 말하면, 제60차 인권위원회는 '기업과 인권' 주제에 대해 추가적인 연구를 하기로 하고, 기업인권규범은 법적 자격을 갖지 않는다는 것을 명확히 했다.[20] 결국 기업인권규범은 단순히 희망 사항의 열거에 불과하다는 것이다.

기업인권규범의 토론 과정에서 무엇보다 기업 측으로부터 강력한 반

---

16 David Weissbrodt and Muria Kruger, 앞의 글, p.901.

17 David Weissbrodt and Muria Kruger, 앞의 글, p.901.

18 Larry Catá Backer, 앞의 글, p.328.

19 John H. Knox, *The Ruggie Rules: Applying Human Rights Law to Corporations*, Wake Forest University Legal Studies Paper, No 1916664, 2011. 8, p.5, p.11.

대가 있었다. 기업인권규범은 기업에게 전례 없이 강한 규제를 도입하려는 시도였으므로 기업 측의 반대는 충분히 예상할 수 있었다. 특히 기업을 대표하는 국제상공회의소(International Chamber of Commerce, ICC)와 국제사용자협회(International Organization of Employers, IOE)가 적극적으로 발언했다. 이들은 기업인권규범이 다국적기업에게 법적인 차원의 인권 의무를 부과하는 시도라는 점을 중시했다.[21] 한편 미국, 영국, 호주 등을 포함한 여러 국가도 기업인권규범의 도입을 적극적으로 반대했다. 이들은 기업인권규범이 기업에 대한 국가의 독점적 규제 권한을 감소시킨다는 점에 우려를 표했다.[22]

그러나 이들의 저항 때문에 기업인권규범이 좌절됐다는 식의 분석은 무의미한 본질환원론에 불과해 보인다. 기업이나 국가는 자신들의 영향력이 감소하는 것을 언제든 반기지 않기 때문이다. 이렇게 볼 때, 기업인권규범이 부결된 것은 기업인권 문제를 둘러싼 정치적 힘 대결의 결과이며, 결과적으로 정의가 패배했다고 이해하는 것은 너무 단순해 보인다.[23] 오히려 문제는 기업인권규범을 제안했거나 지지한 세력이[24] 왜 기업과 국가의 저항을 극복하지 못했는가 하는 점이다.

여러 원인이 제시될 수 있겠지만 여기에서는 기업인권규범 자체에 중

20 Office of the High Commissioner for Human Rights, "Responsibilities of Transnational Corporations and related Business Enterprises with regard to Human Rights," E/CN.4/Dec/2004/116, 20 April 2004.

21 David Kinley and Rachel Chambers, 앞의 글, p.458, p.491.

22 Larry Catá Backer, 앞의 글, p.377.

23 킨리와 체임버스의 글은 거의 이런 분위기로 되어 있다. David Kinley and Rachel Chambers, 앞의 글, p.491.

24 기업인권규범은 NGO의 위상을 대폭 높여 주는 것이었다. 반드시 그 때문만은 아니겠지만, 주요 국제 NGO들은 압도적으로 기업인권규범을 지지했다. "Statement of Support for the UN Human Rights Norms for Business," 18 March 2004. <http://www.fidh.org/Statement-of-Support- for-the-UN>

대한 결함이 있었다는 점을 지적하고자 한다. 그것이 기업인권규범이 충분한 지지를 받지 못하고 기업과 국가의 저항을 극복하지 못한 중대한 이유로 보이기 때문이다.

주식회사의 본질론과 국가주권

기업인권규범이 추구하는 변화는 매우 심대하다. 그것은 '기업이란 무엇인가?'라는 기업의 본질론과 연결되어 있다. 다국적기업의 일반적인 형태인 주식회사를 중심으로 생각해 보자. 모든 기업은 이윤추구를 기본축으로 한다. 주식회사라면 경영자는 이윤을 추구하는 주주의 이익을 무시해서는 안 되며 주주를 위한 성실의무를 지닌다. 어떤 경영 행위가 주주의 이익에 반하는지를 판단하는 것이 반드시 쉬운 일은 아니지만, 주주의 이익에 반하는 것이 명백하다면 이는 성실의무의 위반이 된다. 그런데 기업인권규범은 이 부분에 대해서 다른 견해를 제출했다. 기업인권규범은 다국적기업에게 인권에 관해서 국가에 준하는 의무를 요구했다. 배커는 기업인권규범이 주식회사에 관한 주주 모델을 이해관계자 모델로 바꾸고, 이를 근거로 공법적인 사회적 책임(public law social responsibility)을 다국적기업의 지배구조에 심는 것이라고 평가했다.[25] 말하자면 기업인권규범은 기업에게 공공기관에 준하는 인권 의무를 요구한다는 것이다.

기업에 대한 이러한 이해는 용납될 수 있는 것일까? 현실적으로 대다수의 회사법이 사실상 주주 모델을 채택하고 있는 현실에서 국제사회가 이해관계자 모델에 입각한 강행규범을 창설할 수 있을까? 그래도 되는 것일까? 예컨대 기업인권규범에 의하면 경영자는 주주의 이익에 반하더라도 인권의 증진·존중·보호·충족 활동을 하고(제1문), 지속가능 목표를 추구하고(제14문), 적정 보수를 지급하고(제8문), 각종 사회권의 실현에 기여해야 한다

---

25 Larry Catá Backer, 앞의 글, pp.340-341.

(제12문). 하지만 이러한 활동은 현실의 회사법에 비추어 일반적으로 허용되기 어렵다. 경영자가 이러한 결정을 한다면 그 결정은 권한 밖의 행위로서 무효가 되거나 성실의무 위반으로 손해배상책임을 낳을 수도 있다. 반대로 경영자가 기업인권규범을 무시하고 기존 회사법의 원칙만을 준수한다면, 그 다국적기업은 기업인권규범에 따른 제재를 피할 수 없다. 결국 다국적기업은 어떻게 처신하든 제재를 받게 되는 모순적 상황에 빠지게 된다.[26]

그리고 기업인권규범은 '국가 주권의 존중과 인권'이라는 제목하에서 다국적기업이 국제법, 국내법과 규제 등을 모두 존중해야 한다고 규정하고 있지만(제10문), 이러한 의무가 초래할 모순에 어떻게 대처할지에 대해서는 언급하고 있지 않다. 결국 기업인권규범은 다국적기업에 무리한 요구를 할 뿐 아니라 자체적으로도 심각한 모순을 담고 있다는 비판을 면하기 어렵다.

이상에서 보듯이 국가의 매개 없이 국제사회가 다국적기업을 직접 규제하려던 기업인권규범의 접근은 매우 급진적이었다. 하지만 그것을 밀어붙일 만큼 충분한 현실적인 힘을 가지지 못했으며, 무엇보다 충분한 이론적 정합성과 설득력을 갖지 못했다. 기업인권규범이 유엔 인권위원회에서 채택되지 못한 근본적인 이유는 바로 이러한 결함 때문이라고 보아야 할 것이다.

결과적으로 기업인권규범은 인권위원회의 벽도 넘지 못했고 현실에서 의미 있는 변화를 낳지도 못했다. 유엔의 입장에서 기업인권규범의 좌절은 다국적기업에 의한 인권침해에 대처하려는 시도의 실패이며, 다시 원점에서 시작해야 하는 암담한 상황에 빠진 것을 의미했다.

---

26 Larry Catá Backer, 앞의 글, p.359.

3. 기업인권 '프레임워크' 및 '이행원칙'

1) 유엔의 새로운 접근

이러한 상황을 극복하기 위해 2005년 제61차 인권위원회는 유엔 사무총장에게 특별대표를 선임하여 '기업과 인권' 문제를 다루도록 권고했고, 사무총장은 2005년 7월 하버드 행정대학원 교수인 존 러기를 기업과 인권에 관한 특별대표로 지명했다. 특별대표에게 부여된 과제는 기업의 인권 책임에 관한 국제법규의 식별, 국가의 역할, 연루(complicity), 영향평가, 모범사례 등 다섯 가지 항목에 관한 연구였고, 2년의 연구 기간이 주어졌다.[27] 임무인즉슨, 기업과 인권 문제를 근본에서부터 다시 검토하라는 것이다. 과제에는 기업인권규범에 대한 평가가 명시적으로 포함되어 있지 않았지만, 임무가 부여된 맥락을 고려한다면 이를 무시할 수는 없었다.

특별대표는 자신에게 부여된 업무를 수행하면서 2006년에 중간보고서(interim report)를 제출했다. 이 보고서에서 러기는 기업인권규범을 정면으로 비판했다.[30] 즉 기업인권규범은 기업에게 국제법상의 인권 의무를 직접 부과하려는 시도라고 정리하고, 기업인권규범이 "원리적 과도함에 빠졌으며", "과장된 법적 주장"이라고 평가했다. 무엇보다 러기는 현행 국제인권법은 기업에 직접 적용되지 않는다는 점을 명확히 지적했다. 국제인권법의 직접적 수범자는 국가일 뿐 기업은 포함되지 않는다는 것이다. 그는 국제사회가 국제법을 기업에 직접 적용한 사례가 있다는 점을 지적하고 또

---

27 Office of the High Commissioner for Human Rights, "Human Rights and Transnational Corporations and other Business Enterprises," E/CN.4/RES/2005/69.

28 John Ruggie, "Interim Report of the Special Representative of the Secretary-General on the Issue of Human Rights and Transnational Corporations and Other Business Enterprises," U.N. Doc. E/CN.4/2006/97, 2006.

국제법이 점점 기업의 국제법 주체성을 인정하는 방향으로 발전하고 있다는 점도 언급하지만, 이는 지극히 예외적인 현상일 뿐이라고 했다. 따라서 기업인권규범이 기업의 국제법적 주체성을 일반적으로 인정한 것은 오류라고 단정했다.

게다가 기업인권규범이 기업에게 국가보다 더 높은 인권 의무를 부과한다는 점도 비판했다. 또 영향력 범위(sphere of influence)라는 개념도 너무 모호하여 법적 개념이 될 수 없다고 비판했다. 러기가 보았을 때 기업인권규범은 기존의 국제법 원칙을 반영하고 재진술한 것이 아니고, "국가에 적용되던 인권 규정을 취한 다음, 그 규정의 많은 것들이 이제는 기업에도 구속력이 있다고 단순히 주장한 것"[29]에 불과했다. 이는 사실상 아무런 정당화 없이 새로운 규범을 창출한 것이다. 요컨대, 국제인권법은 기업에 직접 적용되지 않는다는 것이 너무나 명백하므로 기업인권규범을 거부할 수밖에 없다는 것이며,[30] 기업인권규범이 관련 논의를 진전시키기보다 오히려 모호하게 했다고 결론지었다.[31] 기업인권규범에 대한 이런 가혹한 평가는 전혀 새로운 접근법의 등장을 암시하는 것이었다.

2) '프레임워크'의 등장

러기는 2년간 자신에게 주어진 과업에 따라 기존 국제인권법의 입장을 연구하고 기업인권규범의 한계를 밝히는 데 어느 정도 성공했지만 임기 중에 새로운 돌파구를 제시하지는 못했다. 하지만 인권이사회는 러기의 성

---

29 John Ruggie, 위의 글, 제60문.

30 John H. Knox, 앞의 글, p.3

31 John Ruggie, 앞의 글(Interim Report), 제69문.

과를 인정하고 특별대표의 임기를 1년 연장하여 기업과 인권 관련 권고안을 마련할 것을 주문했다. 이 주문에 따라 2008년에 제출된 보고서가 이른바 '프레임워크'이다. 이 보고서의 기본 방향은 기업과 인권 문제를 둘러싼 논의의 난맥상을 극복하고, 생산적 토론과 진전이 가능하도록 하는 공통의 틀(framework)을 제출하는 것이었다. 즉 시민단체, 국가, 기업, 국제사회가 각기 다른 인권 개념과 방향을 가지고 기업과 인권 문제에 접근하는 것은 결국 현실을 변화시키는 데 부정적으로 작용한다고 보고, 함께 논의하고 현실을 변화시켜 나갈 공통의 기반을 마련하려는 것이 큰 방향이었다. 그러나 복잡한 현실과 다양한 이해관계자들을 고려할 때 이는 실로 난해한 과제였다.

프레임워크는 이 과제에 대한 러기의 대답인 셈이다. 그는 보호, 존중, 구제라는 세 가지 축(pillars)을 중심으로 기업과 인권 의제를 모두 포괄하고자 했다. 이 문서는 매우 성공적이었다. 구체적인 내용은 번역된 프레임워크를 읽어 보는 것으로 충분할 것이므로, 여기에서는 큰 방향을 위주로 논점과 성과를 살펴본다.[32]

국가의 인권 보호 의무

프레임워크는 기업에 의한 인권침해와 관련하여 국가는 일정한 책임을 지며, 그것은 국제인권법에 근거한다고 보았다. 즉, 국가는 스스로 국제인권 규범을 존중해야 할 뿐만 아니라, 기업을 포함하여 사적 주체가 제3자의 인권을 침해하는 것을 막아야 하는 국제법상의 의무를 진다는 것이다. 여

---

32 이후 서술하는 '국가의 인권 보호 의무', '기업의 인권 존중 책임', '구제절차에 대한 접근'은 단순히 프레임워크의 내용에만 기초한 것이 아니고, 이행원칙의 내용을 함께 서술했음을 밝힌다. 두 문서 사이에는 세세한 내용상의 차이가 있지만, 기본적 틀과 접근법에서는 거의 유사하기 때문이다. 이렇게 함으로써 나중에 이행원칙의 내용을 거듭 설명하는 번거로움을 피하고자 했다.

기에서 후자가 '국가의 인권 보호 의무(state duty to protect human rights)'이다. 프레임워크는 이와 같은 국가의 인권 보호 의무를 기업에 의한 인권침해 맥락에 적용한 것이다. 그리고 이런 맥락에서 국가가 이용할 수 있는 다양한 정책들을 제시했다.

여기에서 특별히 지적할 것은 프레임워크가 결코 자율주의적 방식만을 주장하지는 않았다는 점이다. 물론 프레임워크 자체는 개별 국가에 대해 법적 구속력을 가지지 않지만, 국가가 모든 수단을 동원하여 효과적으로 대처하라는 메시지를 담고 있다. 필요한 법인데 없다면 만들어야 하고, 기존의 법령이 기업의 인권 존중 행태를 제대로 조장하지 못하거나 억제한다면 그것을 개정하라고 권고한다. 좀 더 정확히 표현하면, 그렇게 하는 것이 국가에게 부여된 국제법상의 의무라고 말한 것이다.

이런 점에서 프레임워크가 자율주의적 접근법을 택하고 있다는 주장은 오해의 여지가 있다. 오히려 프레임워크는 국가에게 법적 접근을 포함하여 적극적인 정책을 펼치라고 주장했다. 개별 기업에 대한 관할권이 국가에 있다는 점을 생각하면, 기업의 인권침해를 막는 데에서 국가의 역할은 아무리 강조해도 지나치지 않을 것이다. 더구나 국제법이 직접 기업을 규제하지 못하는 현재의 상황을 인정한다면 더욱 그렇다. 그 점에서 "인권과 관련하여 국가의 역할은 1차적일 뿐만 아니라 결정적이다."[35]라는 지적은 타당하다. 프레임워크는 이 점을 충분히 인식하고 있으며, 바로 그것을 주장하고 있다. 이는 프레임워크에 대한 평가에서 매우 중요한 지점이다.

기업의 인권 존중 책임

흔히 기업은 인권과 관련하여 국제법상 의무를 지지 않는다고 한다. 다시 말해 기업이 인권을 침해하더라도 국제사회가 직접 기업에 대해서 제재할

---

33 John Ruggie, 앞의 글(Interim Report), 제79문.

법적 근거가 없다는 것이다. 하지만 국가는 기업으로 인한 인권침해를 막아야 할 국제법상의 의무가 있기 때문에, 기업이 인권침해를 한다면 해당 기업을 적발하고 규제해야 한다. 따라서 인권을 침해한 기업은 그 기업에 대한 관할권을 갖는 국가를 통해서 제재를 받게 된다. 이처럼 기업은 국제 사회에서 인권 존중 의무를 갖지 않지만 '간접적으로' 국제인권법상의 인권 존중 의무를 지게 된다. 그렇기 때문에 기업이 인권침해를 자행함에도 불구하고 국가가 아무런 조치를 하지 않으면 기업은 규제 공백 상태에 처하게 된다. 프레임워크가 대면한 현실은 바로 이것이다.

이에 대해 프레임워크는 기업이 '인권 존중 책임(responsibility to respect human rights)'을 진다고 하면서, 이 책임은 국가의 인권 의무와 무관하게 (independently) 존재한다고 보았다.[34] 그리고 이러한 기업의 인권 책임의 근거를 국제법에서 구하지도 않았다. 대신 기업이 인권을 존중해야 하는 이유는, 기업이라면 인권을 존중하라는 '사회적 기대(social expectation)'가 있기 때문이라고 하였다.[35] 달리 말하면, 기업은 국제법상 인권 존중의 법적 책임을 지지는 않지만, 그럼에도 불구하고 사회가 기업에게 인권의 존중을 기대하기 때문에 기업은 인권을 존중해야 한다는 것이다. 기업의 인권 책임에 대한 철학적 혹은 규범적 정당화를 포기한 듯한 이런 주장은 다소 실망스럽지만, 이는 짧은 시간에 해법을 제출해야 하는 존 러기가 현실적으로 선택할 수 있는 유일한 정당화 방법이었을 것이다. 아무튼 프레임워크가 인권 존중 '의무(duty)'라는 표현 대신 인권 존중 '책임(responsibility)'이라고 표현한 것은 이 점을 나타내기 위한 것이다.[36]

프레임워크가 기업의 인권 '존중' 책임만을 말한 것도 반드시 지적되

---

34 프레임워크, 제55문, 제70문.

35 프레임워크, 제9문, 제24문, 제54문.

36 프레임워크, 제54문, 제55문.

어야 할 부분이다. 프레임워크는 기업이란 국가와는 기능을 달리하는 사회조직이므로, 국가의 인권 의무와 기업의 인권 책임은 그 내용 면에서도 다르다고 보았다. 국가는 인권을 존중·보호·충족·증진해야 할 법적 의무가 있지만, 기업에게는 보호·충족·증진할 책임이 있다고 보지는 않았다. 대신 기업은 반드시 인권을 '존중'해야 한다고 보았다. 존중한다는 것은 소극적으로 인권 '침해'를 하지 않는다는 것을 의미한다. 이처럼 프레임워크는 기업에게 인권을 침해하지 말 것을 요구한 것, 간단히 표현하면 다른 사람에게 해를 끼치지 말 것(doing no harm)을 요구한 것이다.[37] 이 점은 프레임워크(그리고 이어지는 이행원칙)가 최소주의적 접근을 취했다는 평가와 연결된다. 즉, 프레임워크 아래에서 기업의 책임은 인권 '존중'에 한정되지만 그것은 반드시 실천해야 하는 최소한(baseline)이 되는 것이다. 프레임워크 아래에서 인권의 '보호', '충족' 혹은 '증진'은 기업이 해도 되는 것 혹은 하면 좋은 것이지만, 인권의 '존중'은 기업이 반드시 준수해야 하는 책임이 된다.

마지막으로, 프레임워크에서 등장하는 또 한 가지 아주 중요한 특징은 바로 인권경영과 직접 관련된 부분이다. 프레임워크 아래에서 인권을 존중한다는 말은 기업이 인권침해 행위를 자제한다는 의미 이상이다. 프레임워크에 의하면, 기업의 인권 존중 책임은 기업이 스스로 인권을 침해하지 않도록 적극적인 조치를 취하는 것을 포함한다.[38]

여기에서 가장 중요한 것이 인권실사(human rights due diligence)를 실시하는 것과 기업에 의한 인권 피해자에게 구제절차를 제공하는 것이다. 이중 인권실사는 인권경영의 핵심부를 구성하는 것이다.

---

37 프레임워크, 제24문, 제55문.
38 프레임워크, 제55문.

구제절차에 대한 접근

프레임워크의 또 다른 성과는 기업인권과 관련하여 구제 수단의 중요성을 각별히 부각하여 제시했다는 점이다. 기업의 사회적 책임에 대한 종래의 접근이 기업 측의 사회적 기여를 부각했다면, 프레임워크는 권리 중심의 접근으로서 기업의 부정적 영향을 부각한다. 이러한 접근에서 기업에 의한 인권침해의 피해자를 어떻게 구제할 것인지는 부각될 수밖에 없다. 이러한 방향 전환과 구제 수단의 강조는 프레임워크의 큰 성과라고 할 수 있다.[39] 프레임워크는 피해자 구제에 관한 내용을 '구제에의 접근(access to remedy)'이라는 별도의 장에서 서술함으로써 이를 강조했다. 또 단순히 소송을 통한 구제만을 말하지 않고 다양한 법적·비법적 구제장치의 가능성과 필요성, 구제장치에 접근하는 현실적인 장애와 극복 방향 등을 제시했다.

'프레임워크'에 대한 반응

기업인권규범이 인권위원회에 제출되었을 때 큰 논란을 불러일으켰던 것과는 달리, 프레임워크가 인권이사회에 제출되었을 때는 다양한 이해관계자로부터의 지지가 이어졌다. 기업인권규범에 반대했던 사업계나 각국의 정부도 이 규범을 지지했다. 이들은 프레임워크가 기업과 인권의 현상을 정확히 반영하고 있으며 향후 논의의 진전에 유용하다고 보았다.[40] 또 여러

---

39 NGO들은 '프레임워크'가 "기업 활동에서 인권 보호를 위한 국가의 의무를 강조한 점에 감사한다."라면서 또 '프레임워크'가 기존 구제장치의 미흡함을 인정한 점을 높이 평가했다. "Joint NGO Statement to the Eighth Session of the Human Rights Council," May 19, 2008. <https://www.hrw.org/news/2008/05/19/joint-ngo-statement-eighth-session-human-rights-council>

40 러기가 기조발표를 한 학술모임에서 기업 측의 대표로 토론한 Greene은 러기의 객관적인 일 처리 방식에 대해서 칭찬한 후 이 점을 지적했다. Adam B. Greene, "Comments from the International Business Community on the Work of the Special Representative on Business and Human Rights," in Penelope Simons, "The Future of Corporate Accountability for Violations of Human Rights", 103 Am. Soc'y Int'l L. Proc. 281, 2009, p.293.

국제 NGO로부터도 환영받았다.[41]

이렇게 광범한 지지를 끌어낼 수 있었던 요인은 여러 가지로 분석할 수 있을 것이다. 절차적으로 보자면 러기가 철저히 사실에 입각한 연구를 수행했으며, 그 과정에서 이해관계자들의 의견을 광범하게 수렴했다는 점을 들 수 있다. 프레임워크를 만드는 절차는 모든 이해관계자에게 개방되었고 투명하게 진행되었다. 국제 NGO들도 러기가 기업에 의한 인권 피해자의 의견에 대해서도 경청한 점을 높이 평가했다. 러기는 많은 연구와 조사를 했으며 그 성과는 모두 자료화하여 공개했고,[42] 합의 가능한 틀을 만들기 위해 의식적으로 노력했다. 그러나 무엇보다 러기가 제출한 결과물이 다양한 이해관계자가 수용할 만큼 적절하고 높은 완성도를 갖추었다는 점을 부인할 수 없을 것이다. 아무튼 유엔 인권이사회는 이러한 지지를 배경으로 하면서 프레임워크를 만장일치로 승인(endorse)했다. 국가 간의 타협 절차 없이 만들어진 유엔 문서가 국가들 사이에서 이토록 높은 지지를 받은 것은 놀라운 일이라고 할 수 있다.

3) '이행원칙'의 완성

유엔 인권이사회는 프레임워크를 만장일치로 승인한 후, 임기를 3년 연장하여 프레임워크를 '작동시키는(operationalize)' 방안을 마련하도록 요청했다. 러기는 추가 작업을 통해 2011년 완성된 문서를 제출했는데 이것이 소위 '이행원칙'이다. 종전의 프레임워크에 비추어 보면 세 개의 축을 기반

---

41 NGO는 프레임워크에 대해서 대체로 지지했지만, 이행원칙이 나왔을 때 이를 환영하지는 못했다. 이는 프레임워크에 대한 지지를 철회했다기보다는 이행원칙이 프레임워크에 비해서 추가적인 진전을 보여 주지 못했기 때문이다. 자세한 내용은 FIDH, 앞의 글 참조.

42 자료는 <http://www.business-humanrights.org>에서 접근할 수 있다.

으로 하는 점은 동일하지만 훨씬 더 체계화하였다. 세 개의 축 각각을 기본지침과 운영지침으로 나누고, 각 원칙을 명료하게 하면서, 원칙별로 주석을 두고, 전체적 완성도를 높였다. 즉 이행원칙은 새로운 내용을 추가했다기보다, 프레임워크를 더욱 체계화하여 완성시킨 문서라고 할 수 있다. 그런 점에서 이행원칙을 프레임워크의 완성본 또는 최종본이라고 보아도 될 것이다.[43]

이러한 이행원칙 역시 인권이사회의 만장일치로 승인되었으며, 이후에는 이행원칙을 실천하는 후속 작업이 본격화되었다.

4) 프레임워크와 이행원칙의 확산

프레임워크와 이행원칙의 영향은 한마디로 엄청났다고 할 수 있다. 그 영향력은 인권이사회가 이들 문서를 만장일치로 승인했을 때 어느 정도 예상된 것이었지만, 실제는 그보다 훨씬 더 큰 성공을 이루었고 엄청난 영향을 미쳤다. 몇 가지 사례를 중심으로 그 영향을 살펴보자.

ISO 26000

국제표준화기구는 2001년부터 사회적 책임에 관한 표준을 개발해 왔으며, 그 결과로 '사회적 책임에 관한 지침'을 2010년에 발표했다.[44] 이것이 이른바 'ISO 26000'이다. 이 문서의 핵심 주제 중 하나인 인권영역의 서술은 프레임워크의 내용을 그대로 반영하고 있다. 특히 인권실사, 인권 리스크

---

43 그렇기 때문에 국제사회에서는 이행원칙이 발표된 이후에는 프레임워크에 관해서는 거의 거론하지 않게 되었다. 대신 이행원칙을 어떻게 실행할 것인가로 논의가 집중됐다.

44 ISO, *Guidance on Social Responsibility*, ISO 26000, 2010. 이 문서는 유상으로 판매하고 있으며, 우리나라에서는 지식경제부 기술표준원에서 한국어로 번역하여 판매하고 있다.

상황, 연루 회피 등에 관한 서술은 프레임워크와 거의 같다.[45]

OECD 다국적기업 가이드라인

'OECD 다국적기업 가이드라인'[46]은 다국적기업의 '사회책임경영(responsible business conduct, RBC)'을 규율하는 규범으로서, 1976년에 발표된 이래 개정을 거듭했다. 특히 2011년 5월 각료이사회는 가이드라인의 개정안을 채택하는데, 이 개정은 이행원칙의 내용을 거의 그대로 반영했다. 즉, 이 개정으로 가이드라인에 '인권'에 관한 장을 새로 신설하면서, 인권정책선언과 인권실사 등 이행원칙의 주요 개념과 용어를 거의 그대로 담았다.

유럽연합의 대응

유럽연합(EU) 집행위원회는 이행원칙이 발표된 이후 각 회원국에게 2012년 12월까지 이행원칙을 실천하기 위한 국가행동계획(National Nation Plan, NAP)의 마련을 권고했다.[47] 그리고 정보통신산업, 석유산업 등에 대해서는 우선적으로 이행원칙의 실행을 위한 지침을 제작하여 발표했다.[48] 이들 지침의 틀은 모두 이행원칙과 같이 세 개 축으로 구성되어 있으며, 용어나 내용 또한 이행원칙의 그것을 그대로 반영했다.

---

45 Sandra Later, *The Impact of the United Nations Secretary-General's Special Representative & The UN Framework on the Development of the Human Rights Components of ISO 26000*, Corporate Social Responsibility Initiative Working Paper, No. 64, 2011. 6.

46 OECD, *OECD Guideline for Multinational Enterprises,* 1976. OECD 다국적기업 가이드라인에 대한 상세한 설명은 본서 5장을 참고하라.

47 European Commission, Communication from the Commission to the European Paliament, the Council, the European Economic and Social Committee and the Committee of the Regions: A Renewed Strategy 2011-14 for Corporate Social Responsibility," CoM(2011) 681 final, p.14.

48 에컨대 유럽연합 집행위원회는 *Guidance for the Imformation and Communication Technologies (ICT) Sector on Implementing the UN Guiding Principles on Business and Human Rights*를 제작, 배포했다. 이후에도 OECD는 다양한 실사 지침을 발표했다.

유엔 기업인권 실무그룹 및 인권 포럼의 실시

유엔 인권이사회는 기업인권 실무그룹(working group)을 만들어 이행원칙의 후속 작업을 맡기기로 하고, 아울러 이들에게 매년 유엔 '기업과 인권 포럼(Forum on Business and Human Rights)'을 조직할 것을 지시했다. 이에 따라 2012년 12월 4~5일 제네바에서 첫 포럼이 열렸다. 이 포럼은 "가장 낙관적인 예상조차 뛰어넘는(beyond wildest imagination)"[49] 성황을 보였다. 전 세계의 정부 대표, 기업, NGO, 인권 피해자, 학자 등 1,000여 명이 참석해 기업인권 이슈의 현황과 과제에 대해서 논의한 것이다. 그리고 이 모든 활동은 동영상으로 제작되어 전 세계에 유포되었다.[50] 기업과 인권 포럼은 이후에도 계속되고 있으며, 매년 수천 명의 정부 관료, 기업, 학자, NGO 등이 참여한다.

국제금융공사 및 국제 기업 지도자 포럼의 인권영향평가 도구

국제금융공사(International Finance Corporation, IFC)는 개도국 민간기업에 대한 투자를 목적으로 하는 국제금융기구로, 국제 기업 지도자 포럼(International Business Leaders Forum)과 함께 프레임워크의 발표를 계기로 매우 상세한 인권영향평가 지침을 발표했다.[51] 여기서 인권영향평가란 사실 프레임워크가 말하는 실사와 다름없으며, 프레임워크가 제기한 문제를 거론하고 그에 입각했음을 스스로 명시했다.

국가인권기구협의회에 미친 영향: 에든버러 선언(2010)

세계의 국가인권기구들의 연합체인 국가인권기구협의회(International

---

49 이는 유엔 '기업과 인권 포럼'의 의장으로 초대된 러기가 개막 연설에서 한 표현이다.

50 유튜브에서 'forum on business and human rights'로 검색하면 포럼 전체를 볼 수 있다.

51 The International Business Leaders Forum and the International Finance Corporation, *Guide to Human Rights Impact Assessment and Management (HRIAM)*, 2010.

Coordinating Committee of NHRIs)는 2010년 영국 에든버러에서 제10차 연차 총회를 가졌는데, 당시 주요 의제는 '기업과 인권: 국가인권기구의 역할'이었다. 러기가 초청되어 기조연설을 했으며, 이 총회의 결과로 에든버러 선언이 채택되었다.[52] 에든버러 선언의 요체는 각국의 국가인권기구는 기업과 인권 문제의 중요성을 인식하고 아울러 유엔 프레임워크를 적극적으로 실천해야 한다는 것이다. 이는 프레임워크의 실행이 국가인권기구(우리나라의 경우 국가인권위원회)의 임무에 속한다는 것을 선언한 것이다.

변호사협회의 동참

미국변호사협회(American Bar Association, ABA)의 대표자대회는 이행원칙을 지지하는 결의문을 채택하고, 정부와 기업 등에 실행을 촉구했다.[53]

미국변호사협회뿐만 아니라 다른 국제 변호사회에서도 이행원칙을 수용하거나 그에 대한 대응을 논의했다.[54]

이상에서 보았듯이, 프레임워크와 이행원칙은 기업인권규범과는 질적으로 다른 접근을 하였으며, 전에 없는 많은 혁신을 이루었다. 이는 기업의 인권 책임을 정의했고, 그것을 실행하기 위해서 국가와 기업이 무엇을 해야 하는지를 제시했고, 피해자를 염두에 둔 구제절차의 중요성을 부각하고 올바른 구제절차가 갖추어야 할 요건을 제시했다. 이행원칙에 이르는 과정 자체가 이해관계자와의 소통과 합의를 이루는 과정이었던 만큼, 이행원칙의 발표 이후도 이행원칙은 순항했다. 지금까지 국제사회에서 이행원칙은 승승장구를 거듭하면서 권위를 축적하고 있고, 국제적으로 가장

---

52 International Coordinating Committee of National Institutions for the Promotion and Protection of Human Rights, "The Edinburgh Declaration," 2010.
53 <http://www.abanow.org/2012/01/2012mm109/>
54 이행원칙에 대한 여러 국제 변호사회의 지지와 대응에 대해서는 본서 9장을 참고하라.

영향력 있는 문서가 되었다. 이런 상황은 우리나라에서도 예외가 아니다. 러기는 자신의 임무를 마감하면서 '시작의 끝(end of beginning)'은 이루었다고 자임한 바 있다.[55] 이제 확고한 출발점이 갖추어졌으니 앞으로는 이를 실행하는 일만 남았다는 뜻이다. 돌아보면 러기의 꿈은 상당 정도 실현된 듯하다.[56]

55 John Ruggie, "Business and Human Rights: The Next Chapter," 2013. 3. 7. <http://business-ethics.com/2011/10/30/8127-un-principles-on-business-and-human-rights-interview-with-john-ruggie/>

56 존 러기는 기업과 인권 분야에서 지울 수 없는 흔적을 남겼다. 그는 이행원칙이 발표된 지 10년이 된 해인 2021년에 별세했다.

5장

다국적기업의 인권침해를
다루는 절차의 대두

OECD 다국적기업 가이드라인

1. 역동적 진화

국제사회가 기업활동과 관련한 인권 문제를 다루기 시작한 것은 오래지
않다. 그동안 여러 국제규범들이 만들어졌지만 대체로 집행장치가 거의
없는 연성규범이었다. 예컨대 '유엔 글로벌 콤팩트'가 있지만 기업에게 자
발적으로 인권경영을 하도록 촉구하는 수준에 머문다.[1] 경성규범의 성격
을 가진 유엔 '기업인권규범'(2003)은 인권위원회의 승인을 얻지 못하고
폐기됐다. 인권이사회의 승인을 받은 '기업과 인권을 위한 정책 프레임워
크'(2008) 및 '기업과 인권 이행원칙'(2011)은 인권침해를 방지하거나 피해
자를 구제하는 절차를 제공하지 않는다.[2] ISO 26000(2010)은 기업의 인권

---

[1] 유엔 글로벌 콤팩트에 대해서는 다음을 참고하라. 이상수, 「UN지구협약의 특징과 가능성:
soft law vs. hard law」, 『홍익법학』 제12권 제1호, 2011.

책임에 관한 실체적 내용을 담고 있지만, 법적 구속력이 없다고 스스로 명시하고 있으며 집행 수단도 전혀 없다.[3] 말하자면 지금까지 국제사회는 기업이 인권을 존중해야 한다는 규범은 어느 정도 정립했지만, 그 규범의 이행을 감시하거나 위반 기업에 대해서 제재하는 절차는 거의 만들지 못했다.

이러한 현실에서 특별히 관심을 끄는 것이 'OECD 다국적기업 가이드라인'[4](이하 '가이드라인')이다. 왜냐하면 가이드라인은 인권침해에 개입된 다국적기업을 문제 삼을 수 있는 절차를 제공하기 때문이다. 그런데 가이드라인은 원래 '인권' 문제를 염두에 두고 만들어진 규범이 아니었고, 지금과 같은 '절차' 규정도 없었다. 말하자면 인권 문제를 다루는 절차로서의 가이드라인은 제정 이후 현실의 요구에 따라 진화해 온 결과물이다. 이말은 현 가이드라인의 취약성을 암시하는 것이기도 하지만, 동시에 가이드라인이 고정된 규범이 아니며 향후 진화를 거듭하면서 개선될 수 있다는 기대를 하게 한다. 이 장에서는 인권 이슈에 유의하면서 가이드라인의 발전 과정을 다음 페이지 표 3과 같이 세 시기로 나누어 살펴봄으로써 가이드라인의 현재를 이해하고, 나아가 향후 한국에서 가이드라인의 운영과 관련한 과제를 제안해 보고자 한다.

---

2   유엔 기업인권규범이 좌절되는 과정과 그 대안으로 '프레임워크' 및 '이행원칙'이 등장하는 과정에 대해서는 본서 4장을 참고하라.

3   ISO, *Guidance on Social Responsibility*, 2010, p.1. ISO 26000에 대해서는 본서 2장을 참고하라.

4   OECD, *OECD Guidelines for Multinational Enterprises*, 2011.

5   CIME는 이사회의 위임에 따라 가이드라인과 관련한 국가 간 의사소통, 가이드라인의 의미 해석, 가이드라인의 성과에 대한 정기적인 이사회 보고, 가이드라인의 점검 및 개정안 제안 등의 일을 한다. 2004년에 CIME와 '자본 이동 및 외환 거래 위원회(CMIT)'를 통합하여 투자위원회(Investment Committee, IC)가 출범했다.

6   CIME는 BIAC와 TUAC를 통해 산업계와 노동계의 의견을 듣는다. 그리고 BIAC와 TUAC는 CIME에 적극적으로 의견을 개진할 수 있고, 지침 위반에 대해서 NCP에 진정을 제기할 수도 있다.

	1976년 가이드라인	2000년 가이드라인	2011년 가이드라인
체계	서문 일반 정책 정보공개 경쟁 금융 조세 고용 및 노사관계 과학 및 기술	서문 I. 개념 및 원칙 II. 일반 정책 III. 정보공개 IV. 고용 및 노사관계 V. 환경 VI. 뇌물 방지 VII. 소비자 보호 VIII. 과학 및 기술 IX. 경쟁 X. 조세	서문 I. 개념 및 원칙 II. 일반 정책 III. 정보공개 IV. 인권 V. 고용 및 노사관계 VI. 환경 VII. 뇌물 방지 VIII. 소비자 보호 IX. 과학 및 기술 X. 경쟁 XI. 조세
이행기구	국제투자 및 다국적기업 위원회(CIME)[5]	2004년 '국제투자 및 다국적기업 위원회'가 '투자위원회(IC)'로 개편	
	자문 기구로서의 기업산업자문위원회(BIAC), 노동조합자문위원회(TUAC)[6]		
	1980년대 중반 국내연락사무소(NCP) 등장[7]	• 국내연락사무소의 '구체적 사안(specific instance)' 절차 도입 • NGO의 진정 제기권 인정	
	—	2003년 OECD 워치(Watch)[8] 출범	
비고	1990년 개정에서 '환경'에 관한 장 추가	• '금융'에 관한 장 삭제 • '뇌물방지' 및 '소비자 보호'에 관한 장 추가 • 회원국이라는 표현 대신 가입국이라는 표현 등장[9]	'인권'에 관한 장 추가

표 3. 'OECD 다국적기업 가이드라인' 체계의 변천

---

7   현행 가이드라인에 따르면 국내연락사무소(National Contact Point, 이하 NCP라 함)는 ① 가이드라인에 대한 홍보, ② 가이드라인에 대한 질문에 답변, ③ '구체적 사안' 절차를 통한 문제의 해결, ④ 외국 NCP와의 소통과 협력, ⑤ 매년 투자위원회에 보고 등의 역할을 맡고 있다. 하지만 1976년 가이드라인에는 이런 규정이 없다. NCP란 표현이 가이드라인에 공식적으로 등장한 시점은 명확하지 않다. 미국에서는 일찍부터 NCP란 용어를 썼지만, 다국적기업 가이드라인의 이행장치라는 맥락에서 NCP란 표현이 도입된 것은 1979년이라는 지적도 있다. Joris Oldenziel, "The 2000 Review of the OECD Guidelines for Multinational Enterprises: A New Code of Conduct?," SOMO(Center for Research on Multinational Corporations), 2000, p.12. 확실한 것은 제2차 가이드라인 지정이 있던 1984년 OECD 이사회의 결정에서 NCP 설치가 의무화됐다는 것이다. Sander van't Foort, "The History of National Contact Points and the OECD Guideline for Multinational Enterprises," *Journal of Max Plank Institute for European Legal History*, Vol.25, 2017, p.201.

2. 1976년 가이드라인

1) 1976년 가이드라인의 내용과 특징

1976년 가이드라인의 제정 배경

1976년 OECD는 '국제투자 및 다국적기업 선언'을 채택했는데, '다국적기업 가이드라인'은 그 부속 문서였다. 가이드라인은 서문에서, 다국적기업의 긍정적 기여를 권장하고 경제력 집중 및 국내 정책적 목표와의 갈등을 포함한 문제점들을 최소화함으로써 외국 투자 풍토의 개선에 기여하는 것이 목적이라고 밝혔다(서문 제2문). 즉, 다국적기업이 증가하면서 다국적기업과 주재국 사이에 발생하는 갈등을 해소하여 다국적기업의 진출을 촉진하려 했던 것이다.

가이드라인이 등장한 1970년대 다국적기업의 문제에 대처하는 것은 OECD만의 관심은 아니었다. 유엔은 1972년부터 다국적기업을 규제해야 한다는 주장을 시작했으며, 1974년에는 '다국적기업 위원회'를 설치했고, 이 위원회의 주도하에 '유엔 다국적기업에 관한 행동규칙'(1982)이라는 규제안을 만들기도 했다. 가이드라인의 제정과 비슷한 시기인 1977년 ILO는 '다국적기업과 사회정책의 원칙에 관한 삼자 선언'[10]을 발표했다. 이렇듯

---

8 OECD Watch는 OECD 가이드라인에 관심을 가지는 NGO들의 네트워크 조직으로, 2003년 3월 네덜란드에서 출범했다. 임무는 ① 투자위원회의 활동을 감시하고 그에 기여하는 것, ② 지침의 효과성을 검토하는 것, ③ 시민사회에 정보를 제공하는 것, ④ 진정 제기와 관련하여 NGO를 지원하는 것 등이다. 워치는 투자위원회의 공식적 파트너라는 지위를 가지고 있다. 2007년 7월에는 투자위원회 문서 중 '공적 이용(For Official Use, FOU)'으로 분류된 모든 것을 제공받기로 합의했다.

9 '가입국(adhering countries)'은 '회원국(members)'보다 넓은 개념이다. 2000년 당시 가이드라인 가입국은 모든 OECD 회원국 전부와 아르헨티나, 브라질, 칠레, 슬로바키아가 포함된다. 현재 가입국에는 OECD 회원국 전부와 아르헨티나, 브라질, 이집트, 라트비아, 리투아니아, 모로코, 페루, 루마니아가 포함된다.

당시 국제사회에서는 다국적기업의 행태에 대한 우려와 비판의 목소리가 크게 대두되었고, OECD도 동일한 맥락에서 다국적기업 가이드라인을 제정했다.

　한편 가이드라인 제정의 배후에 있던 경제적 배경도 주목할 만하다.[11] 당시 세계 투자의 70퍼센트가 OECD 회원국 사이에서 일어났고, 미국의 투자가 전 세계 해외 투자의 50퍼센트가량이었다. 유럽의 주요 국가를 위시한 다수의 국가는 다국적기업을 규제하는 일방적 조치를 취했으며, 미국은 내국민 대우를 확대하는 등 개방적 투자 환경을 유지하고자 했다. 이런 상황에서 다국적기업에 관한 보편적인 행동규범을 만들려는 흐름이 조성되었던 것이다. 처음에는 소극적이었던 미국도 입장을 변경하여 가이드라인의 제정에 동의했다. 이런 맥락에서 볼 때, 1976년 가이드라인은 자본 수입국으로서의 유럽과 자본 수출국으로서의 미국 사이의 이해 대립을 반영하고 있다고 볼 수 있다.[12]

1976년 가이드라인의 실체적 내용 및 이행 수단

가이드라인은 서문에서 다국적기업이 모국과 주재국에 혜택을 준다는 점을 인정하면서도 주재국에서 여러 문제를 야기한다는 점을 지적한다. 이런 문제를 해결하기 위하여 OECD 회원국이 다국적기업에게 부여하는 행

10　ILO, "The Tripartite Declaration of Principles concerning Multinational Enterprises and Social Policy," 1977. 이 선언은 2017년에 개정되었는데, 이 개정으로 삼자 선언에는 이행 원칙의 내용이 다수 삽입됐다.

11　가이드라인 제정의 배경과 관련한 서술은 다음을 참고했다. Richard D. Kauzlarich, "The Review of the 1976 OECD Declaration on the Interantional Investment and Multinational Enterprises," 30 Am. U. L Rev. 1009, 1980-1981, pp.1011-1013.

12　이에 비해 유엔의 '다국적기업에 관한 행동규칙'은 식민지에서 독립한 개도국들이 정의의 회복이라는 차원에서 다국적기업에 대한 통제권을 확보하려는 동기가 배후에 있었다. Olufemi Amao, *Corporate Social Responsibility, Human Rights and the Law: Multinational Corporations in Developing Countries*, Routledge, 2011, p.21.

동기준이 바로 가이드라인이다(서문 제6문). 가이드라인은 OECD 회원국이 그들의 영토에서 활동하는 다국적기업을 대상으로 한 공동의 권고로서의 성격을 가지며(서문 제6문), 기업의 자발적 준수를 촉구하는 것으로서 법적 구속력은 갖지 않는다(서문 제6문). 이러한 특성은 현행 가이드라인에 이르기까지 변함없이 지속된다.[13] 변화된 것은 다국적기업의 어떤 행태를 어떻게 규율할 것인지이다. 그렇다면 1976년 가이드라인은 다국적기업의 어떤 행태를 어떻게 규율하고자 했는가?

실체적 측면에서 당시 가이드라인이 문제 삼은 이슈는 정보공개, 경쟁, 금융, 세금, 고용 및 노사관계, 과학과 기술이었다. 가이드라인은 이들 각각의 이슈에 대해서 일정한 행동규범을 제시하고, 아울러 활동 지역(주재국)의 관련 법과 관행을 준수하라는 내용을 담았다. 이처럼 제정 당시에 인권은 주요 관심 사항이 아니었으며, 실제로 '인권'이라는 단어조차 사용되지 않았다.[14] 다만 '고용 및 노사관계'는 실질적으로 인권(즉 노동권)에 관한 것으로서, 노동권과 관련하여 근로자의 권리 존중, 단결권 보장, 노동자 단체에 시설 제공, 지역 노동자의 활용, 비차별적 고용 등을 규정했다. 이처럼 1976년 가이드라인이 관심을 가진 인권은 노동권에 한정되어 있었다.

당시 가이드라인의 적용 범위도 매우 협소했다. 가이드라인은 원래 '그들의 영토에서' 활동하는 다국적기업에 대한 것이었다(서문 제6문). 여기서 '그들'은 OECD 회원국을 말한다. '국제투자 및 다국적기업 위원회(CIME)'의 1979년 보고서에서도 이 선언의 목적은 '회원국 사이의 협력'

---

13 다만, 행동기준이라는 부분은 "모범 사례의 원칙 및 기준(principles and standard of good practice)"이라는 표현으로 대체됐다.
14 심지어 환경에 대해서도 일반 정책에 관한 서술에서 '환경보호'라는 표현이 한 번 등장할 뿐 더 이상 자세한 언급이 없었다. 그러다가 1991년에 환경에 관한 장이 추가됐다.

을 증진하는 것이라고 썼다.[15] OECD가 선진국을 회원국으로 하는 국제기구인 만큼 가이드라인은 원래 선진국에서 발생하는 다국적기업의 문제를 해결하기 위한 것이었으며, 개도국에서 발생하는 인권침해는 관심사가 아니었다.

그렇다면 가이드라인은 그 이행과 관련하여 어떤 절차를 제공했을까? OECD 이사회는 '국제투자 및 다국적기업 위원회'를 만들었는데, 회원국의 신청에 따라 가이드라인과 관련한 문제에 대해 의견을 교환하는 것, 정기적으로 이사회에 보고하는 것, 가이드라인을 검토하고 개정 의견을 내는 것 등의 역할을 담당했다. 이사회는 가이드라인의 이행을 도모하는 거의 유일한 기구였지만 개별 다국적기업의 가이드라인 위반 여부에 대해서는 판단하지 않았다.[16] 이처럼 1976년 가이드라인에는 오늘날 가이드라인의 집행과 관련하여 핵심적 역할을 하고 있는 국내연락사무소(national contact point, NCP)에 관해서는 언급조차 없었다.[17]

그렇다면 가이드라인의 위반 여부가 문제가 될 때는 어떻게 해야 했는가? 당시 가이드라인은 가이드라인의 위반과 관련한 분쟁이 다국적기업과 회원국 사이에서 일어날 수 있다고 보고, 분쟁 해결의 수단으로서 중재(arbitration)를 포함하여 적절한 국제 분쟁 해결 제도의 이용을 권장했다(서문 제10문). 이는 국내연락사무소를 통해 분쟁 해결을 도모하는 현행 가이드라인과 크게 다른 점이다. 1979년의 '국제투자 및 다국적기업 위원회' 보고서는 가이드라인 아래에서 발생하는 구체적인 문제에 대해서 국내적 차원에서 제기되고 토의되고 해결되는 방식을 권장했다.[18] 이는 가이드라

---

15 OECD, *Review of the 1976 Declaration and Decision*, 1979, p.19.
16 이 점은 가이드라인에 첨부된 이사회 결정에 명시되어 있다.
17 1991년 가이드라인에는 연락사무소가 기업과 노동자 사이의 분쟁의 해결에 조력한다고 규정했다.
18 OECD, *Review of the 1976 Declaration and Decision*, 1979, p.22.

인의 위반을 둘러싼 논란이 발생한 경우, 국제적인 해결보다는 국내 절차에 의거하는 것이 좋겠다는 취지로 이해되지만, 그것이 무엇을 의미하는지는 설명하지 않았다.

이러한 내용의 1976년 가이드라인은 1979년, 1984년, 1991년에 각각 검토를 거쳐 개정되지만, 가이드라인의 안정성이 중요하다는 이유로 큰 변화 없이 2000년까지 유지됐다.[19]

2) 1976년 가이드라인의 평가

가이드라인의 제정 이후 그 위반을 다투는 일이 다수 일어났다. 1976년에서 1990년대 말까지 30건의 사건이 공식적으로 제기됐는데, 그 대부분은 노동조합자문위원회(TUAC)가 제기한 것이었다.[20] 1977년 3월에는 벨기에 정부가 미국 기업(Raytheon)의 자회사인 배저(Badger) 사건을 제기했다.[21] 당시 배저가 파산했는데 이로 인한 퇴직수당 문제가 떠올랐다. 논란이 된 것은 기업의 폐쇄 전에 종업원에게 통보할 의무가 있는지와 퇴직수당에 대해서 모회사가 책임을 지는지 여부였다. 벨기에 정부는 '국제투자 및 다국적기업 위원회'에 이 문제에 대해 심의할 것을 요구했는데, 위원회는 이에 대해 토의할 수 있다고 보았지만 지침 위반 여부에 대해서는 판정하지 않았다. 이는 1976년 가이드라인이 위원회의 판정권을 명시적으로 배제한데 따른 당연한 귀결이었다. 따라서 2000년 이전에는 개별 기업의 가이드라인 위반 여부가 공식적으로 판정되거나 그에 따라 해법이 모색된 사례

---

19 예컨대, 1984년에 소비자 문제에 관한 간단한 언급이 추가됐고, 1991년 개정에서는 환경에 관한 장이 추가됐다. 그 이외의 부분은 거의 1976년 가이드라인이 유지됐다.

20 Joris Oldenziel, 앞의 글, p.11.

21 Richard D. Kauzlarich, 앞의 글, pp.1014-1015.

는 발견할 수 없는 것이 당연하다.

당시 제기된 30건 중 대부분이 1970년대에 제기된 것이라는 점을 생각해 본다면,[22] 가이드라인 제정 초기에는 가이드라인에 대한 기대가 상당했었지만 운영 과정에서 한계가 점차 명백해지면서 1990년대에 이르면 시도조차 하지 않는 지경이 됐다고 추론할 수 있다. 가이드라인 자체가 권고에 불과했고, 특정 기업의 가이드라인 위반에 대해 제재하기는커녕 위반 여부에 대한 진정 절차조차 변변하지 않은 상황에서 가이드라인에 기대하는 것은 애당초 무리였는지도 모른다. 1990년대 말에 이르면 가이드라인이 실효적으로 작동하지 않는 것은 명백해졌고, 다국적기업의 행동에 조금이라도 의미 있는 변화를 일으키는 규범이 되기 위해서는 가이드라인을 개정하지 않으면 안 된다는 것도 명백해졌다.[23]

3. 2000년 가이드라인

1) 2000년 가이드라인의 내용과 특징

1998년에 가이드라인에 대한 검토가 시작되었고, 2000년 6월에 가이드라인의 개정 작업이 완료되어 새 가이드라인이 출범했다. 이 가이드라인은 종전의 것과는 사뭇 달랐다. 특히 주목할 만한 변화는 인권 책임의 확장, 적용 범위의 확장, 국내연락사무소 절차의 개선, NGO의 역할 제고 등이다.

먼저 지적할 것은 실체적인 차원에서 '인권'이라는 표현이 가이드라인에 등장했다는 점이다. 다만, '일반 정책'을 서술한 부분에서 다국적기업이

---

22 Joris Oldenziel, 앞의 글, p.11.
23 Joris Oldenziel, 앞의 글, p.14.

"자신들의 활동에 의해 영향을 받는 사람의 인권을 존중해야 한다."고 규정한 것이 전부였다. 하지만 이로써 다국적기업이 노동권 이외의 인권에 대해서도 책임진다는 것이 명시됐고, 이때의 인권에는 선주민의 인권이 포함되는 것으로 이해됐다. 또 소비자 보호에 관한 장(제8장)이 추가됐는데, 여기에는 소비자의 보건 안전에 대한 권리, 정보 접근권, 구제절차, 프라이버시 보호 등이 명시됐다. 또 '고용 및 노사관계'에 관한 장에 아동노동 및 강제노동 금지가 추가됐다.

적용 범위의 측면에서도 획기적인 변화가 있었다. 종전에는 '회원국의 영토 내에서' 발생하는 문제만을 다루었으나, 개정된 가이드라인에 의하면 다국적기업은 '어디에서 활동하든' 가이드라인을 준수해야 한다(제1장). 다국적기업과 관련한 인권침해가 주로 개도국에서 발생한다는 점을 고려할 때 이 변화는 중대한 의미를 지닌다.

또한 가이드라인은 다국적기업이 "납품업자 및 하청업자를 포함한 거래 상대방에게 가이드라인에 합치하는 기업행동원칙을 따르도록 장려해야 한다."라고 규정했다(제2장 10호). 이는 다국적기업은 공급망에서의 인권침해에 대해서도 책임을 져야 한다는 것으로, 기업 측의 강력한 반대에도 불구하고 채택된 것이었다.[24] 종전에는 거래 관계는 고사하고, 자회사가 일으킨 문제에 대해서 모회사가 책임을 져야 하는지에 대해 논란이 있었다(앞의 배저 사건을 보라!). 그러나 이 규정으로 자회사에 의한 인권침해에 대해서 다국적기업인 모회사가 책임져야 한다는 것이 명확해졌을 뿐만 아니라, 거래처에서도 인권침해가 일어나지 않도록 하는 책임이 다국적기업에 부과된 것이다.

또한 집행 절차에서도 중대한 개정이 단행되었는데, 국내연락사무소로 하여금 '구체적 사안(Specific Instance)' 절차를 진행하도록 한 것이 가장 중

---

24 Joris Oldenziel, 앞의 글, p.19.

요하다.[25] 물론 종래에도 가이드라인의 적용과 관련한 개별 사건을 다루는 절차가 없지는 않았다.[26] 그러나 문제를 제기할 수 있는 주체는 OECD 회원국과 사업자 및 노동자 단체[기업산업자문위원회(BIAC)와 노동조합자문위원회(TUAC)를 통함]에 한정됐다. 문제를 접수한 연락사무소는 국내적 차원에서의 해결을 시도해야 하고, 필요하면 다른 연락사무소의 협력이나 '국제투자 및 다국적기업 위원회'의 조력을 받도록 했다. 결국 개별 사건이 제기되면 ① 국내연락사무소의 주도하에, ② 해당 기업, 사용자 및 노동자 단체, 관련 연락사무소, 국제 투자 및 다국적기업 위원회 등의 협조를 받아, ③ 가이드라인의 내용을 참조하여, ④ 국내적 차원에서 문제를 해결하라는 것이다.

'구체적 사안' 절차는 이 내용을 한층 개선한 것이다. 이제 다국적기업의 가이드라인 위반을 문제 삼는 당사자는 이를 국내연락사무소에 진정할 수 있으며, 사건이 접수되면 연락사무소는 추가적인 조사가 필요한지에 대해 1차평가를 실시한다. 평가 결과 추가적인 조사가 필요하다고 판단하면 연락사무소는 주선(good offices)을 통해 당사자들이 합의에 이를 수 있도록 조력하고, 합의에 이르지 못할 경우 성명을 발표하고 적절한 권고를 한다. 이전과 비교하면 연락사무소가 양 당사자 간의 합의에 조력한다는 점은 다르지 않지만, 합의가 이루어지지 않을 때 연락사무소가 성명을 발표하고 권고한다는 부분은 다르다. 성명을 발표한다는 것은 특정 기업의 가이드라인 위반 여부에 대한 결정을 담을 수 있다는 것이고, 이는 해당 기업에게 상당한 압력으로 작용할 것으로 기대됐기 때문에 이 차이점은 많은 주목을 받았다.

---

25 NCP는 1984년 가이드라인에 규정됐지만 그다지 효용은 없었다. John Gerard Ruggie & Tamaryn Nelson, "Human Rights and the OECD Guidelines for Multinational Enterprises: Normative Innovations and Implementations Challenges," 22 Brown J. World Aff. 99, 2015, p.101.

26 이하 종전 가이드라인에 대한 설명은 1991년 가이드라인에 의한다. 이 가이드라인도 분쟁 해결 절차에 대해서 규정하고 있지만, '구체적 사안'이라는 명칭을 사용하지는 않았다.

이행 절차와 관련하여 NGO에게 연락사무소에 진정을 제기할 권한을 부여한 것도 큰 변화였다. 종전 가이드라인에 의하면 회원국, 기업산업자문위원회, 노동조합자문위원회만이 연락사무소에 진정을 제기할 수 있었지만, 2000년 가이드라인은 이들 외에 NGO에게도 직접 연락사무소에 접근하여 진정을 제기할 수 있도록 한 것이다.[27] 그리고 2003년에는 OECD 워치(Watch)가 출범함으로써, NGO는 투자위원회와의 관계에서도 공식적 지위를 확보하고 가이드라인의 운영과 관련한 감시 및 의견 개진을 하게 됐다.

이로써 가이드라인은 2000년 개정을 통해 스스로 다국적기업에 의한 인권침해 문제의 해결과 관련하여 중대한 진전을 보이며 새로운 국면으로 접어들었다. 물론 실체적 규범 내용 중 많은 것이 모호하고 비강행적이라고 지적됐으며, 집행 절차의 효과성에 대해서 의문이 제기되기도 했다. 그리고 실제로 이런 문제들은 가이드라인의 운영 과정에서 다수 노정됐다.

2) 2000년 가이드라인의 운영 과정에서 드러난 문제점

2000년 가이드라인이 시행되면서 2001년부터 많은 진정이 연락사무소에 제기됐다.[28] NGO가 제기한 79건 중에서 거의 절반(49퍼센트)이 인권 의무 위반을 지적했고,[29] 33퍼센트는 노동권의 위반을 지적했다.[30] 여기에 노동

---

27 NCP 절차에서 개인은 노동조합이나 NGO를 통해서 제소할 수 있다. International Federation for Human Rights (FIDH), *Corporate Accountability for Human Rights Abuse*, 2012, p.370.

28 OECD Watch, *10 Years On: Assessing the Contribution of OECD Guidelines for Multinaitional Enterprises to Responsible Business Conduct*, 2010, p.9.

29 여기서 인권 의무 위반이란 가이드라인의 'II. 일반 조항(General Policies)'의 '인권' 표현에 근거하여 제기된 사건을 말한다.

조합이 제기한 117건도 노동권에 관한 것으로서 인권 관련 사건에 포함된다. 이렇게 볼 때 인권 관련 사건이 연락사무소 진정 사건의 대부분을 차지했다고 할 수 있다.[31] 사건 발생 장소별로 보면, NGO가 문제 삼은 사건의 압도적 다수(72퍼센트)가 개도국에서 발생한 것이었다.[32]

결국 2000년 가이드라인의 개정으로 인해 진정 사건이 획기적으로 증가했으며, 가이드라인이 개도국에서 발생하는 다국적기업의 인권침해에 대처하기 위한 수단으로 부상했다는 것을 알 수 있다. 한편 이러한 변화는 가이드라인에 담겨 있는 문제를 노정시키는 과정이기도 했다. 운영과정에서 실제로 제기된 주요 논란 지점은 다음과 같다.

투자 연관

2000년 가이드라인의 현저한 특징 중의 하나는 공급자와 협력 사업자에 대해 명시적으로 언급했다는 점이다(일반 정책 제10문). 이는 다국적기업이 공급망에서 벌어지는 인권침해에 대해서도 책임지라는 메시지였다. 그러나 몇몇 연락사무소는 공급망에서 벌어진 인권침해를 문제 삼은 진정을 각하하기 시작했고, 논란이 되자 투자위원회(IC)에서 이 문제를 다루었다. 2003년 투자위원회는 가이드라인은 국제투자의 맥락에서 개발된 것이며, 따라서 그것의 적용을 위해서는 적어도 '투자 연관(investment nexus)'이 존재해야 하고, 그 존재 여부는 개별 사례별로 판단해야 한다고 결정했다.[33] 이는 투자를 포함하지 않은 단순한 거래 관계에는 가이드라인이 적용되지 않고, 개별 사안에서 투자 연관이 존재하는지 여부는 해당 연락사무

---

30 OECD Watch(2010), 앞의 책, p.9.
31 또 다른 통계를 보면, 2011년 11월까지 NGO에 의한 진정이 122건이었다. 이 중 101건은 일반 원칙(인권과 공급망), 61건은 환경, 44건은 고용 및 노동 관계, 21건은 부패, 23건은 공시에 관한 것이었다(FIDH, 앞의 책, p.383). 여기에서도 마찬가지로 인권 이슈가 중심임을 볼 수 있다.
32 OECD Watch(2010), 앞의 책, p.10.

소의 판단에 맡긴다는 것이었다. 그 결과 연락사무소에 제기된 많은 진정이 각하됐다. 2005년까지 NGO가 진정한 사건의 45건 중 20건이 어떤 식으로든 공급자를 거론했는데, 20건 중 6건은 투자 연관이 없다는 이유로 각하됐다.[34] 금융의 제공을 문제 삼은 진정도 투자 연관이 없는 것으로 보아 각하했다.[35] 하지만 모든 연락사무소가 투자 연관을 협소하게 해석한 것은 아니었다. 일부 연락사무소는 투자 연관이 없다는 이유로 각하하지 않았으며,[36] 금융기관의 대출거래에 대해서도 접수를 받아 절차를 진행하기도 했다.[37]

이처럼 투자 연관이라는 개념은 많은 사건에서 가이드라인의 적용 범위를 실질적으로 축소시키는 결과를 낳았다. 하지만 다국적기업과 관련한 많은 인권침해가 공급망이나 거래 관계를 통해 간접적으로 이루어지고, 가이드라인에 '거래와 투자(trade and investment)'가 함께 명시되어 있다는 점을 고려한다면(서문 제4문, 제5문), '거래'를 배제하고 '투자'에만 가이드라인이 적용된다는 이러한 좁은 해석은 문제였다.

병행 절차

2000년 가이드라인에는 다국적기업의 인권침해와 관련하여 다른 구제절차가 진행 중인 경우 동일 사안에 대해서 연락사무소에 진정할 수 있는지

---

33 OECD, "OECD Guidelines for Multinational Enterprises: 2003 Annual Meeting of the National Contact Points," Report by the Chair the Annual Meeting of the National Contact Points, June 2003, p.12.

34 OECD Watch, *Five Years On: A Review of the OECD Guidelines and National Contact Points*, 2005, p.19.

35 OECD Watch(2010), 앞의 책, p.29.

36 OECD Watch(2010), 앞의 책, pp.19-20.

37 FIDH, 앞의 책, p.380. 스웨덴 NCP는 가이드라인이 금융기관에 적용된다고 해석했다.

가 명료하지 않았다. 그런데 여러 연락사무소는 이러한 병행 절차(parallel procedure)가 진행 중인 경우 진정 제기에 반응하지 않거나 각하했다. 그 예로 네덜란드 연락사무소는 말레이시아에서 발생한 인권침해 사건에서 국내 절차가 진행 중이라는 이유로 사건을 처리하지 않고 있다가 대법원 판결 이후에는 사건이 해결됐으므로 사건을 종결한다고 발표했다.[38] 또 한국 연락사무소는 필리핀에 진출한 한국 기업 필스전(Phils Jeon) 사건에서 동일 사안이 필리핀 노동위원회에 제기되었는지 여부가 불분명하다는 이유로 수년간 사건 처리를 지연했다.[39] 결국 다른 구제절차가 존재하거나 진행 중이면 연락사무소는 아무런 역할도 하지 못하게 되는데, 실제로 병행 절차가 진행 중이라고 지적된 38건의 진정 제기 중 16건이 병행 절차를 이유로 각하 또는 방기됐다.[40] 물론 모든 연락사무소가 그랬던 것은 아니었다. 예컨대, 2009년 영국 연락사무소는 병행 절차의 존재만으로는 사건의 접수나 처리를 막을 이유가 되지 못한다고 했다.[41]

병행 절차를 이유로 한 각하는 투자 연관과 마찬가지로 가이드라인의 적용 범위를 축소시켰고, 가이드라인의 존재 의의를 몰각하게 하는 효과를 지녔다. 특히 사법부의 독립성이 의심되거나 부패한 개도국의 경우 문제가 됐다. 개도국에서 국내적 구제를 기대하기 어려운 것이 분명함에도 단지 국내 절차가 존재한다는 이유로 가이드라인의 적용을 배제하게 되기 때문이다.

38 OECD Watch, *Model National Contact Point*, 2007, pp.20-21.
39 황필규, 「OECD 다국적기업 가이드라인 효과적 이행방안 토론」, 전순옥 의원실 주최, 『OECD 다국적기업 가이드라인 효과적 이행방안』, 2014. 1. 13, 2쪽.
40 OECD Watch(2010), 앞의 책, p.10.
41 OECD Watch(2010), 앞의 책, p.47.

비밀 유지와 투명성의 문제

연락사무소에 진정 제기가 이루어져 구제절차가 진행된다면, 어디까지 공개되어야 하고 어디까지 비밀이 유지되어야 할까? 가이드라인의 실효성은 진정 사실과 판정의 공개에 크게 의존하므로 이는 매우 중요한 지점이다.

2000년 가이드라인은 1차평가 이후 당사자 간의 대화가 개시된 경우 비공개로 그 절차를 진행한다고 명시했지만, 그 외에 무엇이 공개되어야 하는지에 대해서는 모호했다. 그래서 연락사무소에 따라 공개의 범위가 큰 편차를 보였는데, 영국과 네덜란드는 모든 1차평가 결과를 공개한 반면 미국, 스위스, 호주, 독일은 1차평가 결과나 관련 내용을 전혀 공개하지 않았다.[42] 네덜란드, 영국, 노르웨이, 호주는 모든 최종성명을 발표했다.[43] 영국, 호주는 사건이 접수되면 당사자 이름을 공개했지만, 미국은 진정인에게조차 엄격한 비밀 유지를 요구했다.[44] 미국은 접수된 32건 중 3건에 대해서만 보고서나 성명서를 발표했다.[45] 접수 사실 자체를 공개하지 않거나, 접수된 사건에 관한 연락사무소의 결정 내용을 진정인에게조차 통보하지 않아서 연례보고서[46]를 본 후에 비로소 사건 종결 사실을 알게 되는 경우도 있었다.[47] 공개와 관련하여 가장 적극적인 곳은 네덜란드 연락사무소로, 동료평가(peer review)를 통해 결정을 비평받는 절차도 수용했다.[48] 이처럼 연락사무소에 따라서 절차상의 비밀 유지나 투명성의 정도에는 큰 차이가

---

42 OECD Watch(2010), 앞의 책, p.43.

43 OECD Watch(2010), 앞의 책, p.43.

44 OECD Watch(2010), 앞의 책, p.43.

45 Evaristus Oshionebo, "The OECD Guidelines for Multinational Enterprises as Mechanisms for Sustainable Development of Natural Resources: Real Solutions or Windows Dressing?," 17 Lewis & Clark L. Rev. 545, 2013, p.580.

46 모든 NCP는 CIME에 연례보고서를 매년 제출해야 한다.

47 OECD Watch(2005), 앞의 책, p.21.

48 OECD Watch(2010), 앞의 책, p.43.

있었다.

기업들은 대체로 원만한 문제 해결을 위해서는 비밀 유지가 반드시 필요하다는 이유를 들면서 강력하게 비밀 유지를 요구했다. 하지만 공개 없이는 문제 해결이 오히려 지체되거나 전체 절차가 무의미해질 수 있다. 강제집행 절차가 없는 가이드라인이 그나마 효용성이 있는 것은 공개에 따른 사회적 압력 때문이라고 할 수 있으며, 과도한 비밀 유지는 가이드라인의 실효성을 크게 잠식하는 요인이 된다. 이런 맥락에서 OECD 워치는 약간이라도 긍정적 결과가 있었던 것은 진정 제기 사실이 공개된 경우였다고 보고했다.[49]

기타 연락사무소의 소극적 태도와 구조적 문제들

그 외에도 가이드라인의 원활한 운영을 막는 장애로서 다음과 같은 문제들이 제기됐다.

첫째, 연락사무소가 친기업적 정부 부서에 소속되어 있다는 점이 지적됐다. 역사적 기원에서 보듯이, 가이드라인은 인권 증진이 아니라 투자 촉진의 관점에서 출범했다. 그러므로 연락사무소는 전통적으로 투자 촉진 관련 정부 부서에 소속됐다. 이 점은 연락사무소가 인권 보호보다는 친기업적 관점에서 사무를 처리하는 경향을 낳았고, 연락사무소의 독립성과 공정성에 대한 의문을 제기했다.[50]

둘째, 대부분의 연락사무소는 '구체적 사안' 절차를 진행할 때 연락사무소와 해당 업체가 제공한 자료에 근거하여 판단한다. 그런데 연락사무소가 수집할 수 있는 정보에는 한계가 있고, 해당 기업은 정보 제공을 꺼리

---

49 OECD Watch(2010), 앞의 책, p.25.

50 실제 NCP의 구성과 독립성의 수준은 다양하다. 42개 중에서 28개는 오직 정부 부서로만 구성됐지만, 13개 국가는 여러 이해관계자로 구성되어 있고, 네덜란드는 오직 독립한 전문가로만 구성되는 NCP를 가지고 있다(Evaristus Oshionebo, 앞의 글, p.756).

는 경향이 있다. 이런 상황에서 연락사무소의 업무 수행 능력은 심각하게 제약될 수밖에 없다. 이에 따라 연락사무소에게 능동적이고 적극적인 조사 권한을 부여해야 한다는 주장이 제기되기도 했다.

셋째, 현실의 연락사무소는 가이드라인을 집행할 만한 인적·물적 자원을 확보하지 못했기 때문에 의지가 있다 하더라도 실천하기 힘들다는 점이 지적됐다. 적극적으로 활동하는 것으로 알려진 네덜란드 연락사무소의 경우 3년간 90만 유로의 예산으로 2명의 직원이 사무를 담당하고 있는 수준이다.[51]

넷째, 연락사무소가 '구체적 사안'의 처리 과정에서 얻어 낸 합의나 판정 및 권고에 대한 집행 능력이 결여됐다는 점도 지적됐다. 2008년 인도 오리사의 원주민은 영국 광업회사인 베단타 리소스(Vedanta Resource)를 영국 연락사무소에 진정했고, 이후 영국 연락사무소는 권고가 포함된 최종 성명을 발표했다. 하지만 권고가 전적으로 무시되고 있음이 2009년 확인됐다.[52] 2000년 잠비아의 모파니(Mopani) 구리광산에서 발생한 인권침해에 대해 연락사무소 절차의 도움으로 당사자들은 합의에 이르렀지만, 2010년에도 문제가 전혀 해결되지 않고 있다는 것이 드러났다.[53] 이처럼 연락사무소의 합의나 판정, 권고 등은 종종 무시되지만, 그에 대해 제재할 수단이 없다. 따라서 기업의 입장에서는 합의나 권고를 준수할 유인이 없는 것이다. 결국 가이드라인의 실효성은 NGO 등에 의한 사회적인 감시에 크게 의존할 수밖에 없지만, NGO 역량의 한계는 명백하다.

다섯째, 연락사무소 활동 자체에 대한 감시나 감독이 미비한 점도 지적된다. 연락사무소가 가이드라인에서 규정된 홍보 활동을 제대로 하는지,

---

51 OECD Watch(2007), 앞의 책, p.8.

52 OECD Watch(2010), 앞의 책, pp.52-53.

53 OECD Watch(2010), 앞의 책, p.37.

'구체적 사안'을 제대로 다루는지가 감시되지 않는다는 것이다. 특히 '구체적 사안'과 관련하여 내려진 판정에 대한 이의제기 절차가 없다는 것이 지적됐다. 이런 문제에 대해서 OECD 워치는 의회, 옴부즈맨, 운영위원회 등을 통한 통제와 견제가 필요하다고 지적했다.[54]

여섯째, '구체적 사안' 절차의 진행을 촉진하기 위한 조치가 필요하다. 연락사무소가 신속히 절차를 진행하지 않고 지연시켜 문제 해결이 좌절되는 경우도 있기 때문이다. OECD 워치는 각 단계별로 기간을 정할 것을 제안했는데 1차평가는 3개월, 조정절차는 6개월, 최종평가는 3개월 이내로 하여, 12개월 이내에 모든 절차가 종결되는 것이 바람직하다고 제안했다.[55]

이처럼 가이드라인과 관련하여 제기된 문제는 거의 국내연락사무소, 특히 '구체적 사안' 절차에 집중되어 있다. 이는 2000년 이후 연락사무소 및 구체적 사안 절차가 논란의 핵심으로 부상했음을 잘 보여 준다.

'구체적 사안'이 부각되는 것은 무엇보다 이 절차를 통해 연락사무소가 개별 기업의 가이드라인 위반 여부에 대해서 일정하게 판정 기능을 수행할 수 있다는 점 때문이다. 물론 연락사무소는 당사자 간의 합의를 통한 해결을 중시하고, 성명의 발표 없이 사건을 종결하기도 하며, 성명을 발표해도 위반 여부에 대해 언급을 피하기도 한다. 그럼에도 NGO는 집요하게 연락사무소가 판정 권한을 갖는다는 점에 주목하고 제대로 행사되기를 요구해 왔다.

사실 연락사무소가 가진 판정 기능은 가이드라인의 실효적 집행과 관련하여 매우 중요하다. 연락사무소가 1차적으로 화해를 통한 문제의 해결을 시도하는 것이 사실이지만, 가이드라인 위반 여부를 판정하고 공표할 수 있다는 사실은 화해를 촉진하는 중요한 동력이 되기 때문에 화해 절차

---

54 OECD Watch(2010), 앞의 책, p.10.
55 OECD Watch(2010), 앞의 책, p.16.

를 진행하는 경우에도 판정의 중요성은 줄어들지 않는다. 또한 화해 성립 없이 가이드라인 위반으로 판정되고 공표된다면 이는 기업에게 적잖은 부담이 되며, NGO의 입장에서는 추가적으로 압력을 행사할 중요한 근거를 확보하는 것이 되기 때문에 판정의 중요성은 결코 부인될 수 없다.[56] 그럼에도 실제로 판정에 이른 사례는 많지 않다.[57] 연락사무소가 판정 기능을 행사하는 것을 막는 여러 장애들이 존재하는데, 그중 일부는 2011년 개정에서 해소되기도 했다.

4. 2011년 가이드라인

1) 2011년 가이드라인의 주요 개정 내용

2011년 OECD는 개정된 가이드라인을 발표했다. 개정 과정에서 투자위원회는 이해관계자와의 협의를 중요하게 여겼고, 그에 따라 OECD 워치가 제기한 많은 주장이 반영됐다. 워치가 요약한 새로운 가이드라인의 개선사항은 다음과 같다.[58]

---

56 뿐만 아니라 연락사무소의 판정 기능은 OECD 규범 자체의 발전을 낳는다는 점에서도 중요하다. 이에 대해서는 Larry Catá Backer, "Rights and Accountability in Development (RAID) v DAS Air and Global Witness v Afrimex," 10 Melb. J. Int'l L. 258, 2009 참조.

57 대표적인 판정 사례로는 다음과 같은 것이 있다. Global Witness vs. Afrimex. 2007년 Global Witness는 Afrimax의 광물 거래가 콩고에서의 분쟁과 대규모 인권침해에 기여했다고 주장했다. 2008년 영국 NCP는 최종성명에서 Afrimax가 가이드라인 2장과 4장을 위반했다고 지적했다. RAID v. DAS Air. 시민단체인 RAID(Rights and Accountability in Development)는 DAS Air가 우간다와 르완다에서 광물을 수송하면서 영업했는데, 이는 콩고에서의 분쟁과 인권침해에 기여한 것이라고 주장했다. 영국 NCP는 DAS Air의 가이드라인 위반을 인정하는 최종성명을 발표했다. 이 판결에 대한 비평은 Larry Catá Backer, 위의 글 참조.

- 가이드라인과 관련된 사안에서 기업은 언제나 실사를 실시해야 한다.
- 기업은 부정적 영향을 야기하거나 그에 기여하지 말아야 한다.
- 기업은 자신이 직접 손상을 초래하거나 그에 기여하지 않았다고 하더라도 자신들의 사업관계를 통해서 초래되는 부정적 영향을 피하기 위한 조치를 취해야 한다.
- 기업에 의하여 추진되는 의미 있는 이해관계자 참여가 필요하다.
- 가이드라인은 금융기관을 포함하여 경제의 모든 부문에 적용된다.
- 기업은 온실가스 배출을 감소시키고 그에 대해서 보고할 필요가 있다.
- 당사자를 다룸에 있어 연락사무소는 불편부당성과 형평성의 원칙에 입각해야 한다.
- 최종성명을 포함하여 연락사무소의 투명성 요건에 관한 조항을 보강했다.
- OECD 워치에 가이드라인과 관련한 연락사무소의 활동과 해석에 관해 투자위원회에게 해석(clarification)을 요구할 수 있도록 허용한다.

이를 보면 상당히 많은 부분이 개선되었음을 알 수 있다. 그러나 워치는 새로운 가이드라인의 근본적인 단점 역시 다음과 같이 다수 지적했다.[59]

- 기업들에게 회피할 여지를 주고 개별 연락사무소에 폭넓은 재량권을 주는 취약한 언어, 예컨대 "적절한 경우"와 같은 한정적 표현이나 면책 표현이 많음.
- 규범의 예측 가능성을 확보하지 못함. 이는 조정이 실패한 경우 진정

---

58 OECD Watch, "OECD Watch Statement on the Update of the OECD Guideline for MNEs: Improved Content and Scope, but Procedural Shortcomings Remain," 2011. 5. 21.

59 OECD Watch, 위의 글.

제기의 유효성과 가이드라인의 준수 여부에 관한 성명을 하도록 의무
화하지 않음에 따른 것임.

- 권고와 합의를 감시하고 후속 작업을 해야 할 연락사무소의 의무를 구
  체화하지 못함.
- 가이드라인의 위반이나 조정 절차에의 참여를 거부하는 경우 기업에
  대한 제재를 보장하지 못함.
- 의무적 감독 제도나 동료감시 제도를 이용하여 연락사무소가 효과적
  으로 활동하도록 하지 못함.
- 연락사무소의 소재지를 정함으로써 이익 충돌을 피하도록 하는 것을
  보장하지 못함.
- 자유로운 사전 설명이 있는 동의에 대한 선주민의 권리에 대해 명시적
  으로 언급하지 않음.
- 국가별 보고에 대한 언급이 없음.
- 국제 모범 사례에 합치하는 사회적·환경적 공시의무가 규정되지 않음.

위에서 언급한 내용은 거의 대부분이 인권 이슈와 직접 관련되는 것들
이다. 그러나 여기에서 이들 전체에 대해서 검토할 수는 없으므로, 앞에서
제기된 쟁점들의 연장선에서 특별히 지적할 만한 지점에 대해서만 좀 더
상세히 보도록 하자.

2) 각 쟁점별 검토

투자 연관

2011년 가이드라인은 적용 범위가 단순히 투자 관계에 한정되지 않는다
는 점을 뚜렷이 했다. 즉 다국적기업은 "자신이 직접 부정적 영향을 미치

지 않았다고 하더라도 그 영향이 자신들의 사업 활동이나 상품 또는 서비스와 직접 연결되어 있다면 그 부정적 영향을 방지·완화하기 위해 노력해야 한다."(일반정책 A. 12.) 뿐만 아니라 다국적기업은 공급기업이나 하청기업 등 협력업체가 가이드라인과 합치하는 사회책임경영 원칙을 적용하도록 권장해야 한다(일반정책 A. 13.). 이렇게 새 가이드라인은 기업의 책임 범위를 투자 연관의 존재 여부에 의존하도록 하지 않고 영향을 미치는 곳으로 정의했다. 또 '1. 개념 및 원칙' 4.에는 "(다국적) 기업은 경제의 모든 분야에서 활동한다."고 규정되어 있는데, 이로써 투자 연관이라는 요건은 불필요해졌으며, 금융거래에서도 가이드라인을 준수해야 한다는 것이 명백해졌다.[60]

병행 절차

'다국적기업 가이드라인 집행 절차에 관한 주석'[61]은 "유사한 쟁점을 다루는 국내 또는 국제 소송의 구체적 절차의 중요성을 평가할 때, 연락사무소는 단지 유사한 절차가 있었거나, 진행 중이거나, 또는 당사자가 이용할 수 있는 절차가 존재한다는 이유만으로, 제기된 쟁점이 추가 조사 대상이 되지 않는다고 판단해서는 안 된다."라고 규정했다. 다시 말해 다른 절차에 심각한 편견을 유발하거나 법정모독이 발생하는 등의 상황이 아니라면, 연락사무소는 다른 병행 절차가 존재하더라도 '구체적 사안' 절차를 진행하라는 것이다. 이로써 병행 절차의 존재나 진행 사실만을 이유로 진정을 각하하는 관행은 더 이상 유지될 수 없게 되었다.

---

60 Chritian Schliemann, "Procedural Rules for the Implementation of the OECD Guideline for Multinational Enterprises—a Public Interantional Law Perspective," 13 German L.J. 51 2012, p.78.

61 이 문서(Commentary on the Implementation Procedures of the OECD Guidelines for Multinational Enterprises)는 가이드라인에 부속되어 있으며, 투자위원회(IC)가 작성한 것이다.

비밀 유지 및 투명성의 균형

2000년 가이드라인은 연락사무소에 의한 주선 절차가 진행되는 경우 비밀이 유지된다고 하면서도 무엇을 공개해야 하는지에 대해서는 거의 언급하지 않았다. 2011년 개정된 가이드라인은 각 단계별로 공개되어야 할 내용을 구체적으로 명시했다. 즉 연락사무소에게 ① 추가적 조사가 불필요하다고 판단한 경우에 성명을 내어 쟁점과 결정의 이유를 밝힐 것(종전에는 이런 내용이 없었음), ② 추가적인 조사가 필요한 경우에도 추가 조사와 주선 제공 결정 사실을 공개할 수 있음(추가된 내용), ③ 합의에 이른 경우 보고서를 작성해야 하는데, 보고서는 적어도 쟁점과 절차, 합의 시점을 담을 것(보고서의 내용을 특정함), ④ 주선 절차를 진행했지만 합의에 이르지 못했거나 당사자가 참여를 거부한 경우 성명을 발표해야 하고, 이때 성명은 적어도 쟁점, 추가적 조사가 필요하다고 판단한 이유, 연락사무소가 주도한 절차를 담아야 하며, 필요한 경우 권고나 합의에 이르지 못한 이유를 담을 것(성명의 내용을 특정함), ⑤ 권고가 불필요한 경우에도 성명을 발표할 것 등을 요구한다. 연성법인 가이드라인의 작동 원리가 공개를 통한 영향력 행사인 점을 고려하면 투명성 강화를 담은 이런 개정은 중요한 진전이다.

인권에 관한 독립된 장의 추가

인권에 관한 독립적인 장(제4장)이 추가된 것도 성과이다. 이 장은 그 기본 틀뿐만 아니라 용어법에서도 유엔 기업과 인권 프레임워크(2008) 및 이행원칙(2011)과 거의 같다.[62] 삽입된 인권 관련 장의 전문은 아래와 같으며, 실제 가이드라인에는 이 전문에 이어 상세한 주석이 붙어 있다.

---

62 실제로도 가이드라인이 개정되는 과정은 '프레임워크' 작성을 주도한 유엔 사무총장 특별대표와의 적극적 소통 속에서 이루어졌다. 존 러기(2014), 앞의 책, 241~243쪽 참조.

IV. 인권

국가는 인권을 보호할 의무가 있다. 기업은 국제적으로 인정된 인권, 기업이 운영되는 국가의 국제적 인권에 관한 의무, 관련 국내 법규의 틀 안에서 다음을 이행해야 한다.

1. 인권을 존중해야 한다. 즉, 타인의 인권을 침해하지 않아야 하며, 해당 기업이 연관된 인권에 대한 부정적 영향을 해결해야 한다.
2. 기업활동 중 인권에 대한 부정적 영향을 야기하거나 이에 기여하지 않아야 하며, 부정적 영향이 발생한 경우에는 이를 해결해야 한다.
3. 부정적 영향에 기여하지 않았다 하더라도, 사업관계를 통해 당해 기업의 사업 운영, 제품 및 서비스와 직접적으로 연관되어 있는 인권에 대한 부정적 영향을 예방 또는 완화할 방법을 모색해야 한다.
4. 인권을 존중하겠다는 정책서약을 해야 한다.
5. 기업의 규모, 성격, 운영 상황과 인권의 부정적 영향이라는 리스크의 심각성에 따라 인권실사를 해야 한다.
6. 인권에 대한 부정적 영향을 야기하거나 이에 기여했음을 알게 된 경우, 부정적 인권영향에 대한 구제책을 제공하거나, 구제를 위해서 합법적 절차를 통해 협력해야 한다.

이처럼 이번 개정으로 다국적기업의 인권 책임이 확고히 선포되고 내용도 구체화됐다. 동일한 틀을 가진 기업과 인권 프레임워크 및 이행원칙이 별도의 집행 절차를 가지고 있지 않다는 점을 고려하면,[63] 현재로서 가이드라인은 사실상 다국적기업에 관한 한 유엔 기업과 인권 프레임워크

---

63 유엔 기업과 인권 이행원칙이 인권이사회에 의해서 승인된 이후, 이행원칙의 후속 작업을 위해서 5명의 독립한 전문가로 구성된 워킹그룹이 조직됐지만, 워킹그룹의 주임무는 이행원칙의 확산과 증진 활동일 뿐이고 이행원칙과 관련한 분쟁을 다루지는 않는다.

및 이행원칙의 집행기구로서의 역할을 담당하게 됐다고 할 만하다.

그 외 절차의 개정

그 외에도 가이드라인의 통일적 적용과 실효성 제고를 위한 절차가 일부 개정됐다. 예컨대 기업산업자문위원회, 노동조합자문위원회 등 자문기구와 OECD 워치는 연락사무소가 '구체적 사안'에서 가이드라인을 제대로 해석했는지에 관해 질의할 수 있고, 투자위원회는 그에 대한 유권해석을 제공할 수 있다. 이는 가이드라인에 대한 통일적 해석과 적용을 도모하려는 의도를 담고 있는데, 연락사무소의 자의적인 해석에 대해 일정한 견제기능을 할 것으로 보인다.[64] 아울러 가이드라인의 주석은 '구체적 사안' 절차와 관련한 시간표를 제시함으로써 신속성과 투명성을 제고하고자 했다. 이에 의하면 1차평가는 3개월 이내에 하고, 각 절차 종결 후 3개월 이내에 보고 또는 성명을 하도록 하며, '구체적 사안'의 접수 후 12개월 이내에 모든 절차를 종결해야 한다고 했다. 이는 OECD 워치의 권고를 받아들인 것으로서,[65] 막연하게 판단을 지연하거나 결과를 공개하지 않는 연락사무소의 행태를 중지시키려는 것이다.

---

64 이 절차는 '구체적 사안'에서 가이드라인의 해석을 문제 삼긴 하지만, 이것이 연락사무소의 판정 결과에 대한 이의제기 절차로 보기는 힘들다. 투자위원회는 "개별 기업의 행동에 대한 결론은 내리지 않"기 때문에, 투자위원회의 유권해석은 가이드라인의 객관적 의미 해석에만 한정된다고 보아야 할 것이다. 즉, 투자위원회의 해석이 연락사무소의 해석과 다르다고 하더라도 연락사무소의 결정이 번복되지는 않는다.

65 OECD Watch(2007), 앞의 책, p.16에 이와 동일한 것이 제안되어 있다.

5. 가이드라인 발전 과정의 종합 및 분석

지금까지 살펴보았듯 가이드라인의 초기 모습과 현재의 모습 사이에는 현격한 차이가 있다. 특히 다국적기업의 인권침해에 대한 대응이라는 관점에서 보면 그 차이는 더욱 두드러진다. 애당초 가이드라인은 OECD 회원국 사이에서 다국적기업을 매개한 투자를 둘러싼 분쟁을 규율하는 것이었고, 연락사무소라는 조직도 없었다. 그러나 20세기 후반의 세계화 시대를 겪으면서 가이드라인의 성격과 기능은 획기적으로 변화했다. 2000년 이후 가이드라인은 주로 개도국에서 다국적기업의 사업 활동과 관련한 인권침해에 대응하는 규범으로 진화했다. 가이드라인은 인권침해에 대한 구제 절차를 제공하게 됐고, 이 절차는 각국 국내연락사무소가 맡게 됐다. 이러한 진화 과정을 간단히 요약하면 다음 페이지 표 4와 같다.

이러한 진화의 결과 가이드라인은 오늘날 지구촌의 '기업과 인권' 지형에서 지극히 중요한 규범이 됐다. 무엇보다 가이드라인은 '기업과 인권' 논의가 해결하려는 핵심 문제―즉, 개도국에 있는 다국적기업의 공급망에서 발생하는 인권침해 문제―에 대응하는 실체적 규범을 제공하는 데에서 한 걸음 더 나아가 그것을 둘러싼 분쟁을 해결하는 절차를 제공한다. 특히 유엔의 '기업과 인권 이행원칙'이 독자적인 분쟁 해결 절차를 제공하지 않는다는 점을 생각했을 때, 현재로서 OECD 가이드라인이 제공하는 공적 절차의 중요성은 결코 간과될 수 없다.[66]

---

66 연락사무소는 그저 조정이나 협상으로 문제 해결을 도모하는 것이 아니라 가이드라인이라는 규범에 부합하는 문제 해결을 도모한다. 이는 가이드라인의 분쟁 해결 절차가 '법률주의적 접근(legalistic approach)'을 취한다는 것을 의미한다. 나아가 연락사무소의 활동 자체가 가이드라인의 내용을 구체화시키고 발전시킨다는 것을 의미한다. Leyla Davarnejad, "In the Shadow of Soft Law: The Handling of CSR Disputes Under OECD Guidelines for Multinational Enterprises," 2011 J. Disp. Resol. 351, 2011, p.383.

	1976년 가이드라인	2000년 가이드라인	2011년 가이드라인
실체적 내용	- 노동권만 명시. - OECD 회원국에서 발생한 침해 문제만 취급.	- '인권'이란 표현 등장. - 노동권 조항 보강(아동노동, 강제노동 금지를 명시). - 개도국과 공급망에서의 인권침해에 대해서도 인권 책임 부과.	- 인권에 관한 독립된 장 삽입 (인권정책 선언, 실사, 구제 개념 도입).
절차적 내용	- 다국적기업과 주재국 간 협의를 통한 해결. - 국내연락사무소의 부재. - 1980년대 중반 국내연락사무소의 등장.	- '구체적 사안' 절차 도입. - 국내연락사무소의 역할 강화. - NGO의 진정 제기권 인정.	- 논란 지점이 다소 해소됨. 즉, 병행 절차 있더라도 절차 진행 가능; 공개 범위를 확대; 투자 연관 없는 거래 관계에도 가이드라인 적용.
문제점	- 노동권에 한정된 인권. - OECD 회원국 내의 문제에만 한정. - 취약한 집행기구 및 집행 절차.	- 병행 절차, 비밀 유지, 투자 연관 등을 둘러싼 논란 제기.	- 미해결 문제의 잔존. 즉, 주선 실패 시 국내연락사무소의 판정 의무의 명시가 없음; 국내연락사무소의 독립성이 약하고, 조사권이 없음; 국내연락사무소 판정이나 권고 또는 당사자 합의에 대한 집행 수단 결여.

표 4. 'OECD 다국적기업 가이드라인'에서 인권 관련 내용의 전개 과정

그러나 가이드라인의 진화가 만개했다고 볼 수는 없다. 가이드라인의 절차 규정에는 여전히 많은 결함과 모호함이 있는 것이 사실이다. 연락사무소가 어느 정도의 독립성이나 전문성이 있어야 하는지, 진정 사건에 대한 조사권 혹은 조사 의무가 있는지, 권고나 합의 사항의 이행을 감시할 의무가 있는지, 최종성명에 담겨야 할 내용에 가이드라인 위반 여부에 대한 판정이나 권고를 포함시켜야 하는지, 절차에 대한 투명성은 어느 정도로 해야 하는지 등이 모두 모호한 채로 남아 있다. 현재 이런 내용은 사실상

각국 연락사무소의 재량에 맡겨져 있는 상황이다.

가이드라인의 이런 결함으로 인해[67] 연락사무소의 활동과 성과는 국가별로 큰 편차를 보이고 있다. '구체적 사안'이 제기됐을 때 적극적으로 문제 해결에 나서는 모범적인 연락사무소가 있는가 하면,[68] 사실상 문제 해결 시도를 포기한 듯이 보이는 연락사무소도 있다. 아래에서 보듯이, 한국의 국내연락사무소는 후자에 가깝다.

6. 한국 연락사무소에 대한 시사점

1) 한국 연락사무소의 설치

앞에서도 보았듯이, 2000년 가이드라인의 개정으로 인해 모든 OECD 회원국은 가이드라인을 홍보하고 관련 분쟁을 해결하기 위한 국내연락사무소를 운영해야 한다. 이에 따라 한국 정부도 2001년 'OECD 다국적기업 가이드라인 이행을 위한 국내연락사무소의 운영규정'을 제정했다.[69] 이 규정에 의해 「외국인투자촉진법」(제27조 제3항)에 근거한 '외국인투자실무위원회'가 한국의 연락사무소가 됐다. 연락사무소 위원장은 산업자원부 차관으로 하고, 위원은 중앙 부처 1급 공무원과 16개 시도 부지사 또는 부시장으로 구성했다. 그리고 구체적 분쟁 해결 기구로 '중재위원회'를 두었다.

---

67 2011년 가이드라인 개정 이후 10년이 흐른 지금 이 결함 자체를 해소하려는 노력이 진행되고 있다. 주요 쟁점에 대해서는 다음의 자료를 참고하라. OECD Watch, *Get Fit: Closing Gaps in the OECD Guidelines to Make them Fit for the Purpose*, June 2021.

68 모범적인 연락사무소로는 노르웨이, 덴마크, 영국의 연락사무소가 종종 거론된다.

69 산업자원부 공고 2002-103호, 2001. 5. 12.

이후 2013년 9월 17일 이 규정이 개정되었다.[70] 개정된 규정에 의하면 산업통상자원부 투자정책관이 연락사무소 위원장이 되고, 위원은 산업자원부 장관이 관계 부처의 공무원과 가이드라인에 관한 전문성이 있는 사람 중에서 위촉한다(제4조 제2항). 연락사무소의 간사는 산업부 해외투자과장으로 했고(제4조 3항), 사무국은 대한상사중재원이 맡는 것으로 했다(제12조). 그리고 구체적 분쟁 해결 기구로 '중재위원회'[71]를 두었다. 이후에도 규정 개정이 있었지만 대체로 이런 틀은 유지되고 있다.

이처럼 한국 정부는 일찍부터 가이드라인에 따라 연락사무소를 설치하고 정보 제공, 구체적 분쟁 해결, 외국 연락사무소와의 협력, OECD에의 보고 업무를 수행하도록 했다. 하지만 연락사무소가 본연의 역할을 제대로 수행했는지에 대한 의문이 끊이지 않았다. 한국 연락사무소에 대한 비판은 한국의 시민사회(NGO)와 국가인권위원회, 그리고 OECD 워치와 OECD 동료평가로부터 제기됐다. 각각을 살펴본 후 한국 연락사무소의 개혁 방향을 제시해 본다.

2) 한국 연락사무소에 대한 비판들

한국 연락사무소의 활동에 대한 시민사회의 비판은 이미 2008년에 언론에 등장하기 시작했다. 당시 해외 진출 한국 기업의 인권침해를 추적해 온 국제민주연대의 관계자는 "한국 연락사무소가 다른 선진국과 달리 정부 관계자로만 구성된 데다, 외국인 투자 유치를 촉진하기 위한 지식경제부 외국인투자실무위원회가 담당하고 있어 인권침해 감시 역할을 제대로 못 하

---

70 산업통상자원부 공고 258호, 2013.
71 지금은 '조정위원회'로 명칭이 변경됐다.

고 있다."고 비판했다.[72] 그리고 인권위원회는 2011년 "연락사무소가 실질적으로 다국적기업에 의한 인권침해를 예방하거나 구제하는 역할을 하지 못한다."는 비판을 수용하면서, 지식경제부 장관에게 연락사무소 구성 및 운영 상황에 관한 권고를 했다.[73] 권고 내용은 연락사무소 운영규정을 개정하여, 연락사무소에 기업계, 노동계, 시민단체, 국제기구 등이 참여할 수 있도록 하고, 각종 절차에의 접근성을 제고하라는 것이었다. 이런 비판과 권고에 따라 2013년에 연락사무소 운영규정이 개정됐다.

하지만 그 이후에도 연락사무소에 대한 불만은 수그러들지 않았다. 연락사무소에 관심을 가진 시민단체들은 연락사무소 개혁 자체를 목적으로 하는 네트워크 조직인 '한국 연락사무소(NCP) 개혁을 위한 모임'을 구성하여 함께 활동했는데,[74] 이들은 2017년에 연락사무소 개혁 과제를 네 가지로 압축하여 제시했다.[75] 그것은 ① 연락사무소의 중요성에 대한 정부의 인식을 제고할 것, ② 연락사무소 구성에서 노동계와 시민사회의 대표를 참여시킬 것, ③ 대한상사중재원에의 사무국 위탁을 폐지할 것, ④ 2018년 동료평가(peer review) 전까지 연락사무소 개혁을 완수할 것 등이다.

2018년 국가인권위원회는 다국적기업의 인권침해 행위를 예방하고 그 구제의 실효성을 확보하도록 한다는 취지에서 연락사무소의 개선을 권고했다.[76] 이 권고안에는 ① 책임성 강화를 위하여 위원 구성의 다양성 및 업

---

72 「인권경영 없이는 기업도 없다」, 『한겨레21』 제826호, 2010. 9. 3.

73 국가인권위원회 상임위원회 결정, 「OECD 다국적기업 가이드라인에 따른 한국연락사무소(연락사무소)의 구성·운영 상황 개선 권고」, 2011. 10. 6.

74 공익법센터 어필, 공익인권법재단 공감, 공익인권변호사모임 희망을만드는법, 국제민주연대, 좋은기업센터, 국제식품연맹IUF한국사무국, 전국민주노동조합총연맹, 한국노동조합총연맹 등 전국 8개 노동 및 인권 시민사회단체가 소속되어 있다.

75 한국 연락사무소(NCP) 개혁을 위한 모임, 「OECD 회원국으로서 이제는 정상운영되어야 할 다국적기업 가이드라인 국내연락사무소」, 2017.

76 국가인권위원회 상임위원회 결정, 「경제협력개발기구(OECD) 국내연락사무소 제도 개선 권고」, 2018. 2. 8.

무의 독립성을 확보하고, 최종성명(권고)의 실효성을 확보할 것, ② 투명성 강화를 위하여 사건 처리 결과를 OECD에 정기적으로 보고하고, 연례보고서를 홈페이지에 공개하며, 국내연락사무소의 위원 구성 절차를 마련하고 공개할 것, ③ 가시성 강화를 위하여 정보공개 및 가이드라인 홍보를 강화하고, 자문기구 설치 등 이해관계자들과 협력하는 방안을 구축할 것, ④ 접근성 강화를 위하여 전자적 정보 접근 및 자료 유지 관리 체계화를 도모할 것 등이 포함되어 있다.

2019년에는 기업인권네트워크[77] 등은 제3차 국가인권정책기본계획에 연락사무소 개혁 방안이 포함되어야 한다고 주장하면서 다음과 같은 내용을 담은 공문을 법무부 장관에게 발송했다.[78] 즉, ① 연락사무소의 공정성을 제고하기 위해서 연락사무소 위원회를 정부위원 5명, 민간위원 6명으로 구성하되, 민간위원 6명은 기업, 노동, 시민사회가 각각 2인씩 추천하는 안을 제시하고, ② 연락사무소의 책임성을 제고하기 위해 사무국을 정부가 직접 맡도록 하고, ③ 연락사무소의 효과성을 제고하기 위해 연락사무소에 대한 인력 및 재정 지원을 강화할 것 등을 담았다.

한국의 시민사회와 인권위원회가 제기한 문제는 국제사회가 한국 연락사무소에 대해서 평가할 때도 그대로 반복된다. 예컨대, OECD 워치(Watch)는 2018년 한국 정부를 향해 한국 연락사무소의 개혁을 권고(2018)한 바 있다.[79] 여기에는 다음과 같은 것이 포함된다. ① 기업과 인권 문제에서 위원의 전문성뿐만 아니라, 책임성, 투명성, 공평성을 제고하기 위해서

---

77 기업인권네트워크(영문명: KTNC Watch)는 '한국 연락사무소(NCP) 개혁을 위한 모임'과 구성 조직이 다소 중첩되지만 별도의 조직이며, 해외 진출 한국 기업의 인권침해를 감시하는 일을 주로 한다.

78 기업인권네트워크, 한국 연락사무소(NCP) 개혁을 위한 모임, 발전대안 피다, 「제3차 NAP 기업과 인권 부분 시민사회 초안」, 2018. 3. 22.

79 OECD Watch, "Reforms to Strengthen the South Korea NCP thorugh the South Korean National Action Plan," 25 April 2018.

더 독립적인 위원회를 구성할 것, ② 기업, 노조, 시민사회로부터의 동등한 수의 대표를 연락사무소 위원에 포함시킬 것, ③ 연락사무소 위원에 외무부, 법무부의 대표를 포함시킬 것, ④ 순환근무로 인하여 전문성이 부족한 정부위원에게 별도의 훈련과 교육을 제공할 것, ⑤ 기업의 부당한 영향을 받는 정부 부처로부터 사무국이 보호되도록 조치할 것, ⑥ 연락사무소의 효과성을 제고하기 위해서 연락사무소의 재정을 증가시킬 것, ⑦ 진정 사건을 다룸에 있어서 연락사무소의 효과성을 제고하기 위한 절차 규정을 개발할 것 등이 포함된다.

그리고 2019년에는 호주, 독일, 스위스의 연락사무소와 OECD 사무국으로 이루어진 작업그룹에 의해 한국 연락사무소에 대한 동료평가가 시행됐는데, 그 결과보고서가 2021년에 출판됐다.[80] 이 보고서는 가장 최근의 권고이면서 한국 연락사무소에 대한 OECD의 공식적 평가라는 점에서 그 무게감을 부인할 수 없다. 이 보고서는 권고를 세 개 분야로 나누어 제시했다. 첫째는 연락사무소 자체의 구성과 운영이 개선되어야 한다는 것이다. 이와 관련하여, 연락사무소 구성을 개선할 것, 위원 지명 절차를 개선할 것, 다른 이해관계자와 소통을 늘릴 것 등을 권고했다. 둘째는 연락사무소가 좀 더 적극적으로 홍보 활동을 해야 한다는 것이다. 셋째는 구체적 사안(분쟁 해결) 절차를 운영함에 있어서 절차를 선명히 하고 구체적으로 권고하며, 해외 연락사무소들과의 소통을 강화하라는 것이다. 달리 표현하면, 한국의 연락사무소는 위원 구성이 편파적이며, 가이드라인과 연락사무소에 대한 홍보를 제대로 하지 않으며, 분쟁 해결 절차가 제대로 작동하지 않는다는 것이다. 한마디로 한국 연락사무소가 자신의 고유 기능을 수행하지 못한다는 것이다. 이 보고서는, 완곡한 표현에도 불구하고 한국 연락사무소에 대한 국제사회의 평가가 얼마나 낮은지를 보여 준다.

---

80 OECD, *National Contact Point Peer Reviews KOREA*, 2021.

	연락사무소 위원 구성	사무국의 소속	홍보 활동	기타 진정 및 운영 관련 사항
2008 국제민주연대	○	○		
2011 국가인권위원회	○			- 접근성 강화
2017 한국 연락사무소(NCP) 개혁을 위한 모임	○	○	○	- 정부의 인식 제고
2018 국가인권위원회	○		○	- 최종성명의 실효성 강화 - 투명성, 전문성, 접근성 강화
2019 기업인권네트워크	○	○		- 정부 지원 강화
2018 OECD 워치	○			- 정부 지원 강화
2021 OECD 동료평가	○		○	- 소통 강화

표 5. 한국 연락사무소의 개선에 관한 제안들

한국 연락사무소에 대한 국제사회의 이러한 비판은 그간 한국의 NGO
나 국가인권위원회가 지속적으로 제기한 문제와 다르지 않다(표 5 참조).
달리 표현하자면, 한국 연락사무소가 가진 문제는 명백하고 고질적이라는
것이다. 기업의 인권책임을 물음에 있어서 연락사무소가 가진 중요성을
고려할 때 이러한 비판은 아주 심각하게 받아들어야 한다. 이제 단호하고
구조적인 개혁을 모색할 시점이라고 하겠다. 이런 점을 고려하면서 아래
에서 한국 연락사무소의 개혁방향을 제안해 본다.

3) 한국 연락사무소 개혁의 방향

한국 연락사무소의 위원 구성과 사무국의 소속을 변경시켜야 한다

한국 연락사무소 위원의 구성을 개선해야 한다는 것은 모든 단체가 공히
지적한 점이다. 그만큼 이 문제는 연락사무소의 개혁과 관련하여 가장 시
급하고 중요한 문제라고 할 수 있다. 지금까지의 경험으로 볼 때, 현재와

같이 현직 공무원(특히 통상산업부)이 주도하는 연락사무소 체제로는 그 고유 사무를 처리할 수 없다는 것이 명백하다. 연락사무소 위원은 인권, 환경, 노동 문제에서 전문성을 갖추어야 할 뿐만 아니라 기업과 노동자 및 시민사회를 적절히 대표해야 한다. 이를 위해서는 각 직역별 추천권이 실질적으로 보장되어야 한다. 가장 바람직하기로는 각 직역에서 추천하는 인권, 환경, 노동 관련 전문가에 의해서 구성, 운영되는 독립적이고 상설적인 연락사무소를 만드는 것이다.

연락사무소 사무국을 대한상사중재원에 둠으로써 생긴 문제도 지속적으로 제기됐다. 연락사무소는 본질적으로 국제 사무를 수행하는 국가기구이므로 사무국도 국가가 담당하는 것이 정상적일 것이다. 최근 10년간 대한상사중재원이 사무국 일을 맡아 왔는데, 이런 구조로는 다국적기업을 대한상대로 한 사무를 적극적으로 처리하기 힘들며, 정부 내의 여러 부서와의 소통, 그리고 시민사회와의 소통에서도 큰 한계를 노정했다.

보다 근본적으로는 연락사무소를 산업통상자원부 산하에 두는 것 자체가 적절한지에 대해서도 재고할 필요가 있다. 연락사무소가 반드시 산업통상을 책임지는 부서에 소속될 필연적인 이유는 없다. 사실 지금까지 연락사무소가 파행을 겪은 것은 산업자원부의 책임이 크다고 볼 수 있다. 대안으로는 연락사무소를 외교부, 법무부, 노동부 혹은 국무총리 직속으로 이관하는 안이 제안됐다. 기업에 의한 인권침해라는 사안의 중대성, 각 정부기구 사이의 긴밀한 조정의 필요성, 위원의 전문성과 공정성 등을 생각한다면 연락사무소를 국무총리 직속으로 이관하는 방안을 적극 검토할 만하다.

한국 연락사무소는 홍보와 소통 활동을 강화해야 한다

연락사무소의 임무 중에 중요한 것이 홍보이다. 즉, 연락사무소는 적극적 홍보 활동을 통해서 '기업에 의한 인권침해'에 대한 기업과 일반인의 인식을 제고시키고, 아울러 연락사무소라는 절차가 존재한다는 것을 널리 홍보하여 인권 피해자라면 누구나 쉽게 이 절차를 이용할 수 있도록 권장해야 한다. 이렇게 하여 많은 이해관계자가 이 절차에 관심을 가질 때 연락사무소가 그 기능을 제대로 수행할 수 있을 것이다.

또한 그간 한국 연락사무소가 시민사회뿐만 아니라 여러 정부 부처들과 적극적으로 소통하지 않았다는 점도 지적되어야 한다. 연락사무소의 사무는 그 성격상 인권위원회, 외교부, 노동부, 환경부 등 다양한 정부 부처와의 소통하에 진행되어야 한다. 뿐만 아니라 한국 연락사무소는 외국의 연락사무소와도 긴밀한 소통을 하면서 업무를 수행해야 한다. 연락사무소가 OECD라는 국제기구의 사무를 다루는 기구일 뿐만 아니라, 주로 다루는 일이 국경 간에 걸치는 인권침해 사건이기 때문이다.

한국 연락사무소는 적극적으로 진정 절차를 운영해야 한다

연락사무소의 주임무 중의 하나는 가이드라인 관련 분쟁(이른바 '구체적 사안')을 해결하는 것이다. 구체적 사안을 잘 처리하는 것은 연락사무소가 '지침의 효과성을 제고'한다는 고유한 목적을 달성하는 데 필수적이다.[81] 지금까지 한국 연락사무소는 진정 절차를 진행함에 있어서 지나치게 소극적이었다. 특히 국제적으로 크게 문제된 사건들에서도 연락사무소는 사건을 다루지조차 않았다. 예컨대 인도 오디샤 제철공장 건설과 관련한 포스코인터내셔널, 미얀마 로힝야족 학살 사건과 관련한 포스코인터내셔널 등의 진정에서 연락사무소는 이들을 1차평가에서 각하했다. 이와 같은 소극적인 태도가 연락사무소에 대한 불신과 무용론을 낳는 것이다. 연락사무소가 제 역할을 하기 위해서는 진정 절차의 개선과 태도의 전환이 필요하

---

81 OECD, OECD Guideline for Multinational Enterprises, 2011, Part II, 1. National Contact Points 참조.

다. 이는 다음을 포함해야 한다.

첫째, 진정 절차를 운영함에 있어서 관련 절차가 투명하게 공시되어야 한다. 진정이 접수되면 접수 사실뿐만 아니라 연락사무소 내에서 어떤 일 정과 절차에 의해서 누가 결정하는지가 명백히 공개되어야 한다. 그리고 각 단계별로 진행 상황이 진정인에게 신속하게 전달되어야 한다.

둘째, 연락사무소는 진정 절차를 취급함에 있어서 좀 더 적극적인 태도 를 가져야 한다. 기각할 명분을 찾기에 급급하기보다는 다루어야 할 이유 가 없는지를 먼저 살피는 적극성이 필요할 것이다. 사건을 받아들인 이후 에도 피진정인이 절차에 참여하지 않기로 통보했다는 이유만으로 추가적 인 절차를 진행하지 않은 경우도 있는데[82] 이것은 매우 잘못된 관행이다. 이런 식으로 절차를 진행하면 어떤 기업도 연락사무소의 절차에 협조하지 않을 것이다. 연락사무소는 절차에의 참여 자체를 거부하는 기업에 대한 제재장치를 마련하는 등 좀 더 적극적인 노력을 해야 할 것이다.

셋째, 연락사무소의 노력에도 불구하고 분쟁이 원만히 해결되지 않은 경우, 취합 가능한 정보에 입각하여 가이드라인의 위반 여부와 권고를 포 함하여 해당 사건의 진행 경과와 결과를 반드시 공개해야 한다. 이런 적극 적인 공개 정책을 실천해야 기업들이 진정 절차에 참여하게 될 것이다. 그 리고 이런 공개가 피진정인에 대한 권고를 포함하는 경우, 누구나 그것을 이해하고 이행하며 또한 감시할 수 있도록 권고 내용을 상세하고 명료하 게 기술해야 한다.

다섯째, 양 당사자 사이의 합의를 통해서 분쟁이 원만하게 해결된 경 우, 연락사무소는 합의됐다는 사실을 공개할 뿐만 아니라 그 합의가 제대

---

82 예컨대, 한국 연락사무소는 라오스 세피안-세남노이 댐 사고를 다루면서, 피진정인이 조정 절차에 불참 의사를 밝혀 왔으므로 추가 절차를 진행할 수 없다고 하였다. 대한민국 국내연 락사무소(NCP), 「라오스 세피안·세남노이 보조댐 붕괴사고 관련 OECD 다국적기업 가이 드라인 이의제기사건 최종성명서」, 2020. 7. 23.

로 이행되는지 여부를 추적해야 한다.

이상과 같은 개혁을 이루기 위해서는 연락사무소에 관한 규정을 전면 개정하는 것이 필요하다. 그리고 이 기회에 연락사무소에 관한 독립적인 법률—예컨대, 'OECD 다국적기업 가이드라인에 따른 한국 연락사무소의 구성 및 운영에 관한 법률'—을 마련하는 것도 검토할 만하다. 이와 관련하여 덴마크 연락사무소법을 벤치마킹할 수 있을 것이다.[84] 덴마크의 법에서 특히 주목할 만한 점은 다음과 같다. ① 연락사무소는 5명의 위원이 상설적으로 운영한다. 위원은 의장, 전문가 1인, 그리고 사용자, 노동자, 시민사회를 대표하는 각 1인으로 구성한다. ② 연락사무소는 덴마크 내의 모든 기업에 의한, 국내외에서의 가이드라인 위반 문제를 관장한다. ③ 연락사무소의 권고나 당사자 간 합의가 있는 경우, 그 이행 여부를 매년 추적하고, 불이행의 경우 최대 5년간 웹사이트에 게시한다.

---

83 덴마크 법의 명칭은 Act on Mediation and Complaints-Handling Institution for Responsible Business Conduct이다. 간단히 'Act on the NCP'라고도 한다. 이 법상의 NCP의 공식 명칭은 '조정 및 진정처리기구'이다. 그 외에도 영국이나 노르웨이의 진정 절차를 참고할 만하다. UK National Contact Point Procedures for Dealing with Complaints Brought Under the OECD Guidelines for Multinational Enterprises, September 2019; Norwegian National Contact Point (NCP), Procedural Guideline for Handling Complaints, 1 October 2013.

6장

유엔 '기업과 인권 조약'

1. 불안한 출범

'유엔 기업과 인권 이행원칙'(이하 이행원칙)은 법적 규제를 포함한 다중심적 지배구조를 상상한 것이었다. 그러나 다중심적 지배구조 중에서 조약이 어떤 역할을 할지에 대해서는 언급하지 않았다. 이행원칙을 주도한 존 러기는 조약을 통한 '기업과 인권' 문제 해결 시도를 좋게 보지 않았다. 그는 사람들이 생각하는 기업인권조약이란 사실상 기업인권과 관련한 국제 헌법을 만드는 것이라고 하면서, 그러한 성격의 조약은 만들어질 수 없거나, 만들어진다고 하더라도 아주 원칙적인 선언에 그치는 것이어서 실제 현실을 변화시키지 못할 것이라고 전망한 바 있다.[1] 그러나 모든 사람이 이에 동의한 것은 아니었다. 특히 이행원칙의 등장 이후 기업인권조약을 제정해야 한다는 주장은 오히려 더 강화된 것처럼 보인다. 그리고 실제 기업인권조약을 제정하는 움직임이 시작됐다.

현재 기업인권조약 논의는 유엔 인권이사회(UN Human Rights Council)

가 주도하고 있다. 이 움직임이 공식 제안된 것은 2013년 9월이었고, 제안 국가는 에콰도르와 남아프리카공화국이었다. 인권이사회는 이들의 제안을 받아 2014년 6월 기업인권조약 논의의 시작을 선언하는 결의안[이하 '결의안(26/9)']을 채택했다.[2] 이 결의안은 '인권과 관련하여 다국적기업과 그 외 기업에 법적으로 구속력 있는 규범에 관한 개방적인 정부 간 작업그룹(open-ended intergovernmental working group)'을 설치하는 것으로 하고, 이어 작업그룹의 임무와 활동 일정 등을 밝히고 있다. 또 작업그룹은 3년의 활동 기간 동안 매년 1회의 공식 회의를 가지고, 과제를 수행할 때 여러 국가들과 이해관계자들의 의견을 청취하도록 하고, 3차 연도 인권이사회의 회의 시작 때까지 조약 초안을 위한 요소를 도출하라고 요구했다. 2015년에 제1차 공식 회의를 열되 논의는 개방적으로 진행하며 조약의 내용, 범위, 형태 등 기초적인 것을 포함하도록 했다. 이처럼 인권이사회는 2017년에 조약의 개요가 마련될 것을 예상하면서 작업그룹을 출범시키고 그 임무를 부여했다.

일찍부터 기업인권조약의 체결을 주장해 온 NGO들은 이런 움직임에 적극 반응했다. 즉, 이들은 400개 이상의 NGO로 구성된 '조약동맹(Treaty Alliance)'을 조직하여 기업인권조약에 대한 지지와 지원 활동을 하겠다고 선언했다.[3] 하지만 기업인권조약이 순조롭게 진행되기 어려울 것이라는 징후도 많다. 우선 인권이사회의 결의안이 매우 낮은 지지를 받으면서 통

---

1 존 러기, 이상수 옮김, 『기업과 인권』, 필맥, 2014, 145~155쪽; John Ruggie, "Incorporating Human Rights: Lessons Learned, and Next Steps," Dorothee Baumann-Pauly and Justin Nolan (eds.), *Business and Human Rights: From Principles to Practice*, Routledge, 2016, p.68. 그러나 기업인권조약의 초안 작업이 실제로 추진됐을 때 존 러기가 이에 대해서 반대 의견을 표명하지는 않았다.

2 UN Human Rights Council, "Elaboration of a international legally binding instrument on transnational corporations and other business enterprises with respect to human rights," A/HRC/26/L.22/Rev.,1A/HRC/RES/26/9, 14 July 2014.

과됐다는 점이다. 인권이사회 47개 회원국 중 20개 회원국만이 찬성했으며, 14개국은 반대했고, 13개국은 기권했다. 볼리비아, 쿠바, 베네수엘라 등 개도국들은 찬성한 반면, 반대한 14개 국가에는 미국[4]과 유럽연합[5] 등 대부분의 선진국이 포함된다. 이런 구도는 기업인권조약의 앞길에 짙은 암운을 드리운다. 둘째, 인권이사회는 위 결의안이 통과된 다음 날 그와 모순되는 듯한 성격의 결의안을 만장일치로 통과시켰다.[6] 이 결의안은 이행원칙에 대한 지지와 그것의 실천을 촉구하는 내용으로 가득 차 있다. 이것은 조약이라는 경성법을 제정하기보다는 차라리 이행원칙이라는 연성법을 잘 이용하는 것이 낫다는 주장을 의미했다. 셋째, 결의안에 따라 제1차 회의는 2015년에 개최되었는데, 유럽연합은 첫날 회의에만 잠시 참석한 후 퇴장해 버렸고 미국은 모두 불참했다.[7]

이처럼 기업인권조약 논의는 인권이사회를 통해 촉발되었지만, 축복과 지지를 받으며 출범한 것은 아니었다. 그럼에도 기업인권조약을 만들려는 움직임은 계속됐다. 급기야 2018년에 최초 초안(zero draft)이 만들어졌고,

---

3 Treaty Alliance, "Enhance the International Legal Framework to Protect Human Rights from Corporate Abuse". <http://www.treatymovement.com/>

4 미국은 기업인권조약이 기존의 성과, 즉 '유엔 기업과 인권 이행원칙'을 잠식할 것이라는 이유로 반대했다. Stephen Townley (Delegation of the United States of America), "Proposed Working Group Would Undermine Efforts to Implement Guiding Principles on Business and Human Rights, UN Human Rights Council—26th Session," June 26, 2014.

5 유럽연합은 독립적인 의장의 지명, 공개적이고 투명한 절차, 조약 절차가 이행원칙의 계속적 이행에 보충적임을 재확인하고, 다국적기업뿐만 아니라 모든 기업에 조약이 적용될 것 등 네 가지 조건이 수용되는지를 보아 조약 논의에 참여 여부를 결정하겠다고 선언했다. Doug Cassel, "Treaty Process Gets Underway: Whoever Said It Would Be Easy?," 2015. <https://business-humanrights.org/>

6 UN Human Rights Council, "Human Rights and Transnational Corporations and other Business Enterprises," A/HRC/RES/26/22, 15 July 2014.

7 UN Human Rights Council, "Report on the First Session of the Open-ended Intergovernmental Working Group on Transnational Corporations and other Business Enterprises with respect to Human Rights, with the Mandate of Elaborating an International Legally Binding Instrument," A/HRC/31/50, 5 February 2016, Para. 39.

2019년에 제1차 개정안, 2020년에 제2차 개정안, 2021년에 제3차 개정안이 속속 발표됐다. 이 3차 개정안이 최종안이다. 이 장은 기업인권조약의 제정에서 큰 쟁점이 무엇이고, 초안 작성을 위한 첫 회의에서 무엇이 논의됐으며, 이런 쟁점들이 최종안에서 어떻게 해소되었는지를 살펴본다.

2. 주요 쟁점

1) 쟁점 검토 방법론

그간 여러 논자들 사이에서 기업인권조약이 필요한지 여부에 대한 논란도 많았지만, 찬성론자나 반대론자들이 어떤 조약을 염두에 두고 있는지는 그다지 명료하지 않았다. 2014년 인권이사회의 '결의안(26/9)'도 특정한 형태의 기업인권조약을 염두에 둔 것이 아니었고, 기업인권조약에 대해서 개방적으로 논의해 보라는 요구에 가까웠다. 즉, 결의안 제2문은 정부 간 작업그룹에게 최초 두 회의에서 장래에 제정될 기업인권조약의 내용, 범위, 성격, 형식에 대해서 검토할 것을 요구했고, 제3문에서는 최종 결과물로서 법적 구속력이 있는 조약의 요소(elements)를 마련하라고 요구했다. 말하자면 백지상태(zero base)에서 기업인권조약 논의를 시작하라는 것이다.

결의안에 따라 제1차 회의가 2015년 7월 6일부터 10일까지 5일간 개최되었다. 이 회의에서는 관례에 따라 작업그룹의 의장이 선출됐다. 결의안을 발의한 에콰도르가 추천한 자국인 마리아 페르난다 에스피노사(María Fernanda Espinosa Garcés)가 의장으로 결정되었다.[8] 그는 미리 준비해 둔 작

---

8 2017년의 3차 회의에서는 기욤 롱(Guillaume Long) 에콰도르 대사가 의장을 맡았다.

업 프로그램 초안을 공개하고, 이를 확정하기 위한 토론을 주도했다.

작업 프로그램 초안은 이후 패널별 토론을 위한 틀로서 일곱 개 주제로 구성되어 있었다. 이 초안에 대해 유럽연합은 두 가지 제안을 했다. 첫째는 '이행원칙의 이행: 국가에 의한 새로운 약속'이라는 패널을 추가하자는 것이고, 둘째는 작업 프로그램 전체에 걸쳐서 '기업(business enterprises)' 앞에 '모든(all)'을 추가하자는 것이었다.[9] 그리고 이는 조약이 다국적기업뿐만 아니라 모든 국내 기업에 적용되도록 하자는 제안이었다. 이후 논의 결과 첫째 제안이 수용되어 총 여덟 개 패널이 확정됐다. 그러나 둘째 제안은 거부되었다.[10] 아래에서는 이렇게 확정된 패널별로 기업인권조약과 관련한 주요 논점들을 살펴본다.

2) 패널 1. 이행원칙의 실천: 모든 국가에 의한 새로운 약속

위에서 언급했듯이, 이 패널은 유럽연합의 제안으로 삽입된 의제이다. 제안한 이유는 제목에서도 어느 정도 명확하게 드러난다. 즉 이행원칙을 실천하자는 것, 그리고 그것을 위해서 모든 국가가 다시 한번 공개적으로 약속하자는 것이다. 기업인권조약을 논의하면서 군이 이행원칙의 실천을 독려하는 듯한 이런 모습은 조약 논의에 대한 적잖은 불만 또는 불신을 담고 있는 것이다. 실제로 유럽연합은 기업인권조약 결의안(26/9)에 반대했다. 힘든 여정이 될 기업인권조약을 추진하기에 앞서 이행원칙을 실천하는 것이 더 시급하고 현실적이라고 생각했을 수 있다. 더구나 기업인권조약 논의를 주도하는 국가들이 거의 이행원칙에 대한 가시적 실천 실적이 없는

---

9   UN Human Rights Council, 앞의 글(2016), 제13문.
10   이는 민감한 문제로서, 패널 3에서 많은 논란이 된 쟁점이다.

개도국이라는 점을 고려하면, 기업인권조약 논의가 이행원칙을 좌절시키려는 것은 아닌가 하는 의문을 가지는 것도 어쩌면 당연하다. 이런 맥락에서 선의적으로 해석하면, 유럽연합은 기업인권조약 논의를 위한 전제로서 적어도 참여한 국가들이 이행원칙을 잘 실천하기로 새롭게 약속할 필요가 있다고 생각했을 것이다.

유럽연합의 불편한 마음은 패널 토론에서도 표출되었다. 패널 1 회의에 참석한 유럽연합은 먼저 입장을 밝혔다. 즉 유럽연합은 인권침해를 방지하고 피해자를 구제하는 진정하고 효과적인 수단에 집중할 것이며, 이행원칙의 효과적 이행을 위해서 역내 국가들과 계속해서 함께 일할 것이며, 인권 옹호자와 시민사회 활동가의 보호를 위해서 일할 것이고, 유럽 기업들이 어디에서 활동하든 이행원칙을 이행하도록 계속 권장할 것이라고 거듭 밝혔다. 하지만 이 발언을 끝으로 회의장을 벗어나 다시는 돌아오지 않았다.[11]

패널 1과 유럽연합의 이러한 행동은 기업인권조약과 이행원칙의 관계를 어떻게 보아야 하는가 하는 문제를 제기한다. 기업인권조약이 연성규범으로서의 이행원칙이 가진 한계를 극복하기 위한 것이라는 점은 명백하다. 그렇다고 양자가 반드시 서로 모순적인 것은 아니다. 오히려 상호 보완적일 수 있다. 패널 1에 토론자로 나온 '유엔 기업인권 실무그룹'[12] 의장은 법적으로 구속력 있는 조약이 이행원칙이 추구하는 바를 강화할 수 있다

---

11 유럽연합이 퇴장한 결정적 이유는 기업인권조약이 '모든' 기업을 규율 대상으로 해야 한다는 제안이 거부되었기 때문이라고 알려져 있다. 그러나 최종안이 나왔을 때, '유럽 국가인권기구 협의회(ENNHRI)'는 이를 환영하면서, 유럽연합과 회원국에게 조약 협상에 적극적으로 나서라고 권고했다. ENNHRI, "ENNHRI statement to the Open-ended intergovernmental working group on transnational corporations and other business enterprises with respect to human rights," October 2021.

12 여기서 실무그룹은 유엔 기업과 인권 이행원칙의 후속 작업을 위해서 인권이사회 산하에 설치된 팀을 말한다. 5명으로 구성되어 있고, 매년 열리는 '유엔 기업인권포럼'을 주도하고 있다. 당시 의장은 마이클 아도(Michael Addo)였다.

고 지적했다.[13] 이행원칙을 탄생시킨 존 러기도 기업인권조약이 이행원칙과 함께 갈 때만 성공적일 수 있다는 점을 강력한 논조로 지적했다.[14] 다른 토론자들도 양자는 상호 보완적이라는 점을 지적했다. 유럽연합이 기업인권 논의에 대해 불신할 수는 있지만, 대부분의 논자는 기업인권조약과 이행원칙은 공존할 수 있을 뿐만 아니라 상호 보완적일 수 있으며 마땅히 그래야 한다고 주장했다. 이처럼, 이 점에 대해서는 일찍부터 어느 정도 의견 일치가 이루어진 것처럼 보였다. 즉 기업인권조약이 이행원칙을 좌절시키거나 후퇴시켜서는 안 되고 보완하고 진전시켜야 한다는 것이다.

3) 패널 2. 법적 구속력 있는 국제법규를 위한 원칙들

패널 2의 토론에서는 조약 제정과 관련한 일반적인 원칙들이 논의되었다. 예컨대 새로운 조약은 퇴행적이 아니라 진보적일 것, 사실과 증거에 기반할 것, 현실주의적이고 실현 가능할 것, 기업행동을 변화시키는 데 필요한 역량 제고를 도모할 것, 그 성격이 보편적일 것, 투명하고 포용적일 것, 좋은 지배구조 원칙을 가질 것, 그리고 피해자 지향일 것 등의 원칙을 고수하자거나, 모든 기업과 모든 인권을 포함하자거나, 다국적기업에 초점을 두자거나, 이행원칙과 국가행동계획(NAP)이 지지되고 강화되어야 한다거나, 인권 옹호자에 대한 보호가 필요하다는 것 등이 거론됐다. 이처럼 패널 2에서는 여러 추상적 원칙들이 제기되었으며, 별다른 심각한 논쟁은 없었다.

---

13 UN Human Right Council, 앞의 글(2016), 38문.

14 John Ruggie, "Quo Vadis? Unsolicited Advice to Business and Human Rights Treaty Sponsors," 2014. 9. 9. <https://www.ihrb.org/other/treaty-on-business-human-rights/quo-vadis-unsolicited-advice-to-business-and- human-rights-treaty-sponsors>

다만 투자법제와 인권법제가 충돌하는 경우에 인권법제의 우월성을 인정할 것인가 하는 논점이 토론됐다. 이는 국제법 질서의 통일성을 구현하는 문제와 관련이 있다. 몇몇 패널리스트는 투자조약과 인권조약 사이의 위계를 명시하는 것이 필요하다면서, 인권법의 해석은 투자조약이 채택되는 조건에 영향을 주어야 한다고 지적했다. 말하자면 국제인권법을 위반한 투자조약은 무효가 되어야 한다는 것이다. 하지만 이 문제에 대해서 국제법위원회(International Law Commission, ICJ)는 이미 국제법 사이의 위계를 정하는 단일한 체계는 현실적으로 불가능하다고 결론 내린 바 있으며,[15] 국제법의 방대함과 복잡성을 고려할 때 기업인권조약을 통해 이러한 체계를 구축하는 것이 가능할지 자체를 의문시하는 견해도 강했다.

4) 패널 3. 법규의 적용대상:
다국적기업과 그 외의 기업―국제법에서의 개념과 법적 성격

기업인권조약의 적용 대상(coverage)이 되는 기업은 어떤 기업일까? 이 문제는 일견 단순해 보이지만 가장 심각하게 논의된 쟁점이었다.

결의안(26/9)의 명칭("Elaboration of a international legally binding instrument on transnational corporations and other business enterprises with respect to human rights")을 놓고 본다면, 인권이사회는 '다국적기업'과 '그 외 기업'에 적용될 조약을 염두에 두었다는 것을 알 수 있다. 그런데 여기서 '그 외 기업'이 무엇을 말하는지는 명확하지 않다. 결의안(26/9)은 서문의 각주에서 '그 외 기업'을 정의하고 있는데, 그에 따르면 "그 외 기업이란 활동에서 다국적

---

15 International Law Commission, "Fragmentation of International Law: Difficulties Arising from the Diversification and Expansion of International Law," UN Doc. A/CN.4/L.682, 13 April 2006.

성격을 갖는 모든 기업으로, 관련 국내법에 따라 등록된 국내 기업은 제외된다."[16] 이를 엄격하게 해석하면 국내법으로 등록된 기업은 이 조약의 적용 대상이 아니라는 것인데, 사실 모든 다국적기업은 국내법에 따라 등록되어 있다. 또한 다국적기업과 다국적 성격을 갖는 기업도 구분하는데, 과연 이 둘이 현실적으로 구분 가능한지도 논란 지점이었다. 결국 이 문구만으로는 정확히 어떤 기업이 기업인권조약의 적용 대상인지 명확하지 않다. 이런 모호함에도 불구하고 각주의 의도는 명백하다. 이 각주는 에콰도르의 명시적인 요청에 의해서 삽입된 것이며, 그 의도는 개도국의 내국 기업에는 기업인권조약이 적용되지 않도록 하겠다는 것이다. 에콰도르의 이런 요구는 이를 통해 결의안(26/9)의 의결에 필요한 지지를 이끌어 내기 위한 것이었다.[17] 이에 대한 정당화로, 결의안(26/9)의 의도는 다국적기업이 관할권을 이유로 인권 책임을 면하는 상황에 대처하려는 것이며, 어차피 하나의 조약으로 수많은 국내 기업을 모두 통제하는 것은 사실상 불가능하다는 점이 거론됐다.[18]

　　그러나 국내 기업을 조약의 적용 대상에서 배제하려는 입장은 많은 비판을 받았다. 첫째는 인권 피해자 관점에서의 비판이다. 사실 피해자의 관점에서 가해 기업이 다국적기업인지의 여부는 중요하지 않다. 또한 동일한 인권침해를 당했는데도 가해 기업의 성격에 따라 다른 조치가 취해진다면 이는 인권의 보편적 보호라는 관점에서도 적절하지 않다.[19] 둘째, 다

16　결의안 각주의 원문은 다음과 같다: "Other business enterprises denote all business enterprises that have a transnational character in their operational activities, and does not apply to local business registered in terms of relevant domestic law."

17　John Ruggie, 앞의 글.

18　UN Human Rights Council, 앞의 글(2016), 제57문.

19　이행원칙(2011)에서도 이런 고민의 흔적이 있다. 존 러기는 경험적 자료를 이용하여, 인권에 영향을 미치는 기업활동의 다양성을 지적했다(존 러기, 앞의 책, 112쪽). 이에 근거하여, 이행원칙은 "모든 국가에 그리고 규모, 위치, 소유권, 구조와 상관없이 모든 다국적기업 및 모든 기업에 적용된다."라고 규정했다(이행원칙 중 일반원칙).

국적기업과 국내 기업을 구분하는 것은 사실상 쉽지 않다. 등록지, 활동 지역, 지분 소유 관계, 사실상 통제 관계, 거래 관계 등의 개념에 입각하여 다국적기업을 정의할 수 있다고는 하지만, 개념적 모호성을 극복하기 어렵다. 이러한 모호함은 다국적기업에 관해 상이한 해석을 낳을 수 있고, 규제를 피하려는 다양한 시도와 해석으로 이어질 수 있다.[20] 셋째, 조약을 통해서 다국적기업과 다국적 성격을 갖는 기업을 엄격히 정의함으로써 이들과 국내 기업을 구별할 수 있는 명확한 기준이 개발된다고 하더라도 문제가 해결되는 것은 아니다. 만약 동일한 지역에서 벌어진 동일한 인권침해 행위에 대해 특정 유형의 기업만 규제한다면, 이는 차별적 규제로서 시장 질서를 훼손하는 것이며, 세계적으로 통일된 인권규범 추구의 포기를 의미한다. 넷째는 다소 현실적인 비판이다. 만약 다국적기업만을 대상으로 하고 국내 기업들에 대해 국제법상의 규제를 포기한다면 이 조약의 규율 대상은 사실상 선진국의 다국적기업이 대상이 될 것이다. 만약 그렇다면 선진국이 자국의 기업들만 규제하는 조약의 제정에 협력하지 않을 것이다. 유럽연합이 기업인권조약 논의에서 퇴장한 것도 바로 이 점 때문이었다.[21]

이상과 같은 이유로 많은 이해관계자들은 기업인권조약의 규율 대상이 되는 기업은 다국적기업인지 여부를 묻지 않고 모든 기업이 되어야 한다고 주장했다. 그렇지 않으면 유럽연합은 토론의 장으로 돌아오지 않을 것이란 우려도 있었다. 미국이 노골적으로 참여를 거부하는 상황에서 유

---

20 기업인권규범(2003)은 이 문제에 대한 고민을 담고 있다. 기업인권규범은 그 적용 대상인 다국적기업과 "그 외 기업"을 정의하고 있는데, "그 외 기업"에는 국내 기업이 포함된다. 초안 작성을 주도한 와이스브로트는 이 점을 명확히 부각하여 지적했다. 즉 그는 규범의 핵심 조항은 이전부터 논란됐던 중요한 문제, 즉 기업인권규범이 다국적기업에만 적용되는지 아니면 모든 기업에 적용되는지에 대한 대답을 담고 있으며, 기업인권규범은 다국적기업에 관한 가장 포괄적인 정의를 채택함으로써 다국적기업뿐만 아니라 국내 기업에도 적용되도록 했다고 밝혔다. David Weissbrodt, "Business and Human Rights," 74 U. Cin. L. Rev. 55, 2005-2006, p.66.

21 Doug Cassel, 앞의 글.

럽연합마저 참여하지 않는다면 기업인권조약은 성립 자체가 좌절될 수도 있다. 그럼에도 1차 토론에 참여한 몇몇 국가들의 입장은 완고해 보였다.

이런 교착 상황에서 국제법률가위원회(ICJ)는 일정한 해법을 제시했다.[22] 위원회는 결의안(26/9) 각주의 모호함을 인정한 다음, 순수 국내 기업을 조약 논의에서 배제하는 것이 부당하다고 지적했다. 그리고 각주가 조약의 규율 대상에 순수 국내 기업을 포함시킬지 여부에 관한 논의 자체를 금지하는 것이 아니라는 점을 상세히 논증했다. 또 각주의 모호함을 해결하는 것은 궁극적으로 인권이사회겠지만, 실무그룹이 절대다수의 지지하에 제안한다면 인권이사회가 이를 굳이 거절하지는 않을 것이라고 조언했다. 결론적으로 이 문제로 인해 조약 논의 자체가 파행으로 가는 것은 바람직하지 않으며, 해결을 위해 일부 국가의 대표가 좀 더 유연한 입장을 취하고, 유럽연합은 토론의 장으로 돌아와야 한다고 주장했다.

5) 패널 4. 조약에 포함되는 인권

패널 4가 논의하고자 하는 문제는 기업이 인권 책임을 진다고 했을 때 기업이 책임져야 할 인권과 국가가 책임져야 할 인권에 차이가 있는지의 여부이다. 전통적으로 인권은 '국가에 의한 침해'에 대항하는 개념으로 발달했으며 기존의 인권 목록도 이를 염두에 둔 것이다. 그렇다면 국가에 의해 침해되는 것과 기업에 의해서 침해되는 인권의 목록에는 차이가 있지 않을까?

---

22 International Commission of Jurists, "The Scope of Legally Binding Instrument on Business and Human Rights: Transnational Corporations and other Business Enterprises," 2015. 5. <https://www.icj.org/submission-on-scope-of-future-treaty-on-business-and-human-rights/>

기업인권조약의 필요성을 일찍이 주장했던 라트너(S. R. Ratner)는 기업이 침해할 수 있는 권리와 정부만이 침해할 수 있는 것들이 구분된다고 보았다. 예컨대, 형사절차 관련 권리를 비롯해 입국, 국적, 등록, 이름, 결혼, 투표, 피선거, 법 앞의 평등 등은 국가에 의해서만 침해될 수 있다고 보았다.[23] 그렇지만 그 외의 모든 인권이 기업에 의해서 침해될 수 있는 것인지에 대해서는 말하지 않았다. 킨리(D. Kinley)도 유사한 방식으로 특정한 인권, 예컨대 망명권, 정부참여권, 국적권, 형사사법은 국가에 의해서만 침해되는 인권이라고 보았다.[24] 그는 한 걸음 더 나아가 기업에 의해서 침해되는 권리를 핵심권리(core rights), 직접영향권리(direct impact rights)로 나누어 적시했다. 전자는 일련의 기본적 권리로서 생명, 자유, 신체의 불가침으로 구성되고, 후자는 기업의 활동에 의해 가장 직접적으로 영향을 받는 개인, 집단, 지역사회와 관련한 기업의 의무로서 노동권, 환경권, 원주민의 권리 등이 속한다고 보았다.[25] 그가 적시한 권리는 현실에서 문제가 되었고 또 그럴 만한 중요한 것들이지만, 적시하지 않은 다른 다양한 권리들에 대해서도 기업이 책임져야 하는지에 대해서는 언급하지 않았다.

기업인권규범(2003)에서도 열거하는 방식이 취해졌다. 그러나 기업인권규범은 앞의 논자들보다 훨씬 방대한 내용을 거론하고 있다. 즉, 기업이 책임져야 할 인권에는 평등한 기회 및 차별받지 않을 권리, 신체의 자유, 노동권, 소비자의 보호, 환경보호 등이 포함된다. 신체의 자유를 침해하는 다양한 요인으로는 전쟁범죄, 반인류범죄, 학살, 고문, 강제실종, 강제노동, 납치, 재판 없는 약식 처형 등을 들고 있다. 노동권과 관련해서는 강제노

---

23 Steven R. Ratner, "Corporation and Human Rights: A Theory of Legal Responsibility," 111 Yale L.J. 443, November 28, 2001, pp.511-512.

24 David Kinley and Junko Tadaki, "From Talk to Walk: The Emergence of Human Rights Responsibilities for Corporations at International Law," 44 Va. J. Int'l. L. 391, 2004, p.967.

25 David Kinley and Junko Tadaki, 위의 글, p.967.

동, 아동노동, 안전하고 건강한 노동환경, 적정한 생활수준을 보장하는 보수, 결사의 자유, 단체교섭권 등이 거론된다. 전체적으로 보아 기업인권규범은 방대한 목록을 제공하고 있으며, 소비자나 환경에 대한 기업의 의무도 기업의 인권 의무에 포함시키고 있다. 그럼에도 기본적 태도는 국가와 기업이 준수해야 하는 인권의 목록에는 차이가 있다는 입장이다.

이행원칙(2011)은 이와는 다른 선택을 하고 있다. 이행원칙을 주도한 존 러기는 기업에 의한 인권침해 사건에 대한 실증적인 조사를 통해 기업이 침해할 수 있는 인권은 기존에 알려진 모든 종류의 인권에 미친다는 것을 보여 주었다.[26] 이에 따라 이행원칙은 인권의 목록을 따로 제공하지 않고, "기업은 사실상 국제적으로 인정된 인권의 전 범위에 영향을 미칠 수 있기 때문에 기업의 인권 존중 책임은 그러한 모든 권리에 적용된다."(이행원칙 11)라는 입장을 취하게 됐다.

이론적 타당성을 생각해 본다면 기업이 모든 종류의 인권을 침해할 수 있다고 봐야 할 것이다. 다만, 그렇다 하더라도 특정 기업인권조약이 모든 종류의 인권에 대한 기업의 존중 책임을 법적 의무로 선언해야 하는 것은 아니다. 예컨대, 심각한 인권침해[27]에 한정하는 기업인권조약을 체결하는 것도 가능하다. 이런 점에서 지금 논의되고 있는 기업인권조약이 어떤 종류의 인권에 대하여 기업에게 법적 책임을 부여할 것인지는 전적으로 새롭게 토론되고 결정되어야 한다. 모든 종류의 인권을 대상으로 한다면 추상적인 선언 이상의 조약을 만들기는 어려울 것이며, 대상 인권의 범위를 한정할수록 구체적인 내용을 담을 수 있겠지만 일부 피해자를 배제하게 되는 문제가 생긴다. 따라서 논의와 협상을 통해 어디쯤에서 균형을 잡을지 결정해야 할 것이다. 적어도 2015년의 패널 4 논의에서는 인권 목록을

---

26 존 러기, 앞의 책, 111~112쪽.
27 예컨대, 국제형사재판에 관한 로마협약에서 규정된 범죄에 한정할 수 있을 것이다.

제한하자는 의견은 제출되지 않았고, 반대로 모든 종류의 인권을 포함해야 한다는 주장은 반복적으로 제출되었다. 이 점에 비춰 볼 때, 이번 기업인권조약에서는 모든 종류의 인권에 대해서 기업에 인권 책임을 부과해야 한다는 합의가 형성되어 있었다고 볼 수 있다.

6) 패널 5. 인권 존중을 보장하기 위한 국가의 의무

국가의 인권 보호 의무의 구체화

기업의 인권 존중 책임이라는 맥락에서 국가의 보호 의무가 상세히 논의된 것은 단연 이행원칙(2011)에서이다. 이행원칙은 국가의 인권 보호 의무를 실천하게 하는 것이 기업에 의한 인권침해를 막는 가장 중요한 방책임을 인정하고, 이를 상세히 서술했다. 이행원칙에 의하면 "국가는 자신의 영토나 관할권 내에서 기업을 포함한 제3자에 의한 인권침해로부터 개인을 보호해야 한다. 이를 위해 효과적인 정책, 입법, 규제, 그리고 재판을 통해 그런 침해를 방지하고, 조사하고, 처벌하고, 시정하는 적절한 조치를 취해야 한다."(이행원칙 제1문). 그리고 국가는 이러한 보호 의무를 충족함에 있어 "(a) 기업으로 하여금 인권을 존중하도록 요구하거나 그런 효과를 갖는 법을 집행하고, 정기적으로 그러한 법의 적절성을 평가하고 모든 괴리에 대해 조치를 취해야 한다. (b) 회사법과 같이 기업의 설립과 일상적 운영을 규율하는 다른 법과 정책이 기업의 인권 존중을 제약하는 것이 아니라 기업이 그것을 할 수 있도록 허용해야 한다. (c) 사업 활동에서 인권을 존중하는 방법에 관해 기업에 효과적인 지침을 제공해야 한다. (d) 기업으로 하여금 자신이 어떻게 인권영향에 대처했는지에 관해 소통하도록 권장해야 하고, 요구하는 것이 적절한 경우에는 요구해야 한다."(이행원칙 제3문). 여기에 덧붙여 적절한 구제를 제공할 의무가 국가의 인권 보호 의무에 추가된다. 이행원칙은 이런 큰 틀에 입각하여 국가가 보호 의무를 실천하는 다양한 방안들을 제시한다.

현재의 기업인권조약 논의가 국가의 인권 보호 의무를 담게 된다면 결국 이행원칙에서 제시된 내용을 반복하게 될 것이다. 하지만 그 내용을 모두 담을 수는 없고 선별하고 다듬어 법률적 의무로 전환해야 하기 때문에 결코 쉽지 않은 작업이 될 것이다. 이러한 어려움을 극복하는 방식 중 하나는 '프레임워크' 조약을 만드는 것이다.[28] 즉, 조약은 국가가 실천해야 할 대체적인 방향을 정하고, 이행 수단과 속도에 대해서는 국가에 맡기는 것이다. 이는 종전과 같이 모호한 보호 의무의 반복에 그칠 가능성도 있지만 엄격한 보고 절차와 결합하여 의미 있는 실효성을 낳을 수도 있다. 따라서 '프레임워크' 조약을 체결하는 경우 실효성 확보를 위한 이행장치를 함께 만들어야 할 것이다. 다만 프레임워크 조약을 만들더라도 조약은 아래와 같은 쟁점들에 대해서 어느 정도 원칙적인 방향을 제시해야 한다.[29]

국가의 역외적 인권 보호 의무

국가의 인권 보호 의무가 역외에까지 미치는지는 많이 논란되는 지점 중 하나이다.[30] 이는 다국적기업의 모국은 자국의 기업이 해외에서 인권을 침해하는 것을 방지할 국제법상 보호 의무를 지니는가 하는 질문이다. 이에 대해서 이행원칙은 현재 국제인권법 아래에서 국가가 일반적으로 자신의

---

28 서터 등이 이 점에 대해서 검토하고 있다. 각각 Oliver De Schutter, "Towards a New Treaty on Business and Human Rights", 1 Business & Hum. Rts J. 41, January 2016, pp.56-58; Douglass Cassel and Anita Ramasastry, *White Paper: Options for a Treaty on Business and Human Rights*, 2015, p.21 참조.

29 뒤에서 보듯이, 기업인권조약 최종안은 결과적으로 이런 접근 방식을 취했다.

30 국가의 역외적 인권 보호 의무에 대해서는 다음을 참고하라 . 이상수, 「국제인권법상 국가의 역외적 인권보호의무—다국적 기업에 의한 해외 인권침해의 맥락에서」, 『홍익법학』 제22권 제3호, 2021. 10.

영토나 관할권에 등록한 기업의 "역외적 활동을 규제할 의무를 지니는 것은 아니다."(이행원칙 2, 주석)라는 대답을 냈다. 하지만 국제인권법규는 일정하게 역외적 의무를 부과하는 경우가 있다. 예컨대 유엔 경제사회문화권위원회와 여러 국제기구는 일정한 조건하에서 역외적 인권 의무가 있음을 지적했다.[31] 또 이런 특별 규정이 없더라도 국가의 역외적 관할권은 일정한 조건에서 일반적으로 인정된다. 예컨대 자국민이 가해자이거나 피해자인 경우, 혹은 자국의 이익이 심각하게 관여된 경우에는 역외적 사안에 대해서도 관할권의 행사가 인정되고, 심지어 심각한 인권침해의 경우 보편적 관할권이 인정되기도 한다. 이렇게 볼 때, 현행 국제법은 이미 부분적으로 역외적 관할권 행사를 인정하고 있으며 나아가 일정한 경우 그것을 행사할 의무를 부여하고 있다.

한편 다국적기업에 의한 역외적 인권침해를 방지하기 위해 다국적기업의 모국이 반드시 역외적 관할권에 의거해야 하는 것은 아니다. 즉, 다국적기업의 모국은 국내법에 근거하여 자국에 등록한 기업이 해외의 기업 활동에서 인권을 존중하도록 요구하고, 나아가 그 기업이 통제하는 기업도 인권을 존중하도록 요구할 수 있다. 이런 접근에서는 역외적 관할권 행사에 따른 주권 침해 문제가 생기지 않는다. 이행원칙에서는 이를 '역외적 의미를 갖는 국내 조치'(이행원칙 제2문, 주석)라고 했다.

하지만 개별 국가는 자발적으로 역외적 인권 보호 의무를 충실히 실행해 오지 않았던 것이 사실이며, 가까운 미래에 저절로 달라질 것이라고 믿기도 어렵다. 그러므로 기업인권조약이 국가의 역외적 인권 보호 의무를 명시적으로 규정하고, 그 이행을 위한 감시장치를 마련한다면 중대한 진전이 될 것이다.

---

31 Oliver De Shutter, 위의 글, pp.54-56.

7) 패널 6. 다국적기업과 그 외 기업의 책임을 제고함

패널 6이 다루려는 주요한 논점은 기업의 인권 책임과 국가의 인권 책임 사이의 관계와 차이점이다. 즉, 기업의 인권 책임의 특수성은 무엇인가 하는 문제이다.

기업인권규범(2003)은 기업과 국가의 인권 책임은 본질적으로 동일하다고 보았다. 즉, "국가는 다국적기업과 그 외 기업이 인권을 존중하도록 보장하는 것을 포함하여, 국내법 및 국제법이 인정한 인권을 증진하고, 충족을 보장하며, 존중하고, 존중을 보장하고 보호하는 1차적 의무를 갖는다. 다국적기업과 기타의 기업은 각각의 활동과 영향력의 범위 내에서 선주민과 그 외 취약 집단의 권리와 이익을 포함하여, 국내법 및 국제법에 의해 승인된 인권을 증진하고, 충족을 보장하며, 존중하고, 존중을 보장하며 보호하는 의무를 갖는다."(제1문)라고 규정했다. 기업의 인권 책임과 국가의 인권 책임 사이의 차이점이라면, 후자는 영토나 관할권 내에서 책임을 지는 반면 전자는 '영향력 범위(sphere of influence)'에 의해 제한된다는 점이다. 여기에서 영향력은 책임의 범위이자 동시에 근거가 된다. 즉, 기업이 인권 책임을 지는 이유는 기업활동이 타인의 인권에 영향력을 미친다는 사실에 근거하며 책임의 범위는 바로 그 영향력의 범위에 한정된다는 것이다.

이행원칙(2011)은 이와는 다른 접근법을 취했다. 존 러기는 인권에 대한 영향력이 있다고 해서 인권 책임을 지는 것은 적절하지 않다고 보았다. 그래서 영향력 대신 '영향(impact)'이라는 단어를 끌어왔는데, 영향력과 영향의 개념적 차이는, 전자가 기업 측의 적극적인 침해 행위가 없는 경우에도 기업이 영향력을 행사할 수 있는 인권에 대해서는 인권 책임을 지는 것으로 보는 반면, 후자는 기업이 부정적 영향을 미쳤다는 바로 그 사실에서 책임이 발생하는 것으로 본다는 점이다. 이런 맥락에서 이행원칙은 기업의 인권 책임이란 '인권 존중 책임(responsibility to respect)'이라고 규정하고 있다.

이 말은 인권의 보호(protect) 및 충족(fulfil) 책임은 기업의 인권 책임에 포함되지 않는다는 것을 함의한다. 그리고 기업은 이와 같은 존중 책임을 실천하기 위해 "(a) 인권 존중 책임을 충족하겠다는 정책서약, (b) 인권영향을 식별하고 방지하고 완화하며, 그에 어떻게 대처할지를 설명하기 위한 인권실사, (c) 기업이 유발했거나 기여한 모든 부정적 인권영향에 대해 구제를 가능하게 하는 절차"를 가져야 한다. 이것이 현재 널리 지지되고 있는 입장이다.

그러나 기업인권조약이 이와 동일한 방식으로 기업의 인권 책임을 정의하지 않을 가능성도 배제할 수 없다. 거기에는 몇 가지 이유가 있다.

첫째, 기업의 인권 책임을 '존중' 책임에 한정하는 것이 적절한지에 대한 재검토가 필요할 수 있다. 예컨대 제약회사가 에이즈를 초래한 것은 아니지만 일정한 경우 제약회사에 관련 약제를 제공할 인권 의무를 부과하자는 주장이 가능한데,[32] 이런 식의 인권 의무는 '존중'이라기보다 '충족(fulfil)'에 가깝다. 심지어 이행원칙 스스로도 '인권침해에 기여하지 않은 경우에도'[이행원칙 제13문(b)] 인권 존중 책임이 인정되는 것으로 보는데, 이는 '존중'이라기보다 '보호(protect)' 개념에 가깝다. 이러한 개념적 차이에 대해서 논의할 수도 있으나, 이런 복잡성을 뒤로하고 이행원칙의 도식을 따르는 것도 한 가지 유효한 전략임은 말할 것도 없다. 더구나 이행원칙이 가지고 있는 권위를 생각하면 그것이 더 나을 수 있다.

둘째, 이행원칙에서의 인권 존중 책임은 법적 책임을 넘어서는 인권 책임으로 상정되어 있다는 점이 지적되어야 한다. 즉, 이행원칙은 향후 모두 법으로 전환될 것으로서 예정됐다기보다 장기적으로 추구될 것 혹은 권장할 만한 규범으로서 고안됐다는 것이다. 따라서 이행원칙에 기재된 기업의 인권 존중 책임을 모두 법적 의무로 전환하는 것은 쉽지 않다. 결국은

---

32 Chuan-Feng Wu, "Transnational Pharamceutical Corporations' Legal and Moral Human Rights Responsibility in Relation to Access to Medicines," 7 Asian J. WTO & Int'l Health L & Pol'y 77, 2012, p.128.

이행원칙의 인권 존중 책임 중 일부를 선별적으로 법적 의무로 전환할 수밖에 없을 것이고, 그것만으로도 어려운 작업이 틀림없다. 특히, 인권실사를 법적 의무로 바로 전환할 수 있을지, 전환한다면 어떤 모습이 될 것인지, 기업의 규모나 산업 분야에 따른 특수성을 어떻게 반영할 것인지 등 어려운 문제가 남는다.

8) 패널 7. 다국적기업과 그 외 기업의 법적 책임: 기업의 법적 책임을 위한 기준과 행동에 대해

패널 7은 기업이 관여된 인권침해가 발생했을 때 사후적으로 어떤 법적 책임을 부과할 수 있을지 검토하는 분과이다. 특히 이 분과는 민·형사 제재와 관련한 법리적 문제를 다루어야 한다.

인권침해 기업을 형사처벌하면 확실히 억지력이 생길 것이다.[33] 하지만 기업인권조약을 통해서 이를 도입하는 것은 쉽지 않다. 현행 국제인권법은 인권침해에 가담한 기업 경영자에 대한 처벌 가능성은 열어 두고 있지만, 인권침해를 이유로 기업을 형사처벌하지는 않는다.[34] 국내법으로 법인에 대한 형사처벌을 인정하는 나라도 있지만 그렇지 않은 나라도 있다.[35]

---

33 록슬로(R. E. Rauxloh)는 어떠한 다국적기업도 인종 학살이나 전쟁범죄의 공범이라는 낙인을 감당할 수는 없을 것이며 형사제재의 억지력은 어떤 민사적 구제보다 강력하다고 지적했다. Regina E. Rauxloh, "A Call for the End of Impunity for Multinational Corporations," 14 Tex. Wesleyan L. Rev. 297, 2008, p.314.

34 2차대전 기간 동안 나치의 유태인 학살과 재산 약탈에 가담한 기업들이 많이 문제되었지만, 경영자 개인만 처벌됐을 뿐 기업이 처벌받은 사례는 없다. 예컨대, US v. Flick; US. v. Krauch(the I.G. Farben Case); US. v. Kruppe 등이 있다. 로마협약하의 국제형사법정도 기업을 처벌하지 않는다.

35 기업에 대한 형사처벌을 허용하지 않는 나라는 독일, 이탈리아, 우크라이나 등이며 우리나라도 크게 보면 이에 속한다.

이런 상황에서 기업인권조약이 인권침해 기업에 대한 형사처벌 제도를 도입하기 위해서는 실로 많은 논의가 필요할 것이다.

인권침해 피해자에게 민사 구제를 보장하는 것은 당연하고 중요하지만, 기업과 인권의 맥락에서 이것을 구현하는 것은 쉽지 않다. 특히 개도국에 거주하는 인권 피해자가 선진국에 소재하는 다국적기업의 모국을 상대로 민사소송을 제기하려는 경우, 법의 역외적 적용, 모자회사 사이의 법인격 분리, 제3자의 인권침해에 대한 연루의 요건, 적용할 법의 선택, 소멸시효, 입증책임의 경감 혹은 전환 여지 등 실로 많은 법적 장애에 직면하게 된다. 기업인권조약이 이런 장애의 극복에 어떤 도움을 주어야 할지가 패널 7에서 논의될 의제이다.

9) 패널 8. 국제적 사법 협조를 포함하여, 구제에의 접근을 위한 국내적·국제적 장치의 고안 ─ 유엔 인권 최고 대표의 책임성 및 구제 프로젝트

기업인권 논의는 인권 피해자의 관점이 강조되고 그 연장선에서 피해자에게 효과적인 구제를 제공하는 것이 중요하게 대두되었다. 그렇다면 기업인권조약은 어떤 방식으로 피해자들에게 효과적인 구제절차를 제공할 것인가? 특히 이를 위해 어떤 국제 협력이 필요할 것인가? 이 점이 패널 8이 예정한 논의 내용이다.

이행원칙(2011)에 의하면, "구제책은 사과, 복구, 재활, 재정적 또는 비재정적 보상, 그리고 처벌적 제재(형벌적이든 행정법적이든 간에)를 포함할 수 있고, 아울러 예컨대 금지명령이나 재발 방지, 보장을 통한 손상의 예방도 포함한다."(이행원칙 제25문, 주석). 구제는 국가 차원의 것일 수도 있고 비국가 차원의 것일 수도 있다. 기업인권조약은 이러한 구제의 개념에 기반하여 기존의 구제장치를 강화하거나 새로운 구제장치를 추가함으로써 피해자의 구제에 대한 접근성을 높일 수 있다.

　이상 각 패널별로 주요 논쟁점 및 논의의 흐름을 짚어 보았다. 이로써
기업인권조약이 만들어질 경우 크게 어떤 내용이 담겨야 할지 그 개요가
드러났다고 할 수 있다. 쟁점이 많고 복잡하므로 아래의 표로 정리했다.

패널	주요 논점
1. 이행원칙	- 이행원칙과의 관계 - 병행적으로 실행, 상보적 관계 - 이행원칙이 가이드라인의 역할을 함
2. 원칙적 논의	- 투자법에 대한 인권법의 우선성 인정 여부
3. 적용 대상 기업	- 모든 기업으로 할지 여부 - 다국적기업의 정의
4. 인권의 범위	- 모든 인권을 포함할지 여부
5. 국가의 의무	- 인권 보호 의무의 구체화(내용이 방대함) - 프레임워크 조약을 만들지 여부 - 역외적 인권 의무 인정 여부
6. 기업의 인권 책임	- 인권 '보호' 혹은 '충족' 의무를 인정할지 여부 - 인권실사의 법적 의무화 여부 - 사전의 설명 있는 자유로운 동의(선주민)
7. 기업의 법적 책임	- 법인의 형사책임 인정 여부 - 연루 책임의 한계, 이득 연루의 포함 여부 - 법인격부인(유한책임)의 완화 - 자회사에 대한 주의의무의 도입 여부 - 공급망(사업관계)에 대한 법적 책임
8. 구제장치	- 국내적 구제장치의 강화 방안 - 국제사법 협력의 강화 장치의 마련 - 기업과 인권에 전문화된 국제기구의 설치 여부 - 비법적 장애를 완화하는 방안

표 6. 패널별 기업인권조약 관련 주요 논점

3. 마침내 마련된 기업인권조약 초안

기업인권조약 초안 작업을 위한 유엔 인권이사회의 결의(26/9)가 2014년
에 있었으니, 그로부터 상당한 시간이 흘렀다. 그동안 많은 작업과 회의가
있었고 2021년에는 기업인권조약의 최종안—즉 제3차 개정안—이 제출되
기에 이르렀다. 조약의 명칭은 '국제인권법에서 초국적 기업 및 기타 기업
의 활동을 규제하기 위한 법적 구속력이 있는 협약'[36]으로 하였다. 최초 초
안(2018)에서 최종안(2021)에 이르는 과정에서 체제 및 조문의 순서가 바
뀌거나 몇몇 조문이 추가되는 등의 변화가 있었지만,[37] 양자는 대체로 유사
한 내용을 담고 있다.

2018년 최초 초안이 공개된 이후 이에 대한 몇몇 비평이 제출되기도
했다. 우선 기업과 인권을 연구하던 156명의 연구자들은 성명서를 발표하
여 자신들의 입장을 표명했다.[38] 이들은 이행원칙의 성과를 인정하면서도
조약 제정의 필요성을 주장하고, 이제 초안이 나왔으니 이에 기초하여 각
국가들이 선의를 가지고 협상에 임하라고 촉구했다. 이 성명서는 조약안
의 내용 자체에 대해서는 특별한 논평을 담지 않았다.

이행원칙을 주도한 존 러기는 위의 성명서에 서명하지는 않았고 대신
독자적으로 논평하는 글을 썼다.[39] 그는 최종안이 이행원칙을 반영하고 있

---

36 영문명은 다음과 같다. Legally Binding Instrument to Regulate, in International Human
    Rights, the Activities of Transnational Corporations and other Business Enterprises

37 예컨대, 최종안에는 최초 초안에는 없던 의정서와의 관계(제17조), 분쟁의 해결(제18조)이
    추가되어 있다.

38 Surya Deva, David Bilchitz, Sang Soo Lee, et al, "An Open Letter to States Concerning
    an International Legally Binding Instrument on Business and Human Rights," October 1,
    2018.

39 John Ruggie, "Comments on the 'Zero Draft' Treaty on Business & Human Rights,"
    August 20, 2018. <https://www.business-humanrights.org/en/blog/comments-on-the-zero-
    draft-treaty-on-business-human-rights/>

다는 점에 대해서 긍정적으로 평가하면서도, 이행원칙의 문제의식을 충분히 담아내지 못한 점에 대해서 비판했다. 예컨대, 조약의 적용 범위를 다국적 성격의 기업활동에 한정한 점, 실사의 의미가 모호한 점[40]을 비판했다. 그리고 국가 간 협조에 대한 강조가 부족하다는 점도 지적했다. 결론적으로 현재로서 인권과 관련한 기업의 법적 책임에 대해 아주 상세히 토론하는 것은 시기상조(premature)라고 지적했다. 이 말은 아직 조약을 논의하기에는 다소 이르며, 그 결과 조약 초안에 많은 허점이 있고 내용도 거칠다는 의미로 읽힌다.

또 다른 저명 학자의 논평으로는 배커(L. Backer)의 것이 있다.[41] 그는 초안이 지나치게 이상적이고 문제도 많다고 논평했다. 예컨대 관할권 조항, 시효를 부인한 것, 법정 선택에 대해서 침묵한 것, 인권 및 인권실사의 정의의 불명료함, 입증책임의 전환 등에 대한 더 깊은 검토가 필요하다고 보았다. 규제 대상 기업을 제한하는 것은 차별적이라고 보았으며, 이윤을 위한 경제활동을 하지 않는 단위(예컨대 비영리단체)를 제외한 것도 옳지 않다고 했다. 요약하자면, 시도는 나쁘지 않지만, 지나치게 이상주의적이고 제대로 된 원칙 있는 실용주의(principled pragmatism)를 구현하지 못했다고 평가한 것이다.

요컨대, 러기나 배커의 주장은 최초 초안에 상당한 문제가 있다는 것이다. 특히 그것은 조약이 기업에 대한 법적 규제에 과도하게 기대한다는 것이다. 그런데 기업인권조약을 주창하는 사람들의 입장에서는 그런 비판을 수용하기 어려울 것이다. 왜냐하면 법적 규제야말로 조약을 추진하는 본

---

40 즉, 실사 의무가 결과기준인지 행동기준인지를 명확히 하라는 것이다. 물론 러기의 주장은, 실사는 행동기준임을 명확히 하라는 것이다.

41 Larry Catá Backer, "Making Sausages?: Preliminary Thoughts on the 'Zero-Draft,' the First Official Draft of the Legally Binding Instrument to Regulate, in International Human Rights Law, the Activities of Transnational Corporations and other Business, Enterprises," Human Rights Resource Center, September 18, 2018.

질적 이유이기 때문이다. 아무튼 이와 같은 지지와 비판을 받으면서 최종 안이 마련됐고 이제 정부간 협상을 위해서 제출되어 있다.

그렇다면 최종안의 내용은 어떻게 되어 있는가? 우선 앞서 논의한 주요 쟁점들이 최종안에 어떻게 반영됐는지를 간단히 정리해 보면 표 7과 같다. 여기에서 보듯이 최종안은 논쟁 지점에 대해 나름대로 의미 있는 대안들을 제시했다.

패널	최종안(제3차 개정안)의 내용
1. 이행원칙	- 원칙적으로 이행원칙의 내용을 적극적으로 수용함. - 특히, 인권실사를 의무화함(제6조).
2. 원칙적 논의	- 투자법에 대한 인권법의 우선성은 인정하지 않음(제14조). - 다만, 기업인권조약 이후에 체결되는 투자법에는 영향을 미침.
3. 적용 대상 기업	- 조약은 '모든' 기업에 적용됨(제3조).
4. 인권의 범위	- 국제적으로 인정된 모든 인권 및 기본적 자유 - 인권은 환경권을 포함함.
5. 국가의 의무	- 인권 보호 의무를 상세히 구체화함. - 특히 피해자 보호(제5조), 방지 조치 의무(제6조), 구제의 제공(제7조), 사법 협력 및 국제 협력(제12조, 제13조) 등을 규정함.
6. 기업의 인권 책임	- 인권의 보호와 충족 의무를 규정함(제2조)[42]
7. 기업의 법적 책임	- 국가에 형사, 민사, 행정적 제재를 가할 의무를 부과함. - 관할권 조항(제9항), 공소시효(제10조), 준거법(제11조)을 포함함.
8. 구제장치	- 구제장치에의 접근 강화 방안 규정함(제7조), - 기업과 인권 위원회가 국가 보고서를 검토하고 권고를 발함(제15조).

표 7. 패널별 기업인권조약 주요 쟁점들의 최종안

---

42 기업이 직접 국제법상 인권 의무를 진다는 의미인지는 명확하지 않다.

최종안의 체제는 목적을 담은 제2조를 닮아 있다. 제2조에 의하면, 이 조약의 목적은 ① 국가의 인권 의무의 명확화, ② 기업의 인권 의무의 명확화 ③ 인권침해의 방지(예방), ④ 인권 피해자의 구제, ⑤ 국제 협력으로 요약된다(제2조). 말하자면, 조약은 기업의 인권 책임을 명확히 한 위에서, 국가가 무엇을 해야 하는지(국가의 인권 의무)를 규정하고자 한다. 국가의 의무에는 기업에게 인권침해의 예방 조치(즉 인권실사)를 하도록 요구하는 것과 피해자에게 효과적인 구제를 제공하는 것이 핵심이고, 여기에 국제 협력 의무가 추가된다. 이렇게 본다면, 기업인권조약은 이행원칙의 보호·존중·구제라는 체제를 그대로 수용하고 있다고 할 수 있다. 이 점을 염두에 두면서 최종안의 내용을 간략히 살펴보자.

첫째는 기업의 인권 책임을 정의한 부분이다. 최종안이 정의한 기업의 인권 책임은 이행원칙의 내용과 거의 동일하다. 최종안에 의하면 모든 기업(제3조 제1항)은 국제적으로 승인된 모든 인권(제1조 제2항)에 대한 존중 책임을 진다. 이를 위해서 기업은 인권실사를 해야 한다(제6조). 인권실사는 이해관계자의 참여하에 전체 사업관계(공급망)에 걸쳐서 시행되며, 인권영향평가, 식별된 인권침해의 방지 및 완화 조치, 조치의 효과성에 대한 모니터링 및 공개를 포함한다. 요컨대, 기업의 인권 책임은 이행원칙의 주요 내용을 거의 그대로 반영했다. 나아가 최종안은 실사가 인권뿐만 아니라 노동권, 환경권 및 기후변화에 대한 것을 포함해야 한다고 명시했다(제6조 제4항).

둘째는 기업활동과 관련한 국가의 인권 의무에 대해서 규정한 부분이다. 이 부분은 매우 상세하며, 조약의 대부분을 차지한다. 대표적으로, 피해자를 보호할 의무(제5조), 기업에게 실사의무를 부과할 의무(제6조), 피해자에게 효과적인 구제를 제공할 의무(제7조), 가해 기업에게 민사·형사·행정적 제재 조치를 취할 의무(제10조) 등이 열거되어 있다. 이 중 효과적인 구제와 관련해서, 사법절차의 제공, 피해자에 대한 법적 지원, 절차에의 참여 보장, 불편한 법정(forum non conveniens) 등 장애물 제거, 입증책임 전환 및 경감 고려, 판결의 신속한 집행 등의 조치를 취해야 한다(제7조). 그리고 최종안은 관할권(제9조), 시효(제10조), 준거법(제11조), 다른 협약과의 관계(제14조)에 관한 규정을 두어 관련한 법적 논란 지점을 조약으로 해결하고자 한다. 그리고 국가는 당사국 간 공조 및 국제사법 협력을 해야 하며(제12조), 그 외에도 다양한 국제 협력(제13조)을 도모해야 한다.

셋째는 조약의 이행을 위한 조약기구에 관한 조항이다. 최종안은 기업인권조약의 조약기구로서 '[기업과 인권] 위원회(Committee)'를 두었다. 이 위원회는 12명(혹은 18명)의 전문가로 구성되며, 조약과 관련한 일반 의견(general comment)을 제출하고, 각 당사국 정부가 매 4년마다 제출하는 이행보고서를 검토한 후 결론적 견해(concluding observations)와 권고(recommendations)를 내린다. 최종안은 개인청원제도를 담고 있지 않지만, 의정서 규정(제17조)을 두어서 추후에 이것이 추가될 수 있다고 암시한다.

이상에서 보듯이, 기업인권조약의 최종안은 아주 포괄적이고 야심차다. 무엇보다 이행원칙에 적힌 기업의 인권 존중 책임을 거의 수용했다. 이에 의하면, 기업은 자신의 활동과 해외의 사업관계를 포함하여 인권실사를 하고 정기적으로 보고해야 한다. 당사국은 기업에게 인권실사를 요구해야 하며, 기업에 의한 인권침해에 대해서는 구제절차를 제공해야 하고, 이를 위해서 국제사회와 협력해야 한다. 그 결과 다국적기업들은 해외에서의 인권침해에 대해서 더 많은 법적 책임을 지게 될 것이고, 개도국의 피해자는 선진국에 있는 다국적기업의 모회사를 상대로 더 쉽게 피해를 구제받게 될 것이다. 국가는 이 모든 것을 위해서 구체적인 정책을 펼쳐야 하고 매 4년마다 그 성과를 국제기구에 보고하고 비평을 받아야 한다. 요컨대, 최종안은 이행원칙에서 정립된 연성규범(soft law)을 더욱 확장하고 구체화하면서 이를 경성규범(hard law)으로 만들고 있다. 최종안은 셔터 등이 말한 '프레임워크' 조약을 제안했다.[43] 즉, 조약이 직접 기업에 의한 인권침해를 규제하는 것이 아니고, 조약이 제시한 큰 원칙에 따라 기업을 규제할 의무를 당사국에게 부과하고, 대신 조약기구는 각 당사국의 이행 상황을 점검하는 방식이다.

이제 이 최종안이 국가 간 협상의 출발점으로 제출됐는데, 최종적 결과물이 무엇이 될지는 장담하기 어렵다. 이행원칙이 국제사회에서 광범한 지지를 받고 있기 때문에 이를 법적 차원에서 구현하려는 기업인권조약도 큰 변화 없이 결실을 맺을 것으로 조심스럽게 전망해 본다. 대한민국의 시민사회도 기업인권조약의 원만한 출범을 위해 노력해야겠지만, 대한민국 정부도 정부 간 협상에 적극적으로 참여하여 발언하는 것이 필요할 것이다.

---

43 앞의 각주 28 참조.

인권경영의 법제화

Business and
Human Rights

7장

인권경영의 법이론

토이브너의 반성적 법 개념을 중심으로

1. 인권경영 의무화의 대두

유럽을 중심으로 기업의 인권실사(인권경영)의 법적 의무화가 속속 이루어
지고 있다. 유엔의 '기업과 인권 조약'(안)도 인권실사의 의무화를 요구하
고 나섰다. 인권경영을 법적 의무로 만든다면 대상 기업은 좋든 싫든 인권
경영을 하게 될 것이다.

여기서 아주 근본적인 질문을 제기해 보자. 기업에게 인권경영을 의무
화하면 과연 현장에서의 인권침해가 (완전히 없어지지 않는다고 하더라도) 현
저하게 줄어들까? 이런 질문을 하는 이유는, 인권경영은 하나의 절차일 뿐
이기 때문이다. 기업에 준법장치(compliance mechanism)를 둔다고 해서 기
업의 위법행위가 줄어든다고 장담할 수 없듯이,[1] 인권경영도 형식적인 절
차에 그치고 만다면 실제 현장에서의 인권은 개선되지 않을 것이고, 심하
면 인권침해를 은폐하는 눈가림(white washing)이 되고 말 것이다.

그렇다면 인권경영을 의무화하는 것은 어떤 근거로, 혹은 어떤 조건하에서 정당화될 수 있가? 이 장에서는 이 질문에 답하고자 한다. 이를 위해 인권경영에 대한 이론적 논의와 경험적 사례를 검토할 것이다. 그리고 이 논의를 토대로 우리나라 공공기관 인권경영 정책에 대한 약간의 비평과 제안을 하고자 한다. 이를 통해 인권경영의 법적 의무화에 대한 독자의 확신이 강화되기를 희망한다. 여기서 원용하고자 하는 법이론은 '반성적 법이론'이다.

2. 반성적 법 개념

'반성적 법(reflexive law)' 개념을 처음 도입한 사람은 토이브너(G. Teubner)다.[2] 토이브너는 노네-셀즈닉의 반응적 법이론,[3] 하버마스의 담화이론,[4] 루만의 체계이론(system theory)[5]의 주요 요소를 결합하여 반성적 법이라는 새로운

---

1   준법경영이 오히려 기업의 불법을 늘린다는 연구도 다수 있다(이상수, 「기업범죄의 예방장치로서의 준법장치와 양형: 미국 연방 양형지침을 중심으로」, 『이화여대 법학논집』 제25권 제2호, 2020. 12, 501쪽 이하).

2   이하 다음의 글을 참고했다. Gunther Teubner, "Substantive and Reflexive Elements in Modern Law," *Law and Society Review*, Vol. 17, No. 2, 1983.

3   노네와 셀즈닉은 법이 억압적 법에서 자율적 법으로, 다시 반응적 법(responsive law)으로 진화한다고 보았다.(Philippe Nonet (Author), Philip Selznick, *Law and Society in Transition: Toward Responsive Law*, 1978) 반응적 법은 현실의 구체적 요구에 부응하면서 실질적 정의를 추구하는 법형식이다. 이런 점에서 보면 인권경영은 개별 기업이 직면한 구체적 인권 문제에 부응하면서 실질적 정의를 추구하려는 것이다.

4   잘 알려져 있듯 하버마스는 절차적 정의를 추구했다. 그는 객관적 정의는 존재하지 않으며, 이상적인 담화 상황이야말로 정의의 근거가 된다고 보았다. 인권경영은 이해관계자 사이의 대화를 통해 인권 문제의 해법을 모색한다는 점에서 하버마스의 담화이론을 적용한 것이라고 할 만하다.

5   루만의 체계이론은 사회가 다양한 체계로 구성되어 있으며 각 체계가 상대적 독립성을 가지고 병존한다는 이론이다. 이런 점에서 보면, 인권경영은 개별 기업이라는 하부체계의 상대적 독립성을 인정하는 접근법이다.

법 개념을 도출했다. 이 글에서는 토이브너의 법사상을 검토하려는 것이 아니라 반성적 법 개념의 단초를 파악하려는 것이므로, 그에 필요한 한에서 토이브너의 논의를 살펴본다.

그의 반성적 법 논의는 1983년으로 거슬러 올라간다. 당시 그는 법이 새로운 '진화' 단계(a new evolutionary stage of law)로 진입하고 있다고 진단했다.[6] 근대법의 중심이 형식적 법(formal law, 이하 형식법)에서 실질적 법(substantive law, 이하 실질법)으로 진화했고, 이어 반성적 법(reflexive law, 이하 반성법)으로 진화하고 있다는 것이다.

토이브너의 형식법은 베버의 형식법[7]을 염두에 둔 것이다. 형식법은 개인주의와 개인의 자율성을 존중하는 사적 질서를 지탱하는 법으로서, 시장질서 아래에서 자원의 효율적 동원과 분배에 기여한다. 또한 형식법은 추상적인 차원에 머물며, 개인이 자율적으로 결정한 사회관계의 내용에 대해서는 개입하지 않는다. 법은 논리적·개념적 규칙들로 구성되고, 법률전문직에 운영이 맡겨진다.

형식법은 시장 질서의 문제점이 드러나면서 한계를 보이게 된다. 이에 대응하기 위해 복지국가적 지향을 가진 집단적 규제가 등장하는데, 이때 등장한 것이 실질법이다. 실질법은 어떤 목적(purposiveness)을 가지고 사회적 행동에 직접 개입한다. 정치체계(political system)가 목적을 정의하고 규범적 수단을 결정하고 구체적 행동을 제시하며 집행까지 책임진다. 실질법은 그러한 목적을 실행하는 도구가 된다.

반성법은 복지국가가 위기에 이르면서 등장하지만 이전의 형식법으로 회귀한 것은 아니다. 반성법은 사회적 과정에 대한 정책적 개입이 필요

---

6 Gunther Teubner, 앞의 글, p.242.

7 막스 베버는 근대 서구 법의 특징이 형식적 합리성을 띤 법이라고 했다. 형식법이란 법 내부의 형식논리에 입각한다는 의미이다(김명숙, 「막스 베버의 법사회학」, 양현아 등, 『법사회학: 법과 사회의 대화』, 다산출판사, 2013, 57쪽 이하).

하다고 인정하는 점에서는 실질법과 같지만, 실질법과는 달리 실질적 결과에 대해 책임지지 않는다. 반성법은 사회체계의 자율성을 지지한다. 하지만 자연적 사회질서를 지지하는 것은 아니다. 대신 '규제된 자율성(regulated autonomy)'을 도모한다.[8] 그것은 조직과 절차의 규범을 통해 스스로를 규제하는 사회체계(self-regulating social system)를 설계하려는 것이며, 이를 통해 사회통합을 유지한다.

여기서 반성법이 추구하는 사회통합은 탈중앙화된 사회통합(decentralized integration of society)이다. 여기서 법체계는 미래 행동을 위한 조직적·절차적 전제만을 결정한다. 이런 절차 규정에 따른 결과물인 한, 반성법은 그 내용을 문제 삼지 않는다. 토이브너는 이러한 식의 법 진화 과정을 아래의 표로 정리했다.[9]

차원	형식법	실질법	반성법
법의 정당화	- 개인주의와 자율성의 완성 - 사적 행동을 위한 영역의 설정	- 경제적·사회적 활동의 집단적 규제와 시장의 부적절성 보정	- 자기규제의 통제 - 반복적으로 결정되는 형식의 사회적 협력 조정
법의 외적 기능	- 발전된 시장 사회에서 자원의 동원과 재분배 그리고 정치체제의 정당화를 위한 구조적 전제	- 시장에 의해 결정된 행동 패턴과 구조에 대한 도구적 수정	- 내적 담화와 외적 조정을 위한 구조의 구축과 재구축
법의 내적 구조	- 규칙 지향 - 환원적 논리를 통해 적용되는 개념적으로 구축된 규칙들	- 목적 지향 - 규제, 기준, 원리를 통해 이행되는 목적 지향적 행동계획	- 절차 지향 - 관계 지향적인 제도 구조와 결정 과정

표 8. 현대의 법적 합리성의 유형과 차원들

---

8   Gunther Teubner, 앞의 글, p.224
9   Gunther Teubner, 앞의 글, p.257.

토이브너는 이러한 내용을 설명하기 위해 이것이 계약법에서 어떻게 작동하는지 이야기했다.[10] 어떤 계약이 논란되는 경우 형식법은 어떤 형식적 조건이 충족됐는지를 보고, 그것이 충족됐다면 당사자가 만들어 낸 사회적 효과에 대해서는 문제 삼지 않는다. 또 실질법은 당사자가 만들어 낸 사회적 결과에 관심을 가지고 필요하면 직접 개입하여 시정한다. 이에 비해 반성법은 교섭력의 대등성을 도모하는 절차를 제공하고 그 절차를 준수하는 한 결과물의 내용에 관심을 가지지 않는다. 즉, 반성법은 절차를 통해 결과의 질에 영향을 미치려고 하지만, 결과 자체를 직접 지시하지는 않는다.

이것이 토이브너가 1983년 논문에서 반성법의 개념을 설명한 내용이다. 토이브너의 문제의식을 이해하기 위해서 조금 더 깊은 논의를 추가해 보자.

토이브너의 이론은 노네-셀즈닉, 하버마스, 루만의 이론에 조금씩 의존한다. 이 중에 반성법의 등장을 설명하기 위해서 특히 중요한 것이 루만의 체계이론이다. 루만에 의하면 후기산업사회는 기능적으로 분화된(functionally differentiated) 사회이다. 이 시기에 사회는 수많은 하부체계(subsystems)로 구성되며, 각각의 하부체계는 상당한 자율성을 누리게 된다. 이 말이 의미하는 것은 각 하부체계 간의 소통이 제한되고, 법도 하나의 하부체계로 전락하며, 다른 하부체계에 대한 법의 영향력은 미미해진다. 이는 법이 사회관계를 직접 규율할 수 있고 또한 그렇게 해야 한다는 실질법의 논리적 전제가 붕괴된다는 것을 의미한다. 만약 법을 포함한 모든 하부체계가 상당한 자율성을 가지고 각기 자기 발전을 추구한다면 사회통합은 어떻게 유지될 수 있을까? 그리고 이런 시대에 법은 어떤 역할을 할 수 있고, 또한 해야 하는가?

---

10 Gunther Teubner, 앞의 글, p.254 이하.

이런 위기에 대해서 반성법이 제시하는 대답은 법이 스스로 이들 하부체계를 규제할 능력이 없음(즉 법의 무능)을 인정하고 하부체계가 자율적으로 운영되도록 허용해야 한다는 것이다. 여기에서 법은 하부체계에 적절한 절차의 준수를 요구하여 하부체계가 자기규제 혹은 반성을 통해 올바른 길을 찾아가도록 하는 정도의 역할에 그쳐야 한다. 이런 일은 법이 하부체계 내에 (하버마스가 의미하는) 담론민주주의를 작동시키는 절차의 준수를 요구함으로써 가능해지고,[11] 이를 통해 사회의 건전한 통합을 유지하게 된다. 이러한 법의 기능은 형식법이나 실질법의 기능과는 전적으로 다른 것이다.

토이브너는 이러한 반성법이 당시에는 크게 부상하지 않았지만, 포스트모던 시대의 지배적인 법 형태(the dominant form of post modern law)가 될 수도 있다고 기대했다.[12] 이 글이 발표된 지 수십 년의 시간이 흐른 지금, 그의 기대가 경험적으로 증명되고 있는지는 의문이다. 하지만 적어도 그가 법을 바라보는 새로운 관점을 제기한 것은 틀림없어 보인다. 그것은 통제 불가능할 정도로 분화된 사회에서 그 다양성을 훼손하지 않으면서 법이 의도한 결과를 추구하도록 하는 획기적인 대안적 법이론을 제시한 것이다. 그것이 토이브너의 반성법 개념이 오늘날 우리에게 시사하는 바이다. 토이브너가 사법(private law)의 영역에서 반성법의 등장을 포착했다면, 후세의 사람들은 그것을 다른 영역에서 적용해 보았다. 그 가장 대표적인 시도를 행정법의 영역이라 할 환경법에서 찾을 수 있다.

---

11 Gunther Teubner, 앞의 글, p.273.
12 Gunther Teubner, 앞의 글, p.245.

3. 반성적 환경법

1) 환경법 영역에서 반성법적 접근의 대두

오늘날 지구촌에서 환경문제는 아주 높은 우선순위를 갖는다. 환경문제는 지구촌 자체의 지속가능성을 위협하는 지경에 이르렀기 때문이다. 자원 고갈과 기후 온난화로 지구촌의 불안정성은 빠르게 높아지고 있으며, 이에 따라 신속하고 대규모적인 환경개선이 요구되고 있다. 이런 상황에서 법은 어떻게 대응해야 하는가? 법의 유형을 형식법, 실질법, 반성법으로 나눌 수 있다고 했을 때, 이들 각각은 환경문제에 대해서 어떻게 대응하는지 살펴보자.

형식법은 환경문제에 대해 별도의 관심을 가지고 있지 않지만, 사인 간의 환경분쟁의 해결에 기여함으로써 환경보호에서 나름의 역할을 수행할 수 있다. 예컨대 A가 하천을 오염시켜 B의 신체나 재산에 손상을 가했다면 B는 소송을 통해 손해를 배상받을 수 있다. 이런 법제는 B의 손해를 전보하면서, A에 대해서는 환경훼손을 억지하는 효과를 가진다.

하지만 환경문제에서 형식법적 접근의 한계는 명확하다. 예를 들어 하천이나 대기오염같이 가해자나 피해자를 특정하기 힘들고, 행위와 결과 간의 인과관계도 모호한 경우 형식법은 거의 무기력하다. 환경문제를 시장의 자정작용에 맡겨 놓는 이런 식의 접근으로는 현대사회가 요구하는 신속하고 대규모적인 환경개선을 이룰 수 없다.

이런 이유로 오늘날 환경규제는 거의 행정법의 형태를 띤다. 환경법은 시장의 실패를 교정하기 위해 적극적으로 환경목표를 설정하고, 그것을 실행하기 위한 규제정책을 펼친다. 즉 정책당국은 공동체의 이름으로 사회구성원(환경법의 주요 대상이 기업이므로, 논의의 명료화를 위해 이하 '기업'이라 칭함)이 준수해야 할 환경기준을 정하고, 환경기준의 준수 여부를 감시하며, 기준 위반자를 적발하여 제재한다. 이것이 명령-통제(command and control)를 수반하는 실질법이다.[13] 환경문제의 중대성과 시급성, 그리고 형식법의 무능은 이러한 실질적 개입을 정당화한다. 또한 환경문제의 중대성과 시급성은 환경규범과 환경규제기관의 폭증을 낳았다. 이렇게 볼 때 오늘날의 환경법은 형식법에 대한 실질법의 승리라고 할 만하다.

한편, 실질적 환경법이 압도적으로 비대해졌지만 여전히 오늘날 환경문제를 해소하기에는 역부족이다. 이는 규제규범이나 규제기관이 부족하기 때문이 아니라 명령-통제라는 실질적 환경법의 접근법 자체에 내재한 한계에 기인한다.

명령-통제 방식의 환경법은 국가가 규제기준을 설정하고 그것의 이행을 감시하는 방식이다. 이때 규제의 기준은 기술기준(technology standard)이거나 결과기준(outcome standard)이다. 전자는 특정 촉매의 이용을 강제하는 것과 같이 특정 기술의 이용을 강제하는 방식이고, 후자는 자동차의 배출기준을 설정하는 것과 같은 방식이다. 어떤 방식이든 명령-통제 방식은 규제당국이 과학적 지식에 입각하여 적정한 기준을 설정하고, 그것을 준수하도록 감시하고 제재하는 구도이다. 그러나 오늘날 환경문제는 이런 식으로는 접근하기 힘들다.[14]

무엇보다 환경문제는 매우 광범위하다. 그것은 단순히 대기오염, 수질오염, 소음 정도가 아니다. 지구온난화, 기후변화, 산림파괴, 종다양성 등이 모두 환경문제에 포함되며, 미세플라스틱 문제 등 새로운 문제들이 계

---

13 이 글에서 법(law)과 규제(regulation)는 구분하지 않았다. 둘 다 공적 개입의 양식이기 때문이다.

14 명령-통제 방식의 규제정책이 갖는 한계에 대해서는 다음을 참고할 수 있다. Cary Coglianese, David Lazer, "Management-Based Regulation: Prescribing Private Management to Achieve Public Goals," 37 Law & Society Rev. 691, December 2003; Dennis D. Hirsh, "Green Business and the Importance of Reflexive Law: What Michael Porter didn't Say," 62 Admin. L. Rev. 1063, Fall 2010.

속 등장한다. 오염을 줄이는 것도 환경문제이지만 자원절약, 재활용, 에너지 효율성도 환경문제이다. 규제기관이 이런 문제들 모두의 기준을 설정할 수는 없다. 게다가 환경문제에 대응하는 과학기술도 빠르게 성장하기 때문에, 규제기관이 해당 기술들을 모두 파악할 수도 없고, 무엇이 적정한 기술기준인지 파악하기도 힘들다.

또한 환경문제에는 생물다양성보전과 같이 기준을 설정할 수 없는 것들도 많다. 환경규제의 대상이 되는 기업의 수도 엄청나게 많고 다양하다. 설사 이런 어려움을 뚫고 적정한 기술기준이나 결과기준을 만든다 하더라도 (사실 이것은 불가능하다!), 그 많은 기준이 잘 준수되고 있는지 감시하는 것도 불가능에 가깝다. 요컨대 환경문제는 너무나 방대하고 복잡해서 실질적 환경법으로는 감당할 수 없다. 오르츠(E. Orts)는 오늘날 환경문제는 너무나 복잡하여 하향식으로 해결할 수 있는 정도를 넘어섰다고 갈파했다.[15] 그렇다면 법은 오늘날의 복잡한 환경문제에 어떻게 대처해야 하는가?

바로 여기에서 반성법이라는 대안이 등장한다. 반성적 환경법은 기업에게 특정한 환경기준의 준수를 요구하지 않는다. 대신 기업이 환경가치를 내재화하고 스스로 환경성과를 개선하도록 유도한다. 비현실적인 것처럼 들리는가? 먼저 간단한 사례를 살펴보고, 이런 접근법에 대해 좀 더 구체적으로 알아보자.

미국에는 '비상계획과 공동체의 알권리에 관한 법(Emergency Planning and Community Right to Know Act)'이 있다.[16] 1986년에 제정된 이 법은 특정 독성물질을 사용하는 기업에게 매년 그 배출량을 보고하도록 요구했다. 연방환경청(EPA)은 이 정보를 취합하여 독성물질 배출 보고서(Toxic Release Inventory)를 출판한다. 언론이나 환경단체는 이 자료를 이용하여 산업별,

---

15 Eric W. Orts, "Reflexive Environmental Law," 89 Nw. W. L. Rev. 1227, Summer 1995, p.1340.

16 <https://www.epa.gov/epcra>

주별, 지역별로 기업들의 독성물질 배출 순위를 매기기도 했다.

이 법은 해당 기업에게 독성물질의 배출기준을 제시하지도 않았고 배출 방식을 지시하지도 않았지만, 독성물질의 배출을 획기적으로 줄였다.[17] 독성물질 배출량의 공개를 강제하는 것만으로도 기업들이 독성물질의 배출량을 획기적으로 줄인 것이다. 카케이넌(Karkkainen)은 보고서에 기재된 독성물질에 관한 정보가 기업, 지역민, 전국 조직, 정부 당국, 그리고 관할권 밖의 여러 행위자에 중대한 영향을 미쳤으며, 결과적으로 정보의 공개가 환경성과의 개선에 효과적으로 영향을 미친 것이라고 주장했다.[18]

물론 환경정보의 공개를 의무화하는 것만으로 기업이 친환경 경영을 하게 된다고 믿는 것은 순진할 것이다. 오히려 사회·환경 정보를 의무적으로 공개하는 것이 별다른 성과를 내지 못했다는 증거도 차고 넘친다.[19] 하지만 독성물질 배출 보고서의 경험이 일정한 정보의 공개를 의무화하는 것만으로 중대한 환경성과를 낳을 수 있다는 것을 보여 준 점은 부인할 수 없다.[20] 즉 절차적인 법규정만으로 실질적인 변화를 유발한 것이다. 이것이 바로 반성법이 작동하는 원리이다. 이런 점에서 독성물질 배출 보고서의 경험은 반성법의 잠재력을 예증했다고 하겠다.

그렇다면 보다 본격적으로 반성법 이론에 합치하는 환경법을 만든다면 그 법은 어떤 모습이 될 것인가? 이에 관한 본격적인 실험이 유럽연합에서 이루어졌다. 그것이 1995년에 출범한 '유럽연합 환경경영 및 감사 프

---

17 한 연구에 따르면 이에 의해 1988~1998년 사이에 독극물 배출량이 45% 감소했다고 한다 (Dennis D. Hirsh, 앞의 글, p.1070).

18 Sanford E. Gaines, "Reflexive Law as a Legal Paradigm for Sustainable Development," 10 Buff. Envtl. L.J. 1, Fall 2002-Spring 2003, pp.12-13에서 재인용.

19 David Hess, "The Transparency Trap: Non-financial Disclosure and the Responsibility of Business to Respect Human Rights," 56 Am. Bus. L. J. 5, Spring 2019, p.26.

20 사실 정보의 공개가 기업의 행동에 영향을 미친다는 것은 새로운 것이 아니다. 예컨대 상장 기업의 회계정보 공개 제도는 이런 정보의 공개가 기업에게 최선의 경영을 하도록 유도한다는 전제에 따른 것이다.

로그램(the EU Eco-Management and Audit Scheme, 이하 EMAS)'이다.

2) 유럽연합의 환경경영 및 감사 프로그램

EMAS는 유럽연합 집행위원회가 작성하여 회원국에게 시행하도록 한 환경경영 프로그램이다.[21] 이 프로그램은 기업이 자기반성적으로 환경목적을 이루도록 하려는 것으로, 이런 유의 규제로는 최초의 것이다.[22] 이런 규제를 통해 EMAS는 산업 활동의 환경성과를 지속적으로 개선하고자 한다.[23]

이 프로그램에 기업들이 가입할지의 여부는 기업의 자발적 선택 사항이다. 그러나 일단 참여하면 이 프로그램이 제시한 절차를 준수해야 한다. 절차는 다음 그림과 같이 진행된다.[24]

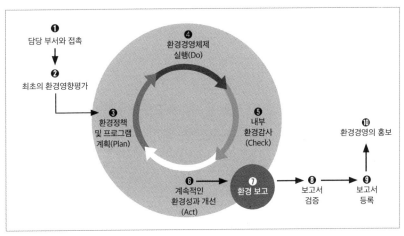

그림 1. EMAS가 제시한 절차

---

21 <https://ec.europa.eu/environment/emas/index_en.htm>

22 Eric W. Orts, 앞의 글, p.1287.

23 Council Regulation 1836/93, art. 1(2), 1993 O.J. (L 168) 1, 2.

각각의 단계에 대해 간략히 설명하면 다음과 같다.

최초의 환경평가

처음 EMAS에 가입하려는 기업은 우선 자신이 환경에 미치는 직·간접적인 환경영향을 평가해야 한다. 이 과정에서 기업은 자신이 직면한 주요 환경 이슈, 이해관계자의 목록과 이들의 기대 등을 도출한다.

환경경영 실천

EMAS에 참여하는 기업은 이 프로그램이 제시한 환경경영을 실천해야 한다.[25] 여기에는 ① 식별된 환경문제를 해결하기 위한 환경정책과 실행계획의 수립(Plan), ② 그 계획에 따른 환경경영 체제의 구축과 실행(Do), ③ 환경성과에 대한 내부의 평가(Check), ④ 개선책의 도출(Act)이 포함된다.

이처럼 기업은 자신의 환경영향을 최소화하기 위해 연간 주기로 PDCA (Plan-Do-Check-Act)의 순환을 반복하면서 지속적으로 환경개선을 도모해야 한다. PDCA의 한 주기를 마치면, 기업은 환경경영의 경과와 성과에 관한 보고서를 작성해야 한다.

검증(verification)

기업이 작성한 보고서는 독립적인 검증인에 의해 검증이 이루어진다. 검증인은 회원국의 정부가 자격을 부여한다. 검증은 ① 환경정책과 경영체계가 EMAS 요건에 합치하는지, ② 환경 프로그램이 모든 현저한 문제를

---

24 <https://ec.europa.eu/environment/emas/join_emas/how_does_it_work_step0_en.htm>

25 EMAS가 요구하는 환경경영의 내용은 ISO 14001의 그것과 거의 유사하다. ISO 14001은 전사적 환경경영을 실행하는 경영표준이며, ISO에서 인증 절차를 함께 운영하고 있다. ISO 14001은 서면의 환경경영정책, 책임지는 담당자의 존재, 이사회에 의한 감시 등을 요구하지만 환경보고서의 공개를 요구하지는 않는다.

다루었는지, ③ 최초 환경평가와 감시가 기술적으로 만족스러운지, ④ 환경 진술이 정확하고 상세하게 EMAS의 요건을 따랐는지 등을 보는 것이다. 이 모든 항목에서 적정하다는 판단을 받지 못하면 보고서는 검증받지 못한다. 따라서 여기서 검증은 사실상 환경경영에 대한 인증(certification)을 포함하는 것으로 볼 수 있다.[26]

공개

검증을 통과한 보고서는 각 회원국의 규제기관에 제출되고, 이는 대중적으로 공개된다. 모든 절차를 마친 기업은 EMAS 로고를 고객이나 공급자, 기타 이해관계자를 상대로 이용할 수 있다.

여기에서 보듯 EMAS는 기업이 준수해야 하는 절차를 규정하고 있다. EMAS는 우선 기업 내부에서 어떤 일이 일어나야 하는지를 규정한다. 또 이런 절차를 제공함으로써 기업이 자신이 직면한 환경 이슈를 스스로 인식하고 개선하며 평가하는 과정을 지속적·반복적으로 하도록 한다. 그리고 이 모든 과정과 성과는 제3자의 검증을 거쳐 공개된다.

이처럼 EMAS는 실질적인 기준을 제시하지 않고 오직 절차 규정을 통해서 환경성과를 이루어내고자 한다. 심지어 어떤 환경 이슈에 대응해야 하는지도 제시하지 않는다. 그런 점에서 EMAS는 반성법이다.

이와 같은 접근법이 성공할 수 있을까? 일찍이 오르츠(E. W. Orts)는 EMAS의 성공은 기업 구조 내부로부터의 압력, 경제적 압력, 도덕적 압력과 같은 시장과 다른 사회적인 힘에 의존할 것이며, 또 EMAS가 공정하고

---

26 통상 검증(assurance)은 보고서에 허위의 사실이 있는지 여부를 살핀다. 인증(certification)은 특정한 규범에 대한 준수 여부를 판단하는 절차이다. 이렇게 본다면 EMAS의 검증(verification)은 양자를 포함한다.

유연하고 전문적으로 관리되는지에도 달려 있을 것이라고 전망했다.[27] 이런 주장은 반성법적 접근을 취했다는 사실 자체만으로는 성공을 장담할 수 없다는 것을 시사한다. 다만 최근의 논문은 EMAS가 순항하고 있으며 상당한 성과를 낸 것으로 평가하고 있다.[28]

제도 시행이 20년도 더 지난 오늘날 EMAS는 유럽연합 환경법을 대표하는 규제체제가 되었으며, 이런 성과는 환경법에서 반성법의 잠재력을 상당 정도 실증하고 있다.[29]

3) 반성적 환경법의 성공 조건

EMAS가 환경문제에 대한 반성법적 접근을 본격적으로 시행하고, 지금까지 상당한 진전을 이룬 것이 사실이라 해도, 환경법 전체에서 반성법적 접근은 아직도 다소 생소하고 실험적이다. 환경문제에 관한 반성법적 접근을 둘러싼 지금까지의 논의들에 기초하여 반성적 환경법의 주요 점검 지점 또는 성공 조건을 점검해 보자.

환경정보의 생산과 공개
반성적 환경법은 환경정보의 생산과 공개를 기축으로 한다. 오르츠는

---

27 Eric W. Orts, 앞의 글, p.1311.

28 Rachel E. Deming, "A Tale of Two Continents: Environmental Management-Based Regulation in the European Union and the United Nations," 46 Envtl. L., Fall 2016, p.823 이하.

29 환경경영이 EMAS에 의해서만 그 잠재력이 입증된 것은 아니다. ISO 14001은 서면의 환경경영정책, 그 정책의 집행책임자, 이사회에 의한 정책감시 등에 관한 절차를 상세히 규정하고 인증을 제공하는데, 이는 기업의 환경성과 개선으로 이어진다는 것이 널리 인정된다 (Sanford E. Gaines, 앞의 글, p.11.).

EMAS의 핵심은 '공개의 법적 전략'이라고 단언했다.[30] 반성법을 '정보의 공개를 통한 환경법적 규제'라고 정의하는 글도 있다.[31] 그만큼 공개는 반성법의 핵심 요소다.

반성적 환경법에서 환경정보의 생산과 공개는 크게 두 가지 의미를 지닌다. 첫째는 기업 내부의 자기반성을 위한 것이다. 정보의 생산은 기업이 스스로 자신의 환경문제를 발견하고 해결해 나가는 데 있어 필수적이다. 그리고 이 과정은 기업에 대한 사회 혹은 이해관계자의 요구와 기대를 이해하는 과정이기도 하다. 말하자면 정보의 생산 없이는 자기반성이 불가능하며, 정보의 생산 과정은 자기학습과 자기반성의 과정이다. 둘째는 외부 이해관계자와의 소통의 필요성이다. 반성적 환경법은 기업이 폐쇄적으로 자기반성을 하도록 내버려 두는 것이 아니고, 외부로부터의 피드백을 반영하면서 반성하도록 압박한다. 기업의 환경정보의 생산과 공개는 기업의 환경활동에 대한 사회적 반응을 유발하고, 그것이 다시 기업에 영향을 미친다. 반성법은 기업이 이런 사회적 반응에 합리적으로 대응하도록 조장·압박하는 법이다.

따라서 반성적 환경법의 성패에서 중요한 것은 공개되는 정보의 충실성을 확보하는 것이다. 이런 맥락에서 반성적 환경법은 공개되어야 하는 정보에 대한 통제력을 기업에게 전적으로 부여하지는 않는다. 규제당국은 중요한 정보, 필요한 정보, 정확한 정보가 생산되고 공개되도록 조치하며, 반성적 환경법은 이를 위해 정보에 대한 검증을 요구하거나, 부실하거나 잘못된 정보에 대한 처벌도 규정할 수 있다.[32] 이때 반드시 공개되어야 할

---

30 Eric W. Orts, 앞의 글, p.1311.

31 Warren A. Braunig, "Reflexive Law Solution for Factory Farm Pollution," 80 N.Y.U. L. Rev. 1505, November 2005, p.1507.

32 증권법상의 공시도 일종의 반성법적 측면을 갖는다. 허위의 정보를 공시하면 처벌받는다. 환경정보의 공시도 마찬가지이다.

중요한 정보가 어떤 것인지 확정하는 것은 쉽지 않은 일이며, 반성적 환경법이 직면하는 중요한 도전 중 하나가 된다.

반성법에서 이해관계자의 역할

반성법적 환경법은 기업이 이해관계자[33]와 소통할 것을 강조한다. 여기에서 이해관계자는 여러 기능을 한다. 첫째, 기업의 환경성과를 감시한다. 예컨대, 이해관계자는 공개된 정보에 기반하여 부실한 환경경영이나 환경성과에 대해서 폭로하고 공격할 수 있다. 여기서 이해관계자는 일종의 감시자 혹은 규제자 역할을 수행한다. 이들의 압력은 반성적 환경법이 작동하는 중요한 동력이 된다. 둘째, 기업의 환경성과에 대해서 보상한다. 예컨대, 소비자는 해당 기업의 제품을 구입할 수 있고, 투자자는 투자 결정에 반영할 수 있다. 이처럼 이해관계자는 환경성과를 내는 기업에게 일정한 유인을 제공한다. 셋째, 환경경영에 참여한다. 즉 이해관계자는 기업으로부터 거리를 두는 것이 아니라 스스로 환경경영에 참여할 수 있다. 예를 들어 기업과 함께 그 기업에 고유한 환경문제를 정의하고, 그 기업이 채택할 대책에 대해서 함께 논의하며, 환경정책의 이행 과정에 참여하고 그 성과를 함께 모니터링할 수 있다. 여기서 이해관계자는 환경경영의 국외자가 아니라 환경경영에 전면적으로 또는 부분적으로 참여한다. 예컨대, 미국의 식품회사 치키타는 자신들이 준수할 환경규범을 만들기 위해서 레인포레스트 얼라이언스(Rainforest Alliance)라는 NGO를 끌어들였다.[34] 여기에서 NGO는 기업의 감시자라기보다 협력자에 가깝다. 반성법이 대화를 통한 협력적 문제 해결과 지속적 개선을 도모한다고 할 때, 협력자로서 이해관계자의 역할은 대단히 중요하다.

---

33 이해관계자의 개념에 대해서는 본서 234쪽을 참고하라.
34 Dennis D. Hirsh, 앞의 글, p.1077.

이처럼 반성적 환경법에서 이해관계자의 역할은 외부 감시자이며, 유인 제공자이고, 환경경영을 위한 협력자이다. 이러한 이해관계자의 역할을 배제하고는 반성적 환경법을 상상하기 어렵다. 따라서 이해관계자를 어떻게 강화(empowerment)하여 잘 배치하는지가 반성법의 성패에서 중요한 요소가 된다. 예컨대, 정부는 기업을 감시하는 이해관계자 활동을 재정적으로 지원할 수 있다. 그리고 특정 허가의 요건으로 이해관계자와의 원활한 소통을 요구하는 것도 이해관계자의 역량을 강화하는 한 방법이다.

환경경영 절차의 규정

반성법은 특정 정보의 공개만을 요구하는 것이 아니고, 특정 절차의 준수를 요구한다. EMAS의 경우, 기업이 준수해야 하는 내부 절차를 PDCA 도식에 따라 규정하고 있다.

한편, 상세한 내부 절차의 요구가 자칫 기업의 창의성을 침해하여 더 나은 환경경영의 채택을 방해할 수도 있다. 또 절차를 너무 강조하면 기업은 환경성과와 상관없이 절차의 준수에 급급할 수도 있다.

따라서 반성적 환경법이 환경경영의 상세한 절차 규정을 담아야 하지만, 이것이 상세할수록 반드시 좋다고 할 수는 없다. 반성적 환경법은 기업 측의 창발성을 활용하는 접근법이기 때문에 기업에게 상당한 유연성을 주는 것은 반성법의 본질적 특징 중 하나이다. 따라서 반성법 체제에서는 절차 규제가 과도하지 않고 적정한 균형점을 찾아가도록 반성법 자체가 반성적으로 진화해 나가야 한다.

적절한 유인의 제공

반성적 환경법은 기업이 환경가치를 내재화하고[35] 주도적으로 최선의 환경성과를 내는 방안을 찾고 실천하도록 하는 제도 구상이다. 하지만 반성적 환경법이 요구하는 환경경영은 비용이 소요될 뿐만 아니라 민감한 환경정보의 공개가 해당 기업을 위험에 빠뜨릴 수도 있다. 이런 문제를 넘어서기 위해서는 감시감독을 강화하는 것 이외에 적절한 유인을 제공하는 것이 도움이 될 수 있다.

EMAS는 참여 기업에게 로고 이용권을 제공한다. 이는 기업의 명망이나 소비자 신뢰를 높이는 데 도움이 되고 기업의 재무적 이득으로 이어질 수 있다. 그 외에도 규제당국이 제공할 수 있는 유인이 있을 수 있다. 오르츠는 그 밖에 가능한 유인책으로 환경정보에 대한 일정한 수준의 비밀특권 부여, 환경법 위반에 대한 기소에서 일정한 특권 부여 등을 제안했다.[36] 이런 식의 유인을 고안하는 것은 반성법적 환경법을 설계하는 정책 입안가의 주요한 과제이다.

형식법 및 실질법과의 관계 설정

이상적인 반성적 환경법이라면 기업으로 하여금 구체적 상황에 적합한 최선의 환경대책을 스스로 개발하여 스스로 집행하도록 하는 것이다. 그 환경대책은 기업의 자체 역량, 환경기술의 발달 상황, 이해관계자의 입장 등을 모두 고려한 것이면서 기존의 법적 요구를 넘어서는 것이다. 그것은 사전 예방적 접근에 가까우며, 규제당국의 규제 비용도 최소한으로 줄인다. 그 결과 형식법이나 실질법과는 비교할 수 없는 효율성과 규모로 환경개선을 낳을 것이다.

그렇다면 반성적 환경법은 장차 형식적 및 실질적 환경법을 대체하게 될까? 지금까지의 논의는 이에 대해 부정적이다. 대체로 학자들은 반성법이 형식법과 실질법을 대체하는 것이 아니라 보충한다고 본다. 반성법이 도입되더라도 민사소송을 통한 환경문제 해결(즉 형식적 환경법)은 유지

---

35 기업이 환경가치를 내재화한다는 것은, 기업 차원에서 환경을 보호하는 것이 도덕적으로 옳다는 기업문화를 가지고 또한 그런 문화를 실천하는 내부 장치를 갖는 것을 의미한다.

36 Eric W. Orts, 앞의 글. p.1324 이하.

되며, 명령-통제 방식의 규제(즉 실질적 환경법)는 여전히 유지될 것이다. 각각의 법 형태는 각기 고유한 장점을 가지고 있기 때문이다. 헤스(D. Hess)는 사회적 보고 입법이 실질적 법을 대체하는 것은 아니고 실질적 법이 끝나는 지점을 이어받아 보충한다고 했다.[37] 반성법과 실질법은 별개의 것이며, 반성법은 실질법이 다루지 못하는 부분을 다룬다는 의미이다.

하지만 반성법이 형식법과 무관계하게 존재하거나 일방적으로 형식법이나 실질법의 한계를 보충하는 데 그치는 것은 아니다. 실은 형식법과 실질법이 반성법의 원활한 작동에 필요하다고 할 수 있다. 예컨대, 환경침해를 둘러싼 민사소송이 활발하고(형식적 환경법), 환경침해에 대한 행정부의 직접적 규제가 강화될수록(실질적 환경법), 환경경영(반성적 환경법)도 활발해질 것이다. 왜냐하면 민사소송의 위험이 커지고 정부의 직접 규제가 강화될수록 기업은 사전 예방적인 환경경영으로 기울 가능성이 커지기 때문이다.

이렇게 볼 때, 반성적 환경법의 성공 조건은 형식적·실질적 환경법의 운영과 무관한 것도 아니고, 더구나 그것의 실패에 의거하는 것은 아니다. 오히려 반성적 환경법은 형식적·실질적 환경법의 활성화로부터 힘을 얻는다. 따라서 반성적 환경법을 성공시키기 위해서는 형식적 환경법이나 실질적 환경법을 강화하면서 이들 법제와 상호 협력하는 지점을 잘 발견하고 활용하는 것이 필요하다.

토이브너는 현대 법이 형식법, 실질법, 반성법의 순서로 진화한다고 보았지만, 아직까지는 반성법이 압도하는 상황은 나타나지 않았으며, 여러 법형식이 공존하고 있다. 아마 앞으로도 오랫동안 그럴 것이다. 사실 환경문제의 해결에서 형식법, 실질법, 반성법 중 어느 것이 결정적으로 우위인지는 명확하지 않다. 환경문제의 종류나 맥락에 따라서 다를 것이다. 그리

---

37 David Hess, 앞의 글, p.63.

고 여러 법형식 사이의 경계는 유동할 수 있다. 예컨대, 명령-통제로 규제되던 어떤 환경문제가 반성법의 영역으로 옮겨 올 수도 있고, 그 반대의 일이 일어날 수도 있다. 이처럼 반성적 환경법은 고정된 형태가 아니며 만능도 아니다. 그러나 반성적 환경법은 스스로 잠재력을 입증하면서 진화하고 있다. 인권경영의 의무화는 반성법이 인권 영역으로 확장하면서 다시한번 진화하는 것을 의미한다.

4. 인권경영과 반성법

1) 인권경영에서 반성법의 필연성과 잠재력

오늘날 인권경영 논의는 '유엔 기업과 인권 이행원칙'이 대표하고 있다. 이행원칙에 의하면 기업은 인권 존중 책임을 진다. 그렇다면 기존의 법은 기업의 인권 존중을 위해 어떤 규제 제안을 하고 있는가?

형식법은 기업에 의한 인권침해를 방치하지는 않는다. 사실 기업에 의한 인권침해의 대부분은 현행법상 민사 불법행위를 구성한다. 예를 들어 기업활동에 의해 개인의 신체나 재산이 침해된다면 피해자는 민사 손해배상을 청구할 수 있다. 이런 제도는 명시적으로 '인권'이라는 단어를 사용하지 않더라도 인권 존중에 기여하는 법이다.[38] 그런 점에서 이것을 형식적 인권법이라고 할 수 있다. 하지만 흔히 거론되는 근로조건, 고용차별, 집단

---

[38] '인권' 침해 자체를 민사소송의 원인(cause of action)으로 하는 법은 전 세계 어디에서도 찾기 힘들다. 세계적으로 유일하게 인권침해를 이유로 손해배상을 인정하는 것으로 알려진 미국의 '외국인 불법행위법(Alien Tort Statute)'도 'law of nations'의 해석상 이것이 국제인권법을 포함한다고 보기 때문에 그러한 결과가 되는 것이지, 법률 자체가 '인권'이라는 단어를 쓰고 있지는 않다. 이 법에 관한 자세한 내용은 다음을 참고하라. 이상수, 「기업의 사회적 책임 맥락에서 본 유노칼 판결의 의미」, 『전남대학교 법학논총』 제31집 제2호, 2011. 8.

적 노사관계, 산업재해 등의 문제만 해도 민사소송으로 해결하기에는 적절하지 않다. 따라서 이런 문제는 규제당국이 노동법에 근거해 직접 규제한다. 특히 산업안전에 대해서는 정부가 상세한 법규를 마련하여 준수 여부를 감시하고, 위반 시에는 규제당국이 직접 제재한다. 이런 식으로 국가가 직접 개입하는 방식은 실질적 인권법이라고 볼 수 있다.

그런데 오늘날 인권경영이 다루려는 문제는 너무나 광범하고 복잡해서 실질적 인권법이 다룰 수 없을 정도이다. 첫째, 기업에 의해 침해되는 인권은 실로 다양하다. 이에 따라 이행원칙은 기업에게 '국제적으로 인정된 모든 인권'을 침해하지 말라고 요구한다. 여기에서 '국제적으로 인정된 모든 인권'은 의미가 모호할 뿐만 아니라 범위가 지나치게 넓어서 이를 모두 실질법으로 규율하기 힘들다.

둘째, 모든 종류의 기업이 인권침해에 개입되어 있다. 그래서 이행원칙은 규모, 활동 지역, 소유 형태 등을 불문하고 '모든 기업'에 인권 책임이 있다고 규정한다. 이처럼 규율해야 할 기업의 수가 너무 많고 기업의 종류 또한 너무나 다양하기 때문에 실질법으로 규율하기 어렵다.

셋째, 오늘날 해결하려는 기업인권 문제는 공급망에서 발생하는 인권침해를 포함한다. 이행원칙은 기업이 특정 인권침해에 기여하지 않았더라도 자신의 사업관계를 통해 인권침해와 직접 연결되어 있다면 책임져야 한다고 규정한다. 인권침해에 대한 기업의 법적 책임의 범위를 이렇게까지 확대하는 것은 쉽지 않다. 이 점도 기업의 인권침해에 대해 실질법이 직접 규제하기 어렵게 하는 요인이다.

넷째, 오늘날 해결하려는 기업인권 문제는 해외에서 기업이 초래한 인권침해를 포함한다. 현재 국제법 아래에서 타국에서 발생한 인권침해에 대한 법적 규제는 지극히 예외적으로만 허용되고 있다. 이처럼 역외에서 발생하는 인권 문제에 대해서 국내법이 직접 나서기 어렵다.[39]

기업에 의한 인권침해가 갖는 이런 특수성 때문에 그에 대한 규제는 형식법이나 실질법으로 감당하기 어렵다. 물론 개중에는 형식법이나 실질법으로 대응할 수 있는 것도 있을 것이다. 이 부분은 기존의 형식법이나 실질법으로 대응하면 된다. 하지만 형식법이나 실질법이 해결하지 못하는 수많은 인권 문제는 어떻게 할 것인가? 바로 이 지점에서 반성법적 접근을 검토할 여지가 생긴다. 반성법은 인권경영 자체를 법적 의무로 하는 것이다. 그렇게 함으로써, 기업이 자체적으로 인권 문제를 식별하고 대응하게 한다. 이렇게 본다면 이행원칙은 애당초 반성법의 등장을 예상한 접근인지도 모르겠다. 물론 인권경영을 강제하는 법이 제정된다고 해서 기업이 인권가치를 내재화하고 인권 존중 책임을 잘 실천할 것이라고 단정할 수는 없다.

하지만 우리는 반성법이 이론적으로 설득력이 있으며, 경험적으로도 그 효과성이 어느 정도 검증됐다고 본다. 그렇기 때문에 이를 인권경영에 적용하려는 것이다. 다만 이 경우 제대로 설계되어야 한다. 반성적 환경법의 경험에서도 보았듯이, 인권경영을 의무화하는 경우 적어도 ① 인권경영 관련 정보가 제대로 공개되도록 해야 하고, ② 인권 피해자를 위시한 이해관계자의 효과적인 참여를 보장해야 하며, ③ 기업이 준수해야 하는 인권경영의 절차적 요소를 명확히 정의하고, ④ 가능하다면 국가가 적절한 유인을 제공하며, ⑤ 기존의 형식법 및 실질법도 함께 활용해야 한다. 그 외에도 더 필요한 것이 있을 것이다. 그렇기 때문에 인권경영에 관한 법 자체도 반성적으로 개선해 나가야 한다고 하는 것이다.

현재로서 반성법의 아이디어를 인권경영에 적용하는 것은 하나의 큰 실험이라고 할 만하다. 인권경영을 의무화한다고 해서 반드시 기업 현장에서의 인권 상황 개선을 보장하는 것은 아니기 때문이다. 그럼에도 반성법의 원리를 제대로 이해하고 제도를 설계한다면 형식법과 실질법으로는

---

39 자국 기업이 해외에서 인권침해를 저지르는 경우 국가는 그에 대해서 어떤 역외적 의무를 지는지에 대해서는 다음을 참고하라. 이상수, 「국제인권법상 국가의 역외적 인권보호의무」, 『홍익법학』 제22권 3호, 2021. 10.

이루지 못할 큰 성과를 낼 수 있을 것이다. 프랑스, 독일, 노르웨이, 영국, 네덜란드 등이 이런저런 내용의 인권실사(인권경영)를 의무화하고 있거니와, 이는 이런 믿음이 있기 때문이다. 인권경영의 실험은 우리나라에서도 이미 시작됐다. 그것이 바로 공공기관 인권경영 정책이다.

2) 한국의 공공기관 인권경영과 반성법

한국에 인권경영이 본격적으로 소개된 것은 2010년경이다.[40] 이후 국가인권위원회를 중심으로 인권경영에 관한 연구, 조사, 홍보 등의 활동이 이어졌다. 아직 사기업의 인권경영이 여의치 않은 상황에서 인권위원회는 공공기관의 인권경영에 먼저 관심을 가졌다. 2014년 인권위원회는 공공기관에게 '인권경영 가이드라인 및 체크리스트'의 적용을 권고했다. 그리고 2016년에는 기획재정부 장관에게 '공공기관 경영평가 제도개선'을 권고했는데, 그 내용은 『공공기관 경영평가 편람』에 '인권경영의 도입이나 실천 또는 점검을 위한 노력과 성과를 평가할 수 있는 내용을 반영하도록 경영실적 평가제도를 개선할 것을 권고'하는 것이었다.[41] 당시 기획재정부 장관이 이 권고를 수용함으로써 우리나라 공공기관에서 인권경영이 본격화됐다. 대상 공공기관은 '공공기관 운영에 관한 법'에 따라 기획재정부 장관이 지정하는 기관으로서, 여기에는 소위 공기업(36개)이 포함될 뿐만 아니라, 준정부기관(93개), 기타 공공기관(201개) 등이 포함되었고, 그 수는 2019년 기준으로 339개에 달했다.[42] 그 후 지방공기업 및 지방공공기관에

---

40 국가인권위원회는 '유엔 기업인권 프레임워크'(2008)를 2010년에 번역, 출판했다.

41 국가인권위원회, 「공공기관의 인권경영 실천·확산을 위한 경영실적 평가제도 개선 권고」, 2016. 2. 25.

42 기획재정부, 「보도자료: 2019년도 공공기관 지정」, 2019. 1. 30.

서도 인권경영이 전면적으로 추진됐다.

경영평가 편람 내용

기획재정부는 매년 공공기관에 대한 성과평가를 실시하는데, 『2018년 공공기관 경영평가 편람』을 개정하여, 전체 100점 중 윤리경영 항목을 3점으로 상향 조정하고, 윤리경영의 내용에 인권경영을 포함시켰다(표 9 참조).

구분	내용
적용 대상	공기업 및 준정부기관(비계량3점)
세부 평가 내용	① 기관의 윤리경영 체계의 구축·운영 및 윤리경영 위반 방지를 위한 노력과 성과 ② 사업 추진, 조직·인사관리 등 기관 운영 전반에 투명성제고 및 윤리경영 실현을 위한 노력과 성과 ③ 윤리경영 지원을 위한 내부 견제 시스템 운영 성과의 적정성을 확보하기 위한 노력과 성과 ④ 인권교육, 인권침해 구제절차 등 인권 존중을 위한 기관의 노력과 활동 (*고충처리제도 운영 등 근로자 및 대내외 이해관계자 인권 보호)

표 9. 윤리경영의 평가지표별 세부 평가 내용

그 후 행정자치부 및 지방공기업평가원은 『2020년도 지방공기업 경영평가 편람』(2019.5.)을 출판했다. 이 편람에서 인권경영은 사회적 가치라는 대분류 아래에 포함되어 있고, 인권경영에만 2점을 할당했다. 이 편람은, 아래 표 10에서 보듯이 인권경영에 대해 비교적 상세한 가이드를 제시했다.

관리 번호 0-3-2-3-0

지표명	인권경영				
대분류	사회적 가치		중분류	사회적 책임	
가중치	2점	지표 성격	정성	평가 방법	절대평가

지표 정의	○ 임직원, 고객, 이해관계자, 지역 주민 등 기관 내·외부에서 인간의 존엄과 가치를 향상하고 사람을 먼저 생각하는 인권경영을 구현하기 위한 노력과 성과를 평가한다.
세부 평가 내용	① 인권경영 체계 구축의 노력과 성과는? 　- 인권경영 추진 시스템 구축, 인권경영 선언 및 공표 여부 　- 기관(공기업) 내외(부서, 고객, 이해관계자, 지역 주민 등) 확산 노력과 성과 　- 기관 운영 및 주요 사업에 대한 인권영향평가를 실시 여부(계획, 교육, 평가, 공개 등) ② 인권경영(사업)의 실행 공개 노력과 성과 및 구제절차 제도화의 타당성 　- 인권경영(사업)의 실행 및 인권경영 전 과정의 공개 　- 구제절차의 수립 및 시행, 시행에 대한 평가와 개선 성과 ③ 공정사회 구현을 위한 노력과 성과는 적절한가? 　- 불공정거래 개선 등 공정거래 환경 조성 노력과 성과 　- 고객 피해 구제 방법 강화 등 고객 권익 증진 노력과 성과 　- 기회균등과 공정경쟁 조성의 노력과 성과 　- 갑질* 근절 방안(공기업정책과-1805, '18. 6. 1.) 등 시행 여부 등 　* 납품 단가 후려치기, 불리한 계약조건 강요, 금품 향응 요구, 성폭력 및 인격 모욕, 승진 누락, 불필요한 업무 부여 등
평가 내용 정의	○ 인권경영 체계 구축이란 인권경영의 첫 단계로, 기관(기업)의 인권경영 비전과 의미를 대내외적으로 공표하고 이를 시행하기 위한 시스템 구축을 의미한다. ○ 인권영향평가는 인권 리스크를 평가하기 위해 기관(기업)이 사업관계의 결과로 또는 기업활동으로 인해 인권에 미칠 수 있는 실제적·잠재적인 인권 리스크를 파악하고 평가하는 절차를 말한다. ○ 인권경영(사업)의 실행은 인권 리스크 가능성이 높은 업무와 사업을 선정하고 해당 부서에 방지 조치와 실행 방법을 전달하여 실제 실행한 실적과 성과를 의미한다. ○ 구제절차의 제도화란 법적으로 보장된 권리를 침해당하고 이와 관련하여 분쟁이 발생한 경우, 피해자의 진정을 접수, 조사하여 분쟁을 해결하고 피해자 권리를 원상회복시키는 절차를 의미한다. ○ 공정사회란 연대와 협력으로 상생함으로써 공동체의 발전과 공공의 이익을 추구하려는 공정 경제와 노동 존중, 성평등, 우월적 지위를 악용한 갑질 근절 등을 통해 모든 국민이 공정한 기회와 경쟁을 보장받는 차별 없는 사회를 의미한다. ○ 갑질 근절 방안은 불합리한 규제 발굴 및 개선 추진, 갑질 방지 조치 적극 이행, 일하는 방식 및 조직문화 개선 교육 홍보, 용역근로자 근로조건 보호 지침, 공정계약 지침 등 준수 여부를 의미한다.

세부 평가 방법	○ 인권경영 기본계획, 선언문, 영향평가 보고서, 실행 실적 보고서, 구제절차 시행 및 평가 보고서 등의 최종보고서로 평가한다. 　- 구제절차란 피해자 보호와 구제를 위한 절차로서 제도화는 구제절차 　　지침, 매뉴얼, 가이드라인을 의미하고 대상은 내부직원, 고객, 지역 주민, 　　이해관계자를 포함해야 하며, 시행에 대한 평가와 개선은 제도 운영의 실적과 　　성과 그리고 효용성에 대한 평가와 개선 실적을 의미함(개선 실적 없는 경우 　　기관의 상황 및 내용 고려하여 평가) ○ 각 보고서를 통합한 최종보고서가 있는 경우 최종보고서로 평가한다.

표 10. 2020년도 지방공기업 경영평가 편람

　그리고 국가인권위원회는 『공공기관 인권경영 매뉴얼』(2018)을 제작하여 배포했다. 이 책의 발간사는 인권경영에 대한 평가 항목이 구체적이지 않고, 공공기관들은 인권경영 도입 및 체계적·전략적 수행에 어려움을 겪고 있다고 진단하고, 따라서 국가인권위원회는 공공기관이 인권경영을 실행하고, 정부 및 지방자치단체가 공공기관 경영평가 시 인권경영에 대한 구체적인 평가가 가능하도록 하기 위해 매뉴얼을 마련했다고 밝혔다.

　이처럼 공공기관 인권경영 정책은 '권고'의 형식으로 시작했지만, 기획재정부나 행정자치부 등이 이를 공공기관의 경영평가에 반영함으로써, 피감기관인 공공기관의 입장에서는 인권경영이 사실상 의무화됐고, 공공기관이 실천할 인권경영의 내용도 점차 구체화됐다.

반성법적 규제로서의 공공기관 인권경영 정책

공공기관 인권경영 정책은 여러 측면에서 반성법의 요소를 가지고 있다. 첫째, 규제자인 정부는 피규제자인 공공기관에게 어떤 실체적인 기준을 제시하지 않는다. 즉, 어떤 인권을 어떻게 준수하라고 요구하지 않는다. 둘째, 그 대신 정부는 공공기관에게 일정한 인권경영이라는 절차의 준수를 요구했다. 『공공기관 경영평가 편람』은 다소 소략하지만 『지방공기업 경영평가 편람』은 이행원칙에 맞게 인권경영을 정의했고 비교적 상세하게 절차를 규정했다. 그리고 인권위원회는 더욱 상세한 절차를 담은『공공기관 인권경영 매뉴얼』을 제공했다. 셋째, 평가 편람은 공공기관에게 인권경영 보고서의 작성을 요구한다. 이는 반성법의 핵심 요소인 공개와 관련된다. 즉, 최종보고서를 작성한다는 것은 각 공공기관의 입장에서 자신의 활동을 스스로 정리하여 외부로—이 경우 평가 기관에게— 공개하는 것을 의미한다. 넷째, 공공기관은 인권경영을 제대로 실행하도록 하는 외부의 강력한 압력을 받는다. 이것을 가능하게 하는 것이 경영평가이다. 경영평가의 결과는 기관장 및 소속 직원의 이해관계와 직접 연결되어 있기 때문에, 공공기관으로서는 이러한 절차 요구를 무시할 수 없고, 인권경영의 실천과 개선된 성과를 입증하기 위해 노력하지 않을 수 없다.

이처럼 우리나라 공공기관 인권경영 정책은 공공기관 평가제도를 이용하여 공공기관에게 인권경영이라는 '절차'를 강제함으로써, 공공기관 각자가 최선의 방식으로 인권 문제에 대처하도록 압박한다. 이것을 전체적으로 보면, 공공기관에 의한 인권침해를 방지하기 위한 반성법적 접근이라고 할 만하다. 다만 인권경영에 관한 공개는 지극히 제한적이고, 공공기관의 인권경영에 영향을 미치는 외부 이해관계자도 제극히 제한적이다.

공공기관 인권경영 정책의 취약성

그렇다면 현재 한국에서 시행되고 있는 공공기관 인권경영 정책은 과연 소기의 성과를 낳으면서 순항할 것인가? 현재로서는 쉽게 가늠할 수 없다. 그것은 반성법 자체의 한계 탓이라기보다, 공공기관 인권경영에 대한 평가가 실제 어떻게 운영될지 예측하기 어렵기 때문이다. 만약 평가가 제대로 수행되지 않으면 공공기관 인권경영은 실패의 길로 갈 것이다. 반대로 제대로 평가한다면 큰 성과를 낼 수도 있다. 인권경영의 평가가 기획재정부의 소관 사항이라는 점을 생각했을 때, 우리나라 공공기관 인권경영의 성패는 인권경영의 평가를 책임지는 소수의 관료 혹은 평가위원에 달려 있다고 해도 과언이 아니다. 그만큼 한국의 공공기관 인권경영 정책이 취약하다는 뜻이기도 하다. 이는 공공기관 인권경영 정책이 법률의 차원에서 추진되지 않은 탓도 있겠지만, 제도 자체가 경영평가를 지렛대로 삼도록 설계됐기 때문이다. 이런 방식이 현장에서 조금이라도 의미 있는 변화를 낳으려면 올바른 평가 기준에 따른 객관적인 평가가 이루어져야 한다. 이마저 없다면 한국의 공공기관 인권경영 정책은 별다른 성과 없이 공전하고 말 것이다. 그렇다면 공공기관의 인권경영이 성과를 내고 안착하기 위해서 필요한 올바른 평가 기준이란 어떤 것일까? 반성법의 이론과 경험을 기초로 가장 중요한 두 가지를 제안하고자 한다.

제안 1: 올바른 평가 기준 혹은 공개 기준의 정립

공공기관의 인권경영 정책이 도모하는 것은 공공기관이 인권경영을 하게 하는 것이다. 인권경영이란 인권경영 체제를 갖추고 그것을 작동시키는 것이다. 인권경영 체제는 인권경영 정책선언, 인권실사, 고충처리 절차를 포함한다. 따라서 인권경영평가는 이와 같은 체제를 갖추고 있는지, 그것이 제대로 작동하는지를 평가하는 것이어야 한다.

첫째, 인권경영 체제의 존재 여부를 평가한다. 여기에는 정책선언, 관련 부서의 설치, 적절한 고충처리 절차의 존재 등 형식적인 조건을 갖추었는지를 보는 것이 포함된다. 각각에 대한 상세한 기준은 『공공기관 인권경영 매뉴얼』을 참고할 수 있으며, 이는 양적 평가로 충분할 것이다.

둘째, 인권실사가 제대로 이루어졌는지를 본다. 이와 관련하여 인권영향평가를 했는지, 인권영향평가를 통해서 중대한 인권 이슈가 적절히 식별됐는지, 그에 대한 대책이 적절히 제시되었는지, 그 대책이 적절히 실행됐는지 등을 평가해야 한다. 이 부분은 공공기관별로 차이가 클 것이다. 공공기관에 따라서 중대한 인권 이슈가 다를 것이고, 그에 따라 대응 정책도 다를 것이다. 예컨대, 한국토지주택공사(LH), 한국가스공사, 한국수출입은행이 가진 중대한 인권 이슈는 서로 상이할 수밖에 없다. 모두 공공기관이지만 업종 자체가 판이하게 다르기 때문이다. 따라서 각 기관은 기관별로 중대한 인권 이슈를 발굴하여 특정하고 그에 대한 대책을 마련하여 실행해야 한다. 중대한 인권 이슈가 없었다고 말하는 것은 올바른 대답이 될 수 없다. 모든 공공기관은 이러저러한 인권 문제가 있을 수밖에 없기 때문이다. 오히려 인권 문제가 너무나 많아서 한꺼번에 해결하지 못할 수도 있다. 이런 경우 평가를 받는 공공기관이 모든 인권 문제를 일거에 해소하지는 못했더라도 어느 정도 용납되어야 한다. 인권실사에 대한 평가는 상당 정도 질적 평가가 불가피해 보인다.

셋째, 고충처리 절차의 작동이다. 인권실사를 통해 인권침해가 없도록 사전 예방적 조치를 취한다고 하더라도 인권 피해자는 발생할 수 있다. 또 아직 인권침해가 발생하지 않은 경우에도 잠재적 인권 피해자는 인권 피해 우려를 표명할 수 있다. 이런 경우 공공기관은 사전에 마련된 고충처리 절차를 통해서 개별적으로 호소에 대응해야 한다. 따라서 이런 조치들이 적절했는지를 평가해야 한다. 여기에서 주의할 것은 인권침해가 발생했다는 사실만으로 무조건 감점을 부과해서는 안 된다는 것이다. 인권침해 사건이 발생한 경우 효과적인 인권경영에도 불구하고 발생했는지, 아니면 부실한 인권경영의 결과로서 발생했는지 고려해야 한다. 그리고 이미 발생한 인권침해에 대해 사전에 마련된 고충처리 절차에 따라 적절히 대처했고 피해자도 만족했는지 여부도 중요하게 고려해야 한다. 인권침해가 발생했더라도 사후적으로 적절히 조치됐다면 감점하지 말아야 한다는 것이다. 이처럼 의도치 않게 인권침해가 발생하더라도, 성실히 인권경영을 하면 면책된다는 선례를 만들어 나가는 것이 중요하다. 그래야 인권경영이 빠르게 정착될 수 있다. 고충처리 절차가 잘 작동했는지에 관한 평가에서도 상당 정도 질적 평가가 불가피하다.

이와 같은 평가 기준은 사전에 마련, 공개되어야 하고, 평가 기준에 따른 엄정하고 공정한 평가가 이루어져야 한다. 물론 이미 공개된 평가 편람이나 매뉴얼이 평가 기준이 될 수 있다. 하지만 충분히 명료하지 못하고 혼란스러운 것이 사실이다. 이런 점에서 다시금 평가 기준의 정립을 제안하는 이유는 기존의 기준을 반성법 원리에 맞게 조정하고 더욱 단순명료하게 하자는 것이다. 또한 평가 기준에 따라 실제로 평가가 이루어져야 하는 것의 중요성을 지적하기 위함이다.

지금까지 평가기관에 의해서 발간된 『공기업 경영실적 평가보고서』나 『지방공기업 경영평가 종합보고서』 등을 통해서는, 어느 공공기관이 인권경영을 잘했고 어느 공공기관이 인권경영을 엉터리로 했는지조차 알 수 없다. 이런 식의 평가라면 어떤 공공기관도 제대로 인권경영을 하려고 하지 않을 것이다. 현재의 제도에서는 공공기관 인권경영의 성패가 평가에 거의 달려 있는 만큼 평가 기준을 올바로 정립하고 이를 엄정하게 운용함으로써 제대로 인권경영을 실천한 공공기관과 그렇지 않은 공공기관을 구분하는 것만큼 중요한 것도 없다.

제안 2: 인권경영 보고서의 대외 공개

현재 각 공공기관이 작성한 인권경영 보고서는 평가기관에만 제출하게 되어 있다. 그 결과 공공기관 인권경영 정책의 성패가 평가기관의 의지와 능력에 과도하게 의존하는 형국이다. 앞에서도 언급했지만, 반성법을 작동시키는 첫걸음은 정보의 생산과 공개이다. 이는 조직의 내부적 학습(반성)을 위한 전제이기도 하지만, 이해관계자와의 쌍방향적 소통을 위한 전제가 된다. 이런 차원에서 공공기관이 작성한 인권경영 보고서를 평가기관 이외의 다른 이해관계자에게 공개하는 것은 공공기관 인권경영의 효과적 작동을 위해서 필수적이다. 그런데 『2018 공공기관 경영평가 편람』은 인권경영 보고서에 대한 언급조차 없고, 『2020년도 지방공기업 경영평가 편람』은 인권경영 보고서와 공개에 대한 언급은 있지만, 이것을 누구에게 공개하는지는 명시하지 않았다.『공공기관 인권경영 매뉴얼』은 인권경영 보고서를 작성하여 이해관계자와 일반 대중에게 공개할 것을 규정하고 있지만,[43] 공공기관이나 평가기관은 이 권고를 거의 무시했다. 실제로도 인권경영 보고서를 평가기관 이외의 이해관계자나 일반 대중에 공개한 공공기관은 거의 전무하다.

공공기관의 인권경영 보고서를 보고 싶어 하는 이해관계자는 다양하다. 예컨대 잠재적·현재적 피해자는 보고서를 통해 자신의 고충과 우려가 적절히 대처되고 있는지를 알고 싶어 한다. 언론은 보고서의 내용을 분석하여 기사를 쓸 수 있다. 학자는 보고서의 내용을 학술적 차원에서 검토할 것이다. NGO는 보고서의 내용에 따라 활동 방향을 정할 것이다. 어떤 공공기관은 다른 공공기관의 보고서를 통해 인권경영의 앞선 경험을 배우고 싶을 수 있다. 인권위원회는 보고서를 통해 규제 목적이 잘 달성되고 있는지를 점검할 수 있다. 이처럼 여러 이해관계자는 공개된 보고서를 통해서 각 공공기관의 인권경영을 평가하고 대응한다. 또 공공기관은 이런 여러 이해관계자의 대응과 반응을 고려하면서 자신의 인권경영을 개선해 나간다. 인권경영에서 이런 식의 다면적 감시와 쌍방향적 소통이 없다면 공공기관은 현장의 인권 상황을 효과적으로 개선하지 않거나 못 할 것이다. 앞에서 보았듯이, 반성법 체계하에서 이해관계자는 외부 감시자이며, 유인 제공자이고, 인권경영을 위한 협력자가 된다. 이해관계자의 감시와 참여를 보장함으로써 최고 수준의 성과를 얻자는 것이 바로 반성법이다. 이 모든 것을 위한 필수적 전제는 이해관계자가 원하는 정보의 공개이다.

인권경영 보고서가 현재처럼 평가기관에만 제공된다면 이 정책은 반성법의 잠재력을 제대로 이용하지 않는 것이다. 인권정보의 공개가 지나치게 미진하고 그 결과 이해관계자의 참여가 사실상 봉쇄된다면 이는 반성법적

---

43 국가인권위원회,『공공기관 인권경영 매뉴얼』, 2018, 24쪽.

접근이라고 부를 수도 없다. 반성법은 정보 공개를 통해서 이해관계자를 개입시키는 정책이기 때문이다. 인권경영이 제대로 작동하기 위해서는 적어도 평가 기준에 합당한 인권경영 보고서를 작성해야 할 뿐만 아니라 보고서 자체가 이해관계자들에게 공개되어야 한다. 보고서의 대외 공개는 개개 공공기관의 인권경영 작동을 위해서뿐만 아니라, 평가기관에 대한 평가를 위해서도 필수적이다. 한국의 공공기관 인권경영 정책이 이제 막 출발한 만큼 부족한 부분이 많을 수밖에 없다. 그럴수록 인권경영 보고서를 대외에 공개함으로써, 인권경영 정책의 부족한 부분을 드러내고 개선해 나가야 한다. 즉, 반성법적 규제 자체도 반성적 진화를 거듭해야 하는 것이다. 이런 과정을 거칠 때 공공기관 인권경영과 평가 작업 모두가 신속하게 자리 잡을 것이다.

8장

프랑스의 인권경영의무화법

1. 인권경영의 법적 의무화

인권실사를 부분적으로 법적 의무로 한 사례는 종종 있었지만[1] 포괄적인 인권실사(즉 인권경영)를 법적 의무로 만들 수 있을지에 대해서는 의문이 적지 않았다. 논란에도 불구하고 지구촌에서 포괄적인 인권실사도 법적 의무화의 길로 가는 듯하다. 그 첫걸음을 뗀 것이 프랑스다. 그것이 이른바 프랑스의 실사법(Duty of Vigilance Law)이다.[2] 이 법은 이행원칙이 제안한 인권실사의 문제의식을 그대로 법적 의무화하여, 전례 없는 정도로 '자신의 사업장과 공급망에서 현재적·잠재적 인권침해를 식별하고, 식별된 인

---

1 예컨대, 미국의 도드-프랭크법, 유럽연합의 분쟁광물 실사의무화법(Regulation (EU) 2017/821 of the European Parliament and of the Council of 17 May 2017), 영국 및 호주의 현대 노예법(Modern Slavery Act), 네덜란드 아동노동 실사법(Child Labour Due Diligence Law. 2017) 등이 그것이다. 미국의 도드-프랭크법에 대해서는 다음을 참고하라. 이상수, 「공급망에서 발생한 인권침해에 대한 법적 규제: 미국 도드-프랭크법 제1502조를 중심으로」, 『서울대학교 법학』 제57권 제3호, 2016. 9.

권침해를 방지·완화하는 제반 절차를 실시할 의무'(즉 인권경영 의무)를 기업에게 부과했다.

2. 프랑스 실사법의 주요 내용

1) 개요

프랑스 실사법은 2013년 4월 24일 발생한 방글라데시의 라나플라자 붕괴 사건을 계기로 촉발되었다.[3] 초안 설명 자료는 이 법이 프랑스와 해외에서 인권침해와 환경훼손을 낳는 다국적기업의 비극적 사건을 방지하며, 기업으로 하여금 책임 있게 행동하도록 권장하고, 손해가 발생한 경우 희생자에게 구제를 제공하도록 하는 것에 목적이 있다고 했다.[4] 여기서 보듯이 이 법은 처음부터 다국적기업을 규제하여 국내외의 공급망에서 발생하는 인권 및 환경 침해를 막으려고 의도된 것이다.

이 법의 제정 과정에서 시민단체들이 적극적으로 활약했다. 라나플라자 붕괴 직후 셰르파(Sherpa)[5]와 CSR시민포럼은 이행원칙의 내용을 수용

---

2 French Corporate Duty of Vigilance Law. No. 2017-399 of 27 March 2017. 내가 번역한 프랑스 실사법의 한글 번역본은 블로그에 게시되어 있다. <https://blog.naver.com/cogitus/221633616156>

3 Morgan Lewis, "French Companies Must Show Duty of Care for Human and Environmental Rights," *Juspra*, April 4, 2017.

4 Stehpane Brabant, Elsa Savourey, "A Closer Look at the Penalties Faced by Companies," *Revue Internaionale de la compliance et de l'éthique des affaires-supplément à la Semaine Juridique entreprise et affaires,* no 50 du Jeudi 14 décembre 2017, p.2.

5 셰르파는 2001년에 설립된 NGO로 지구화와 관련한 경제적 피해자의 보호를 도모한다. <https://www.asso-sherpa.org/mandate>

한 획기적인 법안을 제안했지만 통과되지는 못했다.[6] 하지만 이후 좀 더 정교화한 법안이 마련되어 재상정됐다. 국회의 토론 과정에서도 셰르파, CSR시민포럼, 노동조합, 학계 등 다양한 주체가 적극적으로 참여했다. 2017년 2월 21일, 하원과 상원이 모두 실사법의 채택을 마쳤고, 이후 헌법 재판소에서 실사법의 합헌성 여부에 관한 검토가 있었다. 그리고 2017년 3월 28일 법이 발효되었다.

실사법은 그 자체가 독립적인 법률은 아니다. 실사법은 상법을 개정하는 개정법으로서, 이에 의해 상법에 2개 조항이 추가됐다. 삽입되는 하나의 조항(L. 225-102-4)은 실체적인 것으로서 기업에 부과되는 실사 의무의 내용을 담고 있다. 여기서 말하는 실사 의무란 실사 계획의 수립, 실사 계획의 효과적 이행, 실사 계획과 이행 성과의 공개로 이루어진다. 다른 하나의 조항(L. 225-102-5)은 절차적인 것으로서 실사 의무의 이행을 둘러싼 집행장치를 담고 있다. 여기에는 이행명령, 민사 손해배상이 포함된다.

최초에 제안된 실사법안과 현행의 실사법 사이에는 중대한 두 가지 차이가 있다. 첫째 차이점은 법안의 토론 과정에서 삭제된 내용이다. 실사법 초안은 인권실사를 의무화하는 것뿐 아니라 새로운 손해배상 체계를 함께 도입한 것이었다. 초안은 실사법 위반으로 인한 손해에 대해서 손해배상을 청구하는 경우 입증책임을 회사가 지는 것으로 했는데,[7] 토론 과정에서 이 부분이 삭제됐다. 두 번째 차이점은 실사 의무 위반 기업에 대한 형사처벌과 관련되는 것으로, 프랑스 헌법재판소가 위헌으로 판정하여 삭제됐

---

6 Tiphaine Beau de Lomenie, Sandra Cossart, "Stakeholders and the Duty of Vigilance," *Revue Internaionale de la compliance et de l'éthique des affaires-supplément à la Semaine Juridique entreprise et affaires,* no 30 du Jeudi 14 décembre 2007, p.3.

7 Sandra Crossart et. al, "The French Law on Duty of Care: A Historic Step Towards Making Globalization Work for All," *Business and Human Rights Journal*, No. 2, 2017, p.317. 스위스 실사의무화법안은 입증책임을 희생자에서 회사로 전환하고자 했다.

다.[8] 이로 인해 현행 실사법은 다소 초라해졌다고 할 수 있지만[9] 그럼에도 실사법은 시대를 이끄는 도전적인 것으로서 적지 않은 의미를 가진다. 먼저 현행 실사법의 내용을 살펴보자.[10]

2) 실사 의무 기업

의무기업

이행원칙은 기업이라면 규모, 활동 장소, 소유 구조에 상관없이 모두 인권실사를 해야 한다고 보았다. 다만 기업의 크기, 중대한 인권영향의 위험, 그리고 사업 활동의 성격과 맥락에 따라 인권실사의 형태는 달라진다고 보았다[이행원칙 17(b)]. 이에 비해 실사법은 일정한 기준을 충족한 대기업에만 실사 의무를 부과했다. 아래에서는 실사법에 따른 실사 의무를 지는 기업을 편의상 '의무기업'이라고 부른다. 아래 조문은 실사법상 의무기업을 정의하고 있다.

> 2회 연속된 회계연도 말에, 자신[의무기업]과 프랑스 영토 내에 주소가 있는 직간접 자회사에서 적어도 5,000명을 고용하는 모든 기업, 혹은 자신[의무기업]과 프랑스 영토 혹은 해외에 주소를 두고 있는 직간접 자

---

8 Conseil Constitutionnel, Décision no 2017-750 DC du 23 mars 2017.

9 로메니는 이것이 로비에 의한 좌절이라고 지적했다. Tiphaine Beau de Lomenie, "Sandra Cossart, Paige Morrow, Form Human Rights Due Diligence to Duty of Vigilance: Taking the French Example to the EU Level," Angelica Bonfanti (ed), *Business and Human Rights in Europe*, Routledge, 2019, p.138.

10 실사법의 조문에 대한 해설은 아래에서 보듯이 여러 문헌에 흩어져 있다. 다만 세르파는 실사법의 조문을 소개하는 독립적인 자료를 발표한 바 있다. Sherpa, *Vigilance Plans Reference Guidance*, 2019.

회사에서 적어도 10,000명을 고용하는 모든 기업은 실사 계획(plan de vigilance)을 수립하고 효과적으로 이행해야 한다.

실사법은 종업원의 수를 기준으로 의무기업을 정의했다. 여기서 종업원은 프랑스 고용법에서 말하는 종업원을 말한다.[11] 이는 특정 형태의 고용, 예를 들어 임시직 등은 배제한다는 것을 의미한다.

종업원의 수는 해당 기업이 직접 고용한 종업원의 수와 그 기업의 직간접 자회사가 고용한 종업원의 수를 합친 것이다. 자회사는 상법 L.233-1에서 정의하고 있는데, 이에 따르면 어떤 기업이 다른 기업의 주식을 반 이상 소유하면 후자 기업은 전자 기업의 자회사가 된다. 간접 자회사란 자회사의 자회사(즉 손자회사) 등을 의미한다. 이처럼 자회사를 판단할 때 획일적으로 주식의 유무만으로 고려하는 것은 의무기업 여부를 판단하는 데 도움을 준다.

의무기업이 되기 위해서는 해당 기업의 종업원이 국내만으로 5,000명 이상이거나 국내외 합산하여 10,000명 이상이어야 하고, 이 수치를 2년 연속하여 충족해야 한다.

의무기업은 프랑스에 등록한 기업이어야 한다. 실사법이 국내법이므로 이런 제한은 당연할 것이다. 다만, 외국 기업의 자회사도 의무기업의 요건을 갖추면 실사법상의 의무기업이 될 수 있다. 그리고 의무기업은 특정 산업 부문에 한정되지 않는다는 것도 중요한 지점이다.

실사 의무 면제 기업
실사법에서는 어떤 기업이 실사법의 위 기준을 충족한 경우에도 일정한

---

11 프랑스 고용법에는 근로자를 세는 방법에 관한 조항이 있다. French Employment Code [Code du travail] (Emp. Code, art. L. 1111-2 and L. 1111-3), 이에 의하면 정기적 월급을 받지 않는 사람을 제외한다. Brabant & Savourey, 앞의 글(A Closer Look), p.7.

조건을 충족하면 실사 의무를 면제해 준다. 해당 조문은 다음과 같다.

> 첫째 문단에서 거론된 기준을 상회하는 자회사나 피지배 회사는, (프랑스 상법) L. 233-3의 의미에서 그들을 지배하는 기업[의무기업]이 그 기업[의무기업]의 활동과 자회사 및 그 기업[의무기업]이 지배하는 기업 전체의 활동에 대한 실사 계획을 수립하고 이행한 시점으로부터, 이 조항에서 규정한 의무를 충족한 것으로 본다.

즉, 어떤 기업(A)이 의무기업의 기준을 충족시킨다 해도 그 기업(A)의 모회사나 그 기업(A)을 지배하는 회사가 의무기업으로서 그 기업(A)을 포함하는 실사 계획을 수립하고 이행한다면 그 기업(A)은 실사법상의 실사 의무를 지지 않는다는 것이다.

특이한 것은 실사 의무 면제기업에는 자회사뿐만 아니라, '피지배기업'도 포함된다는 것이다. 피지배기업은 상법 L.233-3에 규정되어 있는데,[12] 이에 의하면 반드시 주식에 의한 지배가 아니더라도 피지배기업으로서 실사 의무를 면제받을 수 있다.

이런 식으로 실사 의무를 면제해 주는 것은 실사 계획의 중복에 따른 준법 비용의 절감, 중앙화된 계획에 따른 통일적이고 효과적인 실사 계획의 수립과 실행, 규제기관의 입장에서 규제 비용 절감 등이 이유다. 그러나 이들 면제기업이 자발적으로 실사 계획을 세우는 것은 금지되지 않는다.[13]

요컨대, 실사법은 종업원의 수를 기준으로 실사법상의 의무기업을 획

---

12 Article L. 233-3에는 다음과 같은 경우 지배하는 것으로 본다. 즉 ① 절대다수의 의결권을 행사하는 자본을 보유한 경우, ② 다른 사람과의 합의에 의해 절대다수의 의결권을 갖는 자본을 직간접적으로 보유한 경우, ③ 의결권으로써 주주총회에서의 결정을 효과적으로 결정하는 경우, ④ 경영진의 절대다수를 임명 및 해임할 권한을 갖는 경우 등이다. 그리고 40퍼센트 이상을 보유하면서 최대주주인 경우도 지배력을 갖는 것으로 본다.

정하고 있다. 실사법은 이러한 요건에 대해서만 규정할 뿐 특정 규제기관에게 의무기업의 명단을 작성하도록 하지는 않았다. 결국 이와 같은 기준에 해당되는지 여부는 일차적으로 기업이 스스로 판단해야 한다. 면제될수 있는 기업이 모두 이 조항에 따라서 면제를 선택할지 아니면 독자적인 실사 계획을 세울 것인지에 따라서도 의무기업의 수가 변할 것이다. 결과적으로 실사법의 적용을 받는 기업을 150~200개 정도로 추산하기도 하고 [14] 170개 정도로 추산하기도 한다.[15] 셰르파는 300개 전후로 보았다.[16] 아무튼 프랑스에서 대략 300개 이내의 대기업이 실사법상의 의무기업이라고 볼 수 있다.

3) 실사 계획의 수립

실사의 인적 범위

이행원칙에 따르면 인권실사의 인적 범위(ratione personnae)는 자신뿐만 아니라 자신의 사업 활동, 제품, 그리고 서비스와 직접 연결된 모든 지점을 포함한다. 인권실사의 물적 범위(ratione materiae)는 국제적으로 승인된 모든 인권이다(이행원칙 12 참조). 그렇다면 실사법이 규정하고 있는 실사의

---

13 Stéphane Brabant, "Scope of the Law on the Corporate Duty of Vigilance," *Revue Internaionale de la compliance et de l'éthique des affaires-supplément à la Semaine Juridique entreprise et affaires,* no 30 du Jeudi 14 décembre 2007, p.8.

14 Brabant, 위의 글(Scope of the Law), p.2.

15 PWC, Strategies for Responsible Business Conduct, December 2018, p.29.

16 Sherpa, Actionaid, Les Amis de la Terre, Amnesty International, Terre Solidaire, and Collectif Ethique Sur L'Etiquette, "The Law on the Duty of Vigilnace of Parent and Outsourcing Companies, Year 1: Companies Must Do Better," 2019, p.7. <https://respect.international/the-law-on-duty-of-vigilance-of-parent-and-outsourcing-companies-year-1-companies-must-do-better/>

인적·물적 범위는 어떻게 될까? 다음 조문을 보자.

> 그 (실사)계획은, [1] 그 기업[의무기업]의 활동, [2] l.233-16, II.의 의미에
> 서 그것[의무기업]이 지배하는 기업의 활동, 그리고 [3] 확립된 거래관
> 계(established commercial relationship)를 유지하는 하청과 공급자의 활
> 동(그런 활동이 이 관계에 기인한 경우)으로부터 직간접적으로 야기된 인
> 권과 근본적 자유, 개인의 건강과 안전, 그리고 환경에 대한 위험을 식
> 별하고 심각한 영향을 방지하는 데에 적절한 합리적 실사 조치(mesures
> de vigilance raisonnable)를 포함해야 한다.

실사법에 따르면 실사의 인적 범위는 크게 세 가지 범주로 나뉜다. 첫
째는 의무기업 자신, 둘째는 피지배기업, 셋째는 확립된 거래관계가 있는
하청기업 및 공급자이다. 의무기업 자신이 실사의 인적 범위에 포함된다
는 것은 당연하다. 실사법은 그에 그치지 않고 실사의 인적 범위를 피지배
기업과 하청 및 공급자로 확대했다.

실사의 인적 범위에 속하는 피지배기업은 상법 l.233-16, II.에서 정의
하고 있다. 이 조항은 특정 기업이 단독으로 다른 기업의 지배를 받는 경우
(sole control of a company)를 규정한다. 이에 따르면 어떤 기업이 단독으로
지배되는 경우는 세 가지가 있는데, 여기에는 다른 기업이 법적으로 지배
하거나(의결권의 과반수를 가진 경우), 사실상 지배하거나(경영자의 다수를 지
명한 경우), 계약상 지배하는(계약에 의해서 지배적인 영향력을 행사하는 경우)
것이 포함된다. 이런 식으로 의무기업이 단독으로 지배하는 기업이 있다
면 의무기업은 이들 기업에서 발생할 수 있는 인권 및 환경 침해에 관해 실
사를 해야 한다.

마지막으로, 실사법은 확립된 거래관계를 갖는 하청과 공급자도 실사
의 인적 범위에 포함시켰다. 하청은 원청의 책임하에 원청의 계약 일부 혹

은 전부를 수행하는 경우를 말하고, 공급자란 상품이나 서비스를 공급하는 자를 의미한다. '확립된 거래관계'란 개념은 다소 모호할 수 있는데, 실은 이미 상법에서 사용되고 있는 개념으로서,[17] 대체로 지속적 거래관계가 존재하는 경우로 해석된다. 하청과 공급자가 해외에 소재한 경우도 실사의 인적 범위에 포함된다.

여기서 말하는 하청과 공급자는 의무기업의 하청과 공급자만을 의미하는지, 아니면 피지배기업의 하청과 공급자를 포함하는지 모호하다. 의회에서의 관련 논쟁 기록을 보거나 헌법재판소의 판결문 내용을 참고하면 의무기업과는 직접적인 하청이나 공급자 관계가 없더라도 그 피지배기업과 하청 또는 공급자 관계에 있다면 실사의 인적 범위에 해당한다고 보아야 한다는 해석이 있다.[18] 즉 의무기업은 자신의 사업 활동, 자신이 단독으로 지배하는 기업, 자신과 지속적인 거래관계를 갖는 하청과 공급자에게서 발생할 수 있는 인권 및 환경 위험에 대처해야 한다는 것이다. 이 문제는 향후 법의 운용 과정에서 점점 명료해질 것이다.

프랑스에서 대략 200~300개의 대기업이 의무기업이라고 했을 때, 프랑스 실사법에 의해 인권실사의 대상이 되는 기업의 수는 훨씬 많아진다. 그리고 여기에는 해외에 있는 자회사를 포함한 피지배기업, 하청 및 공급자가 포함된다.

물론 이는 이행원칙이 상정한 인적 범위에 비해서는 협소하다. 즉, 이행원칙은 전방 및 후방 공급망 전체에 걸친 실사를 요구하지만, 실사법은 전방 공급망(upstream supply chain)의 경우 확립된 거래관계가 있는 하청과

---

17 프랑스 상법전 L.442-6-I-5에서 '확립된 거래관계'의 단절에 대해서 규정하고 있다. 확립된 거래관계를 해소할 때는 적절한 통지 기간이 준수되어야 한다는 내용을 담고 있다.

18 Stéphane Brabant, Charlotte Michon, Elsa Savourey, "The Vigilance Plan: Cornerstone of the Law on the Coporate Duty of Vigilance," *Revue Internaionale de la compliance et de l'éthique des affaires-supplément à la Semaine Juridique entreprise et affaires,* no 30 du Jeudi 14 décembre 2007, pp.3-4.

공급자에 한정했고, 후방 공급망(downstream supply chain)에 대해서는 아무런 의무도 부과하지 않았다.

실사의 물적 범위

이행원칙은 기업이 존중해야 하는 인권 목록을 제시하지 않고 대신 '국제적으로 승인된 모든 인권'을 존중해야 한다고 했다. 이에 비해 실사법의 물적 범위는 '인권과 근본적 자유, 개인의 건강과 안전, 그리고 환경'이다. 여기서 말하는 인권, 자유, 건강, 안전, 환경을 합쳐서 인권 및 환경이라고 해도 좋고 간단히 인권이라고 해도 좋을 것이다(이하 이를 '인권'이라 함).[19] 실사법은 여기서 말하는 인권이 무엇인지에 대해 따로 정의하거나 목록을 제공하지 않았다. 따라서 해석에 맡겨져 있다고 볼 수 있는데, 적어도 프랑스 국내법, 프랑스가 국제조약을 통해서 비준한 인권 및 환경 조약, 이행원칙에서 표현한 '국제적으로 승인된 모든 인권'이 고려될 수 있을 것이다. 따라서 실사법의 물적 범위는 이행원칙의 물적 범위와 거의 동일하거나 그보다 조금 더 넓다고 할 수 있다.

실사법이 이처럼 인권실사의 물적 범위를 개방적으로 규정한 데 대해서 논란이 없지 않았다. 하지만, 국무원은 인권 및 환경이 무엇을 의미하는지를 시행령으로 명료화할 필요가 없고, 현재 규정만으로도 "충분히 정교하고 포괄적이다."라고 판단했고, 정부도 이런 입장을 지지했다.[20]

---

19 인권과 환경권이 어떤 관계인지에 대해서는 논란이 있을 수 있지만, 국제사회는 점점 더 환경권이 인권의 일부임을 인정하고 있다. 예컨대, United Nations Conference on the Human Environment(1972), Stockholm Declaration(1972), the World Charter for Nature(1982), the Earth Summit(1992), the World Summit on Sustainable Development(2002), UN OHCHR Human Rights Resolution 2005/60.

20 Brabant et. al, 앞의 글(The Vigilance Plan), p.6.

실사 계획의 내용

이행원칙은 따로 실사 계획이라는 단어를 사용하지 않는다. 다만 인권실사는 ① 인권영향평가를 하는 것, ② 영향평가에서 드러난 인권침해를 방지·완화하는 경영을 하는 것, ③ 이런 경영활동의 성과를 추적하는 것, ④ 이런 전 과정에 대해서 소통하는 것을 포함한다고 규정한다. 따라서 이행원칙에 따른 인권실사 계획도 이와 같은 의미의 인권실사를 내용으로 할 수밖에 없을 것이다.

실사법은 의무기업에게 실사 계획의 수립 의무를 부과하고, 이어 실사 계획은 "인권 및 환경에 대한 위험을 식별하고 심각한 영향을 방지하는 데에 적절한 합리적 실사 조치를 포함해야 한다."라고 규정했다. 이 문구는 사실상 실사법상의 실사를 정의하는 것이다. 즉 실사법상의 실사란 '인권 및 환경에 대한 위험을 식별하고 심각한 영향을 방지하는 데에 적절한 합리적 조치'에 다름아닌 것이다. 실사에 대한 이런 식의 정의는 이행원칙의 인권실사와 크게 다르지 않다.

실사법은 이에 머무르지 않고 실사 계획은 다음의 조치를 담아야 한다고 규정했다.

① 위험의 식별, 분석, 그리고 우선순위 부여를 위한 위험맵핑(carto-graphie des risques)

② 자회사 그리고 확립된 거래관계를 유지하고 있는 하청 또는 공급자의 상황에 관하여, 위험맵핑에 따라서 규칙적으로 평가하는 절차

③ 위험을 완화하거나 심각한 침해를 방지하는 적절한 조치들(actions)

④ 위험의 존재와 발현에 관한 징후(signalements)의 수집 및 경보장치. 그것은 그 기업[의무기업]의 대표적 노동조합 조직과의 협의하에 설치되어야 함.

⑤ 이행 조치를 감시하고 그 효과성(efficatité)을 평가하는 체계

① 위험의 식별, 분석, 그리고 우선순위 부여를 위한 위험맵핑

위험맵핑이란 기업이 직면한 인권위험의 전체상을 제시하는 것이다. 즉, 의무기업이 자신, 피지배기업, 하청 및 공급자에게서 발견된 인권위험의 총목록을 만들고, 이를 분석하여 긴급히 대처해야 할 인권위험을 우선순위에 따라 제시하는 것이다. 이는 이행원칙에서 말하는 인권영향평가를 실시하고 그 결과 드러난 인권위험을 우선순위에 따라 실사 계획에 담으라는 명령과 다름없다.

② 자회사 그리고 확립된 거래관계를 유지하고 있는 하청 또는 공급자의 상황에 관하여, 위험맵핑에 따라서 규칙적으로 평가하는 절차

실사법상 의무기업은 자회사,[21] 하청, 공급자에게 발생하는 인권위험을 파악할 뿐만 아니라 이들이 그런 위험에 잘 대처하고 있는지 평가하는 절차를 실사 계획에 담아야 한다. 예를 들어 특정 공급자에게서 강제노동의 위험이 있다면 의무기업은 이 공급자가 강제노동 문제에 제대로 대처하고 있는지 평가(감시)하는 절차를 마련하고 이를 실사 계획에 담아야 한다는 것이다.

③ 위험을 완화하거나 심각한 침해를 방지하는 적절한 조치들(actions)

의무기업은 위험맵핑에 적시된 인권위험에 대해서 이를 완화·방지하기 위한 대책을 세워야 하고, 이것을 실사 계획에 기재해야 한다. 예를 들어 광산 개발 과정에서 지역 주민의 재산권에 대한 침해 위험(risk)이 있는 것으로 파악됐다면 의무기업은 그에 대해 어떻게 대처할지 계획을 세워 실사 계획에 담아야 한다.

---

21 여기서 자회사라고 명시되어 있긴 하지만 위 실사의 인적 범위를 고려하면 이는 사실상 피지배회사를 지칭한다고 봐야 할 것이다.

④ 위험의 존재와 발현에 관한 징후(signalements)의 수집 및 경보장치. 그것은 그 기업 [의무기업]의 대표적 노동조합 조직과 협의하에 설치되어야 함

실사 계획은 인권위험의 징후를 포착할 수 있는 장치(이하 경보장치)를 포함해야 한다. 이런 장치는 이행원칙에서 말하는 고충처리장치(grievance mechanism)를 염두에 둔 것이다(이행원칙 22 참조). 경보장치가 반드시 구제 장치를 의미한다고 해석할 수는 없겠지만, 적어도 현재적·잠재적 인권 피해자가 의무기업에 대해 우려나 고충을 제기할 수 있는 통로를 제공해야 한다는 것이다. 그리고 의무기업에 노동조합이 있다면 반드시 이들과 협의하여 경보장치를 설치해야 한다.

⑤ 이행 조치를 감시하고 그 효과성(efficatité)을 평가하는 체계

의무기업은 실사 계획을 세우고 그것을 이행해야 하는데, 이행 전에 실사 계획이 제대로 이행되었는지에 관한 평가 체계를 고안하여 이를 실사 계획에 담아야 한다는 것이다.

실사 계획이 반드시 담아야 할 다섯 가지 요소를 고려해 본다면, 프랑스 실사법은 이행원칙의 인권실사와 본질적으로 동일하다는 것을 알 수 있다. 다만 실사란, 이행원칙 17(b)에서 지적했듯이, 기업의 크기, 중대한 인권영향의 위험성, 그리고 사업 활동의 성격과 맥락에 따라서 다를 수밖에 없으므로[이행원칙 17(b)] 실사 계획의 구체적인 모습은 상당히 다양할 수 있다. 따라서 위에서 적시한 다섯 가지는 실사 계획(혹은 실사)이 갖추어야 할 최소한의 요소라고 할 수 있다. 실제로 실사법은 국무원에게 실사 계획이 갖추어야 할 요소를 보충할 수 있도록 했다.

국무원 시행령(decree)은 이 조항 1-5호에 규정된 감시 조치를 보충할 수 있다. 그것은 실사 계획의 작성과 이행의 양식(modalités)을 분명히

할 수 있고, 적절한 경우 업계 혹은 지역 차원의 다자간 활동의 일환으로서 그렇게 한다.

즉 국무원은 실사 계획의 작성과 관련하여 내용을 추가하거나 특정한 서술 형식을 지정할 수 있다. 그리고 다자간 활동(multi-stakeholder initiatives)을 활용할 수 있다고도 명시했다. 예컨대, 국무원은 석유기업에 적합한 실사 계획의 지침을 만들 수 있고, 이를 위해 '채굴산업투명성기구'[22]와 협력할 수 있다.

이해관계자의 참여

이행원칙은 인권실사의 실행 전반에서 이해관계자의 참여가 필요하다고 지적한다.[23] 실사법은 실사 계획의 수립 과정에서 이해관계자의 참여를 규정하고 있다.

그 계획(실사 계획)은 그 기업의 이해관계자와 함께, 그리고 적절한 경우, 그 업계 혹은 지역 차원의 다중 이해관계자 이니셔티브(initiatives pluripartites)의 일환으로서 작성되어야 한다.

실사법은 이해관계자의 참여하에 실사 계획이 수립되어야 한다고 하여 이해관계자의 참여를 실사 계획의 필수 요소로 규정한다. 이해관계자는 일반적인 법률용어가 아니며 실사법도 이해관계자가 누구를 의미하는

---

22 채굴산업투명성기구(The Extractive Industries Transparency Initiative)는 석유, 가스, 기타 광물 산업이 준수해야 할 국제규범을 생산하고 관리하는 다자간 기구이다. 여기에는 정부, 기업, 시민단체 연합이 가담하고 있다. <https://eiti.org/>
23 실사와 관련하여 이행원칙은 인권영향평가(이행원칙 18), 인권침해에 대한 조치의 효과성 판단(이행원칙 20), 실사의 결과에 대한 공개(이행원칙 21), 구제장치(이행원칙 29) 등에서 이해관계자를 거론하고 있다.

지 설명하지 않았다. 그러나 이해관계자라는 말은 '기업의 사회적 책임'이나 '기업과 인권' 관련 문서에서 흔히 쓰는 용어이다. 일반적으로 이해관계자는 '기업의 의사결정 또는 활동에 대해 이해관계를 갖는 개인이나 집단'이라고 할 수 있다.[24] 이런 느슨한 정의에 따르면 종업원, 노동조합, 소비자, 투자회사, 자회사, 하청, 공급자, 소비자, 하청이나 협력회사 등의 종업원, 투자자, 정부, 지역사회, 시민사회단체, 사업자단체 등이 모두 이해관계자에 포함되며 범위가 더 확대될 수 있다. 실사 의무 기업이 이들 모두와 협의해서 실사 계획을 수립할 수는 없을 것이다. 따라서 이 조항은 실사 계획 수립 과정에서 협의할 이해관계자의 확정을 의무기업에 맡겨 둔 것이라고 볼 수 있다. 다만 실사법은 다중 이해관계자 이니셔티브를 중요한 이해관계자로서 예시했으므로, 이런 이니셔티브가 있는 경우 이를 적극 활용해야 할 것이다.

4) 실사 계획 및 이행 성과 공개

이행원칙에서의 인권실사는 실사 절차 전체의 공개를 포함한다(이행원칙 21). 실사법도 공개를 실사 의무의 중요한 요소로 규정하고 있다.

> 실사 계획과 그것의 효과적 이행에 관한 보고서(compte rendu)는 공개되어야 하며, L.225-102에서 언급된 운영보고서(rapport de gestion)에 포함되어야 한다.

---

[24] 이 정의는 ISO 26000에서 정의한 것이다. ISO, *Guidance on Social Responsibility*, ISO 26000, 2010, 제2.20문.

실사법상의 공개 의무는 두 가지 차원을 포함한다. 첫째는 실사 계획의 공개이고, 둘째는 실사 계획의 효과적 이행에 관한 공개이다. 이에 따라 의무기업은 실사 계획을 세워야 하고, 그것을 효과적으로 이행해야 하며, 그 성과를 보고서로 작성하여 공개해야 한다.

또한 실사법상의 공개 의무는 형식 면에서도 두 차원을 포함한다. 즉, 실사 계획과 이행 성과는 먼저 대중에게 공개되어야 하며(made public), 또한 상법 L.225-102에 규정된 보고서에도 포함되어야 한다. 상법 L.225-102에 규정된 운영보고서(rapport de gestion)란 대표이사 혹은 이사회가 주주총회에 제출하는 연례운영보고서를 의미한다.

따라서 의무기업은 실사법이 처음 시행되는 2018년에는 실사 계획을 작성하여 공개해야 하고, 2019년부터는 매년 실사 계획뿐만 아니라 그 이행 성과도 보고서로 작성하여 대중과 주주총회에 제시해야 한다.

5) 실사 의무의 집행장치

이행원칙은 기업의 인권실사에 대해 상세히 규정했지만 어떻게 기업이 인권실사를 하도록 할 것인지에 대한 구체적인 언급은 하지 않았다.[25] 이에 비해 실사법은 기업에게 실사 의무를 부과했을 뿐만 아니라 이행명령, 민사 손해배상 등 실사 의무 위반 기업을 제재하는 집행장치를 규정하고 있다. 이 외에도 민사 벌금이 있었으나 이것은 헌법재판소에 의해 위헌판결을 받았다. 각각에 대해서 살펴보자.

---

25 다만 상당한 암시를 하기는 했다. 예를 들어 공기업에 대해서는 인권실사를 요구할 수 있다고 했으며(이행원칙 4), 사기업에 대해서는 인권실사를 장려하는 정책을 제안했다(이행원칙 3, 4). 하지만 이것은 인권실사를 하지 않은 기업을 제재하자는 제안은 아니다.

이행명령

실사법이 먼저 상정하고 있는 집행장치는 법원에 의한 이행명령이다.

> 제I항에 규정된 의무를 충족하라는 독촉(mise en demeure)을 받은 기업이 독촉을 받은 날로부터 3개월 내에 그것을 충족하지 않으면, 관할법원은 청구인 적격(intérêt à agir)을 가진 누구나의 청구에 따라, 적절한 경우 이행강제금(astreinte)을 부과하면서, 기업에게 그것을 충족하도록 명령할 수 있다.
> 사건은 동일한 목적을 위해 약식절차(référé)로 처리되도록 재판장 (président du tribunal)에게 보내질 수 있다.

'제1항에 규정된 의무'란 의무기업의 실사 의무, 즉 실사 계획의 수립, 효과적인 이행 및 공개의 의무를 말한다. 만약 어떤 의무기업이 실사 의무를 충족하지 않으면 누군가가 그 기업에게 의무를 충족하라고 독촉할 수 있다. 누가 독촉을 할 수 있는지는 명시하고 있지 않은데, 누구나 할 수 있는 것으로 해석된다. 즉 인권 피해자와 NGO를 위시한 모든 이해관계자가 독촉할 수 있다. 독촉을 하고 3개월이 지나도록 적절한 조치가 없으면 '청구인 적격을 가진 누군가'가 관할법원에 이행명령을 청구할 수 있다. 누가 청구인 적격을 가지는지에 대해서도 설명이 없지만 독촉을 한 자가 청구인 적격을 갖는 것으로 보인다. 이 절차는 민사소송의 약식절차로 진행되며, 재판장은 청구에 따라 기업에게 실사 의무의 이행을 명령할 수 있다. 이때 법원은 불이행한 날수에 따라 부과되는 이행강제금을 부과할 수 있다.

민사 손해배상(responsibilite civile)

실사법은 일정한 경우 실사법 위반을 이유로 한 민사 손해배상책임을 인정하고 있다.

이 법 L. 225-102-4조에서 규정된 의무의 위반이 있으면, 그 행위자 (auteur)는 민법 1240조 및 1241조에 규정된 조건에 따라 책임을 지며, 그 의무를 실행했더라면 피할 수 있었을 손해를 배상해야 한다.

책임을 지우기 위한 소송은 그 목적을 위한 원고적격을 갖는 누군가에 의해서 관할법원에 제기되어야 한다.

법원은, 자신(법원)이 정한 방식으로, 그 결정 또는 그것의 초록을 출판, 배포, 게시하도록 명령할 수 있다. 그 비용은 책임이 있는 것으로 판단된 자(personne condamnée)가 부담한다.

법원은 이행강제금을 부과하면서 그 결정의 이행을 명령할 수 있다.

'이 법 L. 225-102-4조'는 실사 의무에 관한 조항이다. 따라서 의무기업은 실사 의무를 이행하지 않은 경우 민사 손해배상의 책임을 질 수 있다. 이때 손해는 '실사 의무를 실행했더라면 피할 수 있었던 손해'를 의미한다. 이런 손해에 대한 배상은 프랑스 민법 제1240조 및 제1241조에 규정된 조건에 따른다. 이 두 조항은 일반불법행위, 즉 타인에게 고의나 과실로 손해를 끼친 자는 그에 대해 배상책임을 진다는 내용이다. 이 조항에 규정된 조건에 따른다는 것은 의무기업이 고의나 과실로 실사 의무를 이행하지 않았고 그로 인해서 손해가 발생했다는 사실을 원고가 모두 입증해야 함을 의미한다. 즉, 단순히 인권침해로 손해가 발생했다는 것이 아니라 그 인권침해가 실사 의무의 불이행으로 인한 것임을 입증해야 한다.[26] 이 소송은 원고적격을 갖는 자가 제기해야 하며, 이는 손해를 입은 피해자를 지칭한다.

그런데 실사 계획의 인적 범위는 자신뿐만 아니라 피지배기업, 그리고

---

26 Stehpane Brabant, Elsa Savourey, "A Closer Look at the Penalties Faced by Companies," *Revue Internaionale de la compliance et de l'éthique des affaires-supplément à la Semaine Juridique entreprise et affaires,* no 30 du Jeudi 14 décembre 2007, p.3.

확립된 거래관계가 있는 하청과 공급자를 포함하므로, 의무기업은 피지배기업과 하청과 공급자에서 발생한 인권침해에 대해서도 손해배상책임을 질 수 있다. 피지배기업과 하청과 공급자는 해외에도 있을 수 있으므로 외국에 거주하는 외국인 피해자도 원고적격을 갖는다고 해석된다. 이처럼 실사법에 따른 원고의 범위는 매우 넓다.

실사법은 특이하게도 판사에게 민사 판결의 내용을 다양한 방법으로 공개하도록 명령할 수 있게 했다. 공개에 따르는 비용은 실사 의무를 위반한 기업이 부담한다. 기업의 입장에서는 민사 손해배상에 따른 경제적 부담도 있겠지만 공개 명령으로 인한 명망(reputation)의 훼손도 결코 무시할 수 없을 것이다.

이와 같은 민사책임 체제하에서 해외에 있는 피해자가 프랑스 법정에서 손해배상 소송을 제기하여 승소 판결을 받기는 쉽지 않을 것이다. 해외의 피해자는 자신의 권리가 존재하는지조차 모를 수 있고, 안다고 하더라도 물질적, 사회적, 제도적, 언어적 장애를 극복하기는 쉽지 않을 것이기 때문이다.[27]

민사 벌금과 위헌판결

의회에서 결정된 실사법에는 실사 의무 위반 기업에 벌금을 부과하는 규정이 있었으나 헌법재판소가 이를 위헌으로 판단하여 삭제됐다.[28] 삭제된 부분은 다음과 같다.

---

27 위의 글, p.3.
28 프랑스 헌법재판소는 추상적규범통제를 하고 있으며, 통상의 법률에 관해서는 의회가 법안을 가결한 후 대통령의 심사 및 서명에 앞서 대통령, 수상, 하원의장, 상원의장 또는 60인 이상의 하원의원 혹은 상원의원으로부터 헌법재판소에 요청이 이루어졌을 때 심사가 개시된다(제61조 제2항). 백윤철, 「프랑스 헌법재판에 관한 연구」, 『한양법학』 제30권 제3집(통권 제67집), 2019. 8, 120쪽.

법관은 그 기업에게 1만 유로 이하의 민사 벌금(civil fine)을 지불하도록 판결할 수 있다. 법관은 이 벌금의 액수를 과오의 심각성, 그것이 저질러진 상황, 그 책임자의 인격성에 기초해야 한다. 이 벌금은 과세 수입에서 공제될 수 없다.

위 조문에서 '그 기업'은 실사 의무의 이행명령을 받은 기업을 말한다. 이 조항에 따르면 법원은 실사 의무를 이행하지 않은 기업에게 이행명령을 내릴 수 있을 뿐 아니라 벌금을 부과할 수 있고 일정한 경우 그 벌금을 가중할 수 있도록 했다. 아래 규정을 보자.

그 경우 225-102-4, II에 규정된 벌금의 액수는 과오의 심각성과 상황, 그리고 초래된 손해에 따라 3배까지 증가될 수 있다.

여기서 '그 경우'란 실사 의무 불이행으로 손해배상을 한 경우를 말한다. 말하자면 기업이 실사 의무를 불이행했을 뿐 아니라 그 불이행으로 타인에게 손해배상책임까지 진 경우라면 징벌적 의미로서 민사 벌금을 3배까지 인상할 수 있다는 것이다.

위헌법률심판제청을 한 의원들은 이 조항이 위반행위의 구성 요소를 엄밀하게 정의하지 않았기 때문에 죄형법정주의 위반에 해당한다고 주장했다. 이에 대해서 헌재는 프랑스혁명 인권선언의 제8조[29]에 비추어 이들의 주장을 인용했다. 헌재가 인용한 것은 '효과적인 실사 조치'가 무엇을 말하는지 불명료한 점, 실사의 구체적 내용이 추후에 국무원에 의해서 보완될 수 있는 점, 실사 계획이 직간접적 지배기업과 확립된 거래관계를 포

---

29   인간과 시민의 권리 선언 제8조는 다음과 같이 규정한다. "법은 엄격히, 그리고 명백히 필요한 형벌만을 설정해야 하고 누구도 행위에 앞서 제정·공포되고, 또 합법적으로 적용된 법률에 의하지 않고는 처벌될 수 없다."

함한 점, 처벌의 방식이 불명확한 점,[30] 인권과 근본적 자유의 의미가 넓고 불확정적이라는 점, 실사 계획에 포함되는 기업 기준이 모호한 점 등이다. 헌법재판소는 이처럼 금지되는 위반행위가 충분히 명료하거나 정확하게 정의되지 않았기 때문에 이런 규정에 근거하여 기업에게 벌금을 부과하는 것은 위헌이라고 선언했다. 이에 따라 벌금에 추가하여 부과되는 징벌적 벌금도 함께 위헌이 됐다.

3. 실사법의 평가

1) '기업의 인권 책임'의 주류화

앞서 보았듯 실사법에서 말하는 실사와 이행원칙의 인권실사가 완전히 동일하지는 않다. 특히 실사법은 실사 의무 기업을 일부 대기업에 한정했고, 실사 계획의 인적 범위도 축소시켰다. 그럼에도 실사법은 이행원칙에서 제안한 인권실사의 핵심 개념을 담고 있다. 즉 실사의 물적 범위를 아주 넓게 잡았으며, 의무기업에게 자신과 자신의 공급망에서 발생하는 인권침해 위험을 사전 예방적으로 식별하여 대책을 세우고 실행하며 그 결과를 공개한다는 의미의 실사 의무를 부과했다. 이런 점에서 실사법은 이행원칙이 제안한 인권실사를 법적 의무로 만든 최초의 입법이라고 할 수 있으며, 당시의 가장 진보적인 인권경영 법제가 됐다.[31]

실사법이 실사 의무를 상법(회사법)에 편입했다는 것도 주목할 만하다.

---

30 매 행위마다 처벌하는 것인지 여러 행위에 대해서 한 번 처벌하는 것인지 모호하다는 지적이다.

31 Stéphane Brabant, "Law on the Corporate Duty of Vigilance: A Contextualized Approach," *Revue Internaionale de la compliance et de l'éthique des affaires-supplément à la Semaine Juridique entreprise et affaires*, no 50 du Jeudi 14 décembre 2017, p.7.

]사실 인권실사 의무는 기존 회사법의 법리에 비추어 보면 상당히 이질적이다. 대기업에 한정되기는 하지만 의무기업은 자신뿐만 아니라 자회사나 협력회사 등 다른 기업에서 발생하는 인권 문제도 관리해야 하며 그 내용을 주주총회에 보고하고 연례보고서에도 담아야 한다. 심지어 다른 기업의 인권침해에 대해 손해배상책임을 질 수도 있으며, 그 다른 기업이 해외에 있다고 해도 마찬가지이다. 사기업에게 이런 의미의 인권 책임을 부과한다는 것은 법인격 분리의 법리, 사적 자치의 원리, 자기책임의 원리, 국내법의 관할권 등 전통적 법리에 비추어 보면 획기적이고 상당히 이질적이다. 실제로 이와 같은 문제의식에 입각하여 다수의 의원들이 실사법에 대해 위헌법률심판제청을 했지만 헌법재판소는 이를 인용하지 않았다.[32]

이로써 프랑스의 입법부와 사법부는 기업의 인권 책임을 인정했으며, 나아가 이행원칙이 제안한 인권실사의 유효성을 인정했다. 특히 친기업적 성격이 강하다고 평가받았던 헌법재판소조차 이 흐름에 가담했다는 것은 인권경영의 가치와 방법론이 프랑스에서 완전히 주류화했음을 보여 준다.[33]

---

32 제기된 쟁점과 헌법재판소의 검토 의견을 살펴보면, ① 의무기업에 과도한 의무를 부과하는 것과 실사 계획을 수립하여 공개하게 하는 것은 기업의 전략을 공개하게 하는 것으로서 영업의 자유(freedom of enterprise)를 침해한다는 청구인의 주장에 대해, 헌법재판소는 실사 계획을 수립하고 이행하게 하는 것은 영업의 자유에 대한 침해로 볼 수 없으며, 실사 정보의 공개는 기업전략에 대한 공개가 아니라고 판단했고, ② 의무기업을 한정하는 것이 평등원칙 위반이라는 청구인들의 주장에 대해서, 헌법재판소는 이것이 평등원칙의 위반이 아니라고 보았으며, ③ 확립된 거래관계 등 여러 용어들이 모호하다는 청구인의 주장에 대해, 헌법재판소는 실사법의 용어 중에는 충분히 엄밀하지 않은 것들이 있는 것이 사실이지만 이해 불가능한 정도는 아니라고 판단했다.

33 Sandra Crossart et. al, "The French Law on Duty of Care: A Historic Step Towards Making Globalization Work for All," *Business and Human Rights Journal*, No.2, 2017, pp.322-323.

2) 실사법의 작동 원리

그렇다면 실사법은 과연 현장에서의 인권 개선에 도움이 될까? 도움이 된다면 어느 정도로 어떻게 도움이 될까? 특히 해외에 있는 기업에서 발생하는 인권침해 문제를 방지·완화하는 데 과연 도움을 줄 것인가?

이런 문제에 답하기 위해 다소 가설적인 상황을 생각해 보자.[34] 프랑스의 A기업은 전 세계적으로 30만 명 이상을 고용하는 대기업으로, 콜롬비아에 자회사를 설치하여 현지의 다른 기업들과 함께 합작사업을 하고 있다. 최근 현지 언론의 보도에 의하면, 이 합작기업에 고용된 노동자는 노동조합을 결성하지 못하며 임금을 제때 받지 못하고 프라이버시가 심각하게 침해되며, 특히 여성 노동자의 경우 채용 시 임신검사를 요구받는다고 한다. 실사법이 이런 문제를 해결하는 데 어떻게 도움이 될까?

실사법에 의하면 A기업은 어쨌든 실사 계획을 수립하고 이행하여 보고서를 제출해야 한다. 그러나 이 보고서가 위 사건을 언급하지 않거나 아주 부실하게 다룰 수도 있다. 이렇게 A기업이 문제 해결에 제대로 나서지 않는다면 실사법은 어떤 대안을 제시하는가?

우선 프랑스 정부가 직접 규제에 나설 가능성은 적다. 실사법에는 프랑스 정부가 직접 규제하도록 하는 규정이 없다. 실제로 프랑스 정부는 어느 기업이 실사법상 의무기업인지 파악조차 하지 않는다. 따라서 프랑스 정부가 나서서 프랑스 기업의 해외 영업활동에서 발생하는 인권침해를 적발하고 제재할 것을 기대하기는 어렵다. 그렇다면 A기업의 여러 이해관계자

---

34 2019년 7월 셰르파와 UNI 글로벌 유니온(UNI Global Union)은 텔리퍼포먼스라는 다국적기업이 콜롬비아 등에서 발생한 인권침해에 대처하라는 공식 통보를 발송했다. 이는 실사법에 따른 최초의 공식 통보였다. UNI Global Union and Sherpa, "UNI Global Union and Sherpa send formal notice to Teleperformance—calling on the world leader in call centres to strengthen workers' rights," Press release, 18 July 2019. 가상적인 사례는 이를 단순화한 것이다.

들이 남는다. 이들은 A기업의 부실한 대응에 대해 실사법에 의거하여 여러 가지 방식으로 문제 삼을 수 있다.

첫째, 언론이 이를 문제 삼을 수 있다. 언론은 공개된 보고서를 통해 A기업이 콜롬비아에서 문제가 된 인권 문제에 대응하지 않거나 부실하게 대응하고 있다고 지적하고 이는 실사법 위반이라고 보도할 수 있다. 이런 보도는 소비자나 다른 이해관계자들을 자극할 수 있기 때문에 A기업은 상당한 압력을 느낄 것이다.

둘째, 주주들이 이를 문제 삼을 수 있다. 실사 계획과 성과보고서는 주주총회에 제출되어야 하므로 주주들은 이 보고서를 통해 회사가 인권 문제에 어떻게 대응하는지 알 수 있다. 주주들은 인권 문제를 무시할 수도 있고 관심을 가질 수도 있다. 만약 주주들이 콜롬비아에서 발생한 인권 문제에 관심을 가진다면 경영자가 이를 무시하기는 어려울 것이다. 주주는 결의안을 채택하거나 최고경영자와 이사의 선임에 영향을 미칠 수 있기 때문이다.

셋째, 인권활동가나 시민단체(NGO)가 이를 문제 삼을 수 있다. 이들은 언론이 하듯이 실사법을 이용하여 인권침해 위험에 대책을 세우지 않는 기업을 폭로할 수 있다. 특히 이들은 A기업에게 콜롬비아에서 발생한 인권 문제에 대해 실사 계획을 수립하고 실행할 것을 직접 요구할 수 있다. 그리고 A기업이 이 요구를 무시한다면 법원에 실사 의무 이행명령을 청구할 수 있다. 법원은 이에 따라 이행명령과 이행강제금을 병과할 수 있는데, 이 경우 A기업은 이행강제금은 물론 커다란 명망의 손상을 입을 것이다. 오늘날 인권침해 기업이라는 낙인을 견딜 수 있는 기업은 많지 않을 것이므로 법원의 이러한 명령을 무시하기는 힘들 것이다.

넷째, 피해자는 A기업을 상대로 손해배상 소송을 진행할 수 있다. 물론 콜롬비아의 현지민이 프랑스 법정에 손해배상 소송을 제기하거나 승소하는 것은 쉽지 않지만 완전히 불가능하지는 않다. 인권 문제를 해결하려는

NGO가 피해자를 도와 A기업을 기소하는 소송 전략을 추구할 수도 있다. 만약 소송이 진행되어 손해배상이 결정된다면 A기업은 큰 타격을 입을 것이며, 이 경우 손해배상액 자체보다 명망의 손실이 더 큰 문제가 될 수 있다. A기업이 패소한다면 인권침해 기업으로 낙인찍힐 것이기 때문이다. 미국에서 인권침해 관련 민사 손해배상 소송이 합의로 종결되는 것은 기업들이 명망의 손실을 얼마나 두려워하는지 보여 주는 방증이다.[35] 이런 점은 프랑스 기업도 마찬가지일 것이다.

이처럼 프랑스 정부는 실사법을 제정했지만 규제자로서 법의 운영에 직접 개입하지는 않는다. 대신 다양한 이해관계자가 법의 집행에 개입한다. 실사법이 인권 문제를 제기하고 기업을 압박할 수 있는 무기가 되는 셈이다. 특히 실사법은 이해관계자가 특정 기업을 인권침해 기업으로 낙인찍는 것을 도와준다. 실사 의무 기업이 실사법을 무시할 수 없는 결정적인 이유도 여기에 있다.

그러나 소비자나 다른 이해관계자들이 기업의 인권 책임에 무관심하다면 언론도 실사법의 준수 여부에 그다지 관심을 가지지 않을 것이다. 주주들이 기업의 인권 책임에 무관심할 수도 있다. 인권경영에 관심을 가진 NGO라도 모든 다국적기업을 감시할 수는 없으며, NGO나 피해자의 청구가 없으면 법원도 아무런 역할을 할 수 없다. 결국 이해관계자가 적극 나서지 않으면 실사법은 거의 무의미한 법으로 남게 된다. 하지만 적어도 실사법이 다양한 이해관계자에게 기업을 압박하도록 상당한 무기를 주는 것(empowerment)은 사실이다.[36] 이해관계자가 이 무기를 얼마나 적극적으로

---

35 예컨대 미국의 외국인불법행위법(ATS) 관련 소송에서 미얀마에서 발생한 인권침해 사건(Doe I v. Unocal Corp., 2002)과 나이지리아에서 발생한 인권침해 사건(Wiwa v. Royal Dutch Shell Co., 2009)의 경우 엄청난 금액의 합의금으로 사건이 종결됐다.

36 현재로서 기업이 해외에서 인권침해를 했는지 판정하는 절차를 제공하는 공적 주체는 거의 없다. OECD 다국적기업 가이드라인에 입각한 국가연락사무소(NCP)가 그런 역할을 할 수는 있지만 제대로 기대에 부응하지 못하고 있는 것이 현실이다. 본서 5장을 참고하라.

활용하는지가 실사법의 성패를 결정할 것이다.

3) 실사법의 한계와 발전 방향

실사법이 기업의 실무와 현장에 어떤 변화를 낳고 있는지에 관한 보고는 많지 않다. 다만 실사법의 제정을 주도한 셰르파가 2019년과 2020년에 각각 발표한 보고서가 있다.[37]

2019년 보고서는 실사법 최초 1년의 성과를 정리한 것인데, 의무기업이면서 애당초 실사 계획서를 발표조차 하지 않은 기업들도 다수 존재하며, 발표한 경우에도 편차가 심하고 여전히 공급망에 대한 실사를 포함하지 않은 경우가 대다수라고 지적했다.[38] 이와 함께 셰르파는 프랑스 정부에게 ① 의무기업의 목록을 매년 공표할 것, ② 실사법의 이행을 추적하고 실사 계획을 통합적으로 관리하는 행정기구를 만들 것, ③ 효과적 이행을 보장하는 독립적인 감시기구를 만들 것, ④ 실사 의무 기업의 기준을 낮추고 입증책임을 전환할 것 등을 권고했다.[39]

2020년 보고서는 특정 희귀광물을 이용하는 7개 기업을 대상으로 실사법 발효 이후의 변화를 정리했다. 조사 대상으로 이 기업들을 선택한 이유는 이런 희귀광물의 채굴 과정에서 인권침해가 자주 발생하기 때문이다. 이 보고서는 다음과 같은 점을 결과물로 제시했다.[40]

---

37 Sherpa et. al., 앞의 글(The Law); Sherpa, "Mining with Meaning Protecting Human Rights and the Environment in the Shift to Clean Energy," 2020. <https://vigilance-plan. org/wp-content/uploads/2020/10/Sherpa-MINING-WITH-MEANING.pdf>

38 Sherpa et. al., 앞의 글(The Law), p.10.

39 Sherpa et. al., 앞의 글(The Law), p.47.

40 Sherpa, 앞의 글(Mining), p.16 이하.

① 일부 기업은 실사를 보고와 혼동한다. 즉, 실사하지 않고 간단히 인권보고만 하는 기업이 있다. ② 광물의 이용과 관련된 위험이 종종 무시된다. 즉, 중요 인권위험을 언급조차 하지 않는 경우가 있다. ③ 실사 조치는 모호하다. 즉, 어떤 식으로 실사를 했는지가 보고서에 잘 드러나지 않는다. ④ 다자간 활동에 대해 언급하고 있다. ⑤ 사용된 광물에 대한 추적 가능성이 매우 제한적이다. 즉, 보고서만으로는 그 광물의 공급선을 알 수 없다. ⑥ 스스로 실사를 하지 않고 기존의 (부실한) 감사와 인증 관행으로 대체하는 경우가 있다.

요컨대, 실사법에 따라 공개된 실사보고서를 분석해 보면 의무기업들이 여전히 실사를 하지 않기도 하고 엉터리 실사에 그치는 경우도 많다는 것이다. 그 원인에 대해서 따로 분석하지는 않았지만 셰르파는 이런 현실을 지적하면서 프랑스 정부에 대해 ① 효과적 이행을 위해 법을 강화할 것, 다시 말해 민사 벌금 혹은 형사제재의 도입을 고려할 것, ② 실사법의 적용 대상 기업의 목록을 제공할 것, ③ 노동자 수에 따른 의무기업 기준을 낮출 것 등을 권고했다.[41]

이 두 보고서는 실사법 발효 이후의 변화와 실사법을 발의한 셰르파의 고민 지점을 보여 준다. 또한 실사법이 현장에서 가시적 변화를 일으키지 못한다는 것과 현행 실사법에 상당한 한계가 있다는 것을 이를 통해 알 수 있다. 물론 이것이 실사법의 실패를 말하는 것은 아니며, 오히려 어떤 제도적 보완이 필요한지를 제기했다고 하겠다. 셰르파의 권고는 충분해 보이지는 않지만 이해관계자의 입지를 강화한다는 점에서 의미 있는 제안으로 판단된다. 여기에 추가하자면 기업이 인권실사에 적극 나서도록 하는 적극적 유인을 개발하는 것이 필요할 수 있다. 인권실사는 기업 측의 적극적인 참여가 있을 때 제대로 작동하는 제도이기 때문이다.

---

41 Sherpa, 앞의 글(Mining), pp.30-31.

4. 프랑스 실사법 이후의 전개

프랑스 실사법은 이후 여러 곳에서 포괄적 인권실사(인권경영)의 의무화를 자극했다. 실제로 2020년 유럽의회는 유럽연합 회원국 전체에게 실사 의무화를 요구하는 법안을 제안했다.[42] 또 2021년 노르웨이는 실사를 의무화하는 '기업의 투명성과 기본적 인권 및 양질의 노동조건에 관한 법'(투명성법)을 통과시켰으며,[43] 독일은 공급망실사법[44]을 통과시켰다. 그리고 유엔은 인권실사 의무화를 주요한 내용으로 하는 '기업과 인권 조약'의 초안을 완성시키고 정부 간 협상을 추진하고 있다.[45]

이들 법제들은 모두 이행원칙이 제시한 내용을 기축으로 하고 있지만, 미묘한 차이도 있다. 예들 들어 몇 가지를 지적해 보면 다음과 같다.

프랑스 실사법은 의무기업을 2년 연속 종업원 5,000명 혹은 10,000명 이상인 기업으로 했지만, 노르웨이의 법은 일정 이상 매출액(약 90억원) 혹은 종업원 50명 이상인 기업을 의무기업으로 했고, 독일은 3,000명 이상을 고용한 기업(2024년부터 1,000명으로 하향)을 의무기업으로 했다. 그 결과 의무기업의 수가 획기적으로 증가했다.

실사 대상 기업(인적 범위)의 면에서, 프랑스 법은 피지배회사와 확립된

---

42 European Parliament, "Draft Report with Recommendations to the Commission on Corporate Due Diligence and Corporate Accountability," 2020/2129(INL), 2020. 이 법안의 국문 번역은 다음을 참고하라. 장민선, 『사회적 가치 창출을 위한 E.S.G 기초연구(II): 기업의 사회적 가치 실현을 위한 인권실사(due diligence) 제도도입에 관한 연구』, 한국법제연구원, 사회적 가치법제 21-19-③, 2021, 133쪽 이하.

43 Act relating to transparency regarding supply chains, the duty to know and due diligence, 2019. 이 법안에 대한 나의 번역본이 블로그에 게시되어 있다. <https://blog.naver.com/cogitus/221743452070> 이 법안은 2021년 6월에 최종적으로 통과됐다.

44 Gesetz über die unternehmerischen Sorgfaltspflichten in Lieferketten Vom 16. Juli 2021. 독일 공급망실사법의 국문 번역은 다음을 참고하라. 장민선, 앞의 책, 153쪽 이하.

45 유엔 기업과 인권 조약의 추진 현황에 대해서는 본서 6장을 참고하라.

거래관계의 하청과 공급자를 포함하는 것으로 한정했지만, 노르웨이 법은 사실상 공급망과 사업관계 전체에서의 인권침해를 고려하도록 설계되어 있다. 독일 법은 일차적으로 의무기업 자신과 직접 공급자를 대상으로 실사를 하도록 요구하지만, 간접 공급자에서 발생한 인권침해에 관한 고충 제기가 있는 경우라면 이에 대해서도 실사를 요구한다.

실사의 대상 인권(물적 범위)의 면에서 프랑스 법은 국제적으로 인정된 인권과 환경으로 한 반면, 노르웨이는 인권, 기본적 자유, 건강과 안전, 환경문제에 대해서 실사를 해야 한다고 규정했다. 독일 법은 인권 및 환경 위험에 대한 실사를 요구한다. 이처럼 세 법이 모두 환경을 포함한 인권실사를 요구한다.

공개와 관련하여, 프랑스 법은 실사 계획과 이행 성과를 보고서로 작성하여 대중적으로, 그리고 연례적으로 공개하도록 했다. 노르웨이는 실사보고서를 웹사이트와 연례보고서를 통해 공개하도록 했다. 특히 노르웨이는 모든 사람에게 기업의 실사 관련 정보를 청구할 수 있는 권리(right to information)를 인정했다. 독일 법은 실사보고서를 작성하여 인터넷에 공개하고 규제당국에도 제출하도록 했고, 실사보고서는 최소 7년 보관하도록 했다.

집행과 관련하여, 프랑스 법은 주로 법원을 이용하는 방법으로서, 독촉 및 이행명령 그리고 손해배상 제도를 이용한다. 노르웨이는 소비자청에 실사에 대한 감시와 감독을 하고 필요하면 제대로 실사하라고 명령할 수 있도록 했다, 그리고 법 및 명령 위반 기업에 대해서는 당국이 벌금을 부과할 수 있도록 했다. 독일 법의 경우 규제당국이 실사보고서를 검토하고 현지 조사하거나 필요한 명령을 할 수 있도록 했다. 법 위반 기업에 대해서는 공공조달 절차에서 배제하거나 벌금 및 과태료를 부과할 수 있도록 했다.

간단히 이들을 비교해 보았지만, 제도 간에 상당한 차이가 있음을 확인할 수 있다. 대체로 프랑스 법 이후 의무기업이 확대되고, 실사의 인적 범위도 확대되고, 공개도 강화되고 있으며, 특히 집행과 관련하여 행정부의 역할이 커지는 경향은 주목할 만하다. 이런 전개는 프랑스 실사법이 가진 문제점을 극복하는 과정이기도 하다.

9장

인권경영 시대 변호사의 역할

1. 법치주의와 인권 그리고 변호사

'인권의 옹호'는 변호사의 직무를 특징 짓는 여러 가치 중에서도 특히 자주 거론되는 것이다. 우리나라 변호사윤리장전은 "변호사는 기본적 인권의 옹호와 사회정의의 실현을 사명으로 한다."(윤리강령 제1호)라고 하고 있으며, "변호사는 인간의 자유와 권리를 보호하고 향상시키며, 법을 통한 정의의 실현을 위해서 노력한다."(윤리규약 제1조 제1항)라고 규정한다. 또 유엔은 변호사의 본분으로 "인권과 기본적 자유의 수호"를 들고 있다.[1] 유럽변호사회(CCBE)도 "변호사의 존재는 인권 수호를 위한 본질적 수단"이

---

[1] UN, "Basic Principles on the Role of Lawyers," Adopted by the Eighth United Nations Congress on the Prevention of Crime and the Treatment of Offenders, Havana, Cuba, 27 August to 7 September 1990, para. 14.

라고 했다.[2] 더 인용할 것도 없이, 인권을 빼고는 변호사 직무의 본질을 설명하기 어려워 보인다.

그런데 변호사의 직무와 인권이 어떤 관계에 있는지는 그다지 명료하지 않다. 사실 인권이라고 여겨진 많은 것들이 이미 실정법에 편입되어 법적 권리가 됐기 때문에, 변호사가 그러한 법적 권리의 실현을 돕는다면 변호사는 인권 옹호 활동을 한다고 할 수 있다. 여기에서 인권의 옹호와 법치주의는 구분되지 않는다. 하지만 만약 이런 활동을 변호사의 인권 옹호 활동이라고 지칭한다면 오해를 낳을 수 있다. 인권을 옹호한다는 의미는 실정법에 의해서조차 보호되지 않는 인간의 존엄을 추구하는 행위를 포함하기 때문이다.[3] 그러므로 변호사가 오직 실정법으로 보장된 법적 권리만 추구하면서 인권 옹호자라고 자처한다면 이는 자신의 직무를 과대포장하는 것이다.

변호사와 인권의 관계에 관한 이런 식의 비평은 인권을 표방하면서 사회적 약자를 위해 법률서비스를 제공하는 소위 인권변호사의 경우에도 마찬가지로 적용된다. 이들의 활동이 인권 옹호 활동인 것은 틀림없지만, 여기서의 인권 역시 많은 경우 실정법에서 보호되고 있는 법적 권리이다. 다시 말해 이들은 대체로 사회적 약자의 '법적' 권리를 실현하는 일을 한다.

이렇게 볼 때 변호사 직무의 성격으로서 인권 옹호를 거론하는 것은 많은 유보를 두고 이해되어야 한다. 즉, 대부분의 변호사에게 인권 옹호란 법

---

2 Council of Bars and Law Societies of Europe (CCBE), *Charter of Core Principles of the European Legal Profession and Code of Conduct for European Lawyers*, 31 January 2008, p.14.

3 인권(human rights)을 입법된 법적 권리(legislated legal rights)와 혼돈하면 안 된다는 것을 가장 명료하게 지적한 사람은 아마르티아 센일 것이다. Andrew Clapham, *Human Rights: A very Short Introduction*, Oxford University Press, 2015, p.13; Amartya Sen, "Elements of a Theory of Human Rights," *Philosophy and Public Affairs*, Volume 32, Issue 4, Fall 2004, p.319.

적 권리(혹은 법치주의)를 실현한다는 것 이상의 의미를 지니지 않는다.

그러나 이런 상황은 변화하고 있는 것으로 보인다. 특히 이 장에서 관심 있게 살펴보려는 것은 이른바 기업변호사(business lawyers)와 이들로 구성되는 로펌(law firm)이다.[4] 이들은 대기업을 위한 법률 자문이나 대리를 거의 독점한다. 이들은 변호사들 사이에서 가장 선호되는 일을 하며, 변호사업계의 주류를 형성하고, 가장 많은 수익을 거둔다.[5] 하지만 이들이 하는 일은 법적 권리에 한정됐다. 그런데 여기에 변화의 기미가 나타나고 있다. 다시 말해 기업변호사나 로펌도 법을 넘어 인권을 다루는 시대로 접어들고 있는 것이다. 변호사업계의 중심부를 차지하고 있으면서 인권과 무관하게 법적 사무를 해 왔던 로펌이 인권을 다룬다는 것은 큰 변화임에 틀림없다. 이 장에서는 앞으로 점점 더 많은 기업변호사나 로펌이 인권 문제를 실무적으로 다루게 된다는 것을 이야기하고자 한다. 법 실무에 이런 변화가 생긴 것은 '기업과 인권' 혹은 인권경영이라는 새로운 관념이 등장했기 때문이다.

2. 인권경영에 대한 국제 변호사회의 논의

1) 이행원칙의 등장

유엔 기업과 인권 이행원칙(이하 이행원칙)의 등장 이래 기업의 인권 존중

---

4   이 글에서 기업변호사와 로펌은 사실상 같은 의미로 사용했으며 대부분의 경우 서로 교체 가능하다. 양자 모두 기업법 실무를 주로 하기 때문이다.
5   2019년 우리나라 5대 로펌의 총매출은 2조 2,000억 원이라고 한다(「5대 로펌 매출 2.2조 원 육박… 광장, 첫 '3,000억 클럽' 진입」, 『한국경제』, 2020. 2. 9). 우리나라 법률시장 규모를 5조 정도로 본다면, 전체 매출의 40% 정도를 상위 5대 로펌이 가져가는 셈이다.

책임은 더 이상 논쟁의 대상이 아니라 실천해야만 할 당위가 됐다. 기업뿐만 아니라 국제사회, 개별 국가들과 NGO 등이 이행원칙을 실현하기 위해서 노력하고 있다. 그리고 이런 변화는 기업 법무를 수행하는 기업변호사나 로펌에게 새로운 문제를 제기한다. 즉, 기업변호사는 인권을 도외시하고 법적인 문제에만 치중하면 되는지, 아니면 이제부터는 인권 문제를 다루어야 하는지라는 전에 없던 문제를 제기한다.

이런 문제는 로펌에게는 지극히 현실적인 문제이며, 이에 따라 전 세계 유수의 변호사회는 이런 변화에 대해 연구를 시작하고 보고서 등을 통해 입장을 발표하고 있다. 아래에서 보듯 자료마다 미묘한 강조점의 차이는 있지만, 기업변호사나 로펌은 이제 인권경영과 이행원칙에 대해 적극적으로 대응해야 한다는 점에 대해서는 이견이 없어 보인다.

2) 변호사회의 동향

국제변호사협회

국제변호사협회(International Bar Association, IBA)는 1947년에 설립된 세계 최대의 변호사단체로서, 현재 170개국, 190여 개의 변호사협회 및 법조 단체들과 8만 명의 개인 회원이 소속되어 있다.[6]

국제변호사협회는 2013년 보스턴 연례총회부터 '유엔 기업과 인권 이행원칙'이 법조에 대해 갖는 관련성에 대해 토론하기 시작했다. 2014년 3월에는 이행원칙 작업그룹이 만들어졌고, 2014년 10월 두 부분으로 된 초안이 제출됐다. 이사회의 절차를 거쳐 2015년에는 「IBA 변호사협회들

---

6 <https://www.ibanet.org/About_the_IBA/About_the_IBA.aspx>

을 위한 기업과 인권 지침」(이하 「IBA 변호사협회 지침」)을 발간했고,[7] 이어 2016년에는 「IBA 기업변호사를 위한 기업과 인권 실무지침」(이하 「IBA 기업변호사 지침」)을 발간했다.[8] 이 두 보고서는 이행원칙의 발표 이후 기업이 변호사에게 인권경영 사무를 요구하기 시작했다는 점을 중요한 출발점으로 삼고 있다.

① 「IBA 변호사협회 지침」

「IBA 변호사협회 지침」(28쪽 분량)은 문자 그대로 각국의 변호사협회를 독자로 한 문서이다. 이 지침은 변호사협회가 나서서 기업변호사를 대상으로 인권경영과 이행원칙에 관한 인식 제고 활동을 하라는 내용을 담고 있다.[9] 또 국가별로 접근법의 차이가 있다는 점을 인정하면서도, 이를 위해 각국 변호사협회에 이행원칙과 법 실무 간의 관련성에 관한 인식 제고 활동, 실무적인 지원 활동, 국내외에서의 적극적 대외 활동을 권고했다.

② 「IBA 기업변호사 지침」

「IBA 기업변호사 지침」은 기업이 성공적으로 사업을 운영하려면 인권을 존중하고 리스크 관리(법적 리스크 포함)에 힘써야 한다는 인식이 확대되면서, 변호사가 직무수행 시 인권을 고려해야 하는 경우가 많아지고 있다고 배경을 설명한다. 그리고 이에 따라 기업은 사내 변호사와 로펌 소속 변호사 모두에게 이행원칙의 인권 존중 책임에 관한 조언을 더 많이 요청하고

---

7 International Bar Association, *Business and Human Rights Guidance for Bar Associations*, Adopted by the IBA Council on 8 October 2015 With Commentaries.

8 세계변호사협회, 대한변호사협회 옮김, 「IBA 기업변호사를 위한 기업과 인권 실무지침」, 2016. 5. 28.

9 위의 보고서, 1쪽.

있다고 지적했다.[10] 이 지침(번역판)은 44쪽 분량에 이르는 만큼 내용도 상당하다.

「IBA 기업변호사 지침」은 이행원칙의 작성 배경과 주요 내용을 설명하고, 이어 기업 자문 등 변호사가 제공하는 법률서비스가 이행원칙과 어떠한 연관성을 갖는지, 이행원칙이 의뢰인의 사법 접근권 및 법률서비스에 대한 접근권과 어떠한 연관성을 갖는지, 이행원칙이 기업변호사에게 제시하는 기회와 과제는 무엇인지 순차적으로 서술하고 있다.

국제개발변호사회

국제개발변호사회(Advocates for International Development, A4ID)는 변호사들이 지구적으로 전개되는 빈곤퇴치 활동에 참여하고 기여할 수 있도록 돕는 국제 변호사단체이다.[11] 이 단체는 2013년 「유엔 기업과 인권 이행원칙: 법 전문직을 위한 안내」를 발표했다.[12] 명칭에서 보듯이 이 자료는 이행원칙이 변호사에 대해서 갖는 함의를 다루는 것이 목적이며, 분량이 76쪽에 이르는 만큼 그 내용도 상세하다.

내용은 3부로 구성되어 있는데, 제1부는 로펌이 이행원칙을 알아야 하는 이유를 설명하고, 제2부는 의뢰인 관계에서 로펌이 이행원칙을 어떻게 실행하는가에 대해 서술하며, 제3부에서는 이행원칙과 변호사 윤리규정이 어떤 관계에 있는지 서술하고 있다. 이 문서는 향후의 추가적인 논의를 위해 의도적으로 상세한 논의를 피했다고 하지만,[13] 다른 문서들에 비추어 보면 상대적으로 더 상세하고 정확하게 이행원칙을 소개하고 있으며, 더 구

---

10 위의 보고서, 8쪽..
11 <http://www.a4id.org/>
12 Advocates for International Development (A4ID), *The UN Guiding Principles on Business and Human Rights: A Guide for the Legal Profession*, 2013.
13 위의 보고서, pp.1-2.

체적으로 이행원칙이 법 실무와 기존 법조윤리에 대해 갖는 함의를 논의하고 있다.

유럽변호사회

1960년에 설립된 유럽변호사회(The Council of Bars and Law Societies of Europe, CCBE)는 말 그대로 유럽의 여러 변호사회를 대표하며, 이를 통해 45개국에 속한 100만 명 이상의 유럽 지역 변호사를 대표한다.[14]

　유럽변호사회는 2013년 「기업의 책임과 변호사의 역할」이라는 15쪽짜리 보고서를 출판했다.[15] 이 보고서는 오늘날 기업 책임의 근본 원인은 '지구화와 사기업의 경제적·정치적 힘의 증가에 의해서 생긴 지배구조의 간극'이라고 하면서[16] 이에 대응하는 내용을 담은 주요 국제 문서로서 「유엔 글로벌 콤팩트(UNGC)」, 「유엔 기업과 인권 이행원칙(UNGP)」, 「OECD 다국적기업 가이드라인」, 「ISO 26000」, 「GRI(Global Reporting Initiative)」 등을 제시한다.[17] 이어 이와 같은 기업 책임의 변화와 더불어 변호사, 로펌, 변호사회, 법학회가 왜 기업 책임을 알아야 하는가 하는 질문에 답하고 있다.

　이처럼 이 보고서는 인권경영에 집중하는 것이 아니라 '기업의 사회적 책임'(이하 'CSR')이라는 넓은 맥락에서 변호사의 변화된 역할을 다루었다. 전체적으로 보면 변화된 환경에서 변호사나 로펌이 무엇을 해야 할지 의미 있는 지침을 제공한다기보다 변호사가 이런 상황 변화를 알아야 하는 이유를 설명하는 수준에 그친다. 다만 결론부에서 유럽변호사회는 이후에 이 보고서의 논의를 구체화하기 위한 지침을 제작하고 홍보할 필요성이 있다고 지적했다.[18] 이에 부응하여 유럽변호사회는 이 보고서의 후속 작업

14　<https://www.ccbe.eu/about/who-we-are/>

15　CCBE, *Corporate Responsibility and The Role of the Legal Profession*, February 2013.

16　위의 보고서, p.4.

17　위의 보고서, p.5 이하.

을 수행했으며, 그 결과물로 2014년과 2017년에 각각 후속 보고서를 발표했다. 즉, 2014년에는 「CSR과 변호사, 지침 II」(이하 「지침 II」)를 발표했고,[19] 2017년에는 「CSR에 관한 변호사회를 위한 실무적 문제들, 지침 III」(이하 「지침 III」)을 발표했다.[20]

「지침 II」(18쪽 분량)는 CSR이 연성법과 경성법의 혼합형 규제를 낳고 있다고 지적하고, 유럽연합 집행위원회가 「CSR 전략보고서」(2011. 10. 25.)에서 "로펌과 변호사회를 포함한 모든 기업은 CSR을 다루어야 한다."고 밝힌 부분을 인용했다. 이어 「지침 II」는 CSR과 변호사 업무가 만나는 네 개의 접점을 지적한다. 첫째, 로펌과 의뢰인이 변호사에게 CSR에 관한 자문을 요구할 수 있다. 둘째, 의뢰인이 서비스 공급자로서의 로펌과 변호사에게 CSR의 실천을 요구할 수도 있다. 셋째, 의뢰인의 요구가 없더라도 변호사와 로펌은 하나의 기업으로서 CSR을 실천해야 한다. 넷째, 변호사협회도 그 자체가 기업이라고 볼 수 있으므로 자체적인 CSR 활동을 해야 한다.

이상과 같이 「지침 II」는 유럽 전체의 기업뿐만 아니라 로펌과 변호사협회에 대해서도 CSR의 실천 의무를 부과하는 것으로 하고, CSR 활동에 로펌과 변호사들의 역할이 요구된다고 지적했다.

「지침 II」의 발표로부터 3년 뒤에 발표된 「지침 III」(35쪽 분량)은 변호사협회를 위한 실무적인 지침으로, 여덟 개의 주요 질문에 답하는 식으로 서술되어 있다. 그 질문은 다음과 같다.

---

18 위의 보고서, p.13.

19 CCBE, *Corporate Social Responsibility and the Legal Profession, Guidance II*, February, 2014.

20 CCBE, *CCBE Practical Issues for Bars and Law Societies on Corporate Social Responsibility: Guidance III*, May 2017.

① 왜 변호사는 CSR에 대해 배워야 하는가?

② 변호사는 CSR에 대해 자문해야 하는가? CSR 자문의 방기는 책임을 낳는가?

③ CSR은 보험에 영향을 미칠 수 있는가?

④ 수임계약의 일부로서 의뢰인이 자신의 CSR 행동규범에 로펌이 서명하도록 요구하는 경우.

⑤ 변호사·로펌은 CSR·인권에 관하여, 자신의 자문이 '부정적 영향에 연결'되어 있는지를 의뢰인을 받기 전에 체크해야 하는가? 만약 그렇다면(즉, 부정적 영향에 연결되어 있다면) 의뢰를 거절하거나 기존의 위임 사무를 취소해야 하는가?

⑥ 로펌, 변호사회, 그리고 법조회는 그들의 공급망을 통제해야 하는가?

⑦ 인권은 별도로 다루어져야 하는 주제인가?

⑧ CSR은 '손상을 끼치지 않는 것'에 한정되는가? 혹은 '선을 행하는 것'을 포함하는가?

이상에서 보듯이 「지침 III」은 CSR과 관련하여 변호사들이 관심을 가질 만한 중요한 문제를 제기하고 답하는 형식으로 서술되고 있다. 제시된 질문과 답변은 그 자체로 현재 CSR에 대한 변호사의 관심사와 인식 수준을 잘 보여 준다.

이처럼 유럽변호사회는 변호사의 역할에 한정하기보다는 좀 더 넓게 CSR 담론을 끌어들이고 있으며, 인권경영에서 제기한 문제를 모두 포괄하면서 중심적으로 다루고 있다. 특히 「지침 III」에서 제기된 질문은 거의 모두 인권경영이 변호사와 로펌에 제기하는 핵심적인 질문들인데, 질문 ⑤와 ⑧에 각각 언급된 '부정적 연결(linked with negative impacts)'[21]이나 '손

---

21 CCBE, 위의 보고서, p.8.

상을 끼치지 않는 것(doing no harm)'[22] 등의 표현은 이행원칙의 용어를 그대로 가져온 것이다.

미국변호사협회

다른 변호사회보다 먼저 이행원칙에 대한 공식 입장을 표명한 미국변호사협회(America Bar Association, ABA)는 2012년에 이미 CSR과 '인권경영'의 차이를 예리하게 지적하면서, '프레임워크'[23]와 이행원칙을 승인(endorse)하는 결의문을 발표했다.[24] 이 결의문은 1쪽짜리 짧은 문서이지만 이행원칙과 함께 'OECD 다국적기업 가이드라인'의 인권 조항도 함께 승인하고, 정부, 사적 주체, 법조계가 각각 자신의 활동과 실무에서 이들 규범을 실천할 것을 촉구했다.

이어 2014년 '강제노동 및 아동노동에 관한 표준 사업 및 공급망 정책'이라는 15쪽 분량의 지침을 발표했는데,[25] 이 지침은 강제노동 및 아동노동 문제의 중대성을 인정하고, 이 문제와 관련하여 기업(구매자)과 공급자 모두에게 도움이 될 표준적인 정책 내지 원칙을 제시한다. 또한 구매자든 공급자든 모두 강제노동 및 아동노동을 방지하기 위한 절차를 마련하라는 메시지를 담고 있다. 이 문서는 필요한 절차를 설명하면서 이행원칙의 인권실사 개념과 관련 용어를 그대로 끌어와 사용하고 있으므로, 이행원칙의 문제의식과 방법론을 그대로 강제노동과 아동노동에 적용한 것이라고 할 만하다.

---

22 CCBE, 위의 보고서, p.11.

23 2008년에 발표된 「유엔 기업과 인권 프레임워크」(United Nations Human Rights Council, "Protect, Respect and Remedy: a Framework for Business and Human Rights," A/HRC/8/5, 7 April 2008)는 '유엔 기업과 인권 이행원칙(UNGP)'의 기본이 되는 문서이다.

24 ABA, "ABA House of Delegates Resolution 109," February 2012.

25 ABA, "ABA Model Business and Supplier Policies on Labor Trafficking and Child Labor," February 2014.

나아가 미국변호사협회는 공급망에서의 인권경영 문제를 법 실무적으로 구현한 표준계약문구(model contract clause, MCC)를 개발했다.[26] 8쪽 정도에 이르는 이 표준계약문구는 상당히 복잡하다. 이 보고서는 인권경영의 원리를 담은 법 실무가 상당히 어렵고 복잡하다는 것을 여실히 보여 주며, 따라서 이런 종류의 일에는 전문적인 기업변호사의 개입이 불가피하다는 것을 보여 준다.

이와 같이 미국변호사협회는 이행원칙의 비전에 대해 가장 신속히 지지를 표명했으며, 변호사에게 요청되는 법률 사무를 신속히 파악하여 실무와 연결시키고 있다. 변화하는 현실을 수용하고 이를 발 빠르게 사업 기회로 활용하고 있는 것이다. 다만 이미 실정법 규정으로 들어와 있는 강제노동 및 아동노동 문제에만 집중한 점은 한계라 할 수 있다.

영국법조회

영국의 변호사회는 배리스터(barrister, 영국의 법정 변론 전담 변호사)를 대표하는 바 카운슬(The Bar Council),[27] 그리고 솔리시터(solicitor, 고객에게 사건을 수임하는 변호사)를 대표하는 로 소사이어티(The Law Society)[28]로 나누어진다. 법정 밖에서의 기업에게 자문을 제공하는 변호사는 솔리시터이므로, 양대 변호사회 중 인권경영에 대해 적극적으로 의견을 표명하고 있는 것은 로 소사이어티(이하 '영국법조회')이다.

---

26 David Snyder, Susan A. Maslow, "Human Rights Protection in International Supply Chain-
-Protecting Workers and Managing Company Risk: 2018 Report and Model Contract
Clauses from the Working Group to Draft Human Rights Protection in International
Supply Contract," ABA Business and Law Section, 73 Bus. Law. 1093, Fall 2018.

27 <https://www.barcouncil.org.uk/> 바 카운슬은 잉글랜드와 웨일스에서 활동하는 배리스터
를 대표한다. 사무실은 런던에 있다.

28 <https://www.lawsociety.org.uk/> 로 소사이어티는 잉글랜드와 웨일스의 솔리시터를 대표
하는 조직이다. 사무실은 런던에 있다.

영국법조회는 인권경영 문제에 대응하기 위해서 내부 작업그룹과 외부 자문단을 구성했다. 외부 자문단은 2014년 「기업과 인권 자문그룹 권고」라는 보고서[29]를 출판했는데, 여기에서 로펌이 기업과 마찬가지로 인권 존중 책임을 진다는 것을 직설적으로 표현했다. 또한 이행원칙이 기존의 변호사규제(변호사윤리 포함)와 양립하며, 영국법조회는 이행원칙의 실행을 위한 구체적인 지침과 교육 및 훈련을 제공해야 한다는 등의 내용을 다소 강한 어조로 설명했다. 이 보고서는 대체로 이행원칙에 대한 깊은 이해를 보여 주며 그것을 구체화하기 위한 많은 고민을 담고 있다.

이어 영국법조회는 2016년 「기업과 인권: 실무지침」이라는 보고서를 발간했다.[30] 이 보고서는 2014년 이후에 나타난 법 및 정책적 변화를 소개하고, 이어 이행원칙의 인권실사를 설명한 다음 인권경영 원칙이 어떻게 변호사의 직무 윤리에 관계되는지 설명했다. 다만 많은 문제를 다루지는 않고, 의뢰인에게 인권 리스크가 있다는 것을 알았을 때 변호사는 어떻게 행동해야 하는지를 중심으로 설명했다. 이 보고서가 제시한 대답은 다소 보수적인데, 변호사가 의뢰인으로부터 '비법적인'(인권) 리스크에 대해서 명시적으로 지시받지 않았더라도 업무 과정 중에 명백한 (인권) 리스크의 존재를 알게 됐다면, 그에 대해 의뢰인의 주의를 촉구하고 자문할 의무가 있다고 지적하는 데 그쳤다. 또, 이행원칙으로 인해 변호사가 '비법적인' 부정적 인권영향을 완화하거나 구제하는 적절한 조치에 대해서 자문해야 하는지는 현재 유럽변호사회에서 논의되고 있다면서 즉답을 피했다. 결과적으로 변호사가 고려해야 할 '비법적' 리스크의 목록에 인권 항목을 하나 추가하는 정도에 그쳤다고 볼 수 있다. 하지만 적어도 인권을 리스크의 하나로 추가하라는 메시지는 확실히 했다.

---

29 The Law Society, *Business and Human Rights Advisory Group Recommendation*, March 2014.
30 The Law Society, *Business and Human Rights: A Practical Guide*, 2016.

호주변호사회

호주변호사회(Law Council of Australia)는 2014년 9월 인권경영 작업그룹을 형성하여 인권경영 문제를 연구했으며, 2017년에는 「기업과 인권 그리고 호주의 변호사」라는 28쪽 분량의 보고서를 출판했다.[31]

이 보고서는 인권경영과 호주 변호사와의 관계에 대해서 서술한 부분에서 인권경영이란 이행원칙에 다름 아니라는 것을 명백히 하고, 변호사업계가 이행원칙을 수용하면 얻게 되는 이득과 도전거리에 대해서 이야기하며 이런 도전을 극복하는 전략에 대해 서술했다. 전체적으로 볼 때 인권경영과 변호사의 접점에 관해 명확한 해법을 주고 있는 것은 아니지만, 이행원칙의 정확한 이해와 실천이 로펌과 의뢰인 그리고 사회에 이득을 준다고 반복해 강조하고 있는 점은 주목할 만하다.

아시아태평양변호사협회

아시아태평양변호사협회(The Law Association for Asia and the Pacific, LawAsia)는 1966년에 출범한 변호사단체로서 회원은 지역 내 변호사협회와 개인 변호사로 구성되어 있다.[32] 2013년 이래로 이행원칙을 지지해 왔으며 2015년에는 인권경영에 관한 변호사회의 공동선언에 서명했다.[33] 2018년부터는 인권경영에 관한 독자적인 보고서를 준비했는데, 이것이 2019년 「기업과 인권: 아태지역 변호사를 위한 지침」이라는 제목으로 발표됐다.[34] 45쪽

---

31 Law Council of Australia, *Business and Human Rights and the Australian Legal Profession*, January 2016.

32 <https://www.lawasia.asn.au/about-us>

33 LawAsia가 서명한 공동선언에 대해서는 본문에서 따로 다루지 않았다. 이 선언은 2015년 ABA, 영국법조회 등 아홉 개 변호사단체가 공동으로 작성한 것으로, 이행원칙의 개발을 환영하고 이를 실현하기 위해 노력한다는 내용을 담고 있다(Joint Declaration of Commitment on the Development of the Field of Business and Human Rights within the Legal Profession, 2015). LawAsia는 스페인 변호사회와 함께 2015년에 추가로 이 선언에 서명했다.

에 이르는 이 보고서는 전반부에서 기업·인권·환경이 서로 밀접하게 연결되어 있다는 점을 보이고, 후반부는 변호사와 로펌의 역할, 변호사협회의 역할에 대해 안내한다. 특정 쟁점을 깊이 다루기보다는 논점의 전체적 양상을 제시하고 있으며, 환경이나 반부패 등을 인권과 연결하여 설명하거나 기업에 의한 인권 피해자와 관련한 변호사의 역할에 대해서도 일정 부분 할애하고 있다는 점이 특징이다. 이는 아시아 지역에 글로벌 공급망의 끝자락이 다수 있다는 점이 반영되었기 때문으로 보인다. 또한 이행원칙은 거대 다국적기업이라는 맥락에서 제정되었지만, 개도국의 중소 공급자와 인권 피해자를 대리하는 변호사도 알아야 하는 규범이 됐다는 점을 보여준다.

이상에서 인권경영에 관해서 입장을 표명한 주요 변호사단체들을 짚어 보았다. 다소 산발적이지만 비슷한 시기에 많은 변호사단체들이 앞다투어 같은 주제를 다루었다는 점은 주목할 만하다. 각 입장들이 강조하는 지점에는 차이가 있지만 공통된 흐름도 감지된다.

그 흐름의 특징을 정리해 보면 첫째, 세계적으로 유력한 변호사단체들은 기업변호사나 로펌이 더 이상 인권경영 문제를 무시할 수 없다고 주장한다. 지금까지 CSR이나 인권경영은 엄밀한 의미에서 법적인 문제는 아니었으며, 따라서 기업 홍보 사무일 수 있을지언정 기업변호사나 로펌의 사무는 아니었다. 하지만 이것이 변화하고 있다는 것이다. 이들은 무엇보다 기업이 인권 문제의 해결을 위해 변호사의 조력을 얻고 있음을 지적한다. 인권 문제는 이제 소수의 인권변호사나 프로보노 활동에 한정되지 않는다. 인권경영 문제를 다루는 변호사단체의 면면을 보아도 인권경영 문제

---

34 The Law Association for Asia and the Pacific, *Business and Human Rights: A Guide for Lawyers in the Asia Pacific*, 2019.

는 빠르게 상업화·주류화하면서 안착하고 있다.

둘째, 이들 변호사단체는 인권경영이란 기실 이행원칙이라는 점을 인정하고 있다. CSR이나 기업의 인권 책임을 인정하더라도 그 구체적인 내용에 대해서 상당한 견해 차이가 있을 수 있다. 이 문제를 해결한 이행원칙은 인권경영이 CSR과 다르다는 것을 선명히 했고,[35] 인권경영의 내용을 정립했다. 이후 인권경영이란 다름 아닌 이행원칙을 실천하는 것으로 이해됐다. 앞서 본 여러 변호사단체는 모두 이행원칙이 가진 이와 같은 권위와 리더십을 전적으로 인정한다. 이들은 이행원칙 자체에 대해서 비평하거나 비판하기보다 이것이 널리 수용된 상황을 인정하고, 그 전제 위에서 변호사는 무엇을 해야 할 것인지 논의한다. 즉 로펌은 이행원칙을 준거로 인권경영 관련 실무를 수행해야 한다는 것이다.

셋째, 이들 변호사단체는 이행원칙의 실행이 로펌 자체의 책임이기도 하다는 점을 인정하고 있다. 다시 말해, 로펌도 이행원칙이 정의한 인권 존중 책임을 실천해야 한다는 것이다. 따라서 로펌은 스스로 인권정책선언을 해야 하고, 인권침해를 사전 예방적으로 방지하기 위한 인권실사를 해야 하며, 구제절차를 제공해야 한다. 같은 맥락에서 로펌은 스스로 인권침해를 하거나 제3자(예컨대 의뢰인)에 의한 인권침해에 도움을 주면 안 될 뿐만 아니라 제3자(예컨대 의뢰인)를 통해 인권침해에 직접 연결되어도 안 된다. 여러 변호사단체는 로펌이 이와 같은 의미의 인권 존중 책임을 진다는 것을 명시적으로 인정한다.

넷째, 이런 큰 변화에도 불구하고, 지금까지의 논의가 지닌 한계도 보여 준다. 원칙에는 합의했지만 아직 충분히 구체적인 행동원리가 제출되지 않고 있다. 이는 논의가 여전히 초기라는 점을 시사한다. 현재는 해결해야 할 문제가 점점 구체적으로 부상하고 있는 국면이며, 그중에는 개별 로

---

35 CSE과 인권경영의 차이에 대해서는 본서 2장을 참고하라.

펌이 해결할 수 없는 어려운 것들도 있다. 앞으로의 과제는 이런 난제들을 해결하면서 실무 현장에서 인권경영을 실행하는 것이다.

3. 인권경영, 법률시장으로 들어오다

변호사회들이 인권경영의 등장에 주목하고 전에 없던 대응을 주문하고 있는 지금의 상황은 변호사들에게 전에 없던 새로운 법률시장이 열리는 것을 의미한다. 시장은 두 가지 방식으로 나눌 수 있는데, 첫째는 인권경영의 문제의식, 방법론, 용어 등이 입법을 통해 기업에게 법적 의무를 낳는 경우이다. 이 경우 인권경영은 준법의 문제가 된다. 둘째는 아직 법적으로 의무화되지 않은 인권 이슈에 대해 기업이 로펌에게 관련 사무를 의뢰하는 경우이다. 이 두 가지에 대해 순차적으로 살펴보자.

1) 실정법으로 들어온 인권경영

앞에서 지적했듯이 인권경영은 이행원칙으로 귀결된다. 그런데 이행원칙 자체는 연성법이지만 경성법의 필요성을 적극 주창한다. 즉 국가는 인권경영의 이행을 위해 효과적인 정책, 입법, 규제, 재판을 통해 그러한 침해를 방지하고, 조사하고, 처벌하고, 시정하는 적절한 조치를 취해야 한다(원칙 1). 국가가 기업에 아직은 인권 존중 책임을 법적 의무로 전면적으로 부과하고 있지 않지만, 선진국을 중심으로 관련 법제가 빠르게 확대되고 있는 것도 명백하다. 그 사례들을 살펴보자.

인권정보에 대한 투명성 법제

2014년 4월 유럽의회는 기업의 공시지침을 개정했다. 이에 의하면 500명 이상의 기업 또는 그룹은 ① 환경, ② 사회 및 노동, ③ 인권, ④ 반부패 및 뇌물, ⑤ 이사회의 다양성(연령, 성, 교육, 직업적 배경) 등 핵심 지표에 관하여 식별된 주요 위험(risk), 위험에 대한 대응 조치, 결과(result, outcome)를 공개하도록 의무화했다.[36] 거칠게 말하면, 유럽연합에서 활동하는 대기업은 인권실사를 하고 그 결과를 공개하라는 것이다.

미국도 일찍부터 투명성 법제를 이용하여 인권 문제에 대처하고자 했다. 2010년에 발효한 '캘리포니아 공급망 투명성법'은 전 세계에 걸쳐 연매출 1억 달러 이상이면서 캘리포니아 주에서 사업을 하는 판매상이나 제조업자에게 공급망에서 노예와 인신매매를 없애기 위한 노력을 공개하도록 요구한다.[37] 2010년에 제정된 도드-프랭크 1502조에 의하면, 분쟁광물을 이용하는 기업은 해당 광물이 콩고민주공화국에서 기원했는지, 또 그것이 무장단체에 기여했는지에 관하여 실사하고 그 결과를 공개해야 한다.[38] 이것은 하나의 조문에 불과하지만 그 조문에 관한 해설서는 수백 페이지에 이를 정도로 복잡하다.[39] 따라서 이를 이해하고 실행하는 일들은 모두 기업변호사의 사무가 될 수밖에 없다.

영국 회사법도 2006년부터 비재무적 정보의 공개를 법제화했다. 이어

---

36 EU Commission, Directive 2014/95/EU of the European Parliament and of the Council 22 October 2014, amending Directive 2013/34/EU as regards disclosure of non-financial and diversity information by certain large undertakings and groups, 2014. 이 규정이 적용되는 기업과 그룹은 유럽연합 전체에서 약 6,000개에 이르는 것으로 추정된다.

37 California Transparency in Supply Chains Act of 2010, Cal. Civ. Code, § 1714.43.

38 이상수, 「공급망에서 발생한 인권침해에 대한 법적 규제: 미국 도드-프랭크법 제1502조를 중심으로」, 『서울대학교 법학』 제57권 제3호, 2016. 9.

39 17 CFR Parts 240 and 249b (Sept. 12, 2012). 앞의 캘리포니아 공급망 투명성법에 관해 캘리포니아 법무부의 지침도 50쪽에 이른다. California Department of Justice, *The California Transparency in Supply Chains Act: A Resource Guide*, 2015.

2013년과 2016년의 법 개정을 통해서 유럽연합의 비재무정보 공시제도를 수용했다. 2015년에는 현대노예법을 제정했는데, 이에 의하면 총매출 3,600만 파운드 이상인 대기업은 공급망에서 강제노동의 이용을 중지하기 위한 노력을 공개해야 한다.[40] 이들 법의 등장은 변호사의 사무로 이어지며 실제 사건도 발생하고 있다.[41] 2018년 호주도 이와 유사한 법을 제정했다.[42] 인권경영 법제에서 공개는 중요한 역할을 한다. 영국과 미국처럼 특정 인권 문제에 관해서 공개를 요구할 수도 있지만, 유럽연합처럼 포괄적으로 인권정보를 공개하도록 할 수도 있다. 아무튼 인권정보를 공개하려면 인권 리스크를 식별하고, 대책을 수립하고, 실행하고, 결과를 측정하고 보고서를 작성하는 과정이 필요하다. 기업변호사는 이 전체 과정과 결과물의 관리에 대해 법적 자문을 제공할 수 있다.

인권실사 의무화 법제

프랑스는 단순히 인권정보의 공개를 요구하는 것을 넘어 인권실사를 의무화하는 법제를 마련했다. 흔히 '프랑스 실사법(French Law on Duty of Vigilance)'으로 불리는 이 법은 2개 조항으로 구성되어 있으며, 상법에 편입되었다.[43] 이 법안은 4년여의 논의 끝에 2017년에 통과되고 발효됐다.

현재 프랑스 실사법은 전면적인 실사 의무를 부과하는 유일한 법으로서 인권경영 법제 중에서 가장 앞서 나가는 것이지만[44] 이런 식의 접근법

---

40 <http://www.legislation.gov.uk/ukpga/2015/30/contents/enacted>

41 Galdikas & Ors v. DJ Houghton Catching Services Ltd & Ors [2016] EWHC 1376 (QB) 이 사건에서 영국법원은 이 기업이 현대적 노예를 만드는 인권침해를 없애기 위해 적절한 조치를 하지 않았다고 판단했다.

42 Modern Slavery Act 2018, No. 153, 2018, 이 법은 매출 1억 달러 이상의 호주 기업에게 해당 기업과 공급망에서 발생하는 심각한 인권침해의 위험과 그에 대한 대처에 대해서 보고하도록 요구한다.

43 본서 8장을 참고하라.

은 프랑스를 넘어 확대되고 있으며 유럽에서 실사의 법적 의무화는 하나의 유행을 이루는 것처럼 보인다. 이런 흐름은 앞으로 점점 더 많은 변호사가 인권경영 사무를 다루게 될 것을 암시한다.

인권침해 관련 민사소송

인권침해 자체가 소송 원인(cause of action)이 되는 경우는 많지 않다. 하지만 미국의 외국인불법행위법은 인권침해를 국제법 위반의 일종으로 이해하여 인권을 소송 원인으로 하고 있으며[45] 1990년대 이래 이 법에 따른 소송이 실제로 많이 일어났다. 다만, 키오벨 판결 이후 사건이 많이 준 것은 사실이다.[46]

하지만 인권침해는 많은 경우 민사 불법행위에 해당한다. 인권경영이 손해배상 소송과 연결되는 지점은 해외에서 발생한 인권침해에 대해서 모회사에 책임을 묻는 소송이다. 자회사의 인권침해에 대해 모회사에 직접 그 책임을 묻는 소송과 함께, 법인격 부인의 법리를 완화하려는 경향이 나타나고 있다.[47] 인권변호사들은 이와 같은 소송을 제기하고 있으며 관련 판례들도 등장하고 있다. 이제 기업의 입장에서는 자회사에서 일어나는 인

---

44 Stéphane Brabant, "Law on the Corporate Duty of Vigilance: A Contextualized Approach," *Revue Internationale de la Compliance et de l'Éthique des Affaires - Supplément à la Semaine Jurisdique Entrepris et Affaires*, no 50 du Juede 14 Décembre, 2017, p.7.

45 이상수, 「기업의 사회적 책임 맥락에서 본 유노칼 판결의 의미」, 『전남대학교 법학논총』 제 31집 제2호, 2011. 8.

46 Kiobel v Royal Dutch Petroleum Co. 133 S.Ct. 1659, April 17, 2014. 이 대법원 판결은 외국인불법행위법이 역외적 관할권을 갖지 않는다고 보았다. 이로써 해외에서 발생한 기업의 인권침해를 문제 삼는 소송은 사실상 봉쇄됐다.

47 이와 관련하여 자주 인용되는 판결로 캐나다의 허드베이(Hudbay) 판결과 영국의 챈들러 대 케이프 피엘씨(Chandeler v Cape plc) 판결(2012) 등이 있다. 전자에 대해서는 다음을 참고하라. Susana C. Mijares Pena, "Human Rights Violations by Canadian Companies Abroad: Choc v Hudbay Mineral Inc," *Western Journal of Legal Studies*, Vol. 5. Issue 3. 2014.

권침해에 더욱 적극적으로 대응해야 할 것이며[48] 이는 모두 인권경영 논의에서 촉발된 판례상의 변화이다. 따라서 손해배상 소송과 관련하여 기업을 대리하는 변호사들은 인권경영의 확산이 판결에 미치는 영향을 이해해야 할 것이다.

인권침해 관련 형사처벌

인권침해와 관련하여 기업이나 기업인을 형사처벌하는 법제가 등장하고 있다. 2002년에 발효한 '국제형사재판소에 관한 로마조약'(이하 '로마조약')은 집단살해, 인도에 반한 죄, 전쟁범죄 등을 저지른 자를 처벌한다고 규정한다. 기업이 이런 심각한 범죄를 직접 저지르는 일은 상상하기 어려운 데다 로마조약은 기업을 처벌 대상에 포함하지도 않았다(로마조약 제25조). 하지만 이런 범죄행위를 교사하거나 방조한 기업인에 대한 처벌은 가능하다.[49]

이탈리아는 일정한 종류의 인권범죄가 발생하면 그 행위자 외에 기업을 처벌하는 법제를 가지고 있다.[50] 기업이 무죄를 주장하려면 범죄행위 발생 전부터 이런 범죄를 방지하기 위한 실사 절차를 마련하여 효과적으로

---

48 서면(J. F. Sherman)은 자회사의 인권침해 행위에 대해서 모회사가 법적 책임을 질 수 있다는 점을 집중적으로 다루었다. 자회사의 인권침해 행위가 법적 리스크뿐만 아니라 비법적 리스크도 증가시킨다는 점을 지적한다(John F. Sherman, "Should a Parent Company Take a Hand-Off Approach to the Human Rights Risks of Its Subsidiaries?," 19 No. 1 Bus. L. Int'l 23, January 2018). 자회사의 인권침해에 대해 모회사에 책임을 묻는 제도를 개관한 자료로 다음이 있다. Vivian Grosswald Curran, "Harmonizing Multinational Parent Company Liability for Foreign Subsidiary Human Rights Violations," 17 Chi.J Int'l L. 403, Winter 2017.

49 Caspar Plomp, "Aiding and Abetting: The Responsibility of Business Leaders under the Rome Statute of the International Criminal Court," *Utrecht Journal of International and European Law*, 30(79), 2014, pp.4-29.

50 FIDH, HRIC, ECCU, Italian Legislative Decree No. 231/2001: A Model for Mandatory Human Rights Due Diligence Legislation?, November 2019.

작동시켜 왔다는 것을 입증해야 한다. 즉, 여기에서 기업은 사실상 무과실의 형사책임을 진다. 이 법은 기업의 인권 리스크를 크게 증가시킬 뿐만 아니라 인권실사가 형사법에 편입될 수 있다는 것을 보여 준다.

최근 영국은 범죄금융법(the Criminal Finance Act of 2017)을 채택했다.[51] 이에 의하면, 영국 검사는 심각한 인권침해와 '연결되어(in connection with)' 취득한 재산을 압수할 수 있다. 연결되어 있다는 것은 심각한 인권침해로부터 이득을 얻는 것을 포함한다. 연결이 입증되면, 고의 여부나 합리적 조치의 유무를 문제 삼지 않고 제재한다. 결국 이 법의 제재를 받지 않기 위해서는 철저한 실사를 통해 인권침해와 연결되지 않도록 조심하는 수밖에 없다. 이런 엄중한 법의 등장은 기업과 변호사에게 큰 도전이 된다.

기타 인권경영 법제

미국의 연방조달규정(Federal Aquisition Regulation)에 의하면, 연방에 제품서비스를 공급하려는 자는 자신의 하청이 인신매매에 가담하지 않았다는 것을 확인해야 한다.[52] 유럽연합이나 영국도 점점 더 공공조달을 인권 문제와 연결시키고 있다.[53] 이에 따라 기업은 점점 더 법률 전문가에게 조력을 요청하게 된다.

인권경영 법제의 특징과 기업변호사의 도전

이처럼 인권경영은 법의 영역으로 들어오고 있다. 그중에는 특정 인권 문제에 초점을 둔 법도 있고, 포괄적으로 인권의 증진을 도모하는 법도 있다. 투명성을 기축으로 하는 법도 있고, 실사를 기축으로 하는 법도 있다. 인권

---

51 <http://www.legislation.gov.uk/ukpga/2017/22/contents/enacted>

52 United States, Executive Order 13627, September 25, 2012.

53 EU Commission, the 2014 Directive on Procurement; UK Public Contracts Regulations of 2015, 2015.

존중을 위한 절차만 규제하는 법도 있고, 인권침해라는 결과를 규제하는 법도 있다. 이처럼 인권경영 관련 법제는 다양하며 국가에 따른 편차도 큰 편이다.

어떻든 인권경영 법제의 확대는 기업변호사의 업무 영역 확장을 의미한다. 인권경영 법제에 따른 법률 사무는 준법의 문제라는 점에서 기업변호사들의 종래 업무와 유사한 면이 있지만 고유한 특성도 있다.

첫째, 인권경영 법제는 문자 그대로 '인권'을 다루는데, 인권 개념은 사실 법률가가 다루기에 익숙하지 않은 것이다. 무엇보다 인권의 개념이나 경계 자체가 매우 모호하다. 이행원칙은 기업이 '국제적으로 승인된 모든 인권'을 존중해야 한다(원칙 12)고 했지만, '국제적으로 승인된 모든 인권'이 무엇인지 특정하는 것은 간단한 일이 아니다. 세계인권헌장과 ILO 핵심 규약에 인권 목록이 있다고 하지만 그 내용을 이해하는 것은 쉽지 않다. 그 외에도 수많은 인권조약과 인권선언이 있으며, 이에 따른 넘치는 판례와 다양한 해석이 있다. 게다가 인권은 어느 정도 개방적이며 유동적이어서 시간과 장소에 따라 유연하게 해석될 필요도 있다. 인권경영에 대해 법률적 자문을 제공하는 기업변호사는 이런 어려움을 극복하고 유의미한 자문을 할 수 있는 능력을 갖추어야 한다.

둘째, 인권경영 법제는 절차 지향성이 강하다는 점이 인식되어야 한다. 이행원칙에 따르면 기업의 인권 존중 책임은 규모, 부문, 사업 활동 맥락, 소유권, 기업구조 등을 불문하고 모든 기업에 적용된다(원칙 14). 하지만 현실에서 기업이 해결해야 할 인권 이슈는 규모, 부문, 사업 활동 맥락, 소유권 등에 따라 다를 수밖에 없다. 예컨대 채굴산업의 경우 지역 주민의 인권 이슈가 중요한 반면, 정보통신기업은 개인정보보호가 중요한 인권 이슈일 것이다. 이런 조건에서 모든 기업에 적용되는 획일적인 법적 규제는 매우 어렵다. 이런 이유로 인해서 인권경영 법제는 많은 경우 절차 지향적 법형식을 취한다. 절차 지향적 법이란 인권의 침해를 적발하여 직접 제재하기보다는 기업으로 하여금 일정한 절차를 준수하게 함으로써 간접적으로 현장에서의 변화를 낳으려는 것이다. 투명성 법제나 실사의무화법이 대표적이다. 이런 절차적 규제가 과연 현장에서 의미 있는 수준으로 인권침해를 방지하고 인권을 증진시킬지는 논란이 될 수 있지만 현재로서는 유력한 대안으로 인정되고 있다. 절차 지향적 법제에서 변호사는 객관적 인권 기준을 적용한다기보다 현장에서 이해관계자와 소통하며 구체적으로 타당한 인권 기준을 찾아 나서는 개방적이고 창조적인 태도가 필요하다.

셋째, 인권경영 법제 관련 사무를 수행하기 위해서는 인권경영 관련 연성법에 대한 이해도 필요하다. 무엇보다 인권경영의 표준이 되고 있는 이행원칙에 대한 이해가 전제되어야 한다. OECD의 각종 실사지침도 도움이 된다.[54] 투명성 법제와 관련하여 글로벌 리포팅 이니셔티브(GRI)[55]나 이행원칙 보고틀[56]도 참고할 필요가 있다. 그 외에도 사안별, 산업별로 수많은 인권경영 연성규범이 존재한다. 따라서 인권경영 법제에 대해 자문을 제공하기 위해서는 경성법뿐만 아니라 관련 연성법들을 이해하는 것이 실무적으로 필요하다.

한국에서는 아직 인권경영 법제가 완전히 확립되지는 않았지만 한국의 기업변호사가 이와 무관한 것은 아니다. 한국의 변호사도 위에 거론된 법의 적용을 받는 기업으로부터 자문을 요청받을 수 있다. 국내의 공기업을 포함한 공공기관도 이미 사실상 인권경영을 요구받고 있으며[57] 향후 투

---

54 예컨대, *OECD Due Diligence Guidance for Responsible Business Conduct*, 2018; *OECD Due Diligence Guidance for Responsible Supply Chains of Minerals from Conflict-Affected and High-Risk Areas: Second Edition*, 2013.

55 GRI(Global Roporting Initiative)는 비재무적 정보 공개의 틀을 제공하는 단체이다. <https://www.globalreporting.org/Pages/default.aspx>

56 이행원칙 보고틀(UN Guiding Principles Reporting Framework)은 이행원칙에 근거한 특화된 보고의 틀을 제공한다. <https://www.ungpreporting.org/>

57 본서 211쪽 이하 참조.

명성 법제나 실사의무화법 등 인권경영 법제가 도입될 것도 충분히 예상할 수 있다. 인권침해에서 비롯된 민·형사책임도 현실이 될 것이다. 이런 법들의 도입이나 적용 과정에서 기업변호사들의 역할은 증가할 것이다.

2) 인권 리스크의 관리

기업은 아직 법의 영역에 들어오지 않은 인권 문제에 대해서도 관심을 가진다. 예를 들어 개도국에서 댐 건설이나 광산 개발을 할 때 지역 주민들의 저항이나 반발이 있는지, 있다면 대처 가능한지 알고 싶어 할 것이다. 기업의 입장에서는 이런 반발이 재무 성과와 직결되기 때문이다. 기업은 이런 리스크를 식별하고 관리하기 위해 외부 전문가에게 도움을 요청할 수 있는데, 이때 변호사가 개입할 여지가 생긴다. 물론 이런 비재무적 리스크를 식별·관리하는 일이 변호사의 전속 업무는 아니다. 예를 들어 경영 컨설팅 회사도 합법적으로 이런 일을 할 수 있다. 하지만 변호사가 이런 업무를 할 수 없는 것도 아니며, 기업의 입장에서는 이런 사무를 변호사에게 의뢰할 특별한 이유도 있다.

첫째, 인권 문제가 '비법적인' 문제라고는 하지만 현실의 분쟁에서 법적인 것과 비법적인 것은 섞여 있거나 경계가 모호하다. 예컨대 댐 건설에서 주민이 주장하는 권리는 법적인 것일 수도 있고 아닐 수도 있으며 모호한 것일 수도 있다. 이런 복잡한 문제에서 변호사의 전문 지식은 이 두 측면을 구분하면서 적절히 대응하는 데 도움이 된다.

둘째, 변호사의 비밀유지의무 내지 비밀유지 특권은 인권리스크로부터 기업을 보호하는 효과를 증폭시킨다. 변호사에게 인권 리스크를 식별·관리하는 사무를 맡긴다면, 기업은 해당 정보가 외부로 흘러가지 않는다고 믿을 것이다. 변호사는 의뢰인의 비밀을 보호해야 할 의무가 있기 때문이다. 변호사는 심지어 법정에서도 의뢰인에 관한 정보를 누설하지 않는다. 기업이 인권침해에 연루됐다는 정보는 기업의 명망에 심각한 손상을 줄 수도 있고 법률 소송에서 불리하게 이용될 수도 있으므로 기업이 인권영향평가를 포함한 인권실사의 전체 과정을 변호사에게 의뢰하는 것은 이해할 만하다.

셋째, 기업의 인권 존중 책임이 법률상 의무가 아니라 하더라도 기업이 인권 이슈에 대응하는 과정에서는 변호사의 조력이 반드시 필요하다. 예를 들어, 공급망에서 발생하는 아동노동 문제를 해결하기 위해서는 구매자가 공급자에게 영향력을 행사해야 하는데, 그 방법은 결국 양자 간에 사적 계약을 체결하는 것으로 귀결되기 쉽다. 앞에서 거론한 표준계약문구를 생각해 보라.[58] 이런 복잡한 계약은 법률 전문가가 아니면 다루기 어렵다. 국가 간의 투자계약,[59] 국제합작투자, 인수합병을 하려는 기업도 인권 리스크에 관한 조항을 삽입할 필요가 있는데,[60] 이런 사무에서도 모두 변호사의 조력을 받을 수밖에 없다. 나아가 이런 문제에서는 인권경영에 특화된 전문변호사의 조력을 받을 수밖에 없다.[61]

넷째, 인권리스크에 대한 사전 예방 관리의 실패로 인권분쟁이 발생해도 변호사의 조력이 필수적이다. 인권분쟁은 사법적 절차를 동원하기도 하지만 비사법적 해결도 필요한데, 법정에서 사건에 대해 다투든 법정 밖

---

58 앞의 각주 26 참조

59 유엔은 인권관점에서 고려해야 할 국가-투자자 간 계약의 원칙을 제시한 바 있다. UN, "Principles for Responsible Contract: Integrating the Management of Human Rights Risks into State-Investor Contract Negotiations," HR/PUB/15/1, 2015.

60 IBA는 국제투자계약, 합작계약, 인수합병계약, 공급계약 등 다양한 기업·상사 거래에 관한 기업 자문을 담당하는 변호사는 이러한 계약 체결 시 인권침해를 방지하고 최소화하도록 계약서를 작성할 수 있어야 한다는 점을 지적했다. IBA, 앞의 글(국문 번역본), 21쪽.

61 러기와 셔먼은 인권경영 계약의 특수성을 고려하지 않은 인권 조항은 실질적인 도움이 되지 않을 수 있다는 것을 지적한다. John G. Ruggie, John F. Sherman III, "Adding Human Rights Punch to the New Lex Mercatoria: The Impact of the UN Guiding Principles on Business and Human Rights on Commercial Legal Practice," *Journal of International Dispute Settlement*, 13 October 2015.

에서 합의하든 변호사가 적격이다. 'OECD 다국적기업 가이드라인'에 따른 분쟁 해결 절차도 근본적으로는 법률주의적 접근(legalistic approach)에 입각한 것이기 때문에[62] 변호사가 개입하는 것이 바람직하다.

이런 점들을 고려하면 비법률적 인권 이슈에 대해서도 기업은 점점 더 변호사의 조력을 받고자 할 것이다. 다만 변호사로서 이러한 '비법률적' 인권 문제에서 자문을 제공하기 위해서는 그에 필요한 전문성을 개발해야 한다. 인권 일반을 이해하고 특정 기업에 고유한 인권 리스크를 찾고 대안을 제시하는 과정은 전통적인 변호사 업무에서는 요구되지 않는 특별한 능력을 요구하기 때문이다.

4. 로펌, 인권 존중 책임의 주체가 되다

인권경영의 확장은 기업변호사와 로펌에게 새로운 사업 기회를 열어 주지만, 동시에 로펌에 새로운 의무를 부여한다. 로펌이 '기업(business enterprise)'인지는 논란이 있을 수 있지만, 여러 변호사회는 로펌도 이행원칙이 정의한 인권 존중 책임을 진다는 것을 인정한다. 영국법조회는 로펌이 다른 기업체와 마찬가지로 인권 존중 책임을 갖는다고 천명했다.[63] 국제변호사협회도 이 점을 명시적으로 인정하면서, 로펌은 이행원칙이 요구하는 것을 거의 다 준수해야 한다고 했다.[64] 영리를 목적으로 하는 사기업도 인권 존중 책임을 자임하는 마당에 로펌이 이를 받아들이는 것은 당연하며 오히려 때늦은 감조차 있다.

---

62 본서 5장을 참고하라.

63 영국법조회, 앞의 글, 18문.

64 IBA, *The Reference Annex to the IBA Practical Guide on Business and Human Rights for Business Lawyers.* 2016. 11. 1. Chapter 6.

로펌이 인권 존중 책임을 진다는 것은 다른 사람의 인권에 부정적 영향을 미치지 않는 것을 의미한다. 이행원칙에 따른 인권침해는 세 종류로 나누어진다(원칙 13). 우선, 로펌은 스스로 인권침해를 야기하지(cause) 말아야 한다. 예를 들어 채용 과정에서 차별을 하거나 노동권을 침해하는 행위를 해서는 안 된다. 둘째, 로펌은 다른 사람의 인권침해 행위에 도움을 주어도(contribute) 안 된다. 예컨대 노동권을 보장하지 않는 국가에서 활동하는 기업이 노동권을 보장하지 않을 수 있도록 자문해 주면 안 된다. 셋째, 로펌은 제3자의 인권침해와 직접 연결(link)되어도 안 된다. 따라서 로펌이 관여된 사건에서 의뢰인이 인권침해를 하고 있다면 그것을 중지하도록 영향력을 행사해야 한다. 그래도 인권침해를 멈추지 않는다면 영향력을 키우기 위한 노력을 해야 하고, 영향력을 행사했는데도 인권침해가 계속된다면 관계의 단절을 고려해야 한다. 만약 단절이 불가능하다면 그에 따른 책임을 져야 한다(원칙 19, 주석).[65]

로펌은 위와 같은 인권 존중 책임을 다하기 위해서 인권경영 체제를 갖추어야 한다. 즉, 로펌도 일반 사기업과 마찬가지로 인권정책선언을 하고 인권실사를 하고 피해자에 대한 구제절차를 제공해야 한다(원칙 15). 인권실사에는 인권영향의 식별과 대책의 강구, 실시된 대책의 추적, 성과의 공개가 포함된다(원칙 17).

이렇게 로펌이 인권 존중 책임을 실천하는 것은 의뢰인을 위해서이거나[66] 자신을 위해서가 아니다.[67] 그것은 본질적으로 잠재적·현재적 인권 피해자를 위한 것이다. 로펌의 인권 존중 책임은 인권에 대해서 로펌 자체가

---

65 여기서 책임은 법적 책임이라기보다 사회적 책임이 될 것이다. 즉, 인권침해 기업과 거래하는 기업은 사회적 비난 등 사회적 제재를 감당해야 한다는 의미이다.

66 로펌이 인권경영을 하는 이유 중의 하나는 의뢰인을 위해서이다. 예를 들어 의뢰인의 인권 리스크를 줄일 수 있다. 영국법조회는 로펌이 인권경영을 하는 이유를 다양한 각도에서 잘 정리해 두었다. 영국법조회, 앞의 글, 19문.

갖는 책임이다. 이 말의 의미는 로펌의 인권 존중 책임이 의뢰인(기업)의 요구와 충돌할 수도 있다는 것이다. 예컨대 로펌은 잠재적 의뢰인으로부터 사건을 수임할 때 인권침해를 이유로 수임을 거부해야 할 수도 있다. 이미 변호사-의뢰인 관계가 되었더라도 인권침해를 이유로 관계를 단절해야 할 수도 있다. 이런 일이 실제 발생한다면 이는 변호사와 의뢰인의 신뢰 관계에 영향을 미칠 뿐 아니라 로펌의 영업과 수익에도 영향을 미칠 수 있으므로, 이런 충돌을 해결하는 것은 기업변호사와 로펌에 큰 도전이 된다. 오늘날 여러 변호사회는 로펌의 인권 존중 책임이라는 원칙을 훼손하지 않으면서 이런 충돌을 해결하기 위해 많은 고민을 하고 있다.

5. 인권경영의 상업화, 전문화, 주류화, 그리고 법치주의

이행원칙의 등장은 인권경영에 관한 논의를 크게 진전시키면서 기업에게 큰 영향을 미치고 있다. 이는 기업을 대리하는 기업변호사와 로펌에게도 변화를 요구한다. 앞에서 보았듯 오늘날 세계의 주요 변호사회는 이런 변화를 감지하는 것은 물론 적극적으로 대응하고 있다. 이런 변화의 의미를 정리해 보자.

우선 로펌이 인권경영을 다루는 현상은 인권경영이 상업화한다는 것을 상징적으로 보여 준다. 즉, 인권경영 문제가 로펌과 기업변호사에게 수익을 창출하는 새로운 사업 기회가 된다는 것이다. 특히 인권경영은 대기업을 대리하는 로펌의 업무 영역에 포함될 가능성이 크다. 인권경영 관련

---

67 로펌의 인권경영은 로펌 자신에게 이득이 될 수도 있다. 예컨대, 로펌은 자신의 명망을 높이고 소속 변호사의 사기를 높이기 위해서 인권경영을 할 수 있다. 이런 면에서 A4ID는 인권기준을 채택하지 않는 로펌은 새로운 고객 확보에 실패할 수 있다고 지적했다. 아울러 준비된 로펌은 피고용인의 채용, 고용 유지, 동기 유발에서 경쟁우위에 있을 수 있다. A4ID, 앞의 글, p.4.

법률시장이 얼마나 커질지는 알 수 없지만, 거대 기업에 대한 자문을 통해서 수익을 창출하는 로펌들이 이 시장을 무시할 수는 없을 것이다. 어쩌면 로펌 간에 경쟁이 심화될 수도 있다.

둘째, 인권경영의 상업화는 전문화를 수반한다. 로펌이 인권경영을 다룬다고 하지만 로펌 소속의 모든 변호사가 인권경영을 실무적으로 다룬다는 의미는 아니다. 복잡한 인권 문제에 대해 법의 경계를 넘나들면서 인권 리스크를 식별해 내고 해법을 제시하는 능력을 갖추는 것은 쉬운 일이 아니다. 인권경영 관련 자문은 전문성을 갖춘 소수 변호사의 업무가 될 것이며, 대기업에 대한 다른 법률 자문에 부속되어서 진행될 가능성이 크다.

셋째, 로펌이 인권경영을 다룸으로써 인권경영은 더욱 주류화한다. 즉 인권경영이 앞으로 성공한 기업과 성공한 로펌의 필수 요소가 된다는 것이다. 인권경영을 매개로 대기업과 로펌은 인권가치를 각자의 경영에 내재화하고 협력하면서 활동하게 된다. 인권경영은 더 이상 거리의 투쟁에 익숙한 인권활동가나 인권 변호사의 사무에 그치지 않는다. 로펌이 인권경영을 다룬다고 하더라도 기업에 의한 인권 피해자를 대리하는 인권변호사의 역할이 줄지는 않을 것이다. 오히려 더 많고 더 전문화된 인권변호사가 필요하게 될 것이다. 앞으로 인권경영은 인권가치를 둘러싼 합리적 논의 과정을 의미할 것이며, 그만큼 인권경영이 법치의 영역으로 들어올 것이다.

넷째, 로펌이 인권경영을 다룬다는 것은 기업변호사와 로펌이 인권 옹호라는 가치를 실무적으로 추구하며 기업의 인권경영을 촉진한다는 것을 의미한다. 인권경영은 기업의 주도하에 이해관계자와 소통하면서 인권침해를 방지하려는 시도이다. 로펌이 개입하면서 기업과 (잠재적) 인권 피해자 사이에는 더 많은 소통과 합리적 토론이 이루어질 것이며, 이는 인권뿐 아니라 민주주의의 강화에도 기여하게 될 것이다.

이제는 인권경영이 대기업들 사이에서 주류화하고 있으며, 그에 따라 앞으로 점점 더 많은 대기업이 인권경영 사무를 로펌에게 의뢰하게 될 것이다. 이미 선진국의 로펌들은 인권경영을 자신의 시장으로 인식하고 선점하려는 시도를 하고 있다. 한국의 로펌과 기업변호사들도 하루빨리 이 분야에 관심을 가지기를 기대한다.[68] 또한 대한변호사협회 등 우리나라 변호사단체의 적극적인 지원 활동도 시급해 보인다.[69]

---

68 이 원고를 쓰고 있는 중에 법무법인 지평이 '인권경영팀'을 출범했다는 기사가 나왔다. 이 팀은 기업의 인권경영 전반에 대한 전문적인 자문서비스 등을 제공한다고 한다. 「법무법인 지평, '인권경영팀' 출범」, 『법률신문』, 2020. 2. 14. <https://m.lawtimes.co.kr/Content/Article?serial=159550>

69 IBA는 변호사회를 염두에 둔 보고서(IBA, 앞의 글)를 발표한 바 있으며, 이 글에서 소개된 보고서는 모두 변호사회의 작업 성과들이다.

4부

한국 기업의
인권침해 사례

Business and
Human Rights

10장

'밀양 송전선 분쟁'에서 드러난 한국전력의 인권침해 구조

1. 밀양 주민은 송전선에 대해서 어떻게 생각할까

한국전력공사(이하 '한전')가 '765kV 신고리-북경남 송전선로 건설사업'을 기획하기 시작한 것은 2000년경이었다. 2005년 한전은 주민설명회를 포함하는 환경영향평가를 실시했고, 이후에 사업 신청을 했다. 산업자원부의 최종적 사업승인이 난 것은 2007년 11월이었다.[1] 최종안에 의하면 전체 송전탑 162기 중에서 69기가 밀양시의 단장면, 산외면, 상동면, 부북면, 청도면을 통과하는 것으로 되어 있었다.[2]

송전선 건설에 대한 밀양 주민들의 반대와 저항이 표출되기 시작한 것은 2005년경부터였다. 2008년부터 송전선 공사가 시작되었는데, 이때부

---

1 산업자원부 고시, 제2007-138(2007. 11. 30.).
2 이 중 청도면은 일찍 송전선 건설에 합의했기 때문에 이 글에서 서술되는 분쟁은 나머지 네 개 면에 한정된 것이다.

터 한전과 주민 사이에서 물리적 충돌이 발생했다. 70대 전후의 노인을 중심으로 한 주민들의 강력한 저항으로 공사가 중지되고 재개되는 것이 2013년까지 반복됐다. 그 와중에 주민 두 명이 분신 및 음독으로 자살했고, 갈등조정위원회, 보상제도개선위원회, 전문가협의체 등 대화를 통한 문제 해결 시도가 있었지만 분쟁을 해결하지는 못했다. 그러다가 2013년 10월 2일부터 경찰의 대규모 개입하에 공사가 재개됐다. 이후에도 주민은 송전탑 부지를 점거하고 격렬하게 저항했지만 2014년 6월 11일 최종적으로 모두 강제해산되었고, 2015년 2월 전 구간의 공사가 완료되어 시험송전이 이루어졌다. 하지만 시험송전 이후에도 주민들의 간헐적인 저항은 멈추지 않았다. 송전선을 둘러싸고 전개된 일련의 분쟁을 '밀양 송전선 분쟁'이라고 하자. 밀양 송전선 분쟁은 분쟁의 규모나 치열성, 분쟁의 지속 기간의 면에서 독특하거니와, 그 내부에서는 과연 어떤 일이 있었던 것일까?

이 장에서는 인권경영의 관점에서 밀양 송전선 분쟁을 재구성하고 그 의미를 도출해 보고자 한다. 방법론으로는 밀양 주민의 이야기를 직접 채록한 것을 기축으로 했다.[3] 인터뷰는 2014년 여름경부터 시작됐다. 인터뷰 대상은 당시 밀양 송전선 분쟁에 적극 가담했던 주민들로서 모두 15명가량이었다. 1차 녹음은 2014년 8월이었으며, 보완을 위한 2차 녹음은 2015년 2월에 진행했다. 녹음 자료는 모두 녹취하여 반복하여 읽으면서 밀양 송전선 분쟁의 전체상을 그려 나갔다. 이 연구가 본격적인 질적연구라고 하기에는 부족한 점이 많지만, 적어도 인권 피해자의 직접 진술에 근거하

---

3 이론적으로 보자면, 이 연구는 근거이론에 입각한 질적연구이다. 근거이론은 1967년 글레이저(B. G. Glaser)와 스트라우스(A. L. Strauss)가 창안한 질적연구방법론으로서, 주된 자료 수집 방법으로서 인터뷰를 이용하며, 이렇게 수집된 자료를 코딩하여 범주를 발견하고 최종적으로 이론적 가설을 생성하는 방식이다. 질적연구의 다양한 접근법에 대해서는 John Creswell, Cheryl N. Poth, 조홍식 외 3인 옮김, 『질적연구방법론』, 학지사, 2010; 김영천, 『질적연구방법론 Bricoleur』, 아카데미프레스, 2013 등을 참고하라.

여 밀양 송전선 분쟁을 재구성하고,[4] 나아가 이것이 인권경영에 대해 갖는 의미를 도출했다는 점에서 다른 선행연구와는 다른 의미를 가진다.[5]

2. 밀양 송전선 분쟁과 인권침해

1) 침해되는 인권

주민들이 송전선의 설치에 저항하는 이유는 단일하지 않다. 그것은 사람에 따라 그리고 시간의 추이에 따라 조금씩 변하기도 했지만 대체로 일관성을 유지하고 있었다. 주민들의 주장을 인권 개념에 따라 배치해 보면 다음과 같다.

환경권

주민들은 송전선이 자연환경을 훼손한다는 점을 우려했다. 송전선은 청정 밀양의 자연을 파괴할 것이며 인간의 신체에도 나쁜 영향을 미친다고 보

---

4 인권 문제에서 피해자의 진술은 중요하다. 무엇보다 "인권이 구체적인 의미를 갖는 것은 개인의 불만을 통해서"이기 때문이다. Legh Goodmark, "Telling Stories, Saving Lives: The Battered Mother's Testimony Project, Women's Narratives, and Court Reform," 37 Airz. St. L.J. 709, 2005, p.729.

5 선행연구에는 다음의 것들이 있다. 엄은희, 「환경(부)정의의 공간성과 스케일의 정치학: 밀양 송전탑 갈등을 사례로」, 『공간과사회』 제22권 제4호, 2012; 이화연·윤순진, 「밀양 고압 송전선로 건설 갈등에 대한 일간지 보도 분석: 환경정의의 관점에서」, 『경제와 사회』 통권 제98호, 2013; 최홍석·임효숙, 「밀양 송전선로 건설 갈등의 인지격차 분석: 한국전력 대 지역주민」, 한국정부학회, 『한국행정논집』 제26권 제4호, 2014; 이상헌·이정필·이보아, 「다중스케일 관점에서 본 밀양 송전탑 갈등 연구」, 한국공간환경학회, 『공간과 사회』 제48권, 2014; 이광석, 「행정과 생활세계의 충돌과 조화에 관한 연구: 의식의 흐름 방법을 적용한 밀양 송전탑 사태의 분석」, 한국행정학회, 『한국행정학보』 제48권 제3호, 2014; 함승경·김영욱, 「담론경쟁을 통한 PR 커뮤니케이션 사회적 차원 확대 연구: 밀양 송전탑 건설 갈등을 중심으로」, 한국PR학회(구 한국홍보학회), 『홍보학 연구』 제18권 제1호, 2014.

았다. 주민의 이런 믿음은 충남, 경기, 강원 등 국내의 송전선 설치 지역에 대한 방문 이후 더욱 확고해졌다. 방문 지역의 주민은 하나같이 인간과 가축과 자연에 대한 부정적 영향을 증언했다. 이들 지역 주민의 경험담은 밀양 주민들에게 송전선이 방출하는 전자파에 대해 두려움을 가지도록 하는 데 충분했다. 더구나 밀양은 765kV라고 하는 초고압이기 때문에 그 두려움은 더 클 수밖에 없었다.

> 그전에는 그 골짜기마다 가재가 그렇게 많았답니다. 그랬는데 그 가재가 다 사라졌답니다. 그 마을에 올라가다 보니까 축사가 몇 개 있더라고요. 물어보니까 처음에는 소를 먹였답니다. 송전탑 설치 이후에 소가 잘 안 되고 또 소 대신 돼지도 넣어 봤는데 돼지도 안 되니까 그래서 결국 지금은 비어 있다고 하시더라고요. 이장님 말씀이, 자연이 저렇게 파괴되는데 우리 인간한테 미치는 영향은 얼마나 크겠냐고 하더라고요. 그래서 전에는 그 마을에 누가 죽었다 하면 노환으로 돌아가시거나 사고로 돌아가시거나 했는데, 요즘은 누가 아프거나 돌아가셨다 하면 암이래요. 그런 이야기를 하시더라고요. 그런 것을 저희가 녹화도 해서 왔는데, 그런 이야기를 들으니 무섭더라고요. (주민 1)

> 충남 예산군 ○○면 ○○리 같은 경우에는 765kV 송전선이 지나간 지 6년 됐다고 하더라고요. 우리가 2010년 초에 갔다 왔습니다. 갔더니만 6년 동안에 남자만 16명이 죽었다고 얘기해요, 각종 암으로. (주민 2)

또한 고압 송전선은 사람의 신경을 거슬리게 하는 소음을 유발한다. 소위 '코로나 소음(corona noise)'이다. 시골 생활의 몇 안 되는 장점 중의 하나는 평화로운 고요함에 있다는 점을 생각한다면 소음공해는 심각한 문제였다.

아는 스님이 345kV 철탑이 지나가는 데서 한 200미터 떨어진 곳이지만 거기가 조용해서 좀 오래 있으려고 했는데 한 달 만에 나왔대요. 정말로 소리가 들려서 불안해서 나왔다고 이야기하더라고요. (주민 3)

송전탑과 송전선 자체의 흉물스러움도 주민들의 환경권을 침해하는 요인이다. 녹음이 무성한 시골 마을에 100미터 전후의 높은 철 구조물이 들어선다는 것은 달가운 일이 아니다. 더구나 자연과 인간에 해를 끼치는 물건이라고 생각하면 쳐다보는 것만으로도 큰 스트레스를 유발한다. 이런 점들 때문에 고압 송전선은 누구나 두려워하고 싫어하는 혐오시설이 된다.

평화로운 생존권: 마을의 황폐화

주민들은 송전선이 설치되면 마을이 파괴될 것으로 생각했다. 송전선이 들어서면 누구도 그 부근에서 살려고 하지 않을 것이기 때문이다. 심지어 가족들의 방문도 없어질 것이라고 전망했다.

충청도까지 견학하러 갔다 왔다 아닙니까? 가 보니까 그 마을이 완전히 폐허라. 소, 돼지가 수정이 안 되고, 명절에 며느리가 집에 안 온다고 해요. 아들, 딸, 며느리, 사위, 일가친척이 설이 되고, 추석이 되고, 생신이 되어도 오지를 못한답니다. 전자파 때문에 암 걸릴까 싶어서. 젊은 부인들은 애 못 낳을까 싶어서. (주민 2)

사정이 이러므로 송전선이 설치되면 마을은 기피 마을이 되고, 결국은 이곳을 떠날 수 없는 가난한 사람만 남게 될 것이다. 펜션, 관광 등의 사업은 불가능해질 것이며, 또 전원주택을 구하는 외지인들도 마을로 들어오지 않아 결국 마을은 황폐화되고 말 것이다. 특히 이곳이 고향인 사람은 고향이 파괴되는 것을 목도해야 한다. 한 할머니의 경우 조상이 묻혀 있는 산천이 훼손되는 것이야말로 가장 큰 피해라고 호소했다. 이 할머니에게 이 마을은 선대 조상님들과 함께 사는 곳이었다.

> 조상님들이 철탑 밑에 누워 있도록 할 수 없다. 그렇게 할 수는 없다. 무
> 조건 막아야 한다. (주민 4)

재산권: 지가의 하락

송전선이 주변 마을을 황폐화시킬 것은 거의 확실해 보였다. 더구나 밀양에 설치되는 송전선은 765kV라는 초고압이다. 이런 우려는 송전선 주변 토지의 지가 하락으로 나타난다. 밀양에서 지가 하락은 일찌감치 시작됐다. 최초의 신호탄은 농협의 대출 거부였다. 이미 농협은 지가 하락을 이유로 송전선 주변 토지에 대해서는 담보대출을 하지 않고 있었다.[6] 송전선으로 인해 지가의 하락이 있을 것은 명백해 보였다.[7]

> 나는 절대로 정상적인 가격으로는 안 팔린다고 봅니다. 내가 생각해도 철
> 탑 없는 데 가서 살고 싶지, 뭐하러 일부러 송전탑 있는 데 가겠어요? 그래
> 서 재산 가치는 1/10 정도나 되려나, 많이 잡아도 1/3 정도겠지. (주민 5)

물론 한전이 지가 하락의 피해자에게 보상을 전혀 하지 않은 것은 아니었다. 현행법에 따르면, 송전탑 부지는 매입하고(전원개발촉진법 제6조의 2), 선하지는 송전선로의 양측 가장 바깥 선으로부터 수평으로 3미터를 더한

---

6 예컨대 상동면 희곡리 소재의 토지(이○○ 씨 소유, 1억 1,100만 원 상당)에 대해서 "본건 담보물은 765kV 송전선로가 지나가는 토지"라는 이유로 담보대출이 거부되었다.

7 2011년에 제출한 한 조사보고서에 의하면 765kV 선하지의 경우 감가율이 37.15퍼센트, 잔여지는 20.14퍼센트라고 한다(한국토지공법학회, 『송·변전설비 건설 시 피해범위와 적정 편입범위 산출 및 보상방법 연구』, 2011. 10, 118쪽, 120쪽). 이는 주민들이 체감하는 감가율과 크게 차이가 나지만 여전히 상당히 높다.

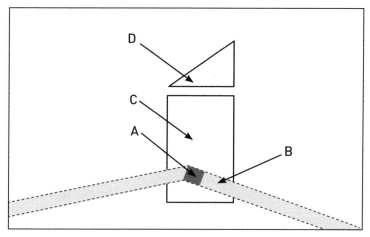

그림 2. 송전탑 부지(A), 선하지(B), 잔여지(C), 그리고 인근지(D)[8]

범위에서 수직으로 대응하는 토지의 면적(즉 선하지)은 감정가의 28퍼센트를 보상한다(전기사업법 제90조의 2 참조). 한전은 이 법적 기준에 따라서 보상한 것이다.

그러나 더 큰 문제는 법률상 보상의 대상이 아닌 토지였다. 예를 들어 보자.

그림 2에서 음영 처리된 부분, 즉 송전탑 부지(A) 및 선하지(B)는 법에 의해서 보상되는 부분이다. 그러나 잔여지(C)와 인근지(D)에 대해서는 전혀 보상해 주지 않는다. 문제는 잔여지와 인근지에서도 선하지 못지않은 대폭적인 지가 하락이 일어난다는 점이다. 그런데도 한전은 이에 대해 '정당한 보상'[9]이나 '완전보상'[10]은 고사하고, 문자 그대로 '전혀' 보상하지 않

---

8 이 그림은 102번 송전탑이 논 가운데에 세워진 모습으로서, 실제 사례를 그린 것이다. 삼각형 땅의 소유자인 이○○는 지가의 대폭적인 하락에도 불구하고 한 푼도 보상을 받지 못했으며 그 항의의 표시로 자살했다.
9 헌법 제23조 제3항.
10 헌재 2001. 4. 26 선고 2000헌바31 결정.

았다.[11] 밀양 주민의 저항은 바로 이 지점에서 일어났다.

> 아니 돈 100원만 떨어져도 그것을 남이 못 주워 가도록 뺏는데, 하물며
> 내 재산이 백지가 될 게 뻔한데, 공사를 하는 걸 안 막을 수 있겠어요?
> (주민 6)

> 우리는 지금 땅밖에 없는데, 겨우 농사짓고 살면서 돈이 급할 때는 땅을
> 팔아서 애들도 어떻게 하려고 하는데 이제 그 자체가 안 되니까요. 내 손
> 에 있는 걸 빼앗기니까 싫은 거예요. 그래서 항거하는 거예요. (주민 5)

> 이 골짜기는 전혀 거래가 안 됩니다. 내놔도 사지를 않아요. 철탑이 저
> 렇게 있는데 사겠어요? (주민 6)

더구나 평생 농사만을 지어 온 노인들에게 토지가 갖는 의미는 남달랐
다. 토지는 평생 피땀 흘려 쌓은 삶의 성취이며 그들이 지금 가진 전부였
다. 또한 토지는 노동력을 상실한 뒤 여생 동안 먹고살 재산이었다. 그렇기
때문에 이들에게 지가 하락은 금전적 손실 이상을 의미한다. 그것은 과거
의 삶을 총체적으로 부인당하는 것이고, 현재와 미래를 파괴하는 것이며,
후손과의 관계를 파괴하는 것이기에 격렬히 저항하지 않을 수 없다.

이처럼 한전은 적절한 보상 없이 밀양 주민의 자연환경과 마을(고향),
재산 가치를 파괴했다. 이는 무엇보다도 지가 하락을 통해서 나타났다. 한
전은 그러한 파괴를 통해 경제적 이득을 누린다는 점에서 남의 재산을 약
탈한 셈이다. 그것은 많은 주민의 삶을 파괴하는 행위이며 대규모의 인권

---

11 여기서 말하는 '전혀'의 의미에 대한 오해가 없기를 바란다. '전혀'의 좀 더 엄밀한 의미에 대
   해서는 본문 295쪽 이하를 참고하라.

침해 행위이다. 21세기에, 선진국을 자처하는 대한민국 한반도에서, 그것도 백주대낮에 대규모로, 어떻게 이런 일이 일어날 수 있는가?

2) 피해자의 확정: 자의적인 경과지 선정

백주대낮에 남의 재산을 약탈하는 것이 쉬운 일은 아니다. 한전은 성공적인 약탈을 위해서 가장 약한 사람을 선택했다. 경과지 선정 과정이 그것을 적나라하게 보여 준다. 전기가 강자의 땅을 피해서 약자의 땅으로 흐르도록 한 것이다.

경북 청도군 대신 경남 밀양시

아래 지도에서 보듯 송전선은 밀양시 경계를 따라서 활처럼 휘어져 있다.

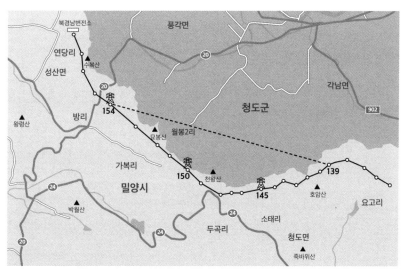

그림 3. 밀양시를 지나는 송전선[12]

그런데 이상한 것은 그 때문에 더 많은 송전선을 설치하게 됐다는 것이다. 주민들은 이 점을 알고 있었다.

> 자기들[한전] 말로는, 30억 이상씩 드는 송전탑을 청도군을 거쳐 직선
> 으로 가게 하면 돌아가는 이 노선보다도 송전탑이 열서너 개 덜 세워진
> 답니다. 그럼 돈이 400억 이상 덜 든다는 이야기 아닙니까? (주민 7)

그렇다면 한전은 왜 청도군에 송전탑을 설치하지 않고 돈을 더 들여 가면서 밀양에 송전탑을 설치했을까? 더구나 청도군으로 통과하면 사람이 없는 산악 지역에 설치할 수 있는데, 군이 민가가 밀집한 밀양으로 경과지를 선택한 이유가 무엇일까? 주민의 주장에 의하면, 경북 청도군에는 송전선을 거부하는 유력 정치가가 있었기 때문이다. 한전은 청도군이 거부했기 때문에 부득이 밀양에 송전선을 설치할 수밖에 없었다고 말했다. 당시 청도군의 지역구 국회의원은 집권당의 유력자인 최○○이었다.

> 청도군수가 책상에 칼까지 꽂아 놓고 절대 불가하다고 하고. 하다 하다
> 군수도 힘이 모자라니까 최○○을 찾아갔던 거예요. 이 최종 합의는 최
> ○○이 한 거예요. 최○○은 새누리당의 원내대표이고 그 정도 실세인
> 데 그거 통과시키겠습니까? 권력자들이 장난을 치고. (주민 8)

결국 한전이 강자의 땅에 피해를 주지 않기 위해서 돈을 훨씬 더 들여 우회하는 경과지를 선택했다고 볼 수밖에 없다는 것이다. 그로 인한 피해는 고스란히 밀양 주민에게로 옮겨 왔고, 밀양 주민은 약자라는 이유만으

---

12 이 지도는 밀양 765kV 송전탑 반대 대책위원회, 「밀양송전탑 관련 쟁점 사항 설명자료」
(PPT 자료, 날짜 미상)의 것을 참조하여 다시 그린 것이다.

로 피해를 감수하게 된 것이다.

밀양 내에서의 경과지 선정

이런 식의 불합리한 노선 선정은 밀양 안에서도 보인다.

아래 그림 4에서 송전선은 A지점에서 B지점으로 곧장 가지 않고 크게 휘어져 있다. 왜 송전선을 더 설치하면서 굳이 민가가 더 많은 지역으로 우회했을까? 누구도 납득하지 못할 지점이었다. 주민들은 유력자의 땅에 피해를 주지 않기 위해서 그렇게 되었을 것이라고 믿는다.

그림 4. 밀양 내에서의 경과지 선정[13]

---

13 이 지도 역시 밀양 765kV 송전탑 반대 대책위원회, 「밀양송전탑 관련 쟁점 사항 설명자료」(PPT 자료, 날짜 미상)의 것을 참조하여 다시 그린 것이다. 송전선이 이와 같이 그어지면서 102번 송전탑이 농지(논)에 설치되었다. 이에 대한 항의 표시로 보라마을의 농민 한 명이 스스로 목숨을 끊었다(각주 8 참조).

직선으로 가면 사람 피해도 가장 적고 거리도 짧고 철탑을 서너 개는 안 세워도 돼요. 그런데 돌았단 말입니다. 왜 이렇게 갔냐고 질문하니 설명을 못하는 거예요. 그래, 보니까 이 면에 산청농원이라고 있습니다. 그리로 가면 집도 한 채뿐이었어요. 그것도 실제로 사는 사람은 없어요. 그런데 안 된대요. 그래, 안 되는 이유가 뭘까? 왜 이렇게 비합리적인 것을 우길까? 그래, 인제 떠도는 소문이 무엇인가 하면 당시 시장이 이○○였는데, 그 장조카가 거기 사는 거예요. 그래, 그걸 들으니까 이해가 가는 거예요. (주민 6)

경과지는 표충사도 피하고 수녀원도 피했다. 우리 사회에서 종교집단도 사회적 강자라는 것을 보여 준다. 이런 식으로 경과지는 밀양에서도 유력자의 땅을 피해 갔다.

(송전선이) 저렇게 가는 이유는 권력, 돈 있는 사람은 다 피해서 가기 때문이지요. 그러니까 밀양시에서도 돈 있고 힘 있는 사람은 다 비켜 가는 겁니다. (주민 9)

주민설명회

한전은 사업승인이 발표되기 전인 2005년 8월 주민설명회를 가졌다. 주민설명회는 환경영향평가의 일환으로서 법적으로 요구되는 절차였지만(전원개발촉진법 제5조의 2), 한전은 이 절차를 법의 취지에 맞게 이용하지 않았다. 법의 원래 취지는 송전선 피해자의 의견을 사전에 청취하여 대책을 세움으로써 사후적으로 분쟁이 벌어지지 않도록 하는 것이다.[14] 그러나 한전은 그런 목적으로 이용하지 않았다. 다시 말하면 송전선으로 인한 피해자의 참여가 배제된 설명회를 한 것이다.

사실 합리적으로 (주민설명회를) 하려면 그 인근에 살던 우리 같은 사람이나 직접적 피해 당사자들을 모아 놓고 설명을 해야 하는데, 피해 당사자들은 전혀 몰랐어요. 나도 몰랐어요. 어림도 없는 사람 몇 명 모아 놓고, 뭐 점심 한 그릇 해 주고. 주민설명회 자체가 요식행위고 엉터리였어요. 그러니까 알 수 없지요, 전혀 알 수가 없습니다. (주민 6)

나중에 드러난 바에 의하면 참석자 수는 네 개 면의 주민 96명이었다. 설명회는 법의 요구를 충족시키는 면죄부에 불과했다. 어떤 경우는 유력자들에게 정보를 주어서 땅을 팔고 떠날 수 있는 기회를 준 것이나 다름없었다. 실제로 그런 식으로 땅을 팔고 떠난 사람도 있었다.

이렇게 결정된 경과지에 대해서 2007년 11월 30일 자로 정부의 승인이 났고 2008년 공사가 시작됐다. 이때는 이미 재산 가치의 파괴가 시작된 뒤였다. 여전히 많은 주민은 통보조차 받지 못했다. 이처럼 경과지의 결정 과정은 경제적 효율, 피해의 최소화, 피해의 공정한 부담 등 합리적 원칙에 입각하지 않았다. 그것은 피해자를 확정하고 사회적 약자를 가려내는 과정에 불과했다.

3) 피해자의 약화: 주민 사이의 분열

'마을발전기금'의 성격

앞에서 법에 따른 보상 범위 밖의 토지(잔여지와 인근지)에 대해서는 '전혀

---

14 이 조항은 2004년 전원개발특례법이 전원개발촉진법으로 개편되면서 도입됐다. 국회는 이 제도의 도입 이유를 "전원개발사업에 있어서 의견청취제도를 개선하여 국민들의 사유재산권 및 권익이 보호되도록 하고 사업 시행으로 인한 주민불편을 최소화하도록 하려는 것"이라고 설명했다. 요컨대 재산권을 위시한 주민 권리의 피해를 사전적으로 막자는 것이다.

보상하지 않는다'고 썼다. 여기에서 '전혀 보상하지 않는다'는 말의 의미를 좀 더 명확히 해 보자. 왜냐하면 한전은 상당한 돈을 가지고 잔여지와 인근지 소유자를 달래는 데 사용했기 때문이다. 즉 개별적으로 보상을 하는 데 사용되지는 않았지만, 마을발전기금 등의 명목으로 지출되었다. 이 돈의 전체 규모나 지출 원칙은 공개된 바 없다. 마을 단위의 저항이 심하면 더 지출하기도 하고 침묵하면 지출하지 않기도 했다.[15] 문제는 이 돈의 성격을 무엇으로 볼 것인가이다. 이것을 통상 말하는 '보상'으로 볼 수 있을까? 여러 이유로 이 돈의 성격은 피해에 대한 보상금으로 볼 수 없다.

첫째, 이 돈은 실제로 피해를 입은 '개인'에게 주는 돈이 아니라는 점에서 보상이라고 볼 수 없다. 피해자는 개인이지만 수혜자는 마을이었다. 이런 식의 지출은 특정 개인의 피해를 은폐하는 효과를 가져오므로 오히려 피해자에게 불리하다. 피해자의 동의 없이 이런 식으로 지출한 것을 '보상'이라고 할 수는 없다.[16]

둘째, 그 돈의 규모가 보상으로 보기에는 터무니없이 부족한 금액이다. 송전선에 대한 밀양 주민의 저항이 커지자 한전은 이례적으로 마을발전기금 중 40퍼센트를 개별보상할 수 있도록 입장을 변경했다. 개별보상하는 방식은 그 금액을 가구 수로 나누어 분배하는 것이다. 즉 피해의 규모에 따른 비례적 배분이 아니고 모두에게 동일 금액을 지급하는 방식이었다. 그렇게 하면 개별 가구별로 200만 원 남짓 지급된다.[17]

15 한전은 다섯 개 면을 상대로 합의 조건으로 처음에는 45억 원을 제시했다가, 주민이 저항하자 나중(2011년 11월경)에는 125억 원을 제시했다. (주민 1)

16 이런 식의 지출은 피해자와 밀양시청 사이에서도 발생한다. 한전은 밀양에 송전선이 지난다는 이유로 밀양시청에 큰 돈을 제공했지만 그것은 피해에 대한 '보상'이 아니다. 밀양시청은 그 돈을 피해자에 대한 보상금으로 사용하지 않았기 때문이다.

17 이렇게 지급된 개별보상액은 마을별로 편차가 컸다. 대체로 200만 원 남짓이었지만 적은 곳은 50만 원에 그쳤고, 많은 곳은 750만 원을 넘기도 했다.

전체적으로 두루뭉술하게 몇백억을 밀양에 쏟아붓는다고 하면 엄청 큰 것같이 느껴지지만 사실은 우리 피부에 와닿는 돈은 170만 원이거든 요. 우리 동네에 배낭된 발전기금 5억 5천, 거기에서 40퍼센트를 개인 에게 돌려주는 그게 170만 원인데, 그거밖에 없어요. (주민 5)

개인의 입장에서 실제 재산 가치의 하락은 수천 혹은 수억 원에 이르는 데, 피해 규모에 상관없이 일률적으로 170만 원을 지급하고 그로써 만족하 라는 것이다. 이것을 '보상'이라고 말할 수는 없다. 따라서 소위 마을발전 기금이나 개별 '보상'금을 보상금으로 볼 수는 없다. 그래서 일부 주민들은 이것을 '위로금'이라고 부른다.

돈을 이용한 피해자의 분열책

마을발전기금의 실제 기능은 피해 주민들을 분열시키고 이간질하는 것이 었다. 다시 말해 한전은 가구당 200만 원 남짓의 돈을 이용하여 피해 주민 들을 분열시키는 데 이용한 것이다. 우선 피해가 아주 적은 사람부터 그 돈 을 주어서 주민을 양분한다. 다음으로는 돈을 받지 않은 사람을 개별적으 로 공략해서 돈을 받도록 한다. 개별적으로 공략할 때는 '지금 돈을 받지 않으면 그나마도 받을 수 없다.'는 식으로 압박한다. 이렇게 해서 많은 주 민들이 약간의 돈을 받고 저항을 포기하게 된다. 수억 원 혹은 수천만 원의 재산 피해를 입은 사람의 입장에서는 불과 100~200만 원을 받고 만다는 것은 상상할 수 없기 때문에 끝까지 저항하지만, 이들은 곧 고립된다. 피해 가 큰 주민들은 한전이 이런 식으로 주민을 농락하고 분열키는 데 대해 분 노하면서, 동시에 돈 몇 푼 받자고 한전의 농간에 넘어가는 이웃에 대해서 도 실망과 분노를 쏟아내었다.

애기 과잣값도 아니고, 돈 일이백 가지고 합의했다고 입을 열고 다니는

인간들이 그게 똑바른 정신입니까? 미친놈이나 똑같지. (주민 10)

150만 원 가는 데도 있어요. 한전은 피해 주민은 그대로 놔 놓고 피해 없는 데만 찾아다니면서 매수해 가지고 80퍼센트 찬성했다고 하거든요. 이런 더러운 짓을 한전이 하고 있습니다. (주민 11)

합의 본 사람들도 보면 송전탑 들어오는 거 싫어해요. 왜 합의했냐 물어 보면, 돈이라고 해요. 돈도 많이도 안 줍니다. 우리 마을 경우 265만원 줬답니다. "265만 원 줄 건데, 너 받을래 말래? 며칠까지 안 받으면 너 안 준다." 이런 식으로 하니까 노인들이 어떻겠습니까? '아이고, 이거라도 안 받으면 안 되는갑다.' 라고 생각하지요. 안 받으면 계속 전화가 와요. "이거 안 받으면 동네 돈으로 들어가 버린다." 사람을 완전히 갖고 노는 겁니다. 조바심 내도록. (주민 9)

주민들에게 개별적으로 접촉하여 도장을 받는 일은 주로 이장 등 영향력 있는 이가 주도하곤 했다. 한전은 마을 단위로 합의를 이끌어 내는 데 기여한 사람에게 일정한 수고비를 지급하기도 하고, 특정 개인에게 재산의 처분이나 자녀의 한전 취업을 제안하기도 했다. 한전은 이를 부인했지만, 돈으로 반대 주민을 매수한 것은 언론에도 보도된 바 있다.[18]

찾아와서 합의를 보도록 좀 해 달라고 계속 옵니다. 동네 주민이 저한테 와서 그런 얘기를 하더라고요. 처음에는 2억 원을 제시하더니 나중에는 6억 원을 제시했답니다. 대책위원장한테. (주민 7)

---

18 예컨대 「한전, 밀양 송전탑 반대 주민 매수 시도」, 『한겨레신문』, 2014. 9. 31; 「한전, 밀양 송전탑 관련 주민 매수 … 주민대표 통장에 3,500만 원 입금」, 『조선비즈』, 2014. 10. 16.

이런 식의 책동으로 주민들 사이에는 분열과 불신이 커져 갔다. 급기야 주민들 사이의 분열과 불신이 극단화되어 마을공동체 자체가 파괴되는 수준에 이르렀다.

> 한전 사람들이 돌아다니면서 '누가 돈을 먹었다, 누가 돈을 받았다.'고 하면서 회유해서 주민들을 다 분열시켜 놨거든요. 한 동네에서 형제간도 그렇게 친하게 안 지냈지요. 그렇게 친했던 사람들이 다 원수가 되어서 서로 말도 안 하고, 서로 안 보는 데서 헐뜯고 욕을 하고, 이런 상황이 됐어요. (주민 7)

이러한 식의 마을 파괴는 송전선 자체의 영향에 의한 파괴가 아니라 한전의 의도적 작전의 결과라는 점에서 더욱 심각하다. 이런 식의 공동체 파괴는 주민에게 지가 하락 못지않은 고통과 상처를 안겨 주었다.

4) 피해자의 고립: 언론의 이용[19]

한전은 피해자의 피해 자체를 공식적으로 인정하지 않았다. 그리고 송전탑 공사는 매우 시급하며, 주민들이 무리한 것을 요구한다는 식으로 주장했다. 이런 주장은 언론을 통해 일반 국민에게 신속하게 전달된다.[20] 경우에 따라 한전은 현실을 왜곡하는 도구로 언론을 이용했다.

---

19 이화연과 윤순진은 언론 보도가 지역 여론을 제대로 반영하고 있는지, 지역 주민들은 언론 보도에 대해 어떻게 생각하는지, 송전선로 갈등에 대한 지역 주민들의 관점과 언론 보도에 차이가 있는지 살펴보았다. 이화연·윤순진, 앞의 글.

20 예컨대 한전 조○○ 사장은 '심각한 전력난'의 우려를 이유로 밀양 765kV 송전탑 공사를 강행하겠다고 언론에 발표했다. 한국전력, 「한전, 밀양 765kV 송전선로 건설공사 관련 입장 발표」(보도자료), 2013. 5. 18.

정말 송전탑 가까이에 있는 사람들은 합의를 거의 안 해 주거든요. 그러
니까 완전 멀리 떨어져 있는 동네까지 합의금을 주는 거예요. 그런 사람
들까지 합류시켜서 합의율을 높이는 거예요. 그래 가지고 언론에 퍼뜨
렸지 않습니까? 전원 합의 봤다는 식으로 언론에 퍼뜨리고. (주민 9)

보수적 신문들은 밀양 분쟁이 해결되지 않는 이유가 "외부 세력" 탓[21]
이라거나 "소수의 반대파" 탓[22]이라는 식으로 보도했다. 『중앙일보』는 마
을발전기금의 40퍼센트를 개별보상한 것을 두고, "할 만큼 한 셈이다."라
고 평가하고 "지역이기주의"가 극성이라고 했다.[23] 중앙일간지는 한전의
입장을 일방적으로 대변했다고 할 만하다. 주민의 입장에서 신문을 포함
한 언론은 스스로의 역할을 저버렸으며 매우 실망스러울 수밖에 없었다.

매스컴도 그래요. 뭐 싸우는 모습만 텔레비전 화면에 내요. 반대운동하
고 있다거나 갈등을 일으키고 있다, 뭐 이 정도지요. 왜 갈등을 일으키
는가, 왜 반대하는가, 잘못된 점이 무엇인가, 이런 거를 보도해 주어야
할 텐데, 어느 신문도 그 보도를 안 해 주는 거라. (주민 2)

한전의 대규모 인권침해가 가능했던 것에는 언론의 역할이 컸다. 한전
은 언론의 우호적인 분위기에 편승하여 저항의 정당성을 훼손하고 주민을
일반 국민으로부터 고립시킬 수 있었다. 저항하는 주민은 주류사회로부터
배척되었으며 이웃 주민들로부터도 배척당했다. 심지어 친척과 가족으로
부터도 배척되었다. 결국 피해자는 의지처를 잃고 고립됐다. 주민의 입장

---

21 「외부세력 유무, 군산·밀양 송전탑 합의 성패 갈랐다」, 『조선일보』 사설, 2013. 12. 14.
22 「송전탑 반대 전국 확산, 이대로라면 나라가 제자리걸음」, 『조선일보』 사설, 2013. 8. 5.
23 「밀양송전탑 공사는 재개되어야 한다」, 『중앙일보』 사설, 2013. 9. 12.

에서 언론은 다 똑같았고, 모두 한전의 하수인일 뿐이었다.[24]

> 최고 문제는 언론입니다. 언론이 왜 진실을 보도 안 하고 왜 자꾸 왜곡
> 된 보도만 합니까? 그게 언론입니까? 그러니까 국민들이 더 모르고 있
> 잖아요. 심지어 단장면 안에 다른 마을 사람들이 "인제 데모 안 끝났나?"
> 이러고 있다니까요. (주민 9)

5) 피해자의 진압: 국가권력의 이용

한전이 피해자에 대한 보상 없이 송전선 공사를 마칠 수 있었던 것은 국가
권력이 이를 뒷받침했기 때문이었다. 한전은 다양한 방식으로 국가권력을
활용했고, 국가권력은 한전의 이익을 충실히 지켰다.

국가기관에 의한 승인

한전의 송전선 설치 사업은 국가로부터 승인받은 소위 '국책사업'이다. 이
를 통해 한전은 송전선 공사의 공적 정당성과 함께 피해를 끼치고도 보상
하지 않는 특권을 부여받았다. 바로 이 점 때문에 주민은 국가야말로 가장
큰 문제의 진원지라고 보기도 한다.

> 진짜로 나쁜 기업이 한전이고요, 한전보다는 정부예요. 한전도 어떻게
> 보면 정부의 산하기관이니까, 자기네들이 무슨 힘이 있습니까? 위에서
> 하라 하면 하는 건데. (주민 5)

---

24 주민의 입장을 대변한 언론이 전혀 없던 것은 아니었다. 일부 주민들은 『뉴스타파』나 『오마
이뉴스』 등 일부 인터넷 언론에 신뢰를 표시하기도 했다. 그러나 동시에 이들 언론의 영향력
이 작다는 점을 지적했다.

사법제도의 이용

한전은 주민들의 저항을 좌절시키는 과정에서 사법제도를 적극적으로 활용했다. 2015년 2월 현재 주민 및 시민 60여 명이 형사사건으로 재판을 받고 있고, 집행유예 이상 판결이 5건으로 벌금액은 2억 원을 넘을 것으로 보인다.[25]

> 주민들이 경찰서와 검찰청에 불려 다닙니다. 뭐 농사만 짓고 살던 그 노인네들이 왜 다 범법자가 되어야 하는 겁니까? 그런 현실이 너무 안타깝지요. (주민 7)

또 한전은 민사 가처분을 신청하거나 손해배상 소송도 제기했다. 이처럼 밀양 주민은 자신의 재산을 지키려는 행위를 했다는 이유로 범죄자가 되고 민사 불법행위 책임을 지게 되었다. 한전이 원하는 것은 단 하나, 당신의 재산이 반토막이 나더라도 가만히 있으라는 것이다. 저항하면 어떤 빌미라도 잡아서 형사처벌하고 그나마 남은 재산을 빼앗아 버리겠다는 한전의 전략을 사법권이라는 이름으로 국가가 뒷받침하고 있었다.

경찰력의 동원

한전의 분열 책동, 회유, 협박, 형사처벌, 재산압류 등으로 저항하는 주민의 수는 시간이 갈수록 줄어 갔다. 남은 주민은 힘으로 제압됐다. 처음에 한전은 용역을 동원했지만 결국은 경찰을 불러들였다. 경찰이 본격적으로 동원된 것은 2013년 10월부터였다. 이때부터 2014년 6월경까지 8개월간 동원된 경찰 병력은 연인원 33만 명에 이르고, 숙식비 등의 비용으로 100

---

25 밀양 765kV 송전탑 반대 대책위원회, 「밀양 송전탑 '벌금폭탄' 사태에 대한 불복종 노역형 선언 기자회견 자료」, 2015. 2. 26.

억 원가량의 예산이 소요되었다.[26] 이러한 경찰력 앞에서 주민은 추풍낙엽일 뿐이었다. 경찰은 주민의 피해 여부를 불문하고 주민에게 무력을 행사했다. 경찰력은 공권력의 상징이지만, 주민의 입장에서는 한전의 이익을 옹호하는 폭력배일 뿐이었다.

> 이 할머니는 개, 돼지, 소처럼 머리는 밑으로 하고 다리는 위로 해서 경찰들이 개 끌듯이 끌어냈습니다. 나도 그렇게 하고요. 이거는 세상에서 있을 수 없습니다. (주민 11)

> 여경찰들이 꼬집어 뜯어서 멍이 시커멓게 들어서 피가 철철 나는데 사람이 미쳐 버리겠더라고요. … 세상에, 내가 도둑질을 했어요, 강도짓을 했어요? 왜 범죄자처럼 그렇게 다루느냐고요. (주민 7)

주민에게 국가는 무슨 의미인가?

헌법에 의하면 국가는 개인의 기본적 인권을 확인하고 이를 보장할 의무를 진다(헌법 제10조). 국제인권법에 의하면 국가는 인권 존중 의무와 인권 보호 의무를 지닌다. 즉, 국가는 인권을 스스로 침해해서도 안 되고, 제3자(기업을 포함한 사인)의 인권침해를 방치해도 안 된다. 그러나 밀양 송전선 분쟁에서 국가가 보여 준 모습은 그와는 거리가 멀었다.

우선, 국가는 한전에 의한 인권침해를 막지 않았다. 산업자원부 장관, 국무총리 등이 밀양을 다녀갔지만 문제를 해결하지 못했다. 좋게 말하면 무능한 것이고, 나쁘게 말하면 인권침해를 방조한 것이다.

> 정부가 나서라고 하니 산업자원부 장관이 자기가 한번 해 본다고 밀양

---

26 「경남 밀양 송전탑 현장 경찰력 투입 비용 100억」, 『연합뉴스』, 2014. 6. 27.

에 세 번이나 왔거든요. 근데 와서 하는 말이 한전 사장보다 못해요. 한 전 사장은 이야기라도 제대로 듣는데, 장관은 "이미 다 세웠고 여기만 남았으니 해야 하고, 나라에 전력대란이 있으니 양보를 해야 한다.", 이 런 소리만 계속 해대요. 우리가 볼 때 한전, 산자부 장관, 밀양시장이 하 는 말에 토씨 하나 안 틀려요. 너무 똑같아요. (주민 12)

국무총리 정○○도 개구멍으로 다니던데요. 우리를 피해서 다닌다고. 그러니까 정작 우리하고는 면담도 안 하고, 그 찬성파들만 만나러 다 니고. 그게 무슨 국무총리입니까? 진정성이라고는 하나도 없잖아요. (주민 9)

무능하기는 국가인권위원회도 마찬가지였다.

인권위에서 다섯 명이나 와서 호각만 불고 앉았습디다. 호각만 불면서, "아, 천천히 합시다. 천천히 합시다." 그게 인권위입니까? 우리는 개○○ 라고 했습니다. (주민 9)

국가의 입장에서 여러 변명을 할 수 있겠지만, 주민의 입장에서 보면 국가는 한전의 편에서 약탈전쟁에 가담한 것이다. 이런 상황에서 국가에 대한 주민의 절망감과 배신감, 분노는 말로 표현하기 어렵다.

저희들한테 정부가 있고, 국가가 있고, 대통령이 있다면 이러지는 않겠 지요. 국가는 국민의 재산과 생명을 보호해야 하는 의무가 있지 않습니 까? 그런데 지금 정부가 국민의 재산을 강탈해 가고, 국민의 생명을 위 협하고 있잖아요. 그래서 나를 비롯한 우리는 국가도 없고 우리한테는 대통령도 없다는 이야기를 했어요. 참 슬픈 이야기이지요. (주민 7)

내 꼬박꼬박 세금 내고 한 푼도 세금 미룬 적 없이 나라에 충성했는데, 이제는 나라라는 건 없다. 나에게 대한민국은 없다. 난 우리나라라고 하지 않는다. 대한민국이라고 하지 우리나라라고는 안 한다. (주민 5)

내 재산 뺏기기 싫어서 그렇게 하는데, 도대체 이 정부는 누구를 위한 정부입니까? 진짜로! (주민 9)

그래서 주민은 말한다.

이 더러운 나라에 태어난 게 수치스럽습니다. (주민 2)

3. 한전은 인권침해를 피할 수 없었는가

그렇다면 한전은 꼭 이런 식으로 사업을 해야 했을까? 혐오시설인 송전선을 설치하더라도 이렇게 무력으로 타인의 재산을 약탈하는 길밖에 없었을까? 서로 타협하여 적어도 피해를 줄일 수는 없었을까? 이제 밀양 송전선 분쟁이 중도에 해결되거나 인권침해가 완화될 여지는 없었는지 검토해 보자. 먼저 주민의 요구사항을 알아보고 그것이 왜 수용되지 않았는지도 살펴본다.

1) 주민의 요구사항

송전선으로 인해 주민들이 겪게 될 피해는 당장 지가 하락으로 나타났지만 그에 대한 보상은 없었다. 그런데 과연 한전은 지가 하락을 모두 보상할 재원이 있을까? 비재산적 손실은 고사하고, 지가 하락분만 보상하는 것도 쉽지 않아 보인다. 피해가 너무 크기 때문이다. 주민들도 이 점을 알고 있었다. 그렇기에 주민들은 돈을 요구하기보다는 다양한 대안에 대해 논의하기를 바랐다. 주민이 제시한 대안에는 초고압 송전선을 설치하지 않는 안, 전압을 낮추는 안, 송전선로를 합리적으로 설정하는 안 등이 포함됐다.

'초고압' 송전은 필요하지 않다

밀양에 설치되는 765kV 송전선은 '초고압'으로서 대용량 장거리 송전용이다. 당초에 한전은 안성을 거쳐 서울로 송전할 계획이었지만, 어려움에 봉착하자 창녕까지만 송전하는 것으로 변경했다. 그렇다면 기껏 90킬로미터를 송전하기 위해서 765kV라는 초고압으로 송전하겠다는 것인데, 피해를 직접 입는 주민으로서는 이 점을 납득하기 힘들다.

> 765kV의 정체성이 대용량 장거리 송전입니다. 대용량도 아주 많은 양을 보내야 하고 또 장거리를 보내야 되는 거예요. 이게 다 만족해야 타당성이 있는데, 보니까 그게 아니에요. (주민 6)

기존 선로를 이용하자

주민은 추가적 송전이 필요하다 하더라도 기존 선로만으로도 충분히 송전이 가능하며, 이것은 선종의 교체를 통해서 가능하다고 주장했다.

> 선종을 교체하면 두 배로 송전이 됩니다. 이미 두 개를 교체했고 나머지 선종도 교체하면 4호기를 보내도 충분합니다. (주민 12)

대안적 송전 방법을 모색하자

주민들은 지상에 설치하는 송전선은 피해가 크므로 다른 대안적 송전을 모색해야 한다고 주장했다. 예컨대 사람이 사는 구간이라도 지중화한다거나, 초전도체 기술을 이용하는 것을 생각해 볼 수 있다고 주장했다. 한전은 비용 문제를 거론하며 이에 부정적이었다.

> 서울에는 90퍼센트가 지하로 가고 있거든요. 서울에 철탑이 있습디까?
> 경기도는 70퍼센트, 경남은 3퍼센트랍니다. 그래, 지중화할 수 있으면
> 차츰차츰 해 나가야 되거든요. 그러니까 여기라도 지중화로 하고, 차츰
> 차츰 다른 데도 해야 되고, 우리나라 앞으로도 지중화로 가야 됩니다.
> (주민 13)

송전선 건설을 좀 더 미루자

주민들은 송전선을 설치하는 것은 당장 급한 일이 아니므로 좀 더 시간을 가지고 검토하자고 주장했다. 이에 대해 한전은 당장 공사를 하지 않으면 전력대란이 일어난다고 했다. 그러나 이것은 거짓말이었다. 일정대로 송전이 이루어지지 않았지만 전력대란은 일어나지 않았기 때문이다.

> 5월 20일 공사할 때, 한전 사장이 신고리 3호기 송전 못 하면 안정적 전
> 력공급에 큰 위기가 오니 횃불 들고 공사하겠다고 발표했어요. 그렇지
> 만 원전비리 터져서 원전 세 개 중지되고, 결국 스물세 개 중 고장 또는
> 정비로 모두 열한 개가 동시에 중지되었는데 그래도 전력대란이 없었
> 어요. 한전이 이런 식으로 밀양 주민을 내몹니다. (주민 12)

송전선로를 합리적으로 재배치하자

주민들은 국가적인 차원에서 송전선이 꼭 필요하면 피해가 최소화되도록 하고 공정하게 설치하라고 주장했다. 앞에서 보았듯이 송전선은 강자의 땅을 피해서 약자의 땅을 골라 가면서 삐뚤빼뚤하게 그어졌다. 이에 대한

해명이 없는 한 주민들은 송전선 설치를 수용할 수 없다고 주장했다. 그러나 한전은 해명하지 않았고, 이는 큰 분노를 낳았다.

> 정말 이 코스로 철탑이 안 지나가면 안 된다, 하는 것이 타당성이 있으면, 재산 가치가 몰락되고 건강에 치명적인 피해를 입고 빨리 죽는 한이 있더라도 수용합니다. (주민 14)

주민들의 이러한 요구에 기초해 보면 분쟁 과정에서 대화와 타협의 여지가 적지 않았다는 것을 알 수 있다.[27] 즉 345kV로 전압을 낮출 수도 있었고, 공사 시작 시기를 더 늦출 수도 있었고, 다른 대안을 함께 모색할 수도 있었다. 그러나 이 중 어느 방안도 수용되지 않았다. 한전은 결국 한 치의 변경도 없이 원안대로 공사를 끝냈다. 주민의 저항으로 인해 완공 시기가 조금 늦추어졌을 뿐이다.[28]

2) 타협이 이루어지지 않은 이유

그렇다면 한전은 왜 조금도 양보하지 않았을까? 적어도 밀양 분쟁에 관해서는 한전도 잃은 것이 적지 않았다. 공사가 지연되면서 경제적 손실도 입

---

27 물론 주민의 주장은 이러한 것들에 한정되지 않는다. 예컨대, 주민들은 송전선 문제의 근본적인 해결을 위해서는 원자력발전의 포기, 태양광발전, 지역분산형 발전소 도입 등 우리나라 전력 시스템 자체의 개선을 주장하기도 했다. 그러나 국가 에너지정책에 관한 이러한 주장은 여기에서는 논의하지 않았다.

28 2014년 1월 28일 '송·변전설비 주변 지역의 보상 및 지원에 관한 법률'이 제정되었다. 이로써 보상의 범위가 다소 확대되었다. 이 법은 공포일 당시에 사용 전 검사를 완료한 후 2년이 경과하지 않은 지역에 대해서도 적용하는 것으로 하여(법 부칙 제2조), 밀양 지역이 이 법의 적용 대상이 되도록 했다.

었을 것이고, 분쟁 과정에서 불합리가 다수 폭로되면서 기업 이미지도 상당한 손상을 입었을 것이다. 그런데도 왜 원안대로 공사를 강행했을까?

주민들은 먼저 원전을 수출하려는 의도라고 믿었다. 다시 말해 원전 수출을 위한 시험가동 때문에 765kV 송전선이 필요했다는 것이다. 따라서 주민들은 원전을 수출하는 대기업을 위해 자신들을 희생시킨다고 생각했다.

> 한전 부사장이 신고리 3호기가 2015년까지 정상적으로 가동되지 않으면 패널티를 문다는 얘기를 기자들에게 했어요. 그게 문제가 되자 그날로 해고됐어요. (주민 12)

> 원전 공사를 마무리하고 송전할 적에 100퍼센트 출력으로 창녕까지 보냈을 때 손실이 얼마인가, 이런 게 아마 아랍에미리트하고 약속이 되어 있었을 거예요. 시험 통과 기준에 들어 있었을 겁니다. 그 시험 기준이 2015년 9월인 걸로 알고 있어요. (주민 8)

또 하나 주민들이 생각하는 것은 기업과 도시민에게 싼 전기를 공급하기 위한 것이라는 점이다. 주민들이 보기에 전기는 과도하게 생산되고 낭비적으로 소비된다. 그러나 전기의 낭비는 한전의 이익이기도 하다. 그래야만 원전을 비롯한 전력시설을 계속 확장할 수 있기 때문이다.

> 만약에 우리나라에 전기가, 우리 국민이 쓸 전기가 모자라서 이렇게 세운다고 하면, 우리는 돈 한 푼도 안 받고 우리 마당에 다 꼽으라고 합니다. 근데 우리나라 전기 안 모자랍니다. (주민 15)

주민들은 기업과 도시에 싼 전기를 공급하기 위해, 그럼으로써 한전의 배를 불리기 위해 자신들이 희생되는 것은 받아들일 수 없다고 주장했다.

왜 기업과 도시민의 낭비적 전기 소비를 위해서 자신들의 고향과 마을이 파괴당하고 재산을 뺏겨야 하는가? 주민들은 그것을 납득할 수 없었다.

> 우리가 무슨 죄가 있어서 이렇게 덤터기를 쓰고 있냐 말이지. 뻔히 보고, 눈으로 보고 있으면서 안 보인다는 거 아녜요. (주민 6)

4. 기업에 의한 대규모 인권침해

1) 밀양 송전선 분쟁에서 드러난 한전의 인권침해 구조

이상에서 한전에 의한 인권침해의 구조가 어느 정도 드러났다고 본다. 밀양에서 한전에 의한 인권침해는 몇 개의 단계로 이루어졌다. 첫째, 인권 피해자의 확정이다. 한전은 송전선로의 설치 과정에서 최대한 약자의 토지 위로 송전선이 지나가도록 했다. 둘째, 인권 피해자의 약화이다. 인권 피해자의 저항이 필연적인 상황에서 한전은 큰돈으로 매수할 사람은 매수하고, 약간의 돈으로 나머지 피해 주민들을 분열시켰다. 셋째, 피해자의 고립이다. 이를 위해서 언론을 적절히 이용했다. 넷째, 끝까지 저항하는 피해자는 국가권력을 이용하여 무력으로 제압했다. 이상의 단계를 정리해 보면 다음 페이지 표 11과 같다.

전체적으로 보아, 한전이 노골적인 인권침해를 시도했으며 이에 대해 언론과 정부가 적극적으로 지원한 양상이다. 언론은 어떤 의미에서 일반 국민의 여론을 대표한다고 볼 수 있다.[29] 결국 주민의 입장에서는 한전, 언

---

29 물론 일부 시민단체들이 밀양 주민의 정당성을 인정하고 지지와 지원을 했지만, 역시 소수였고 반전을 이루기에는 역부족이었다.

단계	주요 수단	특징
인권 피해자의 선별	송전선로의 자의적 획정	- 사회적 약자의 토지에 송전선 설치 - 피해자를 배제한 주민설명회
인권 피해자의 약화	금전	- 피해자 중 유력자 매수 - 피해가 적은 주민에게 소액의 금전으로 합의 종용 - 피해자들 사이의 분열과 이간질 유도
인권 피해자의 고립	언론	- 언론은 한전의 입장을 적극 대변함 - 언론은 주민의 입장을 무시하고 왜곡함 - 언론을 이용하여 일반 시민으로부터 피해자를 고립시킴
인권 피해자의 제압	공권력	- 국책사업이라는 미명하에 토지를 강제 수용함 - 사법절차를 이용한 기소와 손해배상 - 경찰의 물리력을 이용한 최종적 제압

표 11. 한전의 인권침해의 단계별 구조

론, 정부, 그리고 일반 여론이 자신들에게 총공세를 퍼붓는 셈이었다. 한전에 의해 벌어지는 대규모의 인권침해는 합법의 외관을 하고 있으며 동시에 여론의 지지를 받는 것처럼 보였다. 바로 이 점 때문에 대규모 인권침해가 가능했던 것이다.

그러나 인권침해는 법과 여론의 지지를 받는다고 해서 정당화되는 것이 아니다. 그것은 주류 세력의 힘에 의탁하여 사회적 약자의 삶을 파괴하는 행위이다. 오히려 바로 그런 점 때문에 '인권(human rights)'이라는 단어가 필요하다. 가장 심각한 인권침해는 늘 사회적 약자에게 발생하며, 한전의 인권침해도 마찬가지로 사회적 약자를 향해 있다. 우리는 이것을 막아야 한다. 이것이 '기업과 인권' 혹은 '인권경영'이 해결하려는 핵심 문제이다.

2) 기업에 의한 인권침해의 패턴

밀양 송전선 분쟁에서 드러난 인권침해는 1회적인 것일까? 이 사례 연구의 결론을 곧바로 일반화할 수는 없지만, 일반화의 가능성도 완전히 배제할 수는 없다. 자세히 살펴보면 이 사례에서 드러난 인권침해의 구조가 다른 곳에서도 반복되는 패턴처럼 보인다. 특히 기업에 의한 인권침해 중 많은 피해자가 발생하는 대규모 인권침해에서 그렇다.

다른 지역에서의 송전선 분쟁

우리나라에서 밀양만큼 치열한 송전선 분쟁이 있었던 곳은 없다. 하지만 적지 않은 송전선 분쟁이 있었고 지금도 계속되고 있다. 청도, 여수, 서산, 당진, 평창, 경기도 광주 등이 송전선 관련 분쟁 중이거나 분쟁을 겪은 지역이다. 이들 중 인접지와 잔여지에 대한 보상을 통해 문제를 해결한 사례는 없다. 송전선으로 인한 인권침해와 저항이 없었던 것은 아니고, 다만 제압되었을 뿐이다. 소위 합의가 이루어졌다는 마을도 국가권력이 적극적으로 개입하여 불만을 제압한 것이었다.[30] 여기에서 확인할 수 있는 것은 한전의 인권침해가 상시적이었으며, 주민의 저항에 대해 보상이 아니라 일관되게 주민 분열과 제압으로 대응해 왔다는 것이다. 한전만의 힘으로 부족할 경우에는 국가권력이 적극 개입하여 한전의 입장을 관철시켰다.

우리나라의 기업에 의한 대규모 인권침해

우리나라에서 기업에 의한 인권침해의 대표적인 사례로 '쌍용자동차 사건'을 들 수 있을 것이다. 쌍용자동차는 2009년 초 일거에 26,000여 명을

---

30 예컨대 내가 방문했던 여수시 ○○마을의 경우 경찰이 주민을 개별적으로 만나서 합의를 종용했다고 한다. 여기서 말하는 합의란 '보상'에 관한 합의가 아니라, 약간의 마을발전기금을 받고 더 이상 송전탑을 문제 삼지 않겠다고 약속하는 것이다.

정리해고한다고 발표했다. 해고 대상 노동자는 모호한 기준에 따라서 선별되었다. 부당한 해고에 맞서 생존권을 확보하려는 저항의 과정에서 노-노 간의 대립이 의도적으로 조장되었고,[31] 언론이 자기 역할을 하지 못하는 사이에[32] 저항하는 노동자는 고립되었으며, 끝까지 저항하던 노동자는 경찰에 의해 폭력적인 방식으로 제압되었다.[33] 한전에 의한 대규모 인권침해의 구조와 유사한 측면이 적지 않다. 국가권력의 힘을 빌려 자행되는 무자비한 폭력 사태를 공지영은 "'법대로' 하는 무법천지"라고 했다.[34]

'용산참사'를 인권경영의 관점에서 바라본 사람은 많지 않다. 정부가 전면에 있는 것처럼 보이기 때문이다. 하지만 용산참사[35]는 기업이 주도하는 재개발사업에서 비롯되었고, 또한 경찰의 강제진압으로부터 직접 이득을 얻는 것도 국가라기보다 재개발업자라는 점에서 기업에 의한 대규모 인권침해라고 할 수 있다. 여기에서 직접적 피해자는 법의 보호를 받지 못하는 세입자들이었다. 이들은 졸지에 생활 근거지를 잃고 재산(특히 권리금)도 잃었다. 이들의 피해는 제대로 보도되지 않았으며,[36] 끝까지 저항한 사람들은 경찰에 의해 폭력적으로 제압되었다.

이 두 사례는 기업에 의한 대규모 인권침해이면서, 인권 피해자의 선

---

31 한 노동자는 말했다. "동료가 살겠다고 데모를 하는데 그나마 아직 안 쫓겨난 내가 가서 그들을 욕하는 구호를 외치니 이게 사람이 할 짓인가. 노노 분열을 일으키는 회사가 정말 싫어."(공지영, 『의자놀이』, 휴머니스트, 2012, 99쪽)

32 성동규는 『조선일보』, 『중앙일보』, 『동아일보』 등 3대 보수 신문이 정부 비판, 노동자 동정 등과 관련된 보도는 단 한 건도 하지 않은 반면 노동자들의 폭력을 부각하는 형태의 보도를 많이 한 것으로 드러났다면서, 아울러 가장 심각한 문제는 객관적인 심층 보도를 찾기 어렵다는 점이라고 지적했다. 성동규, 「쌍용자동차 파업 관련 보도분석: '파업부당성'과 '노동자 동정'으로 갈려」, 『신문과 방송』, 2009. 9, 59쪽.

33 쌍용자동차 파업에 대해서는 공지영, 앞의 책 참조.

34 공지영, 앞의 책, 136쪽.

35 용산참사에서 침해된 인권은 주거권, 생존권 혹은 재산권이다. 이계수는 주거권을 중심으로 용산참사를 해석했다. 이계수, 「강제퇴거와 재개발 ; 주거권의 재산권적 재구성: 강제퇴거금지법 제정운동에 붙여」, 『민주법학』제46권, 2011.

별-약화-고립-제압이라는 패턴에서 크게 벗어나지 않는다.

외국의 사례

그렇다면 해외의 경우는 어떨까? 해외에서 기업에 의한 대규모 인권침해는 대개 개도국에서 일어났다. 많은 경우 기업은 개도국에서 합법적으로 사업을 영위했지만, 국제 기준에 비추어 본다면 인권침해로 분류될 사안이었다.

셸은 나이지리아에서 환경훼손과 인권침해를 유발했지만, 나이지리아의 군사정부는 그것을 문제 삼지 않았을 뿐만 아니라 셸에 저항하는 시민과 인권활동가를 물리력으로 제압했다.[37] 에콰도르에서 텍사코가 석유 채굴을 한 것도 정부와의 합법적 계약에 의한 것이었다. 정부는 채굴에 따른 이윤을 챙겼을 뿐 엄격한 환경기준의 준수를 요구하지 않았다. 주민들은 아마존의 숲에 고립된 채 일방적으로 당하기만 했으며, 이들의 피해는 에콰도르가 채굴 사업을 끝내고 모국으로 돌아간 이후에야 세상에 알려졌다. 미얀마의 송유관 공사를 둘러싸고 발생한 인권침해의 직접적인 주체는 미얀마의 군사정부였지만, 송유관 공사의 주체는 기업들이었다. 이런 인권침해 사건에서 국제사회는 기업들에게 인권침해에 연루된 책임을 묻고자 했다.[38]

이러한 몇 가지 사례로 외국에서 발생한 기업에 의한 대규모 인권침해

---

36 성동규는『조선일보』,『중앙일보』,『동아일보』와 같은 대표적인 보수 신문들이 '불법폭력시위', '경찰의 과잉 진압', '전국철거민 연합의 배후조종'과 같은 것들을 중점적인 사안으로 다루었다고 지적했다. 언론은 정파적 보도를 하며 객관적 보도를 하지 못했다고 평가했다. 성동규,「용산사태 관련 보도: 정파적 보도로 희생된 국민의 알 권리」,『신문과 방송』, 2009. 3, 123쪽, 125쪽.

37 McBarnet, Doreen et al (eds.), *The New Corporate Accountability: Corporate Social Responsibility and the Law*, Cambridge: Cambridge University Press, 2009, pp.14-15.

38 미얀마에서 발생한 인권침해에 대해서는 다음을 참고하라. 이상수,「기업의 사회적 책임 맥락에서 본 유노칼 판결의 의미」,『전남대학교 법학논총』제31권 제2호, 2011. 8.

의 구조가 모두 한전에 의한 대규모 인권침해의 구조와 같다고 말할 수는 없다. 하지만 유사점을 부인하기는 어려울 것이다. 어느 경우든 피해자로서 사회적 약자가 선별됐으며, 약화되고 고립된 후에, 최종적으로는 공권력의 물리력에 의해 제압됐다.

5. 기업으로서 한전의 인권 존중 책임

지금까지 밀양 송전선 분쟁을 피해자의 진술에 의거하여 재구성해 보았다. 이들의 진술에만 주로 입각하여 서술한 점에 대해서 한전 측에서 불만이 있을 수 있다. 진술자의 수는 15명 정도에 불과하고, 진술자는 모두 송전선 분쟁의 최전선에서 싸운 사람들이다. 그리고 이들이 진술한 내용에는 불완전하고 잘못된 정보나 과장된 주장도 상당수 섞여 있다.

　　하지만 인권 문제에 접근할 때 피해자의 목소리를 경청하는 것은 지극히 중요하다. 그 수가 적더라도 마찬가지이다. 사실 인권 피해자는 사회의 소수자인 경우가 일반적이다. 그리고 인권 피해자는 여러 가지 이유로 피해를 표현하지 못할 수도 있고, 더욱이 인권의 언어로 표현하지 못할 수도 있다. 심지어 인권 피해자가 자신의 피해를 자각하지 못할 수도 있다. 그렇기 때문에 기업은 각별히 민감하게 자기 사업의 부정적 인권영향을 살펴야 한다. 만약 기업이 인권 리스크를 인식했다면, 기업은 설사 피해자가 침묵하고 있더라도 잠재적 피해자에게 이를 상세하게 설명하는 친절함조차 가져야 한다.[39] 이에 비해 한전은 피해자들이 목이 터져라 외치는 데도 불구하고 귀를 막은 형국이다. 이 연구는 피해자들이 얼마나 절절히 자신들

39　국제인권규범은 선주민의 인권침해가 예상되는 경우에는 이들로부터 '자유로운 사전의 설명 있는 동의(FPIC)'를 구하라고 요구한다. UN, The Declaration on the Rights of Indigenous Peoples, 2007.

을 주장했는지를 보여 준다. 이들이 소수라거나 이들의 주장 중에 주관적이거나 과장된 것이 있다는 점은 한전을 면책시키지 않는다. 이들의 주장은 그 자체로서 존중되어야 하고 한전이 해결해야 할 문제이다. 그리고 누가 보더라도 이들이 대규모로 심각한 인권침해를 받았다는 것은 명백하다.

또 한전은 밀양에서의 인권침해가 자신 탓이라기보다 정부 탓이 크다고 말하고 싶을 수도 있다. 적어도 인권침해 논란이 된 경찰의 진압에 한전이 책임이 없다고 말하고 싶을 것이다. 또 현행법에 따른 보상을 했으며 법 위반은 없었다고 말하고 싶을 것이다. 하지만 이것이 한전의 인권 존중 책임을 덜어 주지는 않는다. 사실 한전의 문제 해결 노력은 지극히 부실했다. 인권영향평가는 부실했으며, 주민과의 소통 노력도 부실했다. 주민이 납득하는 대안을 만들어 내지 못한 것은 한전의 무능 탓이다(무능도 한전의 책임을 면책시키지 않는다!). 경찰의 개입이 어떤 종류의 충돌과 인권침해를 낳을지 충분히 예상할 수 있었음에도 한전은 경찰을 끌어들였다. 한전에게 경찰에 대한 직접적인 통제 능력이 없었다고 하더라도, 한전은 경찰의 인권침해에 대한 교사·방조의 책임을 면할 수 없다. 결국 한전은 국가를 등에 업고 대규모 인권침해를 자행한 것이다.

앞에서 보았듯이, 기업에 의한 대규모 인권침해는 거의 이런 패턴으로 진행되는 듯하다. '유엔 기업과 인권 이행원칙'은 기업의 인권 존중 책임이 국가의 인권 책임과는 상관없이(independently) 존재한다는 것을 명시하고 있다(이행원칙 제11문 주석). 정부가 인권 책임을 다하지 않았다고 하더라도 기업의 인권 존중 책임이 면제되지 않는다는 의미이다. 말하자면 한전은 송전선 관련 인권침해에 대해 국가를 핑계 삼을 수 없다.

그렇다면 한전은 어떻게 했어야 했나? 송전선 사업을 하기 전에 인권리스크를 식별하고 대책을 세웠어야 했다. 늦어도 피해자들의 불만이 터져 나왔을 때 그것을 진지하게 수용하고 대책을 세웠어야 했다. 이 모든 과정에서 가장 중요한 이해관계자인 주민과 충분한 대화를 했어야 했다. 한전은 애당초 이렇게 할 생각이 없었던 것 같다. 돌아보면 한전은 처음부터 대규모 인권침해가 발생할 것을 알고 있으면서, 대규모의 인권침해를 기획하고 그대로 실행했다고 볼 수밖에 없다. 개발독재 시대에는 이것이 통했는지 모르지만 세계화 시대 그리고 선진국을 목전에 둔 이 시점에는 더 이상 용납될 수 없다. 한전은 국가가 대책을 세워 줄 때까지 기다릴 것이 아니라 스스로 인권침해를 방지·완화하는 대책을 세우고 실행해야 한다. 이것이 기업의 인권 존중 책임이다. 거기에는 국가를 설득하는 일도 포함될 수 있다. 한전의 인권 존중 책임은 국가의 인권보호 능력이나 의지와 상관없이 존재한다.

11장

현대중공업 사내하청노동자의
산업재해 문제 해결을 위한 새로운 접근

기업의 공급망관리 책임

1. 하청노동자의 '중대재해' 및 '산재 은폐'를 어떻게 줄일 것인가

현대중공업[1] 조선소에서 2001년부터 2014년까지 15년간 101명이 산업재해(이하 '산재')로 사망했다.[2] 매년 6.7명이 사망한 꼴이며, 2014년에만도 13명이 사망했다. 이로 인해 현대중공업은 시민단체에 의해 2015년 제조업 부문 최악의 살인기업으로 선정됐다.[3] 그만큼 현대중공업 산재는 악명이 높은데, 사망사고의 원인이 대체로 추락, 압사 등 기본적인 안전 조치의

---

1 현대중공업 그룹은 현대중공업(주), (주)현대미포조선, 현대삼호중공업(주)로 구성된다. 이 글에서는 현대중공업 그룹을 통칭하여 '현대중공업'이라고 한다.

2 기업인권네크워크, 노동건강연대, 전국금속노동조합 현대중공업 사내하청지회, 「현대중공업 산재 발생에 관한 의견서」, 2015. 4. 13, 5쪽.

3 2015년도 최악의 살인기업은 노동건강연대, 매일노동뉴스, 세월호참사국민대책회의 존엄안전위원회, 전국민주노동조합총연맹, 한국노동조합총연맹 등이 사업재해 사망사고를 고려하여 선정했다. <http://laborhealth.or.kr/40129>

미비에 기인한다[4]는 사실은 현대중공업에서 보이는 많은 중대 산업재해가 조선산업이라는 산업적 특수성 때문이라기보다 현대중공업의 부실한 안전관리 탓이라는 것을 암시한다.

하인리히 법칙[5]을 들먹일 것도 없이, 그토록 높은 사망률을 볼 때 다른 산업재해도 많을 것으로 추론할 수 있다. 그런데 현대중공업의 재해율은 0.66으로 조선업 평균 재해율인 0.69보다 다소 낮기 때문에 현대중공업은 산재보험금을 상당히 환급받았다.[6] 그러나 이 재해율은 현대중공업 조선소에서 발생한 산재를 제대로 반영하지 않은 것이다. 먼저 현대중공업 사내하청업체의 재해율을 감안하여 계산해 보면 재해 환산율은 0.95이다.[7]

더욱 심각한 문제는 0.66이든 0.95든 그 어느 것도 실제 발생하는 산업재해의 수를 제대로 반영하지 못하고 있다는 것이다. 실제로 현대중공업 조선소에서 일어나는 산재의 상당수가 노동부의 공식 통계에 잡히지 않고 은폐되고 있다. 이러한 은폐의 증거는 많지만, 문자 그대로 은폐되기에 그 실제 규모를 정확히 알 수 없다. 다만 여러 가지 징후로 산재 은폐의 존재와 규모를 추론할 수 있을 뿐이다. 몇 가지를 보자.

① 현대중공업이 스스로 산재를 은폐하여 적발된 사례가 있다.[8]
② 지역 시민단체에 의한 사내하청 산재 실태조사 결과물이 있다.[9]

---

4 2014년 발생한 중대재해 사망사고를 보면 추락 사고 5건, 끼임 사고 2건, 깔림 사고 2건, 질식사 2건, 질환 1건, 원인불명 1건(자살과 사고 논란으로 현재까지 진상규명 중인 사건) 등으로 정리된다. 허환주, 「1년간 13명 '죽음의 공장' … 대체 무슨 일?」, 『프레시안』, 2015. 6.
5 하인리히 법칙(Heinrich's law)은 허버트 윌리엄 하인리히(Herbert William Heinrich)가 발견한 법칙으로, 큰 재해와 중간 재해, 가벼운 재해의 빈도가 대략 1:29:300 정도라는 법칙이다. <https://ko.wikipedia.org/wiki/하인리히의_법칙>
6 한정애, 「현대중공업 사망재해 다발사업장으로 하청기업 웬만한 부상은 산재 은폐, 그럼에도 2009년부터 현재[2013년]까지 768억 8천만 원 산재보험료 감액받아」, 한정애 의원 보도자료, 2013. 10. 10.
7 위의 보도자료.

③ 텔레비전의 폭로성 시사 프로그램이 은폐의 구체적인 모습을 보여 주었다.[10]

이들을 보면 일상적으로 산재가 은폐되고 있음을 알 수 있다. 그렇다면 그 규모는 어느 정도일까? 2012년 한 조사에 의하면, 조선소에서 산재를 당한 하청노동자의 5.7퍼센트만 산재보험 처리를 했다.[11] 2014년의 현지조사에 따르면, 7.2퍼센트가 산재보험으로 처리됐다.[12] 2014년 4월 노동조합이 실시한 조사에서 산재 처리를 통해 치료받았다는 응답은 3.7퍼센트에 그쳤다.[13] 2015년의 다른 유사 조사에서도 산재 피해자의 9.8퍼센트만이 산재보험 처리를 받았다고 답했다.[14] 결국 어느 조사에 따르든 90퍼센트 이상의 산재가 은폐된다는 것을 알 수 있다. 이를 근거로 추론해 보면 현대중공업의 재해율은 적어도 3.56에 이를 것으로 보인다.[15] 이러한 점들을 종

8 3년간(2012. 1. 1.~2014. 12. 31.) 현대중공업에서 적발된 은폐 건수는 7건으로, 전국적으로 다섯 번째로 많다. 고용노동부, 「지난해 산재 사망사고가 많이 발생한 사업장 등 공개」, 고용노동부 공고 제2015-360호, 2015. 12. 16.

9 울산지역 노동자건강권대책위 등은 매년 정기적으로 산재 은폐 실태조사를 해 왔으며, 2015년 6차 실태조사에서 62건의 은폐를 확인했다. 울산지역 노동자건강권대책위, 금속노조울산지부 현대중공업 사내하청지회, 「산재지정병원과의 유착, 반드시 끊어내야 한다! 노동부는 즉각 조사에 나서라!」(기자회견문), 2015. 6. 24.

10 예를 들어, 울산 MBC, 「산재 은폐의 그림자」, 2013. 10. 18.

11 울산광역시 동구, 『울산광역시 동구 비정규직 노동자 실태조사』, 2012. 2, 88쪽.

12 한림대 산학협력단, 『2014년 산재위험직종 실태조사』, 인권위원회, 2015, 124쪽.

13 현대중공업노동조합, 전국금속노동조합 현대중공업 사내하청지회, 「2014년 현대중공업 사내하청 노동환경실태조사 결과발표」(기자회견 자료), 2014. 4. 16.

14 전국금속노동조합 조선업종 물량팀 노동조건 실태연구팀, 울산산재추방운동연합 등(이하 '물량팀 노동조건 실태연구팀'), 『2015년 조선업종 물량팀 노동조건실태연구』, 2015, 49쪽.

15 하청노동자 재해의 90퍼센트가 은폐된다고 했을 때, 사내하청의 재해율은 0.29(0.95-0.66=0.29)가 아니고 2.9(9×10=2.9)가 된다. 이 경우 현대중공업 조선소의 재해 환산율은 3.56(0.66+2.9=3.56)이 된다. 그나마 이는 현대중공업 소속 노동자의 산재 은폐를 반영하지 않은 것이다. 은수미 의원은 하청노동자의 추정 재해율은 공식적인 재해율(0.34)보다 42.2배나 높은 14.358에 이른다고 주장했다. 「은폐된 사내하청 산재, 최대 60배 의혹」, 『한겨레』, 2015. 4. 28. 결국 실제 발생한 산재의 97퍼센트 이상이 은폐된다는 것이다.

합해 볼 때, 수많은 노동자들이 산재를 당하지만 제대로 된 치료와 보상을 받지 못한다고 할 수 있다.

현대중공업의 산재에서 중요한 특징 중 하나는 중대재해와 대부분의 산재가 사내하청 소속 노동자(이하 '하청노동자'라고 함)에게서 발생한다는 점이다. 2014년 현대중공업의 산재 사망자 13명은 전원 하청노동자였다. 사망사고 이외의 산재에서 하청노동자의 산재가 대부분 은폐된다는 것은 위에서 본 바와 같다. 즉 현대중공업의 산재가 심각하다는 말은 실은 현대중공업의 하청노동자가 겪는 산재가 심각하다는 말이다.

이들 하청노동자들의 산재와 은폐를 어떻게 줄일 것인가? 논자에 따라 하청노동자의 산업안전에 대한 일차적인 책임은 노동자 본인이나 하청기업에 있다고 볼 수도 있고, 대책으로 국가의 적극적인 개입을 주장할 수도 있다. 그러나 하청노동자의 산재를 줄이기 위해서는 무엇보다 원청인 현대중공업에게 책임을 부과하는 것이 필요하다. 이러한 주장은 완전히 새로운 것이 아니며, 오히려 하청노동자의 산재 문제에 대해 현대중공업이 직접 나서고 책임져야 한다는 주장은 흔하다.[16] 그러나 여기에서는 국제사회의 경험과 규범에 입각하여 이 문제를 다른 각도에서 비평하고 다소 다른 해법을 제시해 보려 한다.

2. 하청노동자의 산업재해와 현대중공업의 산업안전정책

하청노동자에게 사고가 많은 일차적인 이유는 직영 노동자의 수보다 하청노동자의 수가 더 많기 때문이다. 우리나라 조선소 전체 현장의 기능직 노

---

16 구도희, 「산업재해의 사각지대」, 『노동사회』 제170권, 2013, 94쪽; 물량팀 노동조건 실태연구팀, 앞의 책, 111~112쪽.

동자 중 3/4이 하청노동자이다.[17] 현대중공업의 경우도 기능직 노동자의 76퍼센트가 하청노동자이다.[18] 따라서 현대중공업에서 주로 하청노동자에게 산재가 일어난다는 것 자체는 크게 이상한 일이 아니다. 문제는 하청노동자가 원청노동자에 비해 훨씬 높은 비율로 산재를 겪는다는 점이다. 왜 그럴까? 하청노동자들의 노동조건에서 대답을 찾을 수 있다.

첫째, 하청노동자는 원청노동자보다 더 위험한 곳에서 일한다. 작업배분권을 가진 원청이 더 위험한 일을 하청기업에 맡기고,[19] 심지어 원청노동자와 같은 작업장에서 일하는 경우에도 하청노동자가 더 위험한 일을 맡기 때문이다.[20] 둘째, 하청노동자는 원청노동자보다 고강도·장시간 노동을 한다.[21] 이는 하청노동자가 원청노동자에 비해 공기(공사기간) 단축에 대한 압박을 더 많이 받기 때문이다.[22] 공기 단축 압박은 안전 장구의 미착용으로 이어진다. 하청노동자들이 이런 노동조건을 수용하는 이유는 저강도

---

17 우리나라 조선소 전체에서 직영기능직 대비 하청노동자 비율{(하청/기능직)×100}은 1990년 21.2퍼센트에서 2013년에는 294.1퍼센트로 증가했다. 한국조선플랜트협회, 『2014년도 조선자료집』, 2014, 12쪽.

18 위의 책, 20쪽.

19 박종식은 "힘들고 위험한 공정을 사내하청으로 넘기는 것에 대해 현장에서 원청 노사 간의 암묵적인 담합"이 하청을 이용하는 하나의 원인이라고 한다(박종식, 「조선산업 사내하청의 현황과 공정별 현황: 9대 조선해양업체 사내하청 10만 명 돌파, 그들은 어떤 일을 하는가?」, 『2014-11 금속연구원 이슈페이퍼』, 2014). 한국산업안전공단 조사에 따르면 관리자의 40.8퍼센트가 "유해위험 작업이기 때문에 하청을 준다."라고 답했다(한국산업안전공단 산업안전보건연구원, 『유해·위험작업에 대한 하도급업체 근로자 보호강화 방안』, 2007. 11, 90쪽). 울산 동구청 조사에 의하면, 하청노동자가 담당하는 업무는 대체로 원청이 기피하는 공정으로서 유해·위험 요인을 수반하는 경우가 많다고 지적한다(울산광역시 동구, 앞의 책, 46쪽).

20 한림대 산학협력단, 앞의 책, 66쪽.

21 동구 조사에 의하면 하청노동자들은 주당 54시간 정도 일한다(울산광역시 동구, 앞의 책, 68쪽). 다른 조사는 55시간 일하는 것으로 조사됐다(한림대 산학협력단, 앞의 책, 103쪽).

22 하창민(현대 사내하청 노조 지회장)은 사내하청 산재의 핵심 원인이 무엇이냐는 질문에 대해 공기 단축 압력을 지적했다. "공정이 문제야. 그 자체가 타이트하게 스케줄대로 맞춰야 되거든. 업체는 그걸 맞춰야 돼. 보통 해 가지곤 못 맞추고 뛰어다녀야 돼. 그러니까 안전시설이 다른 데 비해서 나쁜 게 아닌데, 보호구도 나름 괜찮고 한데, 공정이 바쁘니까 신경 쓸 겨를이 없는 거야."(하창민, 인터뷰, 2015.)

단시간 노동으로는 생활에 필요한 임금을 벌기 어렵기 때문이다.[23] 셋째, 하청노동자는 원청노동자보다 더 적은 안전교육을 받는다.[24] 넷째, 하청노동자의 취약성과 노동조합의 부재로 인해 작업장에서 안전에 대한 요구를 하지 못한다. 원청에는 노동조합이 있지만 하청에는 노동조합이 없다. 정확히 말하면 사내하청 노조[25]가 있지만 현대중공업이나 하청기업이 협상 파트너로 인정하지 않으므로 단체교섭을 할 수도 없고 산재 위험에 직면해도 작업 중지를 요청할 수 없다. 하청노동자의 노동조건이 이와 같으므로 원청노동자보다 더 많은 산재가 발생하는 것은 당연하다.

특히 사내하청의 재하청인 물량팀의 경우 산재 위험은 더욱 극적으로 증가한다.[26] 물량팀은 사내하청이 물량 단위의 도급을 주는 것으로서 현대중공업은 그 존재를 인정하지 않고 있다가[27] 2014년에 와서야 물량팀의 존재를 공식적으로 시인했다.[28] 물량팀은 공정별로 작업기간 단축을 위해서 주로 이용되기 때문에 고강도·장시간 노동과 야간노동을 하며, 밀폐공간, 선하부 내의 작업 등 유해·위험 작업을 하는 경우가 많다.[29] 물량팀장은 대개 숙련 노동자이지만 팀원은 조선소 작업을 처음 해 보는 초심자인 경우가 많으며, 이들은 종종 최소한의 안전교육도 없이 투입된다. 이런 요소들은 모두 산재 위험을 크게 증가시키는 것들이다.

---

23 하청노동자는 월평균 262만 원을 받는다. 이에 비해 원청노동자는 매달 상여금이나 성과금 명목으로 300만 원가량을 더 받는다(울산광역시 동구, 앞의 책, 79쪽). 연봉으로 보자면 두 배 이상 차이가 나는 것이다.
24 한림대 산학협력단, 앞의 책, 117쪽
25 정식 명칭은 '전국금속노동조합 울산지부 현대중공업 사내하청 노동조합'이다.
26 물량팀의 현황에 대한 조사는, 물량팀 노동조건 실태연구팀, 앞의 책 참조.
27 현대중공업 자체 규정도 이 점을 명시하고 있다. 즉, 현대중공업 도급계약규정 제4조에 사내협력사는 제2하도급 금지 규정에 따라 재하도급을 금지한다고 규정한다.
28 이인영, 「안전사각지대 대한민국 조선소, 현대중공업 '물량팀'의 실체 최초공개」, 국회의원 이인영 보도자료, 2014. 10. 8.
29 위의 보도자료, 10쪽.

하청노동자에게 이와 같은 노동조건을 부과하는 직접 주체는 하청기업이다. 그렇다면 이러한 열악하고 위험한 노동조건을 부과하는 하청기업은 이로써 큰 부를 축적하는가? 그렇지는 않다. 하청업체는 자칫하면 퇴출될 수도 있는 불안정한 조건에서 근근이 사업을 유지하는 영세기업일 뿐이다. 원청인 현대중공업이 작업 단가로 하청기업에 지급하는 하도급액인 '기성'을 일방적으로 아주 낮게 책정하기 때문이다. 기성은 현대중공업이 일방적으로 정하는데, 일이 많으면 기성을 올려 하청기업의 수를 늘리고, 일이 없으면 기성을 내려서 하청기업을 퇴출시킨다. 2015~2016년 구조조정 시에도 기성을 대폭 내려서 하청기업을 파산시키는 방식을 썼다.[30] 기성은 하청기업을 생존의 경계에서 허덕이게 하는 선에서 정해진다.

이런 상황에서 하청기업은 하청노동자에게 저임금, 장시간, 고강도 노동을 부과해야만 기업활동을 유지할 수 있게 되고, 노동자의 안전은 무시되거나 후순위가 될 수밖에 없다. 현대중공업에서 사내하청을 한다는 것은 이런 조건을 수용하는 것이고, 다른 선택은 주어지지 않는다. 즉 하청노동자의 노동조건을 결정하는 것은 사실상 현대중공업이며, 그렇게 결정된 노동조건이야말로 하청노동자에게 높은 산재율을 가져오는 근본 원인이다.

그렇다면 원청으로서의 현대중공업은 하청노동자에게 발생하는 산재를 어떻게 바라볼까?

현대중공업의 입장은 매우 단순하고 명백하다. 즉, 원청인 현대중공업은 하청노동자의 안전에 대해 직접 책임지거나 관리하지 않으며, 산재에 대한 책임은 전적으로 하청기업에 있다고 본다. 조선소에서 사망사고가 나도 하청노동자이면 현대중공업은 개의치 않는다. 그다음 날 다른 노동자를 배치하면 끝이다. 현대중공업은 사망한 하청노동자의 유족에게 어떠

---

30 최근 폐업한 사내하청업체의 대표자들은 기성 삭감이 폐업의 직접 원인이라고 주장했다. 「현대중 살인적인 '기성' 삭감 중단을」, 『한겨레』, 2015. 12. 21.

한 위로금도 지급하지 않으며,[31] 심지어 유족에게 위로의 말조차 전하지 않는다. 하청노동자의 사망사고 시에도 조사보고서를 작성하지 않으며, 재발 방지 대책도 강구하지 않는다(적어도 공개되지 않는다). 사망사고에 대해서도 이런데, 그 이외의 산재에 대해서는 말할 것도 없다. 하청노동자의 산재는 현대중공업의 공식 산재 통계에 산입조차 되지 않으며, 철저하게 그저 남의 일일 뿐이다.

그러나 사내하청의 산재와 관련하여 현대중공업이 전적으로 무관심한 것은 아니다. 현대중공업은 사내하청의 안전관리를 독려하고 안전관리에 실패한 사내하청에 불이익을 부과한다. 안전관리의 실패 여부는 산업재해 보험 신청 여부로 확인하며, 불이익에는 하청 계약의 해지가 포함된다.[32] 이것이 사내하청에 대한 현대중공업의 산업안전정책이다.

보기에 따라서 이런 정책은 현장에서 발생하는 산재의 관리 책임을 산재 발생 현장에 근접한 여러 주체에게 분산시키고 산재 발생에 대해 책임을 물음으로써 산재를 줄일 수 있는 효과적인 방안으로 보일 수 있다. 그러나 실제 현실에서 이런 접근은 산재 위험을 줄이지 못했을 뿐만 아니라 현장의 산재 문제를 가림으로써 오히려 하청노동자의 산재 위험을 더욱 증

---

31 하청노동자 사망사고가 있으면 사내하청의 대표가 위로금을 주는데, 이 돈은 '현대중공업 사내협력업체협의회'가 가입한 근로자재해보험에서 받은 돈이다.

32 현대중공업이 산재 발생을 이유로 실제로 하청 관계를 끊은 사례가 있는지는 확인하지 못했다. 하지만 산재가 발생하면 불이익이 주어지는 것은 명백하므로(국회사무처, 「2014년도 국정감사, 환경노동위원회 회의록」, 2014. 10. 24, 39쪽), 산재로 인한 관계 단절의 압박은 늘 있었다고 보인다. 현대중공업과 현대미포조선에 '산재 3회 이상 발생 하청업체 아웃 제도'가 있고, 그것이 산재 은폐 장치로 작동한다는 지적이 있다(김윤나용, 「정몽준의 현대중공업, 조직적 산재 은폐?」, 『프레시안』, 2013. 7. 5). 2014년 5월에 발표한 안전경영 쇄신을 위한 종합개선대책은 산재 발생 "업체에 대한 계약 해지"에 관한 내용을 담고 있다("잇단 산재' 현대중공업 결국 작업 중단」, 『경향신문』, 2016. 4. 20). 현대자동차의 경우 비공식적으로 '산재 삼진아웃제'가 시행되고 있었다고 한다(박종식, 「위험의 전이와 제도의 지체: 현대자동차 울산공장 정규직과 사내하청업체 노동자 2005년 산재통계비교」, 『산업노동연구』 제13권 제2호, 2007, 239쪽).

가시키고 있다.

게다가 이런 접근은 심각한 부작용을 낳는다. 바로 산재 은폐 문제이다. 산재 은폐란 산재가 발생했는데도 불구하고 산업재해보장보험법에 따른 치료와 보상을 제공하지 않는 것을 말한다. 현대중공업의 산업안전정책하에서 사내하청기업은 산재를 막을 능력은 없지만 산재보험을 신청하면 심각한 불이익을 입기 때문에 은폐로 대응하게 된다. 울산광역시 동구 조사에 의하면 실제 산재의 42.5퍼센트의 경우 '공상'이라는 명목하에 하청사업주가 치료비 등을 부담한다.[33] 사업주가 이 비용을 부담하는 이유는 하청노동자의 산재 신청으로 인해 원청으로부터 불이익을 당하지 않기 위해서이다. 실제 산재의 17퍼센트는 노동자의 자비로 처리했는데, 그 이유는 산재를 신청하게 되면 고용주(하청기업)와 불편한 관계가 되고 해고될 수도 있기 때문이다.[34] 심지어 하청노동자들은 산재 신청을 하면 조선소 내의 다른 어떤 사내 하청에도 재취업하지 못하도록 하는 '블랙리스트'가 작동한다고 주장한다.[35] 이래저래 하청사업주와 하청노동자는 모두 가급적 산재를 보험 처리하지 않고 은폐하려 한다.[36] 이처럼 현대중공업의 산업안전정책은 산재 은폐를 향한 강한 압력으로 작동한다. 현대중공업의 산업안전정책이야말로 하청노동자의 산업재해를 증가시키고 산재 은폐를 조장한다는 것이다.

하청노동자의 산재 문제를 해결하기 위해서는 이런 식의 잘못된 정책을 변화시켜야 한다. 그렇다면 어떻게 해야 할까? 특히 대한민국 정부나 현대중공업이 이 문제의 해결에 적극적으로 나서지 않을 때 노동자의 입

---

33 울산광역시 동구, 앞의 책, 88쪽.

34 울산광역시 동구, 앞의 책, 90쪽; 물량팀 노동조건 실태연구팀, 앞의 책, 51쪽.

35 실제로 조선소 부근에는 "하청[노동자]이 한번 산재 처리하면 다시는 조선소 밥을 먹지 못한다."라는 말이 공공연히 떠돌 정도이다. 공유정옥, 「조선업 사내하청노동자의 노동조건과 건강 (1), 기획: 비정규직 노동조건과 건강실태 4」, 『현장에서 미래를』 제116호, 2007. 1. 15; 한림대 산학협력단, 앞의 책, 73쪽.

장에서 어떤 선택지가 있는가? 이 경우 노동자의 파업 이외에도 방법이 있을까? 이 장에서는 '그렇다'는 것을 보이고자 한다. 뒤에서 보듯이, 이것이 가능하게 된 것은 글로벌에서 인권경영이 확산되고 있기 때문이다. 그것은 기업의 공급망관리 책임과 관련이 있다.

3. 공급망관리에 관한 국제사회의 경험

1) 구매자 주도 모델의 등장과 실패

기업의 공급망관리 책임의 대두와 구매자 주도 모델

오늘날 기업에 의한 인권침해라고 할 때 전형적으로 문제되는 것은 다국적기업이 구매자(buyer)가 되고 개도국에 소재하는 하청이 공급자(supplier)가 되는 경우이다. 인권경영은 이런 구도에서 공급자의 사업장에서 발생한 인권침해를 구매자를 통해서 해소하려는 문제의식을 담고 있다. 공급자에게서 발생한 인권침해에 대해 구매자에게 책임을 묻는다는 관념이 생겨난 것은 대체로 1990년대이다. 이를 상징적으로 보여 준 것이 나이키의 사례이다.[37]

　나이키는 오늘날 브랜드 기업에서 전형적으로 나타나는 경영기법, 즉 브랜드는 디자인과 마케팅 같은 핵심사업만 관리하고 실제 제품의 생산

36　은폐로 인한 피해는 부실한 치료와 부실한 보상이라는 형태로 산재를 입은 하청노동자에게 고스란히 전가된다. 특히 장애를 입게 되는 경우 심각한 피해가 발생한다. 치료비 등을 지급하겠다던 하청업주가 약속을 지키지 않는 일도 종종 일어나는데, 이 경우 산재 은폐에 협력한 노동자는 심각한 곤란에 빠지게 된다. 애당초 정확한 1차 진료 자료가 만들어지지 않았기 때문이다.

37　나이키 사례에 대한 설명은 다음을 참고하라. 이원재, 「왜 글로벌 패션의류기업은 인권경영에 나서게 되었나?」, 『패션정보와 기술』 제6권, 2009.

은 외주하는 경영기법을 처음 도입한 기업이다. 나이키는 1970년대에 이 기법을 도입하여 엄청난 성공을 거두었으며, 성공한 사업 모델, 창조력과 성장과 미래를 상징하는 기업으로 자리 잡았다. 그러나 1995년 미국의 잡지 『라이프』가 나이키의 공급망에 아동노동이 이용된다는 것을 폭로하면서 상황이 반전됐다. 처음에 나이키는 아동노동의 이용에 책임이 없다고 주장했다. 그러나 비난 여론이 커지고 급기야 불매운동과 주가의 하락이 이어지자, 그제야 책임을 시인하고 공급망에 아동노동이 없도록 하는 조치를 취하기 시작했다. 이후 2001년경에야 비로소 주가는 정상으로 돌아왔다.

나이키 사건은 많은 기업에게 경각심을 불러일으켰다. 경제의 지구화가 이루어지며 나이키의 경영 모델은 이미 보편화되었고, 1990년대에 이미 기업들은 앞다투어 저임금, 새로운 자원, 싼 자원을 좇아 지구촌 구석구석으로 진출했다. 그런데 그런 곳은 대체로 인권침해가 일어날 가능성이 매우 높은 곳이었다. 나이키 사건은 의도했든 아니든 공급망에서 인권침해가 일어난 경우, 구매자가 책임져야 한다는 것을 보여 주었다.

이후 많은 기업이 나름대로 공급망을 관리하기 시작했다. 그것은 기업의 사회적 책임, 지속가능경영, 기업시민 등으로 표현되는 큰 흐름에서 중요한 축을 구성했다. 명칭은 다양하지만 지난 20년간 공급망에서 발생하는 인권침해에 대한 기업의 대응에는 일정한 공통점이 있었다. 그것은 구매자가 공급자에 대해 갖는 영향력을 기반으로 하여 공급자가 야기하는 인권침해를 사전적 혹은 사후적으로 방지하거나 완화한다는 것이다. 여기서 구매자가 실제로 하는 일은 셋으로 나누어진다.

첫째, 구매자는 공급자가 준수해야 할 행동규범(code of conduct)을 제정하여 공급자에게 이의 준수를 요구한다. 행동규범은 대체로 OECD 다국적기업 가이드라인, ILO 삼자 선언, 유엔 글로벌 콤팩트 등과 같이 널리 수용되는 국제 연성규범을 반영했다.

둘째, 구매자는 공급자가 행동규범을 준수하는지 감시(monitoring)한다. 감시는 구매자의 직원에 의해서 이루어질 수 있지만, 경우에 따라서는 사회적 감사(social audit)가 이루어지기도 한다. 사회적 감사란 독립한 제3의 감사기관에 의뢰하여 공급자가 관련 규범을 준수하는지 조사하도록 하는 것이다. 사회적 감사기관은 독립성을 확보하기 위해 다중 이해관계자 활동(multi-stakeholder initiatives, MSIs)의 형태를 띠기도 한다.[38] 감사기관은 조사 결과를 담은 감사보고서를 작성하거나 규범의 준수를 확인하는 인증서를 발급한다. 사회적 감사는 사회적 기준과 독립적 감사기관을 이용한다는 의미에서 진전된 감시 형태라 할 수 있다.

셋째, 구매자는 행동규범을 준수하지 않는 것으로 드러난 공급자에 대해서 제재(sanction)를 가한다. 공급자가 행동규범을 준수한 경우 구매자와 공급계약을 맺을 수 있지만, 그렇지 않다면 공급계약이 체결되지 않거나 중지된다. 공급자에게 계약의 중지는 치명적이기 때문에 이는 매우 강력한 제재가 된다.

이처럼 행동규범, 감시, 제재라는 세 가지 요소로 구성된 공급망관리 방식은 구매자의 주도성이 가장 큰 특징이다. 사회적 감사의 경우 구매자의 주도성이 약화되기는 하지만, 뒤에서 보듯 여전히 구매자의 주도성이 관철된다. 지난 20년간 널리 이용되었던 이런 공급망관리 방식을 '구매자 주도 모델(buyer-led model)'이라고 하자.

---

38 대표적으로는 공정노동협회(Fair Labor Association, FLA), 소셜 어카운터빌리티 인터내셔널(Social Accountability International, SAI)이 있다. 이들 사회적 감사에 대해서는 다음 자료를 참고하라. American Federation of Labor-Congress of Industrial Organizations (AFL-CIO), *Responsibility Outsourced: Social Audit, Workplace Certification and Twenty years of Failure to Protect Worker Rights*, 2014, p.13 이하.

구매자 주도 모델의 실패?

① 구매자 주도 모델의 한계 노정

구매자 주도 모델이 그동안 과연 공급망에서 의미 있는 변화를 낳았는지에 대해서는 여러 의문이 제기됐다. 이에 관한 몇 가지 대표적인 연구 결과들을 살펴보자.

전체적으로 부정적인 평가를 내리면서 미미한 성과를 인정하는 의견이 있다. ETI(Ethical Trading Initiative)는 11개 회원사의 25개 공급자에 대한 조사를 통해서, 구매자가 공급자에게 규범을 부과하고 감시하고 제재하는 방식은 정규직 노동자에 대해서는 긍정적 영향이 있었지만 더 취약한 일시, 이주, 그리고 계약 노동자에게는 미치지 못했다고 결론을 내렸다.[39] AFL-CIO는 1990년대 이래 기업 주도의 행동규범과 사회적 감사가 번성했지만 단결권이나 임금 인상에 미친 긍정적 영향은 거의 없으며, 오히려 단결권과 단체교섭권을 잠식하는 수단으로 이용되었다고 한다.[40] 브라운 (G. D. Brown)은 1900년대 이래 행동규범의 부과와 감시가 있었지만, 1차 공급자에게만 아주 미세한 변화를 낳았을 뿐이라고 평가했다.[41]

이보다 훨씬 비판적인 견해도 있다. 지앙(B. Jiang)은 공급자에게 행동규범을 부과하고 그 준수 여하에 따라 계약 여부를 결정하는 방식을 '시장 지배구조(market governance)'라고 정의한 후, 시장 지배구조가 공급자의 행동에 변화를 유발하는지 통계적인 방식으로 조사했다. 그러나 조사 결과 실제 공급자의 행동에 의미 있는 변화를 낳지 못했다고 결론 내렸다.[42] 룬

---

39 Stephanie Barrientos, "Contract Labour: The 'Achilles Heel' of Corporate Codes in Commercial Value Chains," *Development and Change*, Vol. 39, Issue 6, 2008, p.980.

40 AFL-CIO, 위의 책, p.4.

41 Garrett D. Brown, "Effective Protection of Workers' Health and Safety in Global Supply Chains," *Int'l J Labor Research*, Vol. 7, 2015, p.38.

드-톰슨(P. Lund-Thomsen)은 공급자에게 기준의 준수를 요구하는 것은 경우에 따라 오히려 노동조건을 악화시킬 수 있음을 보여 주었다.[43] 에반스(B. A. Evans)는 방글라데시의 불행한 역사는 행동규범의 부과와 감시를 통해서 문제를 해결하려는 기존 체제가 작동하지 않는다는 확실한 증거라고 단언했다.[44] 로크(R. Locke)는 나이키가 제공한 자료를 이용하여 51개 국가 800개 공급자의 노동조건을 조사한 후, 노동조건 개선을 위해 나이키가 상당한 노력과 투자를 했으나 감시만으로는 의미 있는 변화를 낳지 못했다고 결론 내렸다.[45] 브라질에 있는 의류 공급망에 관한 현장 조사 연구는 기업의 자발적 '사회적 책임' 활동이 의류산업에서의 노동인권 문제에 충분히 대처하지 못한다는 점을 지적했다.[46]

여기에서 볼 때, 구매자 주도 모델이 아무런 긍정적 기여를 하지 못했다고 볼 수는 없겠지만, 적어도 공급자에게 낳은 긍정적 영향은 매우 제한적이며, 많은 경우 변화를 거의 낳지 못했거나 심지어 부정적 영향을 미친 것으로 보인다. 그렇다면 구매자 주도 모델은 왜 가시적 성과를 내지 못했을까? 선행연구를 종합해 보면 두 가지가 현저하게 두드러진다.

---

42 Bin Jiang, "Implementing Supplier Code of Conduct in Global Supply Chains: Process Explanation from theoretic and Empirical Perspective," *Journal of Business Ethics*, Vol. 85, 2009, p.88.

43 Peter Lund-Thomsen, "The Global Sourcing and Codes of Conduct Debate: Five Myths and Five Recommendations," *Developmnet and Change,* Vol. 39. No. 6, 2008, p.1005.

44 Benjamin A. Evans, "Accord on Fire and Building Safety in Bangladesh: An International Response to Bangladesh Labor Conditions," 40 N.C.J.Int'l L.&Com.Reg. 597, 2015, p.626.

45 Richard Locke, Fei Qin, and Alberto Brause, *Does Monitoring Improve Labor Standard: Lessons from Nike, Corporate Social Responsibility Initiative*, Working Paper No. 24. John F. Kennedy School of Government, Harvard University, 2006, p.36.

46 Reporter Brazil, SOMO, *From Moral Responsibility to Legal Liability? Modern Day Slavery Conditions in the Global Garment Supply Chain and the Need to Strengthen Regulatory Frameworks: The Case of Inditex-Zera in Brazil*, 2015. 5, p.7.

② 원인 1: 부실한 감시

먼저 인권침해를 적발하는 수단으로서의 감시(monitoring)가 현실에서 제 대로 작동하지 않았다는 점이 지적된다. 감시가 작동하지 않은 이유는 ① 구매자의 입장에서 직접 감시하는 것이 현실적으로 어렵고, ② 공급자가 감시에 협조하지 않고 인권침해 사실을 적극적으로 은폐했으며, ③ 사회 적 감사도 효과적으로 작동하지 않았기 때문이다.

먼저, 구매자의 입장에서 공급망에서 인권침해가 발생하는지 감시하는 것은 생각만큼 쉬운 일이 아니었다. 공급자의 수는 종종 아주 많으며, 공급 자의 공급자를 포함하면 그 수는 기하급수적으로 증가한다. 공급자의 작 업장은 구매자의 사무실에서 멀리 떨어져 있고, 공급자와 그 작업장은 수 시로 변화한다. 이런 상황에서 모든 공급자를 감시한다는 것은 현실적으 로 극히 어렵고, 거의 불가능에 가깝다. 구매자가 공급자의 공장을 급습하 여 현장을 샅샅이 조사하는 것도 쉽지 않다.

이런 어려움은 공급자 측의 비협조로 인해 더욱 심화됐다. 구매자로부 터 주문을 받고자 하는 공급자는 다양한 방식으로 감사를 무력화시켰다. 구매자가 미리 공지된 기간 동안에만 감사한다는 점을 이용하여 그 기간 에만 행동기준을 준수하기도 했다. 또 실제 일하는 노동자를 조작하고, 감 사를 위한 별도의 공장을 두기도 하며, 이중장부를 운영하기도 했다.[47] 또 공급자는 감사를 피하기 위해 재하청을 이용하기도 한다.

구매자의 역량상 한계와 공급자의 기만적 행동은 사회적 감사를 통해 서도 해소되지 않았다. 사회적 감사가 제대로 이루어지지 않는다는 증거 는 많다. 안전에 관한 인증을 받은 즉시 대형 화재를 비롯한 재난이 연이어

---

47 하니(A. Harney)는 중국에서 이용되는 다양한 조작 방법을 소개하고 있다. Alexandra Harney, *The China Price: The True Cost of Chinese Competitive Advantage*, New York: The Penguin Press, 2008. (Garrett D. Brown, *The Record of Failure and Fatal Flaws of CSR Factory Monitoring*, MHSSN Statement on CSR Monitoring, 2013. 1에서 재인용.)

벌어졌고[48] 감사인이 인권 분야의 전문성이 없는 경우도 많았다.[49] 현장을 한 번도 방문하지 않은 기관에 의해 인증서가 발급되기도 했다. 감사 1인 당 조사해야 하는 공장의 수가 너무 많아 철저한 감사를 할 수 없었으며 감사기관 자체의 심각한 부패도 폭로됐다.[50]

이처럼 구매자가 직접 하든 사회적 감사기구를 이용하든 현실에서 감시는 제대로 작동하지 않았다. 이 말은 감시를 전제로 한 구매자 주도 모델 자체가 제대로 작동하지 않았다는 것을 의미한다.

③ 원인 2: 구매자 주도 모델의 내재적 결함

한편, 공급망의 감시를 둘러싸고 일어나는 속임수와 사회적 감사의 실패는 그 자체로서 문제이지만, 공급망에서 인권침해가 계속되는 이유를 감시의 실패에서 찾는 것은 잘못임이 드러나고 있다. 공급자에 대한 감시와 제재로 문제를 해결하려는 것은 인권침해의 원인이 공급자에게 있다고 전제하는 것인데, 실제 현실에서 인권침해의 주요한 원인은 공급자 못지않게(또는 그보다 더 중요하게) 구매자 측에도 있기 때문이다. 예를 들어 나이키가 저렴한 아동노동을 사용해야만 충족할 수 있는 구매조건을 제시했을 때, 파키스탄의 공급자는 그 조건을 거부할 수 없다. 애플이 고강도·장시간 노동으로만 생산 가능한 주문을 했을 때, 공급자인 팍스콘은 그것을 거

---

48 방글라데시의 재난은 심각하다. 2005년 스펙트럼 스웨터(The Spectrum Sweater) 공장 붕괴로 64명 사망, 2010년 가립 스웨터(The Garib & Garib Sweater) 공장 화재로 21명 사망, 2012년 알리 엔터프라이즈(Ali Enterprise) 화재로 258명 사망, 2012년 타즈린 패션(The Tazreen Fashions) 공장 화재로 112명 사망, 2012년 댓츠잇 스포츠웨어(That's it Sportswear) 공장 화재로 29명 사망 등의 재난이 있었다. 이들 공장은 모두 이런저런 감사를 통과했다.

49 지금도 공급망 감사를 담당하는 기관은 대개 회계 전문 감사법인이다. 인권 분야의 감사에 관한 한 이들의 전문성은 의심을 받는다.

50 특히 중국에서 사회적 감사의 부패는 잘 연구되어 있다. China Labor Investigation, *Corrupt Audits Damage Worker Rights: A Case Study Analysis of Corruption in Bureau Veritas Factory Audits*, A China Labor Watch Investigation, 2009. 12.

부할 수 없다. 이런 맥락에서 노바(S. Nova)는 애플 제품을 생산하는 노동자들의 처우에 대한 최종적 책임은 애플에 있다고 주장했다.[51]

마찬가지 논리로 애너(M. Anner)는 착취 공장이 해소되지 않는 것은 구매자가 낮은 가격을 지불하기 때문이라고 했다.[52] 브라운은 구매자가 "철의 삼각형(iron triangle, 즉 최저가격, 신속한 공급, 최고품질)"을 고수하는 한 공급자는 노동자의 안전과 건강을 보호할 수 없다고 지적했다.[53] 이런 측면에서 구매자의 거래 관행은 문제 삼지 않고 공급자만 문제 삼는 구매자 주도 모델은 애당초 잘못된 접근법이라고 할 수 있다. 또한 이 모델을 채택한 수많은 구매자들에게 과연 공급망에서 발생하는 인권침해를 개선할 의지가 있었는지 의문을 품게 한다. 결과적으로 보면 공급망에서 발생하는 인권침해의 주요한 원인이 자신에게 있음에도 이를 해소하지 않는 것처럼 보이기 때문이다.

그 외에도 구매자의 의도를 의심할 수 있는 정황들이 있다. 예컨대, 사회적 감사가 부실했던 이유가 구매자 탓이라는 지적이다. 구매자가 원하는 것은 철저한 감사가 아니라 그저 긍정적 보고서라는 것이다. 어떤 전직 감사인은 사회적 감사의 부실에 대해 증언하면서, 감사를 의뢰하는 측이 원한다면 훨씬 철저한 감사가 가능하다고 했다.[54] 즉 구매자가 철저한 감사를 원하지 않았기 때문에 감사가 실패했다는 것이다. 또 공급망에서 인권침해가 계속된 것은 구매자가 몰랐기 때문이 아니다. 사회적 감사 결과를

---

51 Scott Nova, Isaac Shapiro, *Polishing APPLE: Fair Labor Association gives Foxconn and Apple Undue Credit for Labor Rights Progress*, Economic Policy Institute (EPI) Briefing Paper, No. 352, 2012. 11. 8, p.10.

52 Mark Anner, Jennifer Bair, Jeremy Blasi, "Toward Joint Liability in Global Supply Chains: Addressing the Root Causes of Labor Violations in International Subcontracting Networks," 35 comp. Lab. L & Pol'y J. 1, 2013, p.11.

53 Garrett D. Brown, 앞의 글, p.38.

54 T. A. Frank, "Confessions of a Sweatshop Inspector," *Washington Monthly*, 2008. 4.

공개만 했더라도 상당한 개선이 있을 수 있었는데도 구매자는 그 사실을 공개하지 않았다.[55] 심각한 인권침해가 드러난 경우에도 개선하기보다는 차라리 거래를 단절하고 떠나 버렸다.[56]

이렇게 볼 때, 구매자 주도 모델이란 공급망의 인권 상황을 개선하는 장치라기보다 기껏해야 구매자의 명망 위험(reputational risk)을 관리하기 위한 체계에 불과했다고도 볼 수 있다. 그것은 인권침해를 조장한 구매자의 구매 관행은 그대로 둔 채 공급자만 문제 삼는 것이다. 사실 구매자 측에 존재하는 인권침해의 원인을 고려할 때, 구매자에게 주도권을 주어 공급망의 인권 문제를 개선하도록 하는 것은 고양이에게 생선을 맡기는 것과 다를 바 없어 보인다.[57] 이런 점에서 구매자 주도 모델은 실패가 예정된 모델이라고 할 수 있다.

2) 대안적 시도로서의 이해관계자 참여 모델

새로운 시도들

결국 공급자의 작업장에서 인권침해가 일어나지 않도록 하려면 구매자의 구매 관행을 변경해야 한다. 그것은 구매자에게 새로운 의무를 부과하는 것이며 많은 경우 추가적인 비용 부담을 의미한다. 그런데 구매 관행을 변

---

55 Bjorn Claeson, *Deadly Secret: What Company Know about Dangerous Workplaces and Why Exposing the Truth can Save Workers' Lives in Bangladesh and Beyond*, International Labor Rights Forum (ILRF), 2012. 12, pp.25-26; AFL-CIO, 앞의 글, p.4.

56 Lund-Thomsen, 앞의 글, pp.1014-1015.

57 이런 모순을 브라운은 "정신분열적 사업모델"이라고 표현했다(Garrett D. Brown, "Fashion Kills: Industrial Manslaughter in the Global Supply Chain," *EHS Today*, 2010. 9. 1). 비슷한 지적으로는 다음을 참고하라. Students & Scholars Against Corporate Misbehaviour(SACOM), "New iPhone, Old Abuses Have working conditions at Foxconn in China improved?," Press Release, 2012. 9. 20, p.1.

경시키기 위해서는 상당한 외압이 필요하다. 아무튼 구매 관행의 변화가 없이는 공급망의 인권 상황을 개선하기 힘들다는 것이 지난 20년간의 경험이 가르쳐 준 사실이다.

실제로 공급망에서 발생하는 인권침해를 방지하고자 구매자의 구매 관행을 개선해 보려는 시도가 있었고 긍정적 성과를 낸 사례도 있다. 이들 사례는 무엇을 동력으로 하여 구매자에게 어떤 의무를 부과했고 그 이행을 위해서는 어떤 장치를 사용했을까? 몇 가지 사례를 살펴보자.

① 방글라데시 화재 및 건물 안전 합의

2013년 방글라데시 라나플라자의 붕괴로 의류 브랜드에 대한 사회적 여론은 크게 악화되었다. 이런 분위기에서 종전과 다른 새로운 접근 방식으로서 '방글라데시 화재 및 건물 안전 합의'[58](이하 '안전합의')가 등장했다. 안전합의는 화재 및 건물 안전 문제에 관해 국내외 노동조합과 구매자가 함께 만든 안전관리 체제로서, 기업은 이 체제에 가입하여 소정의 의무를 부담하게 된다. 가입 기업은 공급자의 공장의 안전을 보장하는 적정한 이행 계획을 작성하여 실행할 의무를 지며, 안전합의 체제의 운영에 필요한 경비를 부담해야 한다. 의무 이행과 관련하여 분쟁이 일어나면 최종적으로는 중재 절차를 통하여 해결한다.

에반스는 방글라데시 안전합의를 상세히 분석하고, 중요한 진전이라면서 특히 노동자의 참여와 구속력 있는 합의가 성공 가능성을 높이는 핵심 측면이라고 평가했다.[59]

---

58 Accord on Fire and Building Safety in Bangladesh. <http://bangladeshaccord.org/>
59 Benjamin A. Evans, 앞의 글, p.626.

② 미국 뉴욕 봉제공장 노동자의 노동조건 개선

미국 의류산업에서 오늘날의 외주와 유사한 형태가 크게 확산된 것은 19세기 말경 뉴욕에서였다. 당시 봉제공장(공급자) 노동자들의 근로조건은 지극히 열악했다. 이에 대처하기 위해서 노동조합은 공급자가 아니라 구매자와 직접 협상하고 합의하는 단체협약을 고안했다. 당시 의류 구매자를 조버(jobber)라고 불렀기 때문에, 이 합의를 조버협약(jobber agreement)이라고 했다.[60]

이 협약에 따라 구매자는 적정한 임금 지급이 가능한 금액을 공급자에게 지불하고, 노동자의 복지 비용 등도 구매자가 직접 공급자의 노동자에게 지불하도록 했다. 이 합의는 법적 구속력이 있었으며, 분쟁이 생기는 경우 중재제도를 이용할 수 있었다. 이 합의 결과 공급자의 공장에서 일하는 노동자의 임금은 당시 미국의 최저임금을 훨씬 뛰어넘었고, 1960년대 뉴욕 의류노동자들의 근로시간은 미국의 전 산업을 통틀어 가장 낮은 수준에 이르렀다. 다만 1970년대 이후 구매자들이 해외 공장으로 눈을 돌리면서 이 협약은 힘을 잃고 소멸해 갔다. 애너는 조버협약이 성공했던 요인으로 노동자, 공급자, 구매자가 협상을 통해 구속력 있는 합의를 이루어 낸 점과 내용적으로 공급자가 아니라 구매자에게 책임이 있다는 원칙을 확립한 점을 꼽았다.[61]

③ 미국 플로리다 토마토 농업노동자의 노동조건 개선

플로리다의 토마토 재배업자는 KFC, 맥도날드 등 유명 식품업자들에게 식재료를 제공하고 있었다. 이 지역의 토마토 재배업자를 위해서 일하는 농업노동자들의 이익을 대변하는 이모칼레노동자연합(Coalition of

---

60   애너는 조버협약에 대해서 상세히 분석했다. Mark Anner, 앞의 글, p.16.

61   Mark Anner, 앞의 글, p.14, p.21.

Immokalee Workers, 이하 '노동자연합')은 노동조건을 개선하기 위해 공급자(재배업자)가 아니라 구매자(식품업자)와 직접 협상하는 길을 선택했다. 그리고 법적 구속력이 있는 합의를 이끌어 냈다.

이 합의에 의하면 구매자는 '공정식품 행동규범(Fair Food Code of Conduct)'을 준수하는 재배업자에게서만 토마토를 구매하고 파운드당 1페니의 할증가격을 지급해야 한다. 공정식품 행동규범이란 노동자들이 토론해 온 결과물로서 공급자가 준수해야 할 행동규범이다. 결국 구매자는 적정 노동조건을 준수하는 공급자로부터 구매해야 하며 소정의 노동조건을 준수하는 데 따르는 비용 일부를 부담한다.

파렐라(K. Parella)는 이 합의는 거대 소매상과 노동자 사이의 법적 구속력 있는 합의이며 공급망의 경제학(즉 구매자에게도 책임이 있다는 것)을 이해했기 때문에 성공할 수 있었다고 평가했고, 백악관과 유엔으로부터 칭찬을 받은 사례라는 점을 지적했다.[62]

이해관계자 참여 모델

위 사례는 아직 그 수가 많지 않아서 일반화하기에는 다소 무리가 있지만 의미 있는 흐름을 보여 준다. 다소 거칠게 단순화하여 그 특징을 정리하면 다음 페이지 표 12와 같다.

이런 방식은 하청노동자에게서 발생하는 인권침해 문제를 다룬다는 점에서 해결하려는 문제는 구매자 주도 모델에서와 같지만 그 접근법에서는 몇 가지 점에서 차이가 난다.

첫째, 구매자 주도 모델은 하청노동자들이 겪는 인권침해의 책임이 하청사업자에게 있는 것으로 전제했지만, 위의 방식들은 구매자의 구매 관

---

62 Kishanthi Parella, "Outsourcing Corporate Accountability," 89 Wash. L. Rev. 747, 2014. 10, p.810.

주요 이슈	구매자의 주요 의무	합의 주체			법적 효력 (분쟁 해결 절차)	협상을 이끈 주요 동력
		하청 노동자	하청 사업자	구매자 (원청)		
방글라데시 작업장 안전 개선	- 안전 계획 수립 및 실행 - 안전 비용 지출	노동조합 (IndustriALL, UNI 등)	○	의류 브랜드 (베네통, Inditex 등)	있음 (국제 중재)	국제 여론
뉴욕 봉제노동자의 노동조건 개선	- 노동조건에 합당한 가격 지불 - 복지 비용 직접 지불	노동조합 (ILGWU)	○	jobber	있음 (법원의 중재)	노동조합의 단결력
플로리다 농업노동자의 노동조건 개선	- 조건 준수 공급자와 거래 - 할증 가격 지불	지역 노동자 조직 (CIW)	○	대형 식품업자 (KFC, 맥도날드 등)	있음 (법원)	소비자의 여론

표 12. 이해관계자의 참여를 수반하는 공급망관리 사례

행에도 문제의 원인이 있는 것으로 보고, 구매자에게 단지 하청사업자를 감시하는 이상의 역할을 요구한다. 이는 구매자에게 일정한 경제적 부담을 지우는 것을 포함한다.

둘째, 구매자 주도 모델에서 하청사업자가 준수해야 할 규범은 구매자가 일방적으로 제정하여 하달했지만, 위의 방식들은 노동자와 구매자 그리고 하청사업자가 모두 참여하여 해결책을 고안해 냈다. 특히 합의의 직접적 수혜자인 하청노동자의 참여는 올바른 해결책을 담보하는 중요한 요소가 된다.

셋째, 해결책이 집행되는 방식에서도 차이가 난다. ① 구매자 주도 모델에서는 구매자가 철저히 감시하지 않는 경우 마땅한 제재 수단이 없었

지만, 위의 방식들은 합의된 해결책이 법적 성격을 갖게 됨으로써 구매자도 자신의 역할을 충실히 하지 않을 수 없다. ② 구매자 주도 모델에서는 구매자만 일방적으로 하청사업자를 감시하는 구도였지만, 위의 방식에서는 하청노동자, 하청사업자, 그리고 구매자가 서로 감시한다. 특히 합의의 직접적 수혜자인 하청노동자가 감시에 참여한다는 것은 합의가 철저히 집행되도록 하는 중요한 요소가 된다.

이런 방식은 구매자 주도 모델의 문제점을 극복하는 하나의 유력한 대안으로서, 구매자가 전적으로 주도하는 것이 아니라, 여러 이해관계자가 함께 논의하여 법적 효력을 갖는 해법을 마련하고 함께 집행한다는 점에서 '이해관계자 참여 모델(stakeholder participation model)'이라고 할 만하다. 그렇다면 현대중공업의 하청노동자들이 겪는 산재 문제의 해결에서는 이해관계자 참여 모델에 따른 해법이 모색될 수는 없을까?

4. 하청노동자의 산업재해 문제 해결을 위한 새로운 접근법

1) 하청노동자의 산재에 대한 현행법의 태도

앞서 보았듯이, 현대중공업의 공급망(하청)관리 정책이란 산재가 발생하면 해당 하청사업자를 제재하는 것이다. 이는 기껏해야 구매자 주도 모델이라고 할 만한 것으로서, 구매자 주도 모델이 갖는 최악의 문제점을 그대로 보여 준다. 이런 모델 아래에서는 하청노동자의 산재를 줄이는 데 한계가 명백할뿐더러 산재의 대부분이 은폐된다. 어떻게 하면 하청노동자 산재의 원인과 해법이 현대중공업에 있다는 인식을 전제로 한 이해관계자 참여 모델에 따라 이 문제를 해결할 수 있을까?

현행 산업안전보건법 제63조에 의하면 사내 하도급(즉 사내하청)의 경우 도급인은 산재 예방을 위해 안전조치를 할 의무를 진다. 사실 사망사고가 빈발하던 2014년 당시에도 이런 법 조항은 존재했다. 말하자면 법이 존재한다는 것과 그것이 집행되는 것 사이에 상당한 간극이 있었던 것이다. 그렇다면 훨씬 더 강력한 새로운 조항이나 특별법을 만드는 것은 어떨까? 심재진은 영국의 산업안전법을 소개하면서 원청에게 법적 책임을 지우는 안을 제안했다.[63]

이 제안에 의하면 현대중공업은 하청노동자의 산재에 대해서 직접 법적 책임을 져야 한다. 현대중공업에 직접 법적 책임을 물어야 한다는 이런 제안은 획기적이고 옳다. 그러나 법이 만들어지기 전에는 어떻게 할 것인가? 법이 만들어졌지만 정부가 엄정히 집행하지 않으면 어떻게 할 것인가? 이런 우려를 하는 이유는 기업에 의한 인권침해는 대개 정부의 묵인과 방조하에 이루어지기 때문이다. 특히 개도국에서 기업에 의한 인권침해가 집중적으로, 그리고 대규모로 일어나는 것은, 개도국 정부가 이를 방치하거나 조장하기 때문이다. 사실 현대중공업에서 일어나고 있는 산재도 이른바 '후진국형 인권침해'[64]이다. 이 표현은 자국 정부의 묵인과 방조하에 기업에 의한 인권침해가 일어나기 때문에 자국 정부로부터는 구제를 기대하기 힘든 상황을 지칭하는 것이다.[65]

이처럼 현대중공업이 구매자 모델에 의거하면서 책임지는 시늉만 하고 있고 정부도 문제해결에 적극적으로 나서지 않는 경우에 하청노동자의 산재 문제는 어떻게 하면 해결할 수 있을까? 글로벌에서 확산되고 있는 인권경영은 이에 대한 하나의 해법을 제시한다.

---

63 심재진, 「사내하도급 근로자의 건강과 안전에 대한 도급사업주의 책임」, 『노동법연구』, 제 38호, 2015 상반기.

64 이상수, 「밀양 송전선 분쟁에 대한 기업인권적 접근」, 『이화여자대학교 법학논집』, 제18권 제2호, 2013.12, p.152.

2) 인권경영의 교두보를 공략하라

글로벌에서 '유엔 기업과 인권 이행원칙'이 확산되면서, 기업들 사이에서 인권경영도 확산하고 있다. 아직 모든 기업이 인권경영을 실천하고 있지는 않지만, 몇몇 선진국과 글로벌 기업은 진정성 있게 이를 실천하기 시작했다. 이들은 인권실사를 통해 자신의 사업 활동에서 생기는 인권 리스크에 대응할 뿐만 아니라, 자신의 사업관계(공급망 혹은 가치사슬)를 통해 직접 연결된 인권침해에 대해서도 대응한다. 후자가 이른바 '공급망관리 책임'의 실천이다.

기업의 공급망관리 책임은 인권경영에 아주 독특한 성격을 부여한다. 그것은 한 기업이 인권경영을 실천하면 그 영향이 공급망에 있는 다른 기업으로 즉시 확산된다는 것이다. 이것을 '인권경영의 확산효과(diffusion effect of BHR)'라고 부르자. 그리고 여기에서 인권경영을 실천함으로써 인권경영을 공급망의 다른 기업으로 확산시키는 기업을 '인권경영의 교두보(bridgehead for BHR)'[66]라고 부르자. 이렇게 본다면 인권경영 운동은 인권경영의 교두보를 확보하고 이를 전진기지 삼아 인권경영을 확산시키는 운동이다. 이러한 확산효과 때문에 국내의 소수 대기업만 인권경영을 실천하더라도 그 효과는 국내외에 존재하는 수많은 다른 기업으로 확산된다.

다음 페이지의 그림 5는 인권경영의 교두보와 인권경영의 확산효과가 어떻게 작동하는지를 보여 준다.

---

65 대한민국 정부는 산재 문제의 해결 의지가 없을 수 있다. 조선소의 산재를 줄이는 것은 한국 조선산업의 국제경쟁력을 줄인다고 생각할 수도 있기 때문이다. 터키에서 진폐증을 낳는 샌드블라스팅이 방치되는 것은 정부가 묵인하기 때문이고, 방글라데시에서 산업안전기준이 낮은 것도 정부가 묵인하기 때문이다.

66 교두보(bridgehead)의 문자적 의미는 다리를 보호하기 위한 작은 요새를 의미하지만, 오늘날은 비유적으로 침략을 위한 발판(국어사전), 혹은 적 진영에 설치된 전진기지(an advanced position seized in hostile territory, Marriam-Webster dictionary)란 의미를 갖는다.

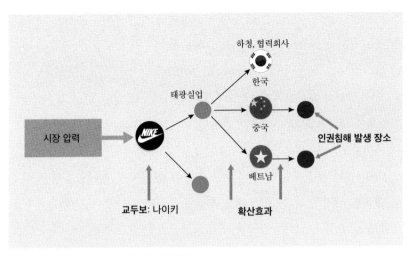

그림 5. 인권경영의 교두보와 확산효과의 작동

나이키는 1990년대 공급망에서의 아동노동 논란으로 큰 곤혹을 치른 후 인권경영을 표방하고 실천하기 시작했다. 다시 말해 나이키는 시장의 압력에 굴복하여 자신의 공급망에서 아동노동 등 인권침해가 일어나지 않도록 하는 정책을 실시한 것이다. 그 결과 나이키의 하청인 한국의 기업— 예컨대 태광실업—은 나이키의 방침을 따를 수밖에 없다. 나아가 태광실업은 국내, 베트남, 중국에 있는 자신의 공급망에서 인권침해가 일어나지 않도록 감시하고 조치한다. 이런 식으로 나이키의 인권경영의 효과는 공급망 끝까지 확산된다. 이것이 인권경영의 확산효과이다. 그리고 이런 확산의 진원지가 되는 나이키는 인권경영의 교두보이다.

한국에서의 예를 들어 보자. 삼성이 인권경영을 실천하고 있는지는 명확하지 않다. 적어도 삼성이 인권경영을 실천한다면 삼성과 거래하는 수많은 기업들에서 인권침해가 획기적으로 줄어들 것이다. 만약 LG가 인권경영을 실천한다면 LG의 공급망에서 인권침해가 획기적으로 줄어들 것이다. 여기에 SK가 동참한다면 마찬가지 효과가 생길 것이다. 만약 우리나라에서 5대 재벌이 인권침해 기업과 거래하지 않겠다고 선언하고 실천한다면 우리나라의 수많은 기업에서 인권침해가 획기적으로 줄어들 것이다. 뿐만 아니라 이와 같은 선한 영향은 국내에만 머물지 않고 전 세계로 확산 될 것이다. 이것이 인권경영의 확산효과이다.

인권경영의 교두보에서 퍼져 나가는 이런 확산효과는 피해자나 이해관 계자에게 새로운 투쟁 무기를 제공한다. 이 말의 의미를 실제 사례로써 설명 해 보겠다.

2013년에 하청노동자의 사망이 줄지어 있었지만 현대중공업은 아무 런 대응도 하지 않았다. 이 문제를 해결하기 위해서 사망사고 피해 유족들, 현대중공업 사내하청 노동조합, 기업인권네트워크, 노동건강연대 등(이하 '피해자들')은 집회, 농성, 항의 서면 등 다양한 방식으로 대책의 수립을 요 구했지만 역부족이었다. 현대중공업은 나 몰라라 했고, 정부도 도움이 되 지 않았다. 이런 상황을 타개하기 위해 피해자들은 인권경영의 확산효과 를 이용한 새로운 접근법을 사용했다.

먼저 피해자들은 투자자를 압박하기로 했다. 이들은 2014년 6월 26일 노르웨이 연기금을 관리하는 은행(NBIM)의 최고경영자(CEO) 앞으로 9쪽 에 이르는 장문의 공식적인 편지를 보냈다. 내용은 현대중공업 조선소에 서 많은 사망사고가 났고 이는 최소한의 안전기준조차 지키지 않았기 때 문이라고 지적한 후, NBIM이 현대중공업에 투자함으로써 이런 인권침해 에 연결된 것으로 보이니 조치하라는 것이었다.

이에 대해서 NBIM은 2014년 8월 8일 답신을 통해서, 이 문제에 대해 서 이사회와 최고경영자 차원에서 논의할 것이니 이에 관한 자료와 진행 과정을 알고 싶다고 답했다. NBIM은 2015년 3월 27일 공식 편지를 통해 서, 피해자들의 이의 제기에 따라서 감시(monitor)를 하고 있으며, 투자철 회 여부를 결정하기 위해 이 건을 윤리위원회(Council of Ethics)에 회부했다 고 알려 왔다. 후에 노르웨이 연기금 관계자들은 실제로 한국에 와서 한국 의 시민사회, 현대중공업 사내하청 노동조합 등과 면담하고 자료를 수집해 갔다.

NBIM이 이렇게 적극적으로 대응하는 것은, NBIM이 인권침해 기업에 투자하지 않겠다는 내부 정책을 가지고 있기 때문이다. NBIM이 이런 정책을 가진 이유는 노르웨이 의회가 이를 요구하기 때문이었다. 아무튼 NBIM은 공식적으로 OECD 지배구조 원칙, 유엔 기업과 인권 이행원칙(UNGP), OECD 다국적기업 가이드라인을 준수하며, 기업들은 국제적으로 승인된 기준과 조약을 준수해야 한다고 공개적으로 선언하고 인권경영을 실천해 왔다. 특히 이들은 투자자로서 인권침해 기업에 투자하지 않기 위해 피투자 기업의 인권침해를 감시하고 인권경영을 하도록 영향력을 행사하는 활동을 해 왔다. 말하자면 NBIM은 스스로 인권경영의 교두보로서 인권경영을 확산하는 일을 하고 있는 것이다.

현대중공업이 하청노동자들의 요구를 무시할 수 있겠지만, NBIM의 요구를 무시하기는 쉽지 않다. NBIM이 현대중공업의 인권침해를 이유로 투자철회를 한다면 현대중공업은 심각한 명망 손상을 입을 수 있는데, 그런 명망 손상을 무시하기가 쉽지 않기 때문이다. 만약 무시한다면 현대는 유력 선주사로부터 선박의 발주를 받지 못할 수도 있다.[67] 예컨대 스웨덴의 머스크(Maersk)라는 기업이 그렇다. 머스크는 인권침해 조선사에는 발주하지 않는다는 정책을 표방하고 있기 때문이다.[68]

한국의 피해자들도 이 점을 알고 2015년 4월 머스크의 최고경영자 앞

---

67 현대중공업에 선박을 발주한 선주사에는 셸(Shell), 머스크(Maersk), 엑슨모빌(Exxon Mobil), 토털(Total), 셰브런(Chevron), ENI 등 세계 굴지의 기업들이 포함되어 있다.

68 예컨대, 머스크는 협력사업자 행동규범(Third Party Code of Conduct)을 제정하여 공급자에 대한 기업의 기대를 표명하고 아울러 위반 시의 조치와 제재를 규정하고 있다. <http://www.maersk.com/en/the-maersk-group/sustainability/rp-third-party-code-of-conduct> 셸은 셸 공급자 원칙(Shell Supplier Principles)을 제정하여 공급자에 대한 기대를 표명하고 있다. <http://www.shell.com/business-customers/shell-for-suppliers/about-shell-for-suppliers.html>

으로도 편지를 보냈다. 내용은 머스크가 현대중공업에 아홉 척의 배를 발주한 사실을 알고 있다는 것, 바로 그 현대 조선소에서 터무니없이 많은 사망사고가 발생했다는 것, 그리고 이는 현대중공업이 유엔 기업과 인권 이행원칙(UNGP)과 OECD 다국적기업 가이드라인 위반 탓이니 적절한 조치를 취하라는 것이었다. 이에 대해 머스크 측은 2015년 9월 3일 답신을 보내서, 현대중공업이 안전기준을 준수하는지 검증하는 절차를 밟겠다고 밝혀 왔다. 인권경영을 표방하고 있는 머스크로서는 한국 피해자들의 이와 같은 요구를 무시하기 어렵고, 현대중공업으로서는 선주사인 머스크의 요구를 거부할 수 없다. 이것이 인권경영의 확산효과다.

다만, 당시 하청노동자들의 투쟁은 지속되지 못했고 가시적인 결과를 얻지는 못했다. 그 이유 중의 하나는 2016년을 전후하여 조선산업에 엄청난 불황이 닥쳐 대규모 구조조정이 진행됐기 때문이었다. 당시 현대 조선소의 노동자들에게는 산재 문제보다 실업 문제가 더 절실했기 때문에 산재 문제를 전면에 내세울 여건이 되지 못했다. 만약 당시 확산효과를 이용한 투쟁이 지속됐더라면, 현대중공업을 협상장으로 끌어낼 수 있었을 것이고, '이해관계자 참여 모델'에 입각하여, 현대중공업 공급망(하청)의 산업안전관리 관행 자체를 개선하는 해법이 채택됐을 수 있었다고 상상해 본다.

글로벌에서 인권경영이 확산되면서 기업에 의한 인권 피해자 입장에서 이런 식의 투쟁 무기 혹은 전술을 이용할 여지는 점점 더 커지고 있다. 삼성의 공급망에서 인권을 침해당한 피해자가 삼성에 직접 항의하면 바로 해결되는 날이 곧 올 것이다. 이미 상당 정도 왔는지도 모른다. 호주의 청소년 몇 명이 호주의 석탄산업에 삼성의 자금 지원 중단을 촉구하자 삼성은 즉시 호주 석탄산업에서 손을 떼겠다고 선언했다.[69] 이처럼 기업들, 특

---

69 「호주 청소년 "삼성 불매" 예고에…삼성 "호주 석탄터미널 손 떼겠다"」, 『경향신문』, 2020. 7. 20.

히 글로벌 대기업에게 인권 문제는 점점 민감한 문제가 되고 있으며 공급 망에서의 인권침해를 방치하는 것은 점점 어려워지고 있다. 이것이 확산 효과다. 하청노동자들이 이런 메커니즘을 잘 이용하면 인권침해를 빠르게 시정하고, 나아가 인권경영을 빠르게 확산시킬 수 있다. 이처럼 인권경영 은 인권경영을 국내외로 확산시킨다. 그리고 이런 확산효과를 낳는 인권 경영이어야 올바른 인권경영이다.

12장

국민연금의 사회책임투자 정책 비판

1. 투자자로서의 국민연금, 그리고 사회책임투자

우리나라에서 사회책임투자(Socially Responsible Investment, SRI)가 소개, 확산된 것은 대체로 2000년대 들어서이다.[1] 그러나 20여 년이 지난 지금, 한국에서 사회책임투자가 활성화되어 있다고 보기는 어렵다. 특히 가장 강력하게 사회책임투자를 요구받고 있는 '국민연금'[2]조차 사회책임투자에

---

1 한국에 사회책임투자를 소개한 초기 문헌들로는 다음과 같은 것이 있다. 한철, 「사회적 투자의 법리」, 『경영법률』 제11집, 2000; 에이미 도미니, 구형표·이주명 옮김, 『사회책임투자』, 필맥, 2001; 류영재, 「사회책임투자 관련 두 가지 소고」, 『계간 기업지배구조연구』 통권 제7호, 좋은기업지배구조연구소, 2003. 6; 곽관훈, 「사회적 책임투자(SRI)와 기관투자자의 역할」, 『제118회 정기세미나 자료집』, 한국증권법학회, 2006. 4; 김형철, 「사회책임투자 운동과 증권산업」, 『증권』 제121호, 한국증권업협회, 2004. 12; 사회책임투자연구회, 『사회책임투자 개념 및 국제 동향』, Working Report 06-01, 한국증권연구원, 2006; 안병훈·이승규·이수열, 『우리나라 기업의 사회책임경영 현황 및 전망에 관한 조사보고서』, 한국과학기술원 사회책임경영 연구센터, 대한상공회의소 지속가능경영원, 2006. 3.

매우 소극적이다. 2006년 이래 국민연금이 사회책임투자에 대해 관심을 보여 왔지만,[3] 국민연금 자체의 공식 통계에 의하면 사회책임투자는 여전히 불과 4.18퍼센트에 그친다.[4] 이는 다른 나라와 비교해도 지극히 적은 수준이다.[5] 심지어 최근까지도 국민연금공단의 이사장조차 "우리(국민연금)는 책임투자원칙이 선언적으로 도입되어 있어도 실제로 하고 있지 않다." 라고 말했을 정도이다.[6]

그러나 국민연금 사회책임투자 정책의 커다란 변화를 보여 준 큰 사건이 벌어졌다. 국민연금이 대한항공 주주총회에서 의결권을 행사한 것이다. 대한항공의 2대 주주(지분율 11.56퍼센트)인 국민연금은 2019년 3월 27일 대한항공의 주주총회에서 대표이사의 연임에 반대함으로써 한진그룹 총수를 핵심 계열사의 대표이사직에서 물러나게 하는 데 결정적인 역할을 했다. 지금까지 사회책임투자에 지극히 소극적이었던 국민연금이 주주총회에 참석하여 의결권을 행사한 것 자체도 놀라운 일이며, 의결권의 행사가 경영자의 퇴출을 도모하는 것이었고 나아가 그것을 관철시켰다는 점에서 '혁명'적이라고 할 만하다.[7] 이런 엄청난 변화에 대해 일부 언론은 '불

---

2 이 글에서 '국민연금'은 국민연금공단 혹은 국민연금공단이 관리 운영하는 기금을 지칭한다.

3 NPS 국민연금연구원, "공적 연기금의 사회책임투자(SRI) 방안", 2006.

4 국민연금 공식통계에 의하면, 2018년 전체 운용기금 6조 3,800억 원 중, 256억 원이 사회책임투자에 해당한다. 국민연금공단, 2018년 12월 말 기준 국민연금 공표통계. <http://www.nps.or.kr/jsppage/info/resources/info_resources _03_01.jsp?cmsId=statistics _month> 이는 세계적으로 세 번째로 큰 규모의 투자기금이다.

5 2018년 전체 투자에서 사회책임투자의 비율을 보면 유럽 48.8퍼센트, 미국 25.7퍼센트, 캐나다 50.6퍼센트, 일본 18.3퍼센트 정도이다. Global Sustainable Investment Alliance, "2018 Global Sustainable Investment Review," p.9.

6 「국민연금 스튜어드십 코드 행사 미흡했지만 최선의 판단」,『한겨레신문』, 2019. 2. 21. 국민연금 홈페이지에서도 책임투자에 대해 설명하면서, "국민연금은 책임투자를 위한 국내 여건이 충분히 성숙하지 않은 점을 고려하여 투자정책으로는 반영하고 있지는 않습니다."라고 쓰고 있다. <http://csr.nps.or.kr/jsppage/contribution/investment/investment_01.jsp> 이는 국민연금이 전혀 사회책임투자 활동을 하지 않는다기보다는 지극히 미미하다는 것을 보여 주는 증표이다.

법 비리 등 일탈행위'에 대한 책임을 물은 것으로서 당연한 결과라고 평가했다.[8] 하지만 전국경제인연합회와 한국경영자총협회 및 일부 언론은 이를 연금사회주의의 징후로 해석했다.[9] 여기서 우리는 여러 질문을 제기해 볼 수 있다. 이처럼 양 극단화된 비평 중 어느 것이 적절한 것일까? 그에 앞서 국민연금이 생각하는 사회책임투자란 도대체 무엇이며, 그것은 충분히 정당화될 만한 것인가? 향후에도 국민연금은 사회책임투자의 명분으로 경영자의 퇴출을 위해 의결권을 행사해야 할까? 그러한 의결권 행사가 과연 정당화될 수 있는가? 이 장에서는 국민연금의 최근 사회책임투자 정책의 변화에 대해 검토하면서 이런 질문들에 답해 보려 한다.

2. 국민연금의 사회책임투자 정책

흔히 사회책임투자란 환경(Environment), 사회(Social), 지배구조(Gover nance)(이하 'ESG')를 고려한 투자 활동을 의미한다. 사회책임투자를 이렇게 정의 했을 때 투자자가 ESG를 고려하는 여러 이유가 있겠지만,[10] 국민연금은 더욱 엄중하게 ESG를 고려해야 할 이유가 있다. 첫째, 국민연금의 운영에는 안정성이 특히 중요하다. 즉, 국민연금은 수많은 국민의 미래를 책임지므로 다른 투자기금에 비해 수익성 못지않게 안정성이 강조될 수밖에 없다.

---

7 『경향신문』은 이를 "주주혁명"이라고 표현했다. 「조양호 경영권 박탈, 재벌 총수 전횡 끝내는 계기 되기를」, 『경향신문』 사설, 2019. 3. 27.

8 「조양호 연임 부결, 주주 힘으로 '황제 경영' 바로잡을 길 열었다」, 『한겨레신문』 사설, 2009. 3. 27.

9 「'연금사회주의가 현실로' 충격 휩싸인 재계」, 『한국경제신문』, 2019. 3. 27. 『조선일보』, 『중앙일보』, 『동아일보』는 각각 사설을 통해서 '연금사회주의'라는 단어를 사용하면서, 국민연금의 의결권 행사에 대해 경계의 논조로 비평했다.

10 흔히 사회책임투자는 장기적으로 기업의 가치와 지속가능성(Sustainability) 제고를 위한 것으로 이해된다.

따라서 국민연금은 ESG 리스크를 포함한 모든 종류의 재무적 리스크에 민감할 수밖에 없다. 둘째, 국민연금기금의 거대한 규모를 고려했을 때,[11] 국민연금의 운영에는 보편적 투자(universal investment)와 장기적 투자가 불가피하다. 이런 측면에서도 국민연금은 손쉽게 투자처를 옮겨 다니는 전략(exit)을 취할 수 없고, 적극적으로 개입(voice)하는 사회책임투자에 경도될 수밖에 없다. 셋째, 국민연금은 그 규모가 방대한 만큼 사회의 ESG에 미치는 영향력도 크다. 이에 따라 연금기금은 수익성과 다른 차원에서 사회의 ESG에 미치는 영향을 고려하여 투자하라는 사회적 압력을 받는다. 이처럼 국민연금은 엄청난 규모와 그 고유한 성격 때문에 ESG를 고려한 투자를 해야 할 남다른 내외적 요인을 가지고 있다 하겠다. 이러한 당위성에 따라 국민연금 역시 여러 가지 방식으로 사회책임투자를 진지하게 검토하고 준비해 온 것이 사실이다. 특히 최근의 변화는 눈에 띌 만큼 현저하다.

먼저 국민연금은 2009년 유엔 사회투자원칙(Principles for Responsible Investment, UN PRI)에 서명했다.[12] 유엔 사회투자원칙은 2006년에 출범한 활동(initiative)으로서 사회책임투자에 관한 여섯 개 원칙으로 구성되어 있다.[13] 유엔 사회투자원칙이 이해하는 책임투자는 제1원칙에서 드러나 있듯 'ESG 이슈들을 투자 의사 결정 시 적극적으로 반영'하는 것이다. 이에 대해 국민연금은 "기금의 주인인 가입자와 수급자를 비롯하여 다양한 이해관계자의 공공의 이익과 사회의 지속가능성을 위한 사명을 인식하고, 장기투자와 지속적인 수익성 유지를 목표로 하는 책임투자는 연금기금의 운용 특성에 부합하는 투자기법이라고 판단하여, 2009년 유엔 사회투자원칙을 준수할 것을 서명했다."라고 표명했다.[14] 이처럼 국민연금은 유엔의 사

---

11 각주 4 참조.

12 \<http://csr.nps.or.kr/jsppage/contribution/investment/investment_01.jsp>

13 \<https://www.unpri.org/>

14 \<http://csr.nps.or.kr/jsppage/contribution/investment/investment_01.jsp>

회책임투자 활동을 공개적으로 지지하고 그에 따르기로 약속했다.

둘째, 다소 늦긴 했지만 2015년 국민연금법의 개정을 통해서 사회책임투자를 위한 법적 근거가 마련됐다. 즉, 국민연금법 제102조는 '기금의 관리 및 운용'이라는 제목하에, "기금을 관리 운용하는 경우에는 장기적이고 안정적인 수익 증대를 위하여 투자 대상과 관련한 환경, 사회, 지배구조 등의 요소를 고려할 수 있다."라고 규정했다. 이에 따라 기금운용지침에서도 동일한 취지의 문구를 담았다. 즉, 이 지침 제17조는 '책임투자'라는 제목하에, "증권의 매매 및 대여의 방법으로 기금을 관리 운용하는 경우에는 장기적이고 안정적인 수익 증대를 위하여 투자 대상과 관련한 환경, 사회, 지배구조 등의 요소를 고려할 수 있다."라고 규정한다.[15]

셋째, 2018년 국민연금은 스튜어드십 코드를 도입했다. 이는 문재인 대통령의 선거공약의 일부였다가 대통령 당선 이후 구체화된 것이다. 이에 따라 기금운용지침 제17조의 2(수탁자책임에 관한 원칙)가 마련됐다. 이에 의하면 "국민연금 수탁자책임 활동의 투명성 및 독립성 강화, 기금의 장기 수익률을 제고하기 위해 한국 스튜어드십 코드인 기관투자자의 수탁자책임에 관한 원칙을 도입하고 기금운용위원회가 별도로 정한 「국민연금기금 수탁자책임에 관한 원칙」에 따라 이행한다." 국민연금기금운용위원회는 2018년 7월 30일 이 규정에서 말하는 '국민연금기금 수탁자책임에 관한 원칙'을 채택했다.[16] 이 원칙은 일곱 개의 원칙으로 구성되어 있는데, 원칙 3에서 환경, 사회, 지배구조 등 비재무적 요소를 고려하여 투자할 수 있다는 점을 밝히고 있으며, 국민연금이 수탁자로서 의결권 행사를 포함하여 적극적으로 활동할 것임을 명시했다. 이를 실행하기 위해 2018년 12월 국민연금기금운용위원회 산하에 수탁자책임전문위원회가 구성

---

15 국민연금, 「국민연금기금운용지침—국민연금기금 투자정책서」, 2018. 7. 30.

16 이 자료는 다음에서 볼 수 있다. <http://fund.nps.or.kr/jsppage/fund/mpc/mpc_08.jsp>

되고,[17] 기금운용본부에 책임투자팀, 주주권행사팀으로 구성된 수탁자책임실을 신설했다.[18] 대한항공 주주총회에서 대표이사의 사내이사 연임 반대 의견으로 의결권을 행사하기로 결정한 것은 이렇게 해서 구성된 수탁자책임전문위원회였고, 더 정확하게는 이 위원회 내의 주주권행사 분과위원회였다.

이러한 일련의 변화는 사회책임투자에 대한 국민연금의 의지와 함께, 그 실행을 위한 제도적 기반을 갖추었다는 것을 보여 준다. 그리고 대한항공과 관련하여 대담하게 의결권 행사를 결행한 것은 이런 변화가 단지 선언에 그치지 않음을 입증한 것이라 하겠다. 이제 갑질이나 배임, 횡령 등 ESG 이슈는 국민연금의 투자 판단 및 개입(engagement) 활동에서 주요한 고려 요소로 부각한 것으로 보인다.

그러나 이러한 일련의 흐름에는 석연치 않은 점이 있다. 앞에서 보았듯 지금까지 국민연금의 사회책임투자는 지극히 소극적이었고, 2018년 말 전체 운용기금 중 사회책임투자 기금은 4퍼센트 남짓에 불과했다. 그리고 국민연금이 의결권을 행사할 당시 국민연금은 대한항공의 지분 11.56퍼센트를 소유하고 있었다고 하는데, 대한항공의 지분이 국민연금 기금 중 사회책임투자 기금이었는지가 불분명한 것이다. 말하자면 국민연금은 자신의 투자자산구성(portfolio)상 사회책임투자 기금에 속하지 않은 투자기금에서 ESG를 고려하여 의결권을 행사한 것으로 보인다는 것이다.

만약 그렇다면 국민연금은 어떤 근거로 ESG를 고려한 의결권 행사를 했는가? 국민연금은 최근 사회책임투자 기금을 획기적으로 확장했는가, 아니면 기존의 사회책임투자 투자기금과 무관하게 대한항공의 지분에서

---

17 <http://www.mohw.go.kr/react/policy/index.jsp?PAR_MENU_ID=06&MENU_ID=06410207>

18 <http://fund.nps.or.kr/jsppage/fund/ifm/ifm_02.jsp> 이는 기존의 운용전략실 밑에 있던 책임투자팀이 개편된 것이다.

만 특별히 ESG를 고려하여 의결권을 행사했는가? 만약 후자라면 우리는 이를 무엇이라고 불러야 할까? 이것이 사회책임투자일까 아니면 사회책임투자 범주에 해당되지 않는 다른 어떤 것일까?

여기에는 사회책임투자에 대한 개념적 혼란, 즉 '사회책임투자(SRI)'라는 표현이 상황에 따라서 편의적으로 사용되고 있는 것이 보인다. 그렇다면 사회책임투자의 정확한 의미는 무엇인가? '사회책임투자는 ESG를 고려한 투자 활동이다.'라는 정도의 정의로는 사회책임투자의 본질을 포착하기 어렵다는 것이 문제의 지점이다.

3. 사회책임투자의 의미

1) ESG를 고려하는 다양한 방식

사회책임투자를 ESG를 고려한 투자 활동이라고 정의했을 때, '고려한다'는 것은 어떤 의미일까? 아래에서 보듯 ESG를 고려하는 동기는 다양하며, 이에 따라서 사회책임투자는 상이한 의미를 지닐 수 있다.

첫째, 경제적 동기에서 ESG를 고려할 수 있다. ESG 이슈는 피투자 기업의 재무적 성과에 영향을 미칠 수 있기 때문에, 이윤 극대화를 추구하는 투자자가 ESG를 고려하는 것은 전혀 이상하지 않다. 무엇보다 ESG를 고려하지 않은 투자는 예기치 못한 큰 재무적 손실을 낳을 수 있다. 예컨대 오웬스 코닝이라는 기업에 투자한 주식 투자가들은 2000년에 자신들이 투자한 가치의 80~90퍼센트에 달하는 손실을 보았다.[19] 석면이 가지는 환경 리스크를 고려하지 않았기 때문이다.

---

19 러셀 스팍스, 넷임팩트 코리아 옮김, 『사회책임투자, 세계적 혁명』, 홍성사, 2007, 169쪽.

뿐만 아니라 ESG는 좋은 투자 기회를 알려 주는 징후가 되기도 한다. 예를 들어 친환경 제품을 생산하는 기업, 근로자의 복지를 중시하는 기업, 지역사회와 잘 융화하는 기업, 투명한 지배구조를 가진 기업 등에 대한 투자는 고수익을 위한 투자전략이 될 수 있다. 여기서 ESG를 고려하는 것은 경제적 손실을 최소화하거나 이윤을 극대화하는 활동의 일환이다.

둘째, 경제적 동기와 무관하게 윤리적 동기로 ESG를 고려하는 것도 가능하다. 특정 기업에 대한 투자가 상당한 수익을 낼 가능성이 있더라도 ESG 이슈를 이유로 투자를 자제하는 경우가 이에 속한다. 예컨대 어떤 투자자는 담배, 술, 무기 산업에 대해 투자하지 않기로 결정할 수 있다. 이는 경제적 동기에 따른 ESG 고려가 아니다. 그러한 산업이 설사 법률적으로 허용되어 있고 고수익을 낳는다고 하더라도, 투자자의 윤리적 가치관에 비추어 그러한 산업으로부터 수익을 얻는 것이 적절하지 않다고 보아 투자를 자제할 수 있다. 경우에 따라서는 산업 자체는 문제가 없지만 생산과정 등을 이유로 투자를 자제할 수도 있다. 예컨대 인권이나 환경 침해적 기업에 투자하지 않기로 결정할 수 있다.

셋째, 자선적 관점에서 ESG를 고려하는 투자자도 있을 수 있다. 이 경우도 위 둘째 경우와 마찬가지로 경제적 수익은 부차적이다. 이 경우는 위 둘째 경우와 달리, 적극적으로 ESG의 가치를 추구하는 경우이다. 예를 들어 투자자가 자신의 경제적 이익보다는 사회의 편익 증가를 중시하는 관점에서 투자를 하는 것이다. 사회적으로 필요하지만 고위험으로 인해 일반 투자자들이 투자를 꺼리는 벤처기업에 투자한다거나, 지역의 사회기반시설에 투자하는 것이다. 이는 소극적으로 악을 피한다기보다 적극적으로 선을 추구한다는 관점에서 ESG를 고려하는 것이다.

이처럼 ESG를 고려하는 동기가 있고 그에 따라 다양한 형태의 사회책임투자가 있다고 했을 때, 국민연금이 추구하는 사회책임투자는 이 중 어느 방식을 의미하는가? 아니면 이 모든 것을 동시에 추구하는 것을 의미하는가? 이에 답하기 위해, 캐롤(A. Carroll)의 'CSR 피라미드'[20]를 원용하여 사회책임투자를 분류하는 보다 정교한 분석틀을 제안하고자 한다.

2) 캐롤의 '기업의 사회적 책임 피라미드'와 사회책임투자

캐롤은 '기업의 사회적 책임(CSR)'의 개념을 정립한 학자로, 그에 따르면 CSR은 경제적 책임, 법적 책임, 윤리적 책임, 자선적 책임 등 네 가지 요소로 구성되어 있다.[21]

① 경제적 책임은 소비자가 필요로 하는 상품과 서비스를 생산하고 그 과정에서 이익을 창출할 책임이다.

② 법적 책임은 기업의 경제활동을 제도화된 법적 틀 내에 머물도록 할 책임이다.

③ 윤리적 책임은 법에 규정되어 있지 않더라도 사회 구성원에 의해서 기대되거나 금지되는 행동과 관행을 따를 책임이다.

④ 자선적 책임은 기업이 훌륭한 시민이 되어야 한다는 사회의 기대에 따를 책임이다.

캐롤은 이 네 가지 책임이 병렬적으로 존재한다고 보지 않고, 상하 위계적으로 배치된다고 보았다. 가장 아래에 경제적 책임이 존재한다. 캐롤은 경제적 책임은 가장 근본적인 것이며,[22] 다른 모든 책임의 기초가 된다

---

20 Archie B. Carroll, "The Pyramid of Corporate Social Responsibility: Toward the Moral Management of Organizational Stakeholders," *Business Horizon*, July-August 1991.

21 Archie B. Carroll, 위의 글, p.40.

22 Archie B. Carroll, 위의 글, p.40.

고 보았다.[23]

법적 책임은 준법에 대한 책임이므로 반드시 준수해야 하며, 윤리적 책임은 법에 규정된 것은 아니지만 사회에 의해서 준수될 것이 강력히 요구되는 것으로 보았다.

다만 윤리적 책임은 무엇이 윤리적인 것인지 명료하지 않기 때문에 논란이 될 수 있다는 점도 지적했다. 또 자선적 책임은 인간의 복지와 선을 증진시키는 행동이나 프로그램에 적극적으로 참여하는 것을 포함하며, 예술, 교육, 지역사회에 기부하는 것 등이 있다. 윤리적 책임을 다하지 않는 경우 도덕적 비난을 받을 수 있지만, 자선적 책임은 그 책임을 다하지 않더라도 비윤리적인 것으로 평가되지 않기 때문에 기업의 입장에서는 더 재량적이고 자발적이라고 했다.

이렇듯 캐롤은 CSR에는 질적으로 다른 여러 구성 요소가 존재하며, 각 구성 요소들 사이에 양적 차이 혹은 규범적 무게감의 차이가 있다는 것을 지적한다. 이런 위계를 피라미드로 표현한 것이 바로 캐롤의 'CSR 피라미드'이다(다음 페이지 그림 6).

그런데 이러한 서술에서 한 가지 의문이 든다. 기업이 경제적 책임을 넘어서는 여러 책임을 지면서도 여전히 경제적 책임이 가장 근본적이며 기초가 된다는 것은 무슨 의미인가? 여러 책임을 고려하되 경제적 책임을 최우선적으로 추구하라는 의미인가? 캐롤은 그것이 아니라고 굳이 부인하면서, CSR은 이러한 네 요소를 동시에 충족하는 것이라고 주장한다.[24]

하지만 CSR의 네 요소 사이에 위계가 있다고 하면서, 또한 이 모두를 동시에 충족해야 한다는 주장은 명백한 모순이 아닐까? 그러나 캐롤은 기업의 '이윤에 대한 관심'과 '사회에 대한 관심' 사이의 긴장을 조화롭게 할

---

23 Archie B. Carroll, 위의 글, p.42.

24 Archie B. Carroll, 위의 글, p.42.

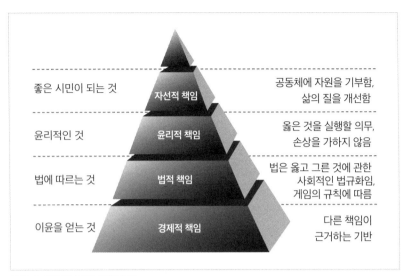

그림 6. 캐롤의 'CSR 피라미드'

수 없는 갈등으로 보는 것은 전통주의자의 입장이라고 폄하하면서, 이를 동시에 충족하도록 노력해야 한다고 거듭 주장한다.[25]

내가 볼 때 캐롤의 CSR 피라미드는 두 가지 점에서 수용하기 어렵다. 첫째, 여러 책임 사이의 모순과 갈등은 '노력'으로 해소될 성질의 것이 아니다. 책임들 사이에는 서로 양립할 수 없는 원칙적 차이가 존재하기 때문이다. 예를 들어 윤리적 책임을 다하기 위해서는 이윤을 포기해야 하는 상황이라면, 기업은 이윤을 희생시켜 윤리적 책임을 추구해야 하는가, 아니면 윤리적 책임을 방기해야 하는가? 캐롤은 이런 문제에 대해 만족할 만한 답을 주지 않는다. 동시적 충족을 위해서 노력하라는 것은 이런 갈등에 대처하는 적절한 해법이 될 수 없다.

둘째, 여러 책임 사이에 양립할 수 없는 모순과 갈등이 존재한다고 전제할 때, 캐롤의 피라미드가 제시한 위계질서를 수용하기 어렵다. 캐롤의

---

25   Archie B. Carroll, 위의 글, p.42.

피라미드는 경제적 책임을 가장 아래 배치하여 다른 책임보다 중시하고 있는데, 경제적 책임을 최우선시하는 이런 식의 위계질서는 올바른 CSR 모델이 될 수 없다. 왜냐하면 법적 책임을 다하지 않으면서 경제적 책임을 추구하는 것은 결코 용납될 수 없기 때문이다. '불법을 저지르지 않고는 수익을 얻을 수 없는 사업'이라면 그 사업은 접어야 할 것이다. 이런 점에서 캐롤의 피라미드는 규범적으로 수용할 만한 CSR 피라미드가 될 수 없다.

이처럼 캐롤은 기업에게 법적 책임 이외에도 다른 여러 책임이 있다는 것을 잘 보여 주었지만, 그의 CSR 피라미드는 여러 책임 사이의 관계를 설명하는 데 적절하지 않다. 따라서 대안적인 CSR 모델이 필요해진다.

3) 대안적인 CSR 모델들

그렇다면 캐롤의 CSR 피라미드를 다소 변형시켜서 규범적 차원에서 수용할 만한 대안적인 모델을 만들어 보면 어떨까? 가능한 대안은 다음 페이지 표 13에서 보듯이 세 가지 정도이다. 표는 책임들의 위계를 나타내는데, 아래로 갈수록 책임이 무거워지고 위로 갈수록 가벼워진다. 즉, 기업이 부담하는 여러 책임이 서로 충돌하는 경우 아래의 책임이 먼저 추구되어야 한다.

표에서 윤리적 책임과 자선적 책임은 캐롤이 의미한 윤리적 책임 및 자선적 책임과는 다소 차이가 있다. 캐롤이 의미한 윤리적 책임은 '강한' 사회적 요구를 의미한다. 그것은 준수하지 않으면 윤리적 비판을 받을 수 있는 강한 규범으로서, 거기에는 적극적으로 선을 행하는 것과 소극적으로 피해를 주지 않는 것을 모두 포함한다. 캐롤의 자선적인 책임도 사회적으로 기대되지만, 준수하지 않더라도 윤리적 비난을 낳지 않기에 이는 약한 규범이다.

책임의 정도	캐롤의 모델	A 모델	B 모델	C 모델
약함(연성규범)	자선적 책임	자선적 책임	자선적 책임	경제적 책임
↑	윤리적 책임	윤리적 책임	경제적 책임	자선적 책임
↓	법적 책임	경제적 책임	윤리적 책임	윤리적 책임
강함(경성규범)	경제적 책임	법적 책임	법적 책임	법적 책임
	(서술적) 규범적 CSR 모델로는 채택 불가함.	(규범적) 경제주의적 CSR	(규범적) 최소주의적 CSR	(규범적) 최대주의적 CSR

표 13. '기업의 사회적 책임' 유형

이에 비해 표 13에서 말하는 윤리적 책임은 소극적으로 피해를 주지 않는 것을 요구하는 사회적 기대로서 강한 규범이고, 자선적 책임은 적극적으로 선행을 하도록 요구하는 사회적 기대로서 약한 규범이다. 이와 같이 윤리적 책임과 자선적 책임에 대한 개념을 다소 달리 정의하여 CSR 모델을 구상하는 이유는, 뒤에서 보듯이 이렇게 변형된 모델이야말로 오늘날 현실에서 전개되는 사회책임투자의 파악에 도움을 주기 때문이다.[26] 이렇게 변형된 정의로 각 CSR 모델의 의미를 설명해 본다.

A 모델

A 모델은 법을 준수한다는 전제하에 경제적 책임의 추구를 윤리적·자선적 책임보다 앞세우는 CSR 모델이다. 이 모델은 기업이 법을 준수하는 한 모든 형태의 수익 창출 활동을 할 수 있도록 허용한다. 이 모델에서 기업이 ESG를 고려하는 것은 경제적 동기 때문이다. 즉, A 모델에서 ESG에 대한 고려는 ESG가 갖는 재무적 리스크에 대처하거나 ESG가 제공하는 수익 창

---

26 캐롤은 윤리적 책임은 사회 구성원에 의해서 기대되거나 금지되는 행동과 관행을 포함하고, 자선적 책임은 인간이 복지와 선을 증진하는 행동이나 프로그램에 적극적으로 참여하는 것을 포함한다면서, 그 전형적 사례로 예술, 교육, 지역사회에 대한 기부 등을 제시했다.

출 기회에 착안한 것이다. 이런 식의 고려는 전통적 기업활동의 연장이라고도 볼 수 있는데, 결국 이윤 극대화라는 전통적인 기업 목적에 따르는 것이기 때문이다.

CSR의 사업적 이유(Business case)나 '공유가치 창출(creating shared value, CSV)'[27]을 말하는 것도 같은 맥락이다. 사회적 가치와 경제적 수익 활동을 양립시킨다는 주장은 큰 의미가 없다. 어떻게 말하든 여기에서 사회적 가치는 경제적 손해를 감수하면서까지 추구되어야 하는 것은 아니기 때문이다. 그런 점에서 이들은 모두 A 모델에 입각한 접근이다.

이런 입장은 ESG에 대한 고려를 경제적 고려에 종속시킨다는 점에서 경제주의적(economical)이라고 할 수 있으며, 준법의 한계 내에 있는 모든 기업활동을 허용한다는 점에서 법률주의적(legalistic)이라고 할 수 있다.

사실 이런 모델을 CSR 모델의 하나로 볼 수 있는지 의문이 제기될 수도 있다. 법이 허용하는 한 모든 것을 할 수 있고, ESG를 고려할 때도 경제적 이익에 합치하거나 양립하는 한에서만 고려하는 것이 어떤 면에서 '사회적' 책임인지 모호하기 때문이다. 이 모델하에서 기업은 실제로는 경제적 이익을 추구하면서 겉으로만 사회적 가치를 표방하는 것에 그친다고도 볼 수 있다. 일찍이 밀턴 프리드먼은 이처럼 실제로는 경제적 가치를 추구하면서 겉으로는 사회적 책임으로 포장하는 행위를 '위선적 장식(hypocritical window dressing)'[28]이라고 보았다.

그러나 A 모델을 CSR 유형에서 완전히 배제하는 것은 적절하지 않다. 실제로 CSR을 단기적인 약탈적 기업활동에 대비되는 개념으로 이해하고,

---

27 Michael E. Porter and Mark R. Kramer, "Strategy and Society: the Link Between Competitive Advantage and Corporate Social Responsibility," *Harvard Business Review*, No. 12, December 2006, p.84.

28 Milton Friedman, "The Social Responsibility of Business is to Increase its Profits," *New York Magazine*, 13 Sep 1970. 본서 2장을 참고하라.

올바른 CSR이란 장기적 이윤추구 행위라고 주장하는 사람도 있다.[29] 이들은 기업활동에서 장기적 이윤추구에는 ESG를 고려해야 하고, 이런 식의 장기적 이윤추구야말로 올바른 CSR의 전형이라고 본다. 이런 점을 고려할 때 A 모델은 유의미한 하나의 규범적 CSR 모델이 될 수 있을 것이다. 이것을 '경제주의적 CSR 모델'이라고 하자.

B 모델

B 모델은 기업이라면 법률 이외에도 반드시 준수해야 할 어떤 강한 윤리적 규범이 존재한다고 전제한다. 이 윤리적 규범은 준법 이상(beyond the law)의 규범이면서 수익과 무관하게 준수되어야 하는 규범이다. 이를 준수하지 않으면, 그 자체로 법 위반은 아니지만 사업 활동이 허용되지 않아야 한다고 본다. 여기에서 ESG를 고려한다는 것은 사회·환경적 요소가 기업의 재무적 성과에 미치는 함의가 아니라, 다른 이해관계자의 사회·환경에 미치는 영향을 고려하는 것이다. 이 모델하에서 ESG를 고려한다는 것은 어떤 사업 활동이 윤리적으로 허용되는지 검토하는 과정이 된다. 예를 들어 B 모델에서 담배산업에 뛰어들지 여부를 판단하는 기준은 그 사업의 경제성이 아니라 그 사업의 윤리적 허용성이다. 또 B 모델하에서 강제노동을 이용하여 생산된 원재료를 사용해야 할지 검토한다면, 이때에도 경제적 기준이 아니라 윤리적 기준이 판단의 기준이 된다. 이것이 A 모델과의 결정적 차이이다.

물론 반드시 준수해야 하는 윤리적 규범이 무엇인지는 논란의 여지가

---

29 예컨대, 미첼(L. Mitchell)은 장기적인 관점에서 기업의 최선의 이익을 고려하는 사람은, 완벽하지는 않더라도 대체로 CSR 목표의 많은 것을 충족한다고 주장했다. Lawrence Mitchell, "The Board as a Path toward Corporate Social Responsibility," Doreen McBarnet et al., *The New Corporate Accountability: Corporate Social Responsibility and Law*, Cambridge: Cambridge University Press, 2007, p.281.

있으므로, 이 규범을 적용하는 것이 때로는 혼란스러울 수 있다. 그럼에도 B 모델하에서 어떤 윤리적 규범은 기업이 반드시 준수하지 않으면 안 되는 것으로 간주된다. 대신 B 모델하에서 추구하는 윤리적 기준은 소극적인 것이다. 즉, B 모델은 기업이 추구해야 할 선(善)을 제시한다기보다 기업이 넘지 말아야 할 금도를 제시한다. 이 모델에서 기업은 도덕적으로 고매한 기업이 되려는 것이 아니라, 도덕적으로 비난받지 않는 기업이 되고자 한다. B 모델은 이런 식으로 기업에게 법과 마찬가지로 무조건 준수해야 할 최소한의 윤리적 규범을 부과하려는 것이며, 그런 점에서 '최소주의적 CSR 모델'이라고 할 수 있다.

C 모델

C 모델은 기업활동이 사회에 대해 적극적이고 긍정적으로 기여하는 것에 관심을 갖는다. 이 모델하에서 기업은 이윤을 추구하는 존재인 동시에 사회에 기여해야 하는 조직이다. 즉, 기업은 사회에 해악을 끼치지 말아야 하는 것은 물론, 적극적으로 사회적 선을 실천할 의무를 지닌다고 본다. 경제적 책임은 가장 낮은 우선순위를 가지며, C 모델은 경제적 책임을 희생해서라도 사회적 선(편익)을 실행해야 한다고 주장하기에 CSR 모델 중에서는 가장 높은 수준이다. 그런 의미에서 '최대주의적 CSR 모델'이라고 할 수 있다.

이상으로 몇 가지 유형의 규범적 CSR 모델을 도출해 보았다. 이제부터는 이 모델을 기관투자자의 사회책임투자에 적용해 보겠다. 기관투자자도 많은 경우 그 자체가 기업이기 때문에 CSR이 문제가 되며, 결국 사회적으로 책임 있는 투자, 즉 사회책임투자를 포함할 수밖에 없다. 이런 점에서 앞의 CSR 모델을 이용하여 사회책임투자 모델을 도출해 볼 수 있을 것이다. 이렇게 도출된 사회책임투자 유형은 다음 페이지의 표 14와 같다.

	A 모델 (경제주의적)	B 모델 (최소주의적)	C 모델 (최대주의적)
ESG를 고려하는 이유	사회·환경(ESG)이 기업의 재무적 성과에 미치는 영향(리스크와 기회)을 고려하여 투자 결정하고자 함.	다른 사람의 사회·환경(ESG)에 부정적 영향을 미치지 않도록 투자 결정하고자 함.	다른 사람의 사회·환경(ESG)에 긍정적 영향을 미치도록 투자 결정하고자 함.
주요 관심	장기적 관점에서 안정적이고 고수익인 투자 기회를 선별.	윤리적 관점에서 투자하지 말아야 할 대상을 선별. (negative screen)	윤리적 관점에서 투자해야 할 대상을 선별. (positive screen)
예시	- 환경산업의 장기적 성장 가능성을 고려하여 재활용사업에 투자함. - 족벌경영을 하는 곳은 장기적 수익률이 낮을 것이므로 투자하지 않음.	- 아동노동이 포함된 하청을 이용하는 스포츠웨어 회사에는 투자하지 않음. - 석탄발전소는 온실가스를 대량 배출하므로 투자하지 않음. - 노조를 인정하지 않는 기업에는 투자하지 않음.	- 특정 지역사회 인프라 건설은 필요하지만, 수익성이 없어서 일반 투자자가 투자를 꺼리므로, 여기에 투자함. - 도서관이 필요하므로 도서관 건립에 금전을 기부함.

표 14. 사회책임투자 유형

이 표에서 보듯이 CSR 모델을 사회책임투자에 적용하면 서로 다른 형태의 사회책임투자 모델들이 도출된다. 각각의 모델은 서로 다른 투자원칙을 제공하기 때문에 기관투자자는 어느 모델을 적용하여 투자할지 선택해야 한다. 각 모델의 의미와 모델 간의 차이를 선명히 드러내기 위해 기관투자자의 관점에서 약간의 설명을 추가하면 다음과 같다.

A 모델은 기관투자자가 법을 준수하면서 최선의 경제적 이익을 추구하는 것이다. 이 모델하에서 기관투자자는 여전히 윤리적 관점에서 투자철회를 결정할 수도 있고 사회적 기부도 할 수 있다. 하지만 이때의 투자철회나 사회적 기부는 재량적인 것으로 간주된다. 즉 그것을 하지 않더라도

비난받지 않는다. 장기투자를 사회책임투자로 이해하는 사람은 전형적으로 A 모델을 채용한 사람이다. 예를 들어 샘(SAM)은 사회책임투자란 장기적인 주주가치를 창출하는 투자라고 정의한다.[30] 우리나라에서 일찍부터 사회책임투자의 확산을 주장한 류영재도 마찬가지 입장을 표명했다. 그는 "내게 사회책임투자가 무엇이냐고 물어본다면, 나는 제일 먼저 '길게 보고 투자하는 것'이라고 답하겠다."라고 말했다.[31]

이처럼 장기투자와 사회책임투자를 동일시하는 견해가 존재한다. 여기에서 장기투자는 투자자의 입장에서 경제적 손실을 의미하는 것이 아니다. 만약 장기투자가 사회에 이익을 준다면 그것은 장기투자의 부산물이며 우연적인 것이다. 즉 투자자에게 사회적 기여는 주요한 고려 대상이 아니지만, 장기적 이윤추구의 결과로 사회가 반사적 이익을 누리는 것이다. 이런 유형의 사회책임투자는 의도치 않은 사회적 기여를 낳을 수 있으며 가장 낮은 수준의 사회책임투자라고 할 수 있다.

B 모델에서 기관투자자는 합법적이더라도 윤리적으로 허용되지 않는 행위를 하는 기업에는 투자하지 않는다는 원칙을 견지한다. B 모델하에서도 ESG를 고려한 장기적 투자를 할 수 있으며, 자선적 투자 활동도 할 수 있다. 하지만 이 경우 자선적 투자 행위는 의무적이라기보다 선택적이다. 즉, B 모델에서는 투자자가 자선 행위를 하지 않아도 윤리적 비난을 받지 않는다. 오래전, 존 웨슬리(1703~1791)가 "우리 이웃을 해치는 방법으로 돈을 버는 행위는 결코 정당화될 수 없다."[32]라고 주장한 것은 B 모델을 표현한 것이라고 할 수 있다.

C 모델은 기관투자자가 적극적으로 사회적 가치에 투자해야 한다고

---

30 류영재, 『한국형 사회책임투자』, 홍성사, 2010, 230쪽.

31 류영재, 위의 책, 129쪽.

32 러셀 스팍스, 앞의 책, 70쪽.

본다. C 모델하에서 기업은 사회적 해악을 낳는 곳에 투자하지 말아야 한다는 원칙에 만족하지 않는다. C 모델은 기관투자자에게 사회적 편익을 증가시키는 투자를 하라고 요구한다. 그것이 기관투자자의 투자수익을 훼손하더라도 말이다. 기관투자자는 C 모델을 채택하면서도 ESG를 고려하여 장기적 수익을 도모하고, 윤리적 기준에 따라 투자철회도 한다. 하지만 그에 그쳐서는 안 된다. 기관투자자가 자선적 투자 활동을 하지 않는 것은 C 모델에서는 비난의 대상이 된다. 기관투자자라면 자선적 투자 활동을 반드시 해야 한다고 주장하는 것이다. 바로 이 점이 C 모델의 고유한 특성이다. C 모델 자체는 자선적 투자처가 어디인지 특정해서 말하지 않지만, 이 모델에 입각할 경우 기관투자자는 반드시 자선적인 투자 활동을 해야 하므로, 어느 곳에 투자할지 결정하는 것이 주요한 도전거리가 된다. 결국 C 모델하에서는 사회적으로 가장 가치 있는 투자처를 찾아내는 것이 성공적인 사회책임투자 여부를 결정한다. C 모델은 세 모델 중 가장 높은 수준의 사회책임투자 모델이다.

우리나라에도 C 모델의 사회책임투자를 주장하는 사람이 없지 않다. 오건호는 국민연금의 '사회적 투자'를 주장한다.[33] 예컨대 실버타운, 서민임대주택, 지역의 문화·교육·체육 시설, 생태환경 인프라, 도시 경전철 사업 등이 필요하므로 여기에 국민연금이 투자하라고 주장한다. 이런 투자는 나쁜 수익성으로 귀결될 것이다. 이에 대해서 오건호는 올바른 사회책임투자를 위해서는 수익성 중심 사고 자체를 고쳐야 한다고 주장한다. 사회적 가치 투자를 위해서 수익성 극대화를 일정 정도 포기하라는 것이다. 이처럼 오건호가 염두에 둔 사회책임투자는 C 모델에 속한다. 이동승도 마찬가지이다. 이동승은 사회책임투자란 지역공동체나 환경과 같은 공익적

---

33 오건호, 「국민연금기금의 사회책임투자 현황과 과제」, 『한국사회복지정책학회 2012 춘계 학술대회 발표논문집』, 2012, 78쪽.

대상에 대한 투자를 포함하며, 이를 실행하려면 사회책임투자를 강행규범화하든지 시장 환경을 개선해야 한다고 주장한다.[34] '공적연금국민행동'이라는 NGO의 사무국장인 구창우도 비슷한 주장을 펼쳤다. 그는 국민연금의 수익지상주의를 '적정수익성 제고 원칙'으로 바꾸어야 한다면서 국민연금은 보육, 임대, 요양, 병원 등 공공 사회서비스 인프라에 투자할 것을 주장했다.[35] 이들은 모두 수익성을 일정 정도 포기하더라도 사회적 가치를 제고하는 곳에 투자해야 하며, 그것이 사회책임투자의 본령이라고 주장한다. 이 점에서 이들은 모두 C 모델을 채택한 논자들이다.

그렇다면 우리 사회가 추구하는, 혹은 추구할 만한 모델은 어느 것일까? 그리고 기관투자자로서 국민연금은 어떤 모델에 입각하여 투자 활동을 하는 것이 적절할까? 먼저 현재 국민연금은 어느 모델에 입각해 있는지를 가늠해 보자.

4) 국민연금의 사회책임투자 원칙

국민연금이 의미하는 사회책임투자는 앞에서 열거한 유형 중 어느 것일까?

여러 점들을 검토해 볼 때 국민연금은 A 모델의 사회책임투자를 추진하고 있는 것으로 보인다. 무엇보다 국민연금법 규정이 A 모델을 염두에 두고 있다. 국민연금법 제102조는 국민연금의 운용원칙에 대해서 밝히고 있다. 연금기금은 국민연금기금운용위원회가 의결한 방법으로 관리되는

---

34 이동승, 「기관투자자의 사회적 책임투자」, 『강원법학』 제45호, 2015. 6, 452쪽, 466쪽, 473쪽.

35 구창우, 「스튜어드십 코드 도입 이후의 국민연금의 사회책임투자에 대한 제언」, 『기업과 인권네트워크, 국민연금투자 활성화 어디로 가고 있나』, 국회 공개토론회 자료집, 2019. 5. 8, 66~67쪽.

데, 그 지도원리는 "국민연금 재정의 장기적 안정을 유지하기 위하여 그 (기금)의 수익을 최대로 증가시키실 수 있도록 하는 것(밑줄은 필자, 이하 동일함)"(동 제1호)이다. 그리고 이어 제4항은 "기금을 관리 운용하는 경우에는 장기적이고 안정적인 수익 증대를 위하여 투자 대상과 관련한 환경, 사회, 지배구조 등의 요소를 고려할 수 있다."라고 규정한다. 여기에서 보듯이 국민연금법은 재정의 장기적 안정과 수익 최대화를 지도원리로 하고 있으며, ESG를 고려하는 것도 장기적이고 안정적인 수익 증대에 맞추어져 있다. 여기에서 윤리적 고려를 위해서 수익성을 포기할 수 있다는 해석을 도출하는 것은 거의 불가능하다. 제1항의 문구와 제4항의 문구를 대비할 때, 제4항의 존재 이유는 장기적이고 안정적인 수익 증대를 위해서 단기적인 관점에서 최대의 수익을 포기해도 된다(may)는 정도의 의미를 담고 있다. 제4항의 반대 해석을 한다면, 단기적 수익 극대화를 추구할 때 ESG를 고려하는 것은 허용되지 않는다(shall not)는 의미를 담고 있다. 단기투자의 경우 ESG를 이유로 최대 수익 추구가 좌절되어서는 안 된다는 것이다. 요컨대 국민연금법에 의하면, 국민연금의 운용에서 ESG의 고려는 단기투자와는 무관한 개념이고, 장기투자에서는 안정적 수익(ESG 리스크)이나 수익 증대(ESG 기회)의 관점에서 제한적으로 ESG가 고려될 수 있다. 여기서 국민연금이 이해한 사회책임투자는 A 모델임이 드러난다.

국민연금법의 이런 입장은 국민연금의 내부 규정에서도 반복된다. 예컨대 국민연금기금운용지침 제17조는 '책임투자'라는 제목하에, "증권의 매매 및 대여의 방법으로 기금을 관리 운용하는 경우에는 장기적이고 안정적인 수익 증대를 위하여 투자 대상과 관련한 환경, 사회, 지배구조 등의 요소를 고려할 수 있다."라고 규정한다.[36] 이 지침에서도 ESG 요소를 고려하는 것은 장기적이고 안정적인 수익 증대를 위한 경우에만 정당화된다. 그리고 지침은 이런 고려를 '책임투자'라고 명명하고 있다. 여기에서 보듯이 국민연금의 기금운영지침이 의미하는 책임투자는 A 모델이다.

이 지침은 스튜어드십 코드를 준수하도록 요구하고 있는데, 여기서 말하는 스튜어드십 코드도 마찬가지로 A 모델에 입각하고 있다. 이 코드의 원칙 3은 "기관투자자는 투자 대상 회사의 중장기적인 가치를 제고하여 투자자산의 가치를 보존하고 높일 수 있도록 투자 대상 회사를 주기적으로 점검해야 한다."라고 밝힌다. 이를 위해 경영성과 및 주요 재무정책, 중장기 경영전략 등 재무적 요소와 환경, 사회, 지배구조 등 비재무적 요소를 주기적으로 검토할 것을 요구한다. 그러면서 "점검 결과 기업가치 훼손 등으로 기금 수익에 중대한 영향을 미칠 수 있다고 판단되는 경우 수탁자 책임 활동을 이행하도록 합니다."라고 밝혔다. 여기에서도 기관투자자는 장기투자의 맥락에서 ESG를 고려할 수 있도록 하고, 기관투자자가 적극적으로 피투자 회사에 개입(engagement)하는 것은 '기금 수익에 중대한 영향'을 미친 경우로 한정하고 있다.

국민연금이 유엔 사회투자원칙에 가입한 동기도 A 모델의 관점에서 설명된다. 앞에서도 보았듯이 국민연금은 "기금의 주인인 가입자와 수급자를 비롯하여 다양한 이해관계자의 공공의 이익과 사회의 지속가능성을 위한 사명을 인식하고, 장기투자와 지속적인 수익성 유지를 목표로 하는 책임투자는 연금기금의 운용 특성에 부합하는 투자기법이라고 판단하여, 2009년 유엔 사회투자원칙을 준수할 것을 서명했다."라고 했다.[37]

국민연금 홈페이지에는 책임투자의 목표가 기금의 장기적·안정적 수익률 제고라고 밝히고 있으며, 책임투자를 고려하는 자산군의 운용 현황도 밝히고 있다.[38]

---

36 국민연금, 「국민연금기금운용지침—국민연금기금 투자정책서」, 2018. 7. 30.

37 <http://csr.nps.or.kr/jsppage/contribution/investment/investment_01.jsp>

38 <http://fund.nps.or.kr/jsppage/fund/mcs/mcs_06_03.jsp>

논란의 여지 없이, 국민연금이 의미하는 사회책임투자는 A 모델의 사회책임투자인 것이다.

국민연금의 기금운영위원장이기도 한 박능후 보건복지부 장관도 이와 같은 이해를 보여 준다. 2019년 2월 1일 박 장관은 기금운영위원회를 주재하면서, "스튜어드십 코드 도입 목적은 기금의 장기 수익성과 주주가치 제고로, 이러한 목적을 달성하기 위해 적극적으로 주주 활동을 할 수 있다." 면서, 또 "명백한 위법행위로 국민 자산에 손해를 끼치는 경우에만 주주 활동을 적극적으로 할 것이다."라고 말했다.[39] 대한항공 총수 일가의 갑질이나 위법행위 자체가 문제가 아니고 그것이 유발하는 재무적 손해가 문제라고 한 것이다. 그리고 장기 수익성 이외 다른 어떤 것도 적극적 주주 활동의 근거가 되지 않는다는 것을 거듭 강조하고 있다. 여기에서도 A 모델의 사회책임투자 이해가 명백히 드러나 있다.

이처럼 어느 면에서 보더라도 국민연금이 이해한 사회책임투자는 A 모델로 보인다. 여기에서 우리는 새로운 문제를 제기할 수 있다. 과연 국민이 국민연금에 대해서 사회책임투자를 요구한 것은 장기 수익률을 높이라는 요구였던가? 다시 말해 국민은 국민연금에 대해서 안정적으로 장기적 고수익을 이루지 못한 점을 질책하고 대안으로서 사회책임투자를 요구했던 것인가? 그리고 대한항공에 대해서 의결권을 행사하라는 여론은 갑질이나 위법행위 자체에 대한 분노인가, 아니면 그로 인한 국민연금의 장기적 수익 저하에 대한 우려인가? 이에 대해서는 뒤(380쪽 이하)에서 답하기로 하고, 국민연금이 어느 모델에 입각하는 것이 적정한지에 대해 먼저 검토해 본다.

---

39 「박능후 장관 명백한 위법으로 국민연금 손해 시 주주권 적극 행사」, 『한겨레신문』, 2019. 2. 1.

4. 사회책임투자에 대한 새로운 접근

국제사회에서 올바른 사회책임투자에 대한 대안적 접근은 다소 의외의 곳에서 생겨나고 있다. 그것은 바로 유엔과 OECD를 중심으로 제시된 대안이다. 하나는 유엔을 중심으로 추진되는 '인권경영(business and human rights, BHR)' 움직임이고, 다른 하나는 OECD가 주도하는 '사회책임경영(responsible business conduct, RBC)'[40] 움직임이다.

1) 이행원칙의 '인권경영'과 기관투자자의 '사회책임투자'

2011년에 발표된 '유엔 기업과 인권 이행원칙'(이하 '이행원칙')의 정립은 국민연금을 포함한 기관투자자에게도 중대한 함의를 갖는다. 왜냐하면 기관투자자도 이행원칙이 의미하는 기업(business enterprise)에 해당하기 때문이다.[41]

국민연금을 포함한 모든 기관투자자는 이행원칙이 말하는 인권 존중 책임을 진다. 기관투자자는 인권침해를 초래하거나 그에 기여해서도 안 되지만 사업관계로 연결되어도 안 된다. 이 말의 의미는, 기관투자자는 투자사슬(investment value chain) 전체에서 인권침해와 연결되어서는 안 된다는 것이다. 나아가 기관투자자는 투자 결정을 함에 있어 인권침해와 연결될 가능성이 있는지 사전 예방적인 인권실사를 해야 한다.

이행원칙의 인권경영이 기관투자자의 사회책임투자에 대해서 갖는 함

---

40 RBC란 표현이 담긴 문서는 'OECD 다국적기업 가이드라인'이다. 이에 대한 공식 번역본에서는 RBC를 '사회책임경영'이라고 번역했다. OECD 다국적기업 가이드라인 대한민국 연락사무소 사무국, 『OECD 다국적기업 가이드라인』, 2011, 8쪽.

41 이행원칙 14 참조.

의는 무엇일까? 이행원칙은 기관투자자에게 경제적 측면만 고려하면 안되고 반드시 인권 요소를 고려하여 투자하라고 말한다. 이때 인권 요소를 고려한다는 것은 선택적인 것이 아니고 반드시 고려해야 하는 최소한의 기준(baseline)이다.

앞에서 검토한 사회책임투자 유형론에 비추어 보면, 이행원칙은 사회책임투자에 관한 B 모델을 따르고 있다. 적극적으로 인권의 보호와 충족을 도모할 의무는 부과하지 않고, 소극적인 의미에서 침해의 자제 의무만 부과하고 있으며, 이런 의무를 반드시 지켜야 하는 최소한의 의무로 제시하고 있기 때문이다. 물론 이행원칙이 보호나 충족 활동을 금지하는 것은 아니지만, 그런 활동을 반드시 준수해야 하는 강한 규범으로 보지는 않는다. 다시 말해 이행원칙은 인권 존중 책임만을 강한 규범으로 인정하고, 인권의 보호와 충족 책임은 기업 자체의 재량으로 남겨 두었다.

다만 이행원칙은 ESG의 전 범위를 담고 있지는 않으며, 여러 요소 중 '인권'에 대해서만 명시적으로 언급하고 있다. 하지만 인권의 개념은 상당히 넓어서 ESG의 상당 부분을 포괄하는 것도 사실이다. ESG에서 S는 사실상 인권이다.[42] 뿐만 아니라 환경문제(E)도 많은 경우 인권 문제로 환원할 수 있다.[43]

그리고 이행원칙은 인권경영 체제의 문제를 존중 책임에 포함되는 것으로 보기 때문에 지배구조 문제도 담고 있다. 즉, 이행원칙은 기업 내 최고의사결정기구의 역할, 인권경영 체제의 정립, 이해관계자의 참여, 보고제도(reporting) 등 건전한 지배구조에 대한 대안적 원칙을 담고 있다. 이렇

---

42 이 점을 정면으로 지적하고 입증한 것은 이행원칙을 주도한 존 러기이다. John G. Ruggie & Emily K. Middleton, *Money, Millenials and Human Rights: Sustaining 'Sustainable Investing'*, M-RCBG Faculty Working Paper Series / 2018-1.

43 예컨대, 기후변화도 인권의 문제로 접근한다. Daniel Bodansky, "Introduction: Climate Change and Human Rights: Unpacking the Issues," 38 Ga. J. Int'l & Comp. L. 511, 2010.

게 볼 때 이행원칙은 인권뿐 아니라 ESG 전반을 다루고 있다 해도 과언이
아니다.

요컨대, 이행원칙이 제시한 올바른 투자 원칙은 사회책임투자 모델 중
최소주의적 모델, 즉 B 모델에 입각하고 있다.

2) OECD 기관투자자 가이드라인

OECD가 다국적기업의 문제에 관심을 가지고 '사회책임경영'을 위해 제
정한 행동 지침이 바로 'OECD 다국적기업 가이드라인'(이하 '가이드라
인')이다. 가이드라인은 많은 부분 이행원칙과 동일한 내용을 규정하고 있
을 뿐 아니라 이행원칙의 내용과 방법을 원용하고 있다. 또한 OECD는 가
이드라인을 통해 사회책임경영을 재정의하는 데 머물지 않고 이러한 내용
을 구체화하는 일련의 지침을 지속적으로 생산했다.[44] 이런 여러 지침 중에
서 주목할 만한 것이 'OECD 기관투자자 사회책임경영 지침'[45](이하 '기관
투자자 지침')이다. 이 지침은 가이드라인을 기관투자자에 적용한 것이다.

기관투자자 지침의 목적은 기관투자자가 가이드라인의 실사 권고를
이행하도록 돕는 것이고, 이를 통해서 투자자산 구성에서 인권, 노동, 환
경, 부패 등 사회책임경영 이슈에서 부정적 영향을 예방하고 대처하도록

---

44 예컨대, OECD, *OECD Due Diligence Guidance for Responsible Supply Chains of
Minerals from Conflict-Affected and High-Risk Areas: Second Edition*, OECD Publishing,
2013; OECD-FAO, *OECD-FAO Guidance for Responsible Agricultural Supply Chains*,
2016; OECD, *OECD Due Diligence Guidance for Responsible Supply Chain in the
Garment and Footwear Sector*, 2017; OECD, *OECD Due Diligence Guidance for
Meaningful Stakeholder Engagement in the Extractive Sector*, 2017; OECD, *OECD Due
Diligence Guidance for Responsible Business Conduct*, 2018.

45 OECD, *Responsible Business Conduct for Institutional Investors Key Considerations for
Due Diligence under the OECD Guidelines for Multinational Enterprises*, 2017.

하려는 것이다.[46] 이 지침은 가이드라인과 마찬가지로 부정적 영향에 대처하기 위한 정책 수립, 실사, 구제절차로 구성되어 있다.

눈여겨보아야 할 부분은 실사(due diligence)이다. 기관투자자의 실사도 가이드라인과 마찬가지로 사회책임경영 이슈에서 실제적 혹은 잠재적인 '부정적' 영향을 식별하는 절차이다.[47]

즉 실사는 사회책임경영 이슈에서 어떤 긍정적 기여를 할 것인지가 아니라, 어떤 부정적 영향을 방지할 것인가에 관한 것이다. 지침은 이 점을 특별히 부각해서 강조한다.[48] 또 사회책임경영 이슈에서 부정적 영향을 미치지 말 것을 요구할 뿐 사회책임경영 이슈에서 적극적으로 기여하라고 요구하지 않는다. 만약에 기관투자자가 사회책임경영 이슈에서 부정적 영향을 미치거나 투자 사슬에서 이런 영향에 연결되어 있다면 가이드라인의 위반이며[49] 이에 따라 국내연락사무소(NCP)에 피소될 수 있다. 즉, 가이드라인은 이런 의무가 기관투자자에 대한 최소한의 요구라고 보며, 이 의무의 위반은 가이드라인하에서 제재의 대상이 된다.

그리고 기관투자자 지침은 사회책임경영 이슈와 ESG의 관계에 대해 서술한다. 가이드라인의 사회책임경영 이슈란 투명성, 인권, 노사관계, 환경, 반부패, 소비자 이익, 과학기술, 경쟁, 세금 등이다. 기관투자자 지침은 종종 기관투자자들이 사회책임경영이라는 용어 대신 ESG라를 용어를 쓴다는 것을 지적하고, 사회책임경영 기준이나 ESG 기준은 모두 환경, 사회, 지배구조에 관한 것이라고 한다.[50] 다시 말해 기관투자자에게 사회책임경

---

46 OECD, 위의 글, p.3.
47 OECD, 위의 글, p.8.
48 OECD, 위의 글, p.11. 그리고 별도의 설명(50면)을 통해서 이 말의 의미를 강조했다.
49 OECD 가이드라인은 2011년 개정에서 금융기관이 가이드라인의 적용 대상임을 명시했다. 본서 143쪽 참조.
50 OECD, 앞의 글(기관투자자 지침), p.11.

영 이슈란 ESG의 다른 표현일 뿐이라는 것이다.

이를 종합하면, 기관투자자 지침은 사회책임투자라는 표현을 사용하고 있지 않지만 사실상 기관투자자의 사회책임투자에 대해 규정하고 있다. 그리고 이때의 사회책임투자는 앞의 SRI 유형론에 비추어 보면, 최소주의적 모델(B 모델)이다. 왜냐하면 기관투자자에게 ESG 이슈에서 부정적 영향을 미치지 않을 것을 요구하기 때문이다.

이행원칙이나 가이드라인은 원래 기업 혹은 다국적기업의 올바른 행동규범이 무엇인지에 대한 고민에서 시작된 것이다. 이 두 국제규범은 기업이 준수해야 할 규범과 관련하여 거의 동일한 내용을 담고 있으며, 모두 기관투자자에게도 적용된다. 두 규범은 결과적으로 기관투자자가 투자결정을 할 때 어떻게 ESG를 고려해야 하는지에 대해 거의 같은 내용을 요구하는데, 이들이 권고하는 사회책임투자는 모두 최소주의적으로 이해된 사회책임투자(B 모델)이다.

만약 우리가 사회책임투자를 최소주의적으로 이해한다면 오늘날 사회책임투자(SRI), 인권경영(BHR), 사회책임경영(RBC)은 사실상 동일한 것을 향하고 있다고 할 수 있다. 그러나 처음부터 그랬던 것은 아니고, 각기 변화하면서 그렇게 된 것이다. 즉, 사회책임투자는 다양한 사회책임투자 중에서 최소주의적으로 이해한 사회책임투자이고, 인권경영은 이행원칙으로 인해서 합의에 이르게 된 인권경영이고, 사회책임경영은 2011년 가이드라인 개정을 거친 후의 사회책임경영이다. 이들 각각은 서로 다른 뿌리를 가지고 있지만 변화 발전하는 과정에서 우연인지 필연인지, 서로 수렴하여 같은 것을 주장하는 결과에 이른 것이다. 이렇게 볼 때 국민연금이 이해하는 사회책임투자 이해, 즉 법률주의적이고 경제주의적인 사회책임투자 이해(A 모델)는 국제사회의 흐름과 일치하지 않는다.

국제사회는 법률주의적이고 경제주의적인 A 모델의 사회책임투자를 지지하지 않는다.[51] 준법만으로는 부족하고, 장기투자전략만으로는 부족하다고 보는 것이다. 마찬가지로 C 모델도 지지하지 않는다. 기관투자자에게 윤리적 최소한을 넘어 사회적 편익을 증진하기 위해 투자하도록 요구하는 것은 국제 기준이 아니다. 국제 기준에서 자선적 투자는 금지되는 것은 아니지만 요구되지도 않으며 각 기업 재량의 영역에 남겨져 있다. 자선적 투자를 요구(강제)한다면 시장 질서와 충돌하는 문제를 낳을 것이고 연금사회주의로 간주될 것이다.

이렇게 볼 때 국민연금의 사회책임투자 이해와 유엔이나 OECD로 대표되는 국제사회가 추구하는 사회책임투자 이해 사이에는 상당한 괴리가 있다. 국민연금은 과연 이러한 괴리를 극복할 수 있을까? 그리고 만약 이를 극복해야 한다면 어떻게 극복할 수 있을까? 이 문제는 쉽지 않아 보일 수도 있지만, 그 계기는 이미 마련되어 있다.

5. 공공기관 인권경영, 그리고 국민연금

1) 국민연금의 인권경영과 사회책임투자

이행원칙의 정립 이후 국제사회는 어떻게 이를 이행할 것인가를 두고 다양한 시도를 하고 있다. 한국도 예외는 아니며, 그 중심에서는 국가인권위원회(이하 '인권위')가 중요한 역할을 해 왔다. 인권위는 일찍부터 이행원칙의 번역, 인권경영 가이드라인 및 체크리스트의 제작 배포, 인권경영 관련 각종 연구 조사의 지원, 인식 제고 활동 등을 수행했다. 인권위가 초안

---

51 국내에서도 경제주의적 사회책임투자는 이론적 정합성도 없고 현실성도 없다는 점에서 설득력이 떨어진다는 주장이 있다. 장우영, 「연기금 기관투자자의 사회책임투자 한계에 관한 고찰」, 『상사법연구』 제37권 제2호, 2018, 323쪽 이하.

을 잡은 '기업과 인권 국가행동계획(NAP)'은 '제3차 국가인권정책기본계획'의 독립된 장으로 편입됐다. 인권위는 한국에서 인권경영을 확산시키는 방안의 하나로 공공기관의 인권경영을 추진했으며, 이와 관련한 인식 제고 활동을 하면서 공공기관 인권경영 매뉴얼을 제작 배포했고, 각 공공기관에 이를 이용할 것을 정식으로 권고했다.

이런 흐름에 발맞추어 기획재정부는 공공기관의 인권경영 실적을 경영평가에 반영하겠다는 취지로 '경영편람'을 개정했다.[52] 윤리경영의 평가 비중을 종전의 1점에서 3점으로 대폭 상향하면서 인권경영 실적을 평가 요소에 포함시킨 것이었다. 행정안전부도 '지방 공기업에 대한 경영평가편람'에 인권경영을 평가 요소로 담았다.[53] 여기서 말하는 인권경영이란 모두 이행원칙에서 말하는 '기업과 인권(BHR)'을 의미한다. 즉 공공기관 인권경영 매뉴얼이 제시하는 인권경영은 인권정책선언, 인권영향평가, 정책의 실행, 성과 평가 및 보고, 구제절차의 제공으로 구성되어 있다. 이렇게 공공기관의 인권경영이 경영평가의 요소로 삽입되면서 인권경영은 빠른 속도로 확산되고 있다. 거의 모든 공공기관이 어떤 형태로든 인권경영을 실천한 것으로 보도되고 있으며,[54] 이는 매우 짧은 시간에 놀라운 진전을 이룬 것이라 할 수 있다.

국민연금공단도 공공기관으로서 이미 인권정책선언을 하고 인권경영 체제를 구축했다. 사실 국민연금은 인권경영 시범기관으로 선정됐을 만큼 선도적으로 인권경영을 도입했다.[55] 그러나 현장에서 어떤 인권 개선을 낳았는지는 아직 충분히 확인되지 않았다. 국민연금이 본격적으로 인권경영

---

52 기획재정부, 『2018년도 공공기관 경영평가 편람』, 2017. 12.

53 행정안전부, 지방공기업평가원, 『2020년도 지방공기업 경영평가 편람』, 2019. 5.

54 우리나라 전체 공공기관과 지방공사 공단이 인권경영을 수용하였다. 「첫발 내디딘 국내 인권경영 시스템… 법무부·인권위, 실행계획 세운다」, 『한국경제』, 2019. 3. 25.

55 국가인권위원회, 『공공기관 인권경영 매뉴얼』, 2018, 61쪽 이하.

에 나서게 된다면 이 부분은 점점 명확해지겠지만, 향후 드러날 (혹은 드러나기를 기대하는) 국민연금의 인권경영은 어떤 모습일지 상상해 보자.

국민연금에게 인권경영이란 투자 활동을 통해 타인의 인권에 부정적 영향을 미치지 않는 것을 포함한다. 조직 내에서 인권침해가 발생하지 않도록 유의해야 하는 것은 물론, 인권경영과 관련해서 본다면 인권침해 기업에 투자하지 않는 것도 인권경영의 중요한 실천 항목이 된다. 앞서 보았듯이, 환경이나 지배구조 이슈도 상당 정도 인권경영하에서 처리된다. 국민연금은 이런 인권 존중 책임을 실행하기 위해 투자금이 인권침해와 연결되지 않도록 사전 예방적인 인권영향평가를 하고, 피투자 기업에서의 부정적 인권영향을 감지한다면 여러 방식으로 개입(engagement) 활동을 해야 한다. 여기에는 피투자 기업과의 소통을 통한 인권침해의 방지·완화 활동이 포함되며 최종적으로는 투자철회가 이루어질 수도 있다. 이런 노력에도 불구하고 인권에 부정적 영향을 미칠 수 있기 때문에 국민연금은 사후적인 고충처리장치를 제공해야 한다. 이런 내용의 인권경영은 일상적으로 이루어지며, 그 성과는 적어도 매년 보고서로 작성, 공개된다. 이 보고서는 인권경영에 대한 평가 자료로 이용된다.

이 모든 활동은 인권경영이라는 이름으로 이루어지지만, 국민연금의 주요 사업이라는 맥락에서 보면 사실상 사회책임투자 행위이기도 하다. 여기서 사회책임투자는 국제사회가 지지하는 최소주의적 사회책임투자(B모델)이다. 이처럼 인권경영은 그 자체만으로 현재 국민연금이 추구하는 사회책임투자보다 더 높은 수준의 사회책임투자를 요구한다.

현재의 상황을 이렇게 이해한다면 국민연금의 사회책임투자는 기금운용 부서의 사회책임투자(경제주의적 사회책임투자)와 인권경영위원회의 사회책임투자(최소주의적 사회책임투자)로 이원화되는 결과가 된다. 하지만 이러한 이원화가 반드시 잘못된 것이라 할 수는 없으며, 오히려 바람직하다고 볼 수 있다. 서로 다른 사회책임투자를 위해서는 서로 다른 원칙과 서로 다른 전문성이 요구되므로 서로 다른 기구가 담당하는 것이 오히려 자연스럽다. 스튜어드십 펀드매니저인 리처드 싱글턴은 다음과 같이 말했다. "자문위원회의 윤리적 관점과 기업을 오로지 재무적 관점에서만 고찰하는 시각에 대한 분리가 매우 중요하게 보였다."[56]

사회책임투자의 모범 사례로 자주 인용되는 노르웨이 연기금도 이와 같은 구조를 가지고 있다. 노르웨이 연기금의 운용기관인 노르웨이 국립은행(NBIM)은 윤리이사회(Council of Ethics)의 권고를 받은 후에 포트폴리오에서 어떤 기업을 배제하기로 결정할 수 있다. 즉 기금운용기관과 별도로 조직된 윤리이사회에서 윤리적 검토를 하는 것이다. 게다가 노르웨이 국립은행은 이행원칙에 따른 투자 방침을 채택하고 있다고 밝혔다.[57] 노르웨이 국립은행에게 이행원칙은 사회책임투자의 규범적 근거가 되는 것이다.

이처럼 투자 부서와 윤리적 스크린을 하는 부서는 분리될 수 있는데, 연금기금의 운용 부서(연금기금운용위원회)와 인권경영 부서(인권경영위원회)가 각기 독립적으로 판단하면서 서로 협력하는 것은 사회책임투자의 바람직한 모습일 것이다. 투자 부서와 인권경영 부서의 역할은 선명히 구분되고, 이런 기능적·조직적 분리를 전제로 양 부서 사이에 정보 교환과 협력이 일어난다. 즉 투자 부서는 이윤 극대화를 도모하고 인권경영 부서는 투자가 비윤리적 투자가 되지 않도록 스크린을 하게 된다.

지금 국민연금에게 필요한 것은 인권경영이 곧 사회책임투자임을 인식하고 인정하는 것이다. 그리고 이러한 인식 변화를 통해 국민연금은 경제주의적 사회책임투자를 극복하고 국제 기준에 부합하는 사회책임투자를 실천해야 한다. 사회책임투자의 원칙이 올바로 정립될 때 국민연금 기

---

56   러셀 스파크스, 『사회책임투자, 세계적 혁명』, 홍성사, 2007, 125쪽.

57   <https://www.nbim.no/en/responsibility/risk-management/human-rights/>

금에 대한 정치적 개입의 근거가 제거되고 기금 운용의 독립성과 자율성을 확보하게 될 것이다.

2) 국민연금의 대한항공 의결권 행사에 대한 비평

사회책임투자에 대한 이와 같은 원칙적이고 규범적인 이해를 기초로 국민연금의 대한항공 의결권 행사에 대해서 비평해 보자.

2019년 국민연금의 의결권 행사를 촉발한 계기는 대한항공 총수와 그 일가의 갑질과 위법행위였다. 그런 점에서 이는 ESG를 고려한 개입 행위이자 사회책임투자의 실천이라고 할 수 있다. 그렇다면 국민연금의 이런 행위는 정당화될 수 있을까? 지금까지 논의된 원칙에 비추어 비평해 보면 다음과 같다.

첫째, 장기적 수익 극대화를 위해서 의결권을 행사했다고 정당화하는 경우이다. 앞서 국민연금이 ESG를 고려하는 것은 경제주의적 사회책임투자 이해(A 모델)라고 이야기했다. 박능후 보건복지부 장관(기금운용위원장)도 오직 경제적인 이유에서 의결권을 행사했다고 밝혔다. 그러나 이런 식의 합리화는 쉽게 납득하기 어렵다. 조양호 전 회장이 대한항공의 장기적 주주가치를 잠식할지는 객관적으로 확인되지 않은 것이기 때문이다. 오히려 조양호 전 회장 체제하에서 대한항공은 미국의 항공 월간지 『에어 트랜스포트 월드(ATW)』선정 '올해 세계 최고 실적 항공사'로 선발된 바 있다.[58]

조양호 체제에서 갑질과 불법이 있었지만 (사실은 재판 중이었다) 적어도 경제적 수익에 관한 한 비판받을 근거는 없었다. 조양호의 후임이 확정

---

58 「대한항공, '세계 항공사 리포트' 2018 최고 실적 항공사 선정」, 『중앙일보』, 2019. 8. 8.

되지 않았을뿐더러, 새로 등장하는 후임이 그보다 더 나은 수익을 낳을 것이라는 것도 장담할 수 없다. 대한항공에서의 의결권 행사 결정 절차에 참여한 최준선은 이 결정이 적어도 주주가치행사, 투자수익률 향상을 제대로 고려하지 않은 것이라고 비판했다.[59] 총수의 퇴진에 의결권을 행사한 것은 적어도 경제적 관점에서 정당화될 수 없다는 것이다.

둘째로, 대한항공에 대한 의결권은 윤리적 결정이라고 정당화해 볼 수 있다. 국민연금은 갑질과 불법을 감행하는 경영자를 윤리적 차원에서 수용할 수 없었다는 것이다. 이 의결권 행사는, 높은 경영성과를 낸다고 하더라도 그런 식으로 사업 활동을 하는 것을 방치하지 않겠다는 국민연금의 의지의 표현이라고 볼 수 있다. 이러한 것은 B 모델에 입각한 개입 활동이다. 물론 국민연금이 윤리적 이유로 의결권을 행사했다고 자인하지는 않았지만, 적어도 윤리적 이유로 ESG를 고려하는 개입은 그 자체로 부당하다고 할 수는 없다.

다만 이번 건처럼 최고경영자를 배제하는 것이 적절한 개입(engagement) 활동이었는지는 의문이다. OECD 기관투자자 지침은 사회책임경영 영향평가 결과 부정적 영향이 식별되면 부정적 영향을 완화하기 위해 기업과 대화하라고 권고한다. 여기에는 우편, 이메일, 전화 등으로 피투자 기업과 접촉하는 것, 사회책임경영 문제에 대한 의견을 표명하기 위해 현장 담당자, 고위급 경영자, 또는 이사와 대면하여 만나는 것, 사회책임경영 문제에 대한 의견을 표명하기 위해 연례 주주총회에 참석하여 발언하는 것, 사회책임경영 문제에 대한 의견을 표명하기 위해 의결권을 행사하는 것, 사회책임경영 문제에 영향력을 행사하기 위해 다른 투자자들과 협력하는 것, 사회책임경영 문제에 관해 규제자나 정책 입안자와 교류하는 것, 식

---

59 최준선, 「국민연금 대한항공 의결권 행사, 다수 주주 의사 저버린 것」, 『뉴데일리 경제』, 2019. 4. 4.

별된 지역에서 부정적 영향을 방지하고 완화하려는 지역별, 주제별 활동 (initiatives)에 참여하는 것 등이 포함된다. 이러한 노력이 효과를 발휘하지 못하면 순차적으로 투자를 감소시키고, 잠정적으로 투자철회하고, 그래도 해결되지 않으면 최종적으로 투자를 철회하고, 경우에 따라서는 투자전략을 재설계한다.[60] 말하자면 부정적 영향이 발견되면 최대한 대화로 해결하고, 그래도 해결되지 않는 경우 투자감소와 투자철회를 하고 궁극적으로 투자배제 대상에 포함시키라는 것이다.

의결권의 행사는 대화의 도구일 뿐이다. 기관투자자가 취할 수 있는 마지막 카드는 투자철회와 투자배제이다. 어떤 국제 기준(적어도 OECD 기관투자자 지침)도 경영자를 축출하는 의결권 행사를 권고하지는 않는다. B 모델의 사회책임투자는 경영에 간섭하거나 경영자의 교체를 상상하지 않는다. 그것은 그저 비윤리적 투자로부터 이득을 얻지 않겠다는 소극적인 투자원칙인 것이다. 조양호 회장을 축출한 것은 B 모델의 사회책임투자로는 정당화되기 힘들다.

자선적 관점에서 의결권 행사를 정당화하는 경우를 생각해 보자. 대한항공에서의 의결권 행사가 경제적 손익과 무관하게 사회적 선(善)을 증진하기 위한 자선적인 경우였다고 볼 수 있을까? 어려울 것이다. 왜냐하면 이번 의결권 행사는 소극적으로 악행에 대응한 것이었지, 적극적으로 선을 추구한 행위로 볼 수는 없기 때문이다. 결국 이번 의결권 행사는 C 모델의 사회책임투자로도 정당화되지 않는다.

마지막으로 굳이 정당화하자면, 해당 의결권 행사는 정치적 결정이라고 할 수 있다. 대한항공의 사업적 성공과 무관하게 총수 일가의 갑질과 불법에 대해 국민적 공분이 하늘을 찔렀고, 이런 부정적 여론을 배경으로 국민연금이 정치적 결정을 했다고 보는 것이다. 그것은 경제적 합리성(A 모

---

60   OECD, 앞의 글(기관투자자 지침), pp.32-33.

델)과도 무관하고, 사회책임투자에 대한 글로벌 표준(B 모델)에도 맞지 않으며, 사회적 편익을 증가시키는 것(C 모델)도 아니지만, 국민적 여론을 빌미로 대한항공의 총수를 정치적 관점에서 처벌한 것이다. 이는 사회책임투자와는 무관하지만, 공적 가치를 대표하는 공공기관으로서 국민연금이 공적 가치를 위해 의결권을 행사했다고 할 수 있다. 이렇게 볼 때, 국민연금의 대한항공 의결권 행사의 본질은 사회책임투자가 아니고, 대한항공의 경영에 대한 정치적 개입이라고 보는 것이 가장 설득력 있다. 물론 정치는 경제를 지배할 수 있고 또 그래야 된다고 할 수 있지만, 정치에 의한 경제의 지배는 매우 위험할 수 있다. 시장경제를 믿는다면 정치에 의한 경제의 개입은 최소화하는 것이 옳다. 정치에 의한 경제의 지배는 시장경제의 활력을 잠식할 수 있기 때문이다. 경제에 대한 정치 우위의 극단은 사회주의이다. 이번 의결권 행사에서 연금사회주의의 냄새가 나는 것은, 경제적이거나 윤리적인 동기가 아니라, 정치적 동기가 배후에 있기 때문일 것이다.

이 장이 국민연금의 의결권 행사를 본질적으로 잘못이라고 단정하는 것은 아니다. 다만, 이런 식의 정치적 개입을 사회책임투자라고 포장하는 것은 잘못이다. 그것은 위선적이며, 국민연금의 장기적·안정적 운용을 망치고, 또한 사회책임투자의 올바른 실천을 망치는 길이다.

요컨대, 국민연금의 사회책임투자는 A 모델에 입각하고 있다. 그것은 너무나 초보적인 SRI이어서 유엔과 OECD가 제시하는 국제 기준에 미치지 못하는 것이다. 국제 기준은 A 모델이 충분하지 않다고 보면서도, 적극적으로 자선적 투자를 요구하는 C 모델도 지지하지 않는다. 국제 기준은 그 중간인 B 모델로서 최소주의적 접근을 취하고 있다. 국민연금은 마땅히 B 모델을 취함으로써 A 모델의 협소함을 극복하고 동시에 연금사회주의라는 낙인에서도 벗어나야 한다. 또 국민연금이 B 모델을 올바른 사회책임투자 원칙으로 수용함으로써, 대한항공의 의결권 행사에서 보이는 정치적 개입이나 무원칙한 사회책임투자도 지양해야 한다.

13장

'삼성 백혈병 사건'을 재론하다

국제인권규범에 따른 비평과 후속 과제의 제안

1. 사건의 개요

2007년, 삼성전자에서 일하던 중 백혈병을 얻은 황유미 씨가 사망했다.[1] 이 죽음을 계기로 삼성전자와 관련한 직업병 문제를 본격적으로 다루는 단체인 반올림이 결성됐다.[2] 반올림은 삼성전자에서 발생한 직업병 문제를 해결하기 위해 산업재해(이하 '산재') 신청, 법률 소송, 노숙 투쟁, 조정 및 중재절차 참여 등을 포함하는 치열한 투쟁을 10년 이상 이끌어 왔다. 이

---

1 황유미 씨의 죽음이 사회에 알려지기 시작한 것은 『말』지를 통해서였다(「세계 일류 삼성반도체, 산업재해 은폐하려 했나?」, 『말』, 2007. 4. 1). 이후 책이나 영화로도 알려졌다(김수박, 『삼성에 없는 단 한 가지—사람냄새』, 보리, 2012). 영화로는 〈또 하나의 약속〉(김태윤 감독, 2014. 2)과 〈탐욕의 제국〉(홍리경 감독, 2014. 3)이 있다.

2 2007년 11월 발족한 '삼성반도체 백혈병 대책위원회'는 2008년 2월 '반올림'으로 명칭을 변경했다. 반올림은 연대조직으로서 활동 목표는 전자산업 직업병 문제의 해결을 도모하는 것이다. <http://cafe354.daum.net/_c21_/home?grpid=1C6KM>

글에서는 황유미 씨의 사망 이후 전개된 이러한 일련의 과정을 '삼성 백혈병 사건'이라고 부른다.[3]

반올림의 치열한 노력 끝에 현재 삼성 백혈병 사건은 일단락된 것으로 보인다. 분쟁의 주요 당사자가 중재를 통해서 문제를 해결하기로 합의했고, 그에 따른 중재판정이 2018년에 내려졌기 때문이다. 이로써 중재판정을 실행하는 것만이 과제로 남았다. 이에 대해 언론도 지난 11년 동안 삼성전자, 시민사회, 정치권 등이 얽히고설킨 삼성전자 반도체 백혈병 문제가 드디어 공식적으로 종지부를 찍었다고 평가했다.[4] '민주사회를 위한 변호사 모임'은 삼성전자 직업병에 관한 최종 중재판정을 환영하며 삼성전자가 판정대로 이행하는지 예의 주시하겠다고 했다.[5]

물론 삼성 백혈병 사건이 이런 식으로 마무리됐다고 해서 삼성전자(이하 '삼성'[6])를 포함한 전자산업계의 산재 문제가 해결된 것도 아니고 반올림의 임무가 끝난 것도 아니다. 중재판정이 내려지기 직전인 2017년, 반올림은 자신들의 활동 10년을 평가하는 토론회를 가지고 그간의 활동 성과와 향후 과제에 대해 토론했다. 반올림 활동의 핵심에 있었던 두 사람이 이날 발표를 맡았다. 먼저 발표한 공유정옥은 "10년 전 한국 사회는 반도체산업의 작업 환경과 노동자 건강 실태에 대해 아무런 정보도 가지고 있지 않았지만, 금이 가기 시작했고 비밀에 싸여 있던 작업 환경의 유해성과 위험 정보들이 조금씩 드러나기 시작했다."고 평가했다.[7] 그리고 향후 과

---

3 실제 삼성전자와 관련되어 제기된 직업병은 백혈병에 한정되지 않고 비호지킨림프종, 유방암 등 30여 종에 이른다. 「반올림 산재 신청 현황(2007. 6. 1.~2020. 10. 7.)」.<https://m.cafe.daum.net/samsunglabor/MHzN/457>

4 「11년간 삼성 괴롭힌 반도체 백혈병 분쟁 종지부…전원 보상 결정」, 『조선일보』, 2018. 11. 1; 「11년 걸린 삼성의 '백혈병' 사과, 다시는 재발되지 않도록」, 『경향신문』, 2018. 11. 23; 「삼성 백혈병 합의, 기업의 사회적 책임 각성 계기로」, 『국민일보』, 2018. 7. 23.

5 「[민변논평] 삼성전자 중재판정 환영」, 민주사회를 위한 변호사 모임, 2018. 11. 2.

6 이를 삼성이라고 표현하는 것은 다분히 의도적이다. 삼성 백혈병 문제는 삼성그룹 전체의 문제이기 때문이다.

제로 투명성 제고, 문제의 진정한 해결, 현장 노동자의 참여와 실질적인 작업 환경의 개선, 책임 있는 사회적 소통을 들었다.[8] 이어 임자운은 지난 10년간 반올림 활동의 중심에는 산재인정투쟁이 있었다고 운동의 성격을 규정하고[9] 그런 관점에서의 성과를 정리한 후, 전자산업의 위험성 규명 및 직업병 예방 사업, 산재인정투쟁의 난관 극복, 노동자의 알권리 투쟁을 향후 과제로 제시했다.[10] 이처럼 이들은 모두 지난 10년간 삼성 백혈병 투쟁이 이룬 상당한 성과를 인정하고 그 위에서 법제도 개혁을 포함하는 후속 사업을 제안했다.[11] 하지만 구체적 사건으로서의 삼성 백혈병 사건은 종결된 (될) 것임을 강하게 암시했다.

이 장에서는 일견 종결된 듯이 보이는 이 사건을 다시 한번 살펴보려 한다. 이를 통해서 삼성 백혈병 사건의 쟁점과 해결책에 관한 기록을 정리하고, 아울러 이런 식의 해결에 대한 비평과 보완책을 추가하고자 한다. 이 사건을 바라보는 나의 관점은 '인권경영'의 관점이라고 할 만한 것이다. 이런 관점은 삼성 백혈병 사건을 비평하는 유일한 관점이라고 할 수는 없지만, 적어도 보다 국제적이고 보편적인 관점에서 삼성 백혈병 사건을 조망하게 함으로써 삼성 백혈병 사건의 전개 과정에서 미처 착안하지 못했던 지점을 드러낸다.

우선 삼성 백혈병 사건의 논란 지점, 분쟁의 전개 과정과 종전 해법의 한계를 살펴본 후, 국제규범에 근거하여 대안적 해법을 제시하고자 한다.

---

7 공유정옥, 「반올림 10년 변한 것과 남은 과제」, 『반올림 10주년 토론회 자료집』, 2017, 26쪽.

8 위의 글, 26~27쪽.

9 임자운, 「반올림 10년, 정부 법제도의 변화와 남겨진 과제」, 『반올림 10주년 토론회 자료집』, 2017, 29쪽.

10 위의 글, 60~64쪽.

11 반올림 운동을 깊이 분석한 김종영은 이미 2015년에 반올림 운동은 결국 법제도 개혁으로 가게 된다고 기술했다. 김종영·김희윤, 「반올림 운동과 노동자 건강의 정치경제학」, 『경제와 사회』 제109호, 2016. 3, 148쪽.

대안적 해법을 앞질러 말하자면, 삼성이 변화해야 한다는 것, 혹은 삼성을 변화시켜야 한다는 것이다.

2. 삼성 백혈병 사건의 논란 지점

삼성 백혈병 사건은 삼성전자에서 일하다가 백혈병 등 산재를 당했다고 주장하는 피해자 측과 이를 논박하는 삼성전자 측의 충돌 과정이다. 두 분쟁 당사자 중 어느 쪽이 진실을 말하고 있는지 확정적으로 말하는 것은 매우 어렵다. 하지만 적어도 논란 지점이 무엇인지는 말할 수 있다. 피해자측의 주장 내지 불만은 어느 정도 확실히 알 수 있기 때문이다. 아래는 피해자 측의 주장을 중심으로 논란 지점을 정리해 본 것이다.

1) 삼성전자 반도체 공장에서 수많은 백혈병 및 기타 질병이 발생했다

삼성 백혈병 사건에서 피해자들의 가장 큰 불만은 삼성전자 반도체 공장에서 다수의 산재가 발생했음이 명백함에도 삼성이 이를 산재로 인정하지 않는다는 것이다. 임자운은 삼성 백혈병 사건의 전체 과정은 한마디로 산재인정투쟁이었다고 회고했다.[12]

사실 반도체산업에서 질병과 작업장 환경 사이의 인과관계를 입증하는 것은 쉽지 않다.[13] 게다가 특정 노동자가 가진 질병이 삼성에서 근무했다

---

12 앞의 각주 9 참조.

13 입증이 어려운 것은 통상적인 역학조사가 됐든 사례-통제 코호트 연구(case-control cohort studies)가 됐든 무엇보다 통계적 유의미성을 확보하기 어렵기 때문이다. Mira Lee & Howard Waitzkin, "A heroic struggle to understand the risk of cancers among workers in the electronics industry: the case of Samsung," *International Journal of Occupational and Environmental Health*, 18:2, 2012, p.90.

는 사실로 인해 발병했다는 것을 입증하기는 더욱 어렵다. 그럼에도 2020년까지 반올림이 다룬 사건 중에서 120건에 대해 산재를 신청했으며, 그중 56건이 산재로 인정받았다.[14] 이 중 근로복지공단에서 산재로 인정된 것이 37건이고, 법원에서의 소송을 통해서 인정된 것이 19건이다. 이는 결코 적지 않은 수이다. 게다가 피해자들은 산재로 인정받지 못한 64건도 산재라고 믿고 있으며, 그 외 산재 신청을 하지 않은 산재도 적지 않다고 주장한다.

하지만 삼성은 백혈병 발병에 대한 자신의 책임을 공식적으로 인정한 적이 없다. 법원이 산재를 인정하는 판결을 내려도 삼성은 수긍하지 않았다. 사실 법원의 판결도 절대적인 것이 아니며, 더구나 객관적 과학을 대체하는 것도 아니다.

2) 삼성은 독성물질에 대한 관리가 부실했다

피해자들은 여러 연구보고서와 자신의 실제 경험에 기초하여 삼성의 독성물질 관리가 부실했다고 주장했다. 서울대 산학협력단이 2009년에 삼성 반도체 기흥 사업장에 대하여 조사한 내용에 따르면, 취급 물질의 성분에 대하여 삼성전자 측이 자체적으로 조사·분석한 건은 단 한 차례도 없었고, 사업장에 노출 가능한 화학물질의 28.9퍼센트에 대하여만 작업환경측정을 실시했다.[15] 이와 동일한 결과가 2011년 1월 환경부·고용노동부 등 관계 부처가 합동으로 발표한 자료에서도 나타났다. 이에 의하면, 삼성전자는 "취급 물질의 성분조사를 자체적으로 한 적 없음", "취급 물질의 71퍼센

---

14 「반올림 산재 신청 현황(2007. 6. 1.~2020. 10. 7.)」<https://m.cafe.daum.net/samsunglabor/MHzN/457>

15 임자운, 앞의 글, 133쪽 참조.

트에 대해서는 노출평가를 한 적 없음"이라고 했다.[16]

2013년에는 산업안전보건연구원 등이 삼성전자 기흥, 온양, 탕정 사업
장에 대한 안전보건진단을 실시했는데, 그 결과 "(화학물질관리 부문에서)
상당한 문제점이 전반적으로 관찰", "안전보건상의 조치가 형식적으로 이
루어짐", "가스검지기 위치가 잘못되어 가스가 누출되어도 감지 불가능" 등
의 판정을 받았다. 독성물질에 관한 정보와 이력을 전산으로 관리한 것도
최근에 이르러서였다.[17] 피해자들은 이런 자료들이 독성물질의 부실한 관
리의 증거라고 주장한다.

피해자들은 언론사를 통해서도 자신의 불만을 제기했다. 언론 보도에
의하면 삼성은 안전장치를 수시로 해제하고 작업하도록 했으며, 누출사고
가 수시로 일어나 많을 때는 한 달에 두세 차례 사고가 났다고 한다.[18] 그리
고 작업장에는 황산 냄새, 지린 암모니아·아세톤 냄새가 뒤섞여 역겨운 냄
새가 났고 구역질이 날 정도였다고 했다. 당시 현장에서 노동자들은 방진
복과 마스크를 사용했지만, 이는 반도체 제품을 보호하는 것이었을 뿐 노
동자 보호에는 도움이 되지 않는 것이었다.[19] 연구자인 김인하 등은 이와
같은 부실한 관리가 삼성의 책임을 추론케 한다고 주장했다.[20]

16 임자운, 앞의 글, 132쪽.

17 공유정옥, 앞의 글, 8쪽.

18 「삼성반도체 '발암성 물질' 6종 사용 확인」, 『한겨레21』, 2010. 5. 17.

19 박일환/반올림, 『삼성이 버린 또 하나의 가족: 삼성반도체와 백혈병』, 삶이보이는창, 2010,
    33쪽.

20 Inah Kim, Hyun J. Kim, Sin Y. Lim & Jungok Kongyoo, "Leukemia and non-Hodgkin
    lymphoma in semiconductor industry workers in Korea," *International Journal of
    Occupational and Environmental Health*, 18:2, 2012, pp.147-153.

3) 삼성은 작업장의 독성물질에 대한 정보를 공개하지 않았다

피해자들은 삼성이 독성물질에 관한 정보를 은폐했다고 주장했다. 이들은 삼성이 주장한 영업비밀이란 핑계에 불과하다고 보았다. 임자운은 삼성이 '영업비밀'을 이유로 끝내 공개를 거부했던 자료로서 ① 산업안전보건공단이 작성한 '종합진단보고서' 전체, ② 회사가 엔지니어들에게 배포한 '환경수첩', ③ 서울대 산학협력단이 작성한 '유해성 평가 자문 의견서', ④ 사업장에 설치된 가스 및 유기화합물 감지 시스템의 작동 내역, ⑤ 재해 노동자 취급 물질의 구성 성분 등을 열거하고, 사실상 안전관리 실태를 알 수 있는 정보 모두가 공개되지 않았다고 비판했다.[21]

실제로 삼성이 사용한 독성물질에 관한 정보 중 많은 것이 삼성 이외의 사람에 의해 공개됐다. 삼성이 사용했던 환경수첩의 내용은 언론을 통해서,[22] 서울대 산학협력단이 작성한 자문 의견서는 익명의 제보자 및 법원의 판결을 통해서 외부에 알려졌다.[23] 반도체 산업에서 독성물질의 목록을 제기한 것 중에는 석사논문도 있었다.[24] 그리고 삼성은 2010년 민간 컨설팅 회사인 인바이론(Environ)을 통해 산재 인과관계에 관한 조사를 실시했는

---

21 임자운, 앞의 글, 128쪽.

22 삼성 반도체에서 어떤 화학물질이 사용되는지가 처음 외부로 드러난 것은 2010년 환경수첩을 통해서였다. 환경수첩에는 반도체 공정에 사용되는 화학물질의 목록이 적혀 있었는데, 이것이 언론사로 유출됐다. 이의 분석 결과 삼성전자 반도체 공장에서 트리클로로에틸렌(TCE) 등 발암성 물질 6종과 자극성 위험물질 40여 종이 사용되는 것으로 확인됐다. 후에 삼성은 환경수첩이 자신들이 제작한 것임을 인정했다. 「삼성반도체 '발암성 물질' 6종 사용 확인」, 『한겨레21』, 2010. 5. 17.

23 2009년에 삼성은 노동부의 권고에 따라, 서울대 산학협력단으로 하여금 반도체 사업장의 위험성을 평가하도록 했으나 이 자문 의견서를 공개하지 않았다. 의견서의 내용이 일부라도 알려진 것은 2010년 9월 익명의 제보자가 삼성 반도체 기흥공장에 대한 '노출평가 부문'의 보고서 일부를 참여연대에 전달하면서였다. 2011년에는 이 연구의 책임자였던 서울대 백도명 교수가 산재 소송을 맡은 법원의 요구에 따라 이 의견서를 제출하고, 법원이 판결문에서 인용한 내용을 통하여 벤젠이 검출된 사실이 알려졌다. 공유정옥, 앞의 글, 2쪽.

데, 이 자료는 끝내 공개하지 않았다. 산업안전보건법은 각 공장에서 사용되는 화학물질을 '물질안전보건자료'에 기록해 노동자들에게 공개하도록 하고 있으나, 삼성은 이를 제대로 이행하지 않아 2008년 노동부의 시정명령을 받았다.[25] 피해자들은 이런 점들을 거론하면서 삼성이 독성물질에 관한 정보를 의도적으로 은폐했다고 주장했다.

4) 삼성은 피해자의 산재 신청을 적극적으로 막았다

피해자들은 삼성이 피해자나 유가족의 산재 신청을 적극적으로 말리고 방해했다고 주장했다. 어떤 피해자에게는 희망퇴직을 권한 뒤 "위로금을 받는 조건으로 민형사·행정 소송을 하지 말라."고 말했다.[26] 2007년 백혈병으로 사망한 박지연 씨의 어머니는 "삼성전자가 4억여 원의 돈을 줘 산재 소송을 취하했다."고 하고, 이는 "삼성이 지연이의 죽음을 묻어 버리려고 우리 가족을 매수"한 것이라고 주장했다.[27] 그 외에도 삼성이 투병 중인 노동자와 유가족을 대상으로 산재 신청을 포기하라고 설득했다는 증언도 있었다.[28] 또 삼성은 산재를 인정받으려는 소송에 보조참가자로서 참가하여 산재를 부인했다.[29]

24 위에서 공개된 자료 외에, 한국 반도체 제조업체 11개 사업장에서 사용하는 545종의 화학물질 성분을 분석한 결과 141종(25.9퍼센트)이 소위 CMR물질(발암성 53종, 생식독성 29종, 생식세포 변이원성 59종)의 고위험 물질에 해당했다. 최연순, 「반도체 사업장의 화학물질 보유실태와 포토공정 물질안전보건자료의 영업비밀 구성성분 확인 및 정확성 평가」, 서울대학교 보건대학원 석사학위 논문, 2016.

25 「삼성반도체 '발암성 물질' 6종 사용 확인」, 『한겨레21』, 2010. 5. 17.

26 「돈으로 죽음을 덮으려는 삼성」, 『한겨레21』, 2010. 7. 12.

27 「유골 뿌리기 직전 돈이 입금됐다」, 『한겨레21』, 2010. 7. 12.

28 「돈으로 죽음을 덮으려는 삼성」, 『한겨레21』, 2010. 7. 12.

5) 삼성은 피해자가 노동조합과 반올림의 도움을 받지 못하도록 방해했다

보통 노동자들이 산재 문제를 해결하는 데에는 제3자의 도움이 절실하게 필요하다. 그럼에도 이 사건 피해자들은 외부의 도움을 받지 못했으며, 특히 삼성은 오랫동안 무노조 정책을 관철해 왔기 때문에 노동조합의 도움도 받을 수 없었다고 주장했다.

피해자들이 누군가의 관심을 끌기 시작한 것은 2007년『말』지에 보도되면서였고,[30] 이어서 반올림과의 만남이 이루어졌다. 피해자들은 삼성이 개별적으로 접촉하여 화해를 시도하면서 민주노총이나 반올림과의 단절을 전제조건으로 요구했다고 주장했다.[31]

실제로 삼성 미래전략실 '백혈병 대책 회의' 문건에도 이를 뒷받침하는 자료가 다수 나왔다.[32] 이에 의하면, "유족이 합의 요청할 경우 대책위 연계 정도 등을 고려, 협상에 임할 방침"(2011. 6. 16.), "이종란[33] 주도로는 소득 없이 명분 싸움만 한다는 점을 유족들에게 강조하여 결별 유도"(2013. 9. 12.), "유족에게 이종란에 대한 불신을 심어 이격되도록 유도"(2013. 9. 16.), "(백혈병 유엔 진정 관련) 이런 행동은 이종란의 계획이라고 유족 측에 알려서 간극을 벌이도록 할 것" 등의 내용이 있었다. 피해자들은 이것이 자신들과 반올림을 분리하려는 불온한 시도라고 주장했다.

---

29 예컨대, 황유미 관련 소송에서 보조참가인으로 참여하여 산재를 부인했다. 서울행정법원 제14부 판결, 2010구합1149.

30 각주 1 참조.

31 삼성은 합의금을 지급하는 대신 소송을 취하할 것을 요구하고, 아울러 민주노총과 언론 등과 접촉하지 말라고 했다(「유골 뿌리기 직전 돈이 입금됐다」, 『한겨레21』, 2010. 7. 12). 또 "반올림과 함께하면 돈을 줄 수 없다."고 말했다(「돈으로 죽음을 덮으려는 삼성」, 『한겨레21』, 2010. 7. 12).

32 임자운, 「삼성의 반인권적 행위들」, 법무부/국가인권위원회/휴먼아시아, 『기업과 인권 포럼 자료집: 인권경영의 국제적 동향과 기업의 실천방향 및 정부의 역할』, 2020. 12. 4.

33 이종란은 반올림을 결성하고 이끌어 온 핵심 활동가이다.

6) 삼성은 산업재해를 부정하는 여론전을 적극적으로 펼쳤다

피해자들은 삼성이 산재를 인정하기는커녕 그것을 부인하는 여론전을 펼쳤다고 주장했다. 예컨대, 삼성은 '삼성반도체 이야기'라는 블로그를 개설했는데, 삼성의 산재 책임을 부인하는 내용이 대부분이었다는 것이다.[34] 그 외에도 삼성은 보도자료를 통해서 "반도체산업은 최첨단 제조업으로 어떤 업종보다 안전하며, 특히 우리 반도체 생산라인은 그 가운데에서도 세계 최고 수준의 안전성을 확보하고 있다고 자부한다."라고 주장했다.[35] 또 2016년 외신기자 간담회에서도 삼성은 안전설비 면에서 최고이므로 산재가 발생하지 않는다는 취지로 발언했다.[36] 이런 논조는 다른 주류 언론에서도 그대로 반영됐다.[37] 삼성에서 산재가 있었다고 믿고 있는 피해자의 입장에서 삼성의 이런 식의 여론전은 납득할 수도, 용서할 수도 없는 일이었다.

요컨대 피해자들의 주장은 삼성의 공장에서 독성물질에 대한 관리 부실이 심각했으며 그 결과 그곳에서 일한 노동자들 사이에서 백혈병을 위시한 많은 질병들이 발생했음에도 불구하고, 삼성은 산재의 발생 자체를 인정하지 않았을 뿐만 아니라 관련 정보를 숨기고 산재의 신청과 인정을 방해하며 외부의 도움도 받지 못하도록 방해 공작을 적극적으로 펼쳤다는 것이다. 이런 주장에 대해서 삼성은 어느 것도 인정하지 않았다. 문제는 피해자의 주장이든 삼성의 주장이든 어느 것도 결정적으로 증명하거나 반박

---

34 자세한 내용은, 공유정옥, 앞의 글, 16쪽 이하 참조.

35 반올림 보도자료(2015. 10. 2)에서 재인용함. <https://m.cafe.daum.net/samsunglabor/MHzN/446>

36 반올림 보도자료(2015. 10. 2)에서 재인용함. <https://m.cafe.daum.net/samsunglabor/MHzN/446>

37 삼성반도체 사건에 대한 언론의 태도에 대해서는 다음을 참고하라. 방희경·원용진, 「언론이 산업재해를 보도하는 방식에 관한 연구—삼성 백혈병 사태의 경우」, 『한국언론정보학보』 제79권, 2016. 10.

하기 힘들다는 것이다. 특히 특정 노동자의 백혈병과 삼성 공장 사이의 인과관계를 의문의 여지 없이 확정하는 것은 지극히 어렵다. 심지어 특정 노동자에 대해서 산재를 인정하는 법원의 판결이 내려진다고 해도 이 문제가 해결되지 않는다. 판결이 객관적 과학을 대체하는 것도 아니고, 또한 산재를 인정받은 사람은 산재를 주장하는 사람에 비해 극히 적은 수에 그치기 때문이다. 바로 이 점이 삼성 백혈병 사건의 해결을 어렵게 하는 근본적인 이유이고, 분쟁의 초기에 교착 상태가 계속된 근본적인 이유이다. 이런 교착 상태는 적어도 4~5년간 계속됐다. 이 교착 상태를 해소한 것은 삼성 백혈병 사건을 둘러싼 여론의 변화였다. 삼성 백혈병 분쟁은 매우 복잡하여 이해하기 어려운데, 전체 분쟁의 약사는 다음과 같다.

반올림 활동 일지[38]

2007. 05. 황상기 씨가 자신의 딸(황유미)을 포함하여 전직 삼성 반도체 근로자 6명의 죽음에 대해 의문을 제기함.

2007. 11. 반올림 결성됨.

2008. 12. 산업안전보건연구원은 역학조사에 기초하여 삼성 공장과 백혈병 사이의 인과관계를 부인함.

2009. 03. 산재 피해자가 21명으로 증가함.

2009. 08. 반올림은 국제노동·보건단체와 연대하기 시작함.

2010. 01. 6명의 피해자와 가족이 서울 행정법원에 제소함.

2010. 06. 산재 피해자가 58명으로 증가함.

2011. 06. 황유미 사건을 포함하여 두 건이 제1심에서 승소함. 산재

---

38 Jongyoung Kim, Heeyun Kim & Jawoon Lim, "The Politics of Science and Undone Protection in the 'Samsung Leukemia' Case," *East Asian Science, Technology and Society: An International Journal*, 14:4, 2020, p.596.

피해자의 수는 155명으로 증가함.

2012. 02. 산업안전보건연구원은 제2차 역학조사에 근거하여 발암 물질과 독성물질의 존재를 인정함.

2012. 04. 근로복지공단은 처음으로 삼성 반도체 산업재해를 인정함.

2014. 02. 영화 <또 하나의 약속>이 상영됨.

2014. 08. 황유미 사건을 포함하여 두 건이 제2심에서 승소함. 정부는 대법원에 상고하지 않기로 결정함.

2014. 12. 반올림, 삼성, 피해자에 의해 제1차 조정위원회가 구성됨.

2015. 07. 조정위원회는 조정권고안을 발표함.

2015. 09. 삼성은 조정안을 파기함.

2015. 10. 반올림은 삼성 본사 앞에서 1023일간의 노숙 농성을 시작함.

2015. 11. SK하이닉스가 산재 보상 계획을 발표함.

2017. 01. 삼성의 후계자인 이재용이 박근혜 전 대통령의 비리 스캔들로 구속·수감됨.

2017. 05. 인권변호사이고 진보적 정당의 대표인 문재인이 대통령에 당선됨.

2017. 08. 대법원은 산재 피해자와 반올림 측에 역사적인 승소판결을 내림.

2018. 07. 반올림, 삼성, 산재 피해자에 의해 제2차 조정위원회가 구성됨.

2018. 11. 조정위원회는 중재판정을 내림. 분쟁이 종료됨.

2019. 05. 산재 피해자가 643명으로 증가함. 반올림의 활동은 계속됨.

3. 당사자의 합의를 통한 문제 해결 시도

1) 조정을 통한 문제 해결 시도와 좌절

새로운 국면의 대두

삼성 백혈병 사건의 초기에 삼성은 산재 책임을 전면적으로 부인했지만, 시간이 갈수록 삼성에 불리한 국면이 전개됐다. 근로복지공단을 통해서 산재가 인정되는 건수도 늘었고[39] 법원에서 산재를 인정하는 판결도 이어졌다.[40] 피해자라고 주장하는 사람의 수도 급격히 늘었다.[41] 해외에서도 삼성 반도체 사건에 관심을 가지기 시작했으며[42] 해외 투자자들은 삼성에게 해명을 요구했다.[43] 이 지경에 이르러 삼성은 문제 해결에 나서기 시작했다.

하지만 법원이나 공단을 통한 문제 해결이 어렵다는 것도 명백했다. 이런 절차를 통해 해결하기 위해서는 인과관계의 장벽을 넘어야 하기 때문이다. 이는 삼성이 정보를 제공하는 등 적극 협조한다고 해서 해결될 문제가 아니었다. 삼성 백혈병 사건은 애당초 피해자별로 인과관계를 밝히는 방식으로는 해결하기 힘든 복잡하고 큰 문제였던 것이다. 따라서 다른 접근법이 필요했다. 그래서 나온 것이 삼성과 피해자가 포괄적 합의를 통해

---

39 2014년 이전에 적어도 세 건이 인정됐다. <https://m.cafe.daum.net/samsunglabor/MHzN/457>

40 「[기자회견] 삼성반도체 백혈병은 산업재해다」, 반올림 등 다수 단체, 2014. 8. 25. <http://www.peoplepower21.org/Labor/1198951>

41 2014년 8월 당시 삼성전자 반도체, LCD 공장에서 꽃다운 나이에 암으로 투병하다 사망한 노동자만 70명이다. 드러난 발병자만 따져도 164명이라고 하고, 삼성과 정부가 나서서 문제를 해결할 것을 촉구했다(「[기자회견] 삼성반도체 백혈병은 산업재해다」, 반올림 등 다수 단체, 2014. 8. 25).

42 Inah Kim et. al., 앞의 글.

43 「외국 투자자들 '삼성반도체 백혈병' 진상 규명 요구」, 『한겨레21』, 2010. 5. 27.

해결하는 것이었다. 이는 법적인 해결이라기보다 사회적 해결이며, 정확히는 당사자 간의 합의를 통한 해결이었다.[44]

2012년 11월에 삼성은 대화를 제안했다. 이즈음에 피해자는 가족대책위와 반올림 측으로 분열됐다. 당시 반올림은 삼성과의 협상(negotiation)을 원했지만, 삼성은 이를 무시하고 가족대책위와 조정(mediation)을 통한 문제 해결을 추진했다. 이에 따라 반올림도 어쩔 수 없이 조정절차에 합류했다. 조정 의제는 사과, 보상, 재발방지대책으로 하기로 하고, 2014년 12월 김지형 전 대법관을 조정위원장으로 하는 조정절차가 개시됐다. 오랜 조정 과정을 거쳤지만, 2015년 7월 조정위원회는 조정안에 대한 합의를 성사시키지 못했다. 대신 조정위원회는 '조정권고안'(이하 '조정안'으로도 표현함)을 발표했다.[45]

2015년 조정권고안의 내용

조정은 상호 합의를 통해서 문제를 해결하는 것이다. 그러나 협상과 달리 조정은 제3자(즉 조정인)의 적극적인 개입을 통해 문제를 해결한다. 조정인은 당사자 사이의 대화를 촉발할 뿐만 아니라 적절한 대안을 제시하기도 하고 양 당사자를 설득하기도 하면서 당사자가 합의에 이르도록 돕는다. 하지만 이런 노력에도 불구하고 당사자가 합의에 이르지 못하면 조정은 실패하게 된다.

조정 권고는 조정 노력에도 불구하고 당사자가 합의에 이르지 못한 경우 조정인이 제시하는 대안으로, 양 당사자 중 한쪽이라도 거부하면 효력

---

44 김지형은 합의를 통한 해결을 "사회적 부조 차원에서 해결"이라고 표현했다. 삼성전자 반도체 등 사업장에서의 백혈병 등 질환 발병과 관련한 문제 해결을 위한 조정위원회, 「조정권고안」, 2015. 7. 23, 31쪽.

45 삼성전자 반도체 등 사업장에서의 백혈병 등 질환 발병과 관련한 문제 해결을 위한 조정위원회, 「조정권고안」, 2015. 7. 23.

이 인정되지 않는다. 다시 말해, 한쪽이라도 당사자가 수용하지 않은 조정 권고는 조정 실패와 같다. 조정 권고안의 내용은 사전에 합의된 대로 보상, 사과, 재발방지책을 기본축으로 했다. 각각의 내용을 간략히 정리해 보면 다음과 같다.

첫째, 보상에 관한 내용이다. 보상 대상자는 삼성전자의 반도체 및 LCD 사업장에서 근무했던 자로서 일정한 근무조건을 갖춘 자로 하고, 보상액은 발생한 질병의 종류나 정도 등에 따라 달리했다. 일단 피해자나 유족이 조정안에 따른 보상금을 지급받은 경우에는 그 질환의 발병과 관련하여 추후에 삼성전자 또는 공익법인에게 어떤 청구권도 행사할 수 없도록 했으며, 보상과 관련한 실무는 별도로 설치되는 공익법인이 수행하는 것으로 했다. 삼성전자는 문제 해결을 위해 1,000억 원을 출연하되, 이 중 700억 원은 보상금으로 쓰고 나머지 300억 원은 운영자금으로 쓰기로 했다.

둘째, 재발방지대책과 관련하여 조정안은 내부 재해 관리 시스템을 강화하고, 그와 함께 외부의 공익법인을 통한 확인 점검 시스템도 구축하는 것으로 했다. 이에 따라 삼성은 내부에 건강연구소, 건강지킴이센터 등을 두고, 아울러 외부 통제 장치로서 옴부즈맨 시스템을 수용하기로 했다. 옴부즈맨은 3인으로 구성되는 외부 감시기구로 종합진단, 정기보고서 제출, 시정권고 등의 역할을 한다.

셋째, 사과에 관한 내용이다. 삼성은 노동건강인권선언을 하고 아울러 사과를 하도록 했다. 사과는 "문제가 근로자 측에서 일찍이 제기되었음에도 과거 위 반도체 등 사업장에 내재한 건강유해인자로 인한 위험에 대해 충분한 관리가 이루어지지 못하였던 점을 인정하고, 이들이 겪고 있는 불행에 대해 진지한 배려와 조속한 해결을 위해 최선의 노력을 다하지 못한 나머지 이들의 고통을 연장시키는 결과를 낳은 점"에 대해서 하고, 기자회견과 아울러 별도의 개별적 서신을 발송하는 것으로 했다.

삼성의 조정안 거부와 그 의미

그러나 이 조정안은 실행되지 못했다. 삼성이 조정절차를 보류한다고 일방적으로 선언하고, 조정안과 무관하게 자체적인 보상과 사과 절차를 실행했기 때문이다. 이는 조정안에 대한 삼성의 거부이자 결과적으로 조정 전체의 실패를 의미하는 것이었다. 삼성이 왜 조정안을 거부했는지는 명확하지 않다. 하지만 이후의 삼성의 행태를 보면 삼성이 왜 조정안을 거부했는지 추론할 수 있다.

조정안 거부 후 삼성은 독자적으로 문제 해결에 나섰다. 그것은 조정안의 내용과 유사하면서도 다소 차이가 있다. 우선, 삼성은 독립적인 공익법인을 설립하고 이에 출연하는 대신 1,000억 원을 '사내' 기금으로 조성하고, 삼성이 자체적으로 구성한 보상위원회가 보상에 대한 기준 마련, 심사, 집행을 맡는 것으로 했다.[46] 삼성이 결정한 보상 기준은 조정안에 비해 대상 질병과 보상 대상자가 약간 축소됐지만, 현저한 축소라고 할 정도는 아니었다.[47] 그러나 공익법인 자체를 거부한 것은 현저한 변화이며, 자금 및 그 집행 과정에 대한 통제권을 유지하겠다는 삼성의 의지를 읽을 수 있다. 다음으로 사과와 관련하여 삼성은 조정안에서 제시된 공개적 사과 대신에 비공개의 개별적 사과로 대체했으며, 여기에는 삼성의 산재 책임을 시인하는 내용을 담지 않았다.[48] 재발 방지와 관련해서는 조정안 파기 이후 별도의 조정절차가 계속됐기 때문에 삼성이 합의안을 거부한 것은 재발 방지 조치에 관한 내용 탓은 아닌 것으로 보인다.[49]

이상에서 삼성이 조정안을 거부한 이유를 어느 정도 추론할 수 있다. 즉, 삼성은 기금과 보상 절차에 대한 통제권을 넘길 생각이 없었으며, 조정

---

46 '반도체 직업병' 문제에 대한 삼성전자와 SK하이닉스 비교. <http://kilsh.tistory.com/attachment/cfile1.uf@2144694C565BF9412A8837.pdf>

47 삼성은 보상 기준과 보상액은 조정위원회의 권고 내용을 거의 원안대로 유지했다고 발표했다. <https://news.samsung.com/kr/삼성전자·협력사_퇴직자_보상을_실시합니다>

안의 사과 문구도 수용할 수 없었던 것이다. 하지만 삼성의 조정안 거부는 단순히 삼성이 스스로 보상 절차를 운영하거나 사과 문구를 조정하는 이상의 파급력과 의미를 갖는 것이었다.

삼성은 사과의 수위를 낮추고 보상 절차를 독점함으로써, 삼성 백혈병 사건의 의미를 피해자들의 경제적 보상 문제로 축소시켰다. 삼성이 주도하는 상황에서 피해자가 조금이라도 보상을 받으려면 삼성에 머리를 조아려야 했다. 심지어 삼성은 피해자에게 보상 신청 관련 서류로서 일종의 '비밀유지각서'를 요구했다.[50] 이런 식으로 삼성이 주도하는 개별적 보상 절차에서 피해자는 위축되고 분열될 수밖에 없었다. 더구나 사과 없는 보상은 삼성의 행동을 '시혜'로 만들어 버렸다.

이 절차는 그간 투쟁을 이어 온 반올림과 일부 피해자를 크게 좌절시키는 것이었다. 근 10년을 싸워 온 이들이 단순히 돈 때문에 싸운 것은 아니었다. 이들에게 보상보다 더 절실한 것은 삼성의 산재 인정과 사과였고 그에 근거한 정당한 배상이었다. 조정절차에 가담한 것도 이를 실현하기 위한 것이었다.[51] 그럼에도 삼성이 조정절차의 막판에 조정안을 일방적으로

---

48 삼성전자가 보상 신청자에게 개별적으로 전달하는 서한 중 '사과' 부분은 다음과 같다. "저희 삼성전자는 많은 분들의 노고와 헌신에 힘입어 세계적 기업으로 성장했습니다. 이 과정에서 어려운 병에 걸려 고통을 겪은 분들이 계십니다. 안타깝고 가슴 아픈 일입니다. 또한 이런 아픔을 헤아리는 데 소홀한 부분이 있었습니다. 진작 이 문제를 해결했어야 하는데 그러지 못했습니다. 진심으로 사과드립니다."(「삼성은 「재발방지대책」 합의 내용을 성실히 이행하고, 「사과」·「보상」에 대한 교섭 약속을 이행하라」 반올림 기자회견 자료집, 2016. 1. 13).

49 재발 방지에 대해서는 별도의 조정이 계속되어 2016년 1월 12일에 합의에 이르렀다. 삼성 전자 반도체 등 사업장에서의 백혈병 등 질환 발병과 관련한 문제해결을 위한 조정위원회, 「조정의제 중 재해예방대책에 관한 조정합의 성립 — 옴부즈맨 위원회의 구성 및 운영」(보도자료), 2016. 1. 12.

50 임자운, 앞의 글(2020) 참조.

51 2014년 5월 14일 삼성전자의 대표이사인 권오현 부회장은 "중재기구에서 보상기준과 대상 등 필요한 내용을 정하면 그에 따르겠습니다. 또한, 전문성과 독립성을 갖춘 기관을 통해 반 도체 사업장에서의 안전보건 관리현황 등에 대해 진단을 실시하고, 그 결과를 토대로 재발 방지 대책을 수립하도록 하겠습니다."라고 언명한 바 있었다. 조정권고안, 앞의 글, 111쪽.

거부하고 사과 없는 개별 보상에 나선 것은 일종의 배신이었다. 이제 이들에게 남은 선택은 삼성이 주는 돈을 받고 끝낼 것인지, 산재 인정과 사과를 얻어 내기 위해 더 싸울 것인지뿐이었다. 더 싸운다 해도 보상 금액이 늘어날 가능성은 거의 없었으므로 결국 남는 것은 명분밖에 없었다. 그런 점에서 보면 조정안의 일방적 파기는 피해자의 굴욕을 요구하는 잔인한 결정이었다. 반올림은 이 결정이 "국민을 배신하는 행위이자 8년 시간을 기다려 온 직업병 피해자들에게 또다시 씻을 수 없는 상처를 주는 범죄"라고 격하게 성토했다.[52]

2) 중재를 통한 문제 해결

다시 살아난 불길

이런 삼성의 배신에도 일부 피해자와 반올림은 주저앉지 않았다. 반올림은 성명서를 통해 삼성의 조정안 거부를 성토하고, 2015년 10월 7일부터 삼성전자 강남 사옥 근처에서 이후 1,000여 일에 걸친 대장정이 될 노숙 농성을 시작했다.[53] 하지만 이는 쉽지 않은 일이었다. 시간이 갈수록 이들은 고립되고 지쳐 갈 수밖에 없었다.

　그런데 때마침 일어난 사회적·정치적 격변이 이들을 되살리는 계기가 됐다. 국정농단 촛불시위가 대대적으로 커지면서 기득권과 삼성에 대한 국민의 불만이 하늘을 찌르게 된 것이다. 이에 힘입어 삼성 백혈병 사건이 다시금 부각되고 국민적 관심사로 떠올랐다.[54] 삼성과 달리 다른 반도체 기

52　삼성노동인권지킴이, 「성명서: 삼성은 직업병 피해자를 우롱하는 일방적인 보상위원회를 폐기하고 조정위권고안을 수용하라!」, 2015. 9. 15.
53　「반올림 1023일 노숙 농성 '해피엔딩' 비결은?」, 『한겨레21』, 2018. 8. 10.

업들이 문제를 원만히 해결했다는 것도 삼성에게는 부담이었다.[55] 이제 삼성은 노숙 농성을 더이상 무시할 수 없게 됐다. 결국 삼성은 반올림에 다시 대화를 통한 문제 해결을 제안하며 이전의 조정위원들에게 도움을 청했다. 이때가 2018년이었다.

하지만 이번에는 양 당사자가 문제 해결 방식을 변경했다. 즉, 양 당사자는 2018년 7월 24일 조정위원회의 중재판정에 따르기로 합의한 것이다. 말하자면 조정위원회에 조정을 맡기는 것이 아니고 중재판정을 맡기기로 합의한 것이다. 중재(arbitration)는 제3자(중재인)가 내린 중재판정에 분쟁 당사자가 따르기로 합의함으로써 성립하는 분쟁 해결 방법이다. 일단 중재 합의가 이루어지면 당사자 누구도 중재판정의 내용을 거부할 수 없다. 그리고 중재절차는 통상 항소 절차가 없기 때문에 신속하게 분쟁을 종식시킨다.

삼성과 반올림은 기존의 조정위원 3인이 중재인 역할을 맡는 것으로 했다. 양 당사자가 중재로 문제를 해결하기로 했다는 것은 이들에 대한 양 당사자의 신뢰가 확보됐다는 것을 의미한다. 거기에 더하여 삼성으로서는 신속하게 분쟁을 해결하고 싶었을 것이고, 반올림으로서는 조정 파기의 경험 때문에 중재를 선호했을 것이다. 중재를 담당한 중재위원은 합의의 어려움 때문에 중재가 필요했다고 설명했다(중재판정서 25면). 아무튼 이렇게 해서 중재절차가 진행됐고 2018년 12월 중재판정이 내려졌다.[56]

---

54 정의당 윤소하 의원은 국회청문회에서 이재용의 면전에서 황유미 사건을 거론하고 질타했다. 「'경제계의 박근혜' 이재용은 청문회 남우주연상감?」, 『오마이뉴스』, 2016. 12. 6.

55 SK하이닉스반도체는 2015년 11월에 공개 발표된 산업보건검증위원회의 제안을 그대로 수용하여 '산업보건 지원보상위원회'를 만들고, 법무법인 한결에 그 운영을 위임했다. 공유정옥, 앞의 글, 15쪽.

56 삼성전자 반도체 등 사업장에서의 백혈병 등 질환 발병과 관련한 문제 해결을 위한 조정위원회, 「중재판정서」, 2018. 11. 23.

중재판정의 내용

삼성 백혈병 사건에서 중재인은 절차 진행 과정에서 알게 된 정보를 이용하여 최대한 구체적이고 타당한 조정안을 마련하려 했다. 그리고 학계나 전문가의 의견도 최대한 반영하고자 했다. 그 결과 생산된 중재판정서는 12개 장으로 구성된 상당히 방대한 분량이다. 중재의 내용은 양 당사자가 사전에 합의한 대로 보상, 사과, 재발방지를 기축으로 했으며, 말미에 중재판정의 배경에 대한 설명을 부가했다. 중재판정의 내용을 정리해 보면 아래와 같다.

첫째는 보상이다. 보상 대상은 삼성전자의 반도체 및 LCD 생산 부문에서 근무하거나 퇴직한 임직원 및 사내 상주 협력업체로 하고, 보상액은 질병의 종류에 따라 다소 상이하게 규정했다. 보상 절차를 운영하기 위해 지원보상위원회를 운영하는 것으로 하고, 기존에 이미 보상을 받은 경우는 제외하거나 상계하는 것으로 했다. 조정권고안에 비하면 보상의 범위가 조금 더 넓어지기는 했지만 보상액이 획기적으로 많아진 것은 아니었다.

반올림 소속 피해자에 대한 보상은 별도로 규정했는데, 이들에게 별도의 특권을 준 것은 아니었다. 피해자가 이미 지급받은 금액이 있으면 보상액에서 상계했다. 제23조는 이른바 청산 조항인데, 이에 의하면 최종 보상액을 수령하면 해당 질환으로 인한 삼성전자의 피해보상은 종료된 것으로 보고, 반올림은 더 이상 피해자를 대리하여 삼성전자에 지원보상을 요구하지 못하도록 했다.

둘째는 사과에 관한 것이다. 중재안은 사과 문구를 제공하는데, 문구는 "문제가 일찍이 제기되었음에도 과거 위 반도체 등 사업장에 내재한 건강유해인자로 인한 위험에 대해 충분한 관리가 이루어지지 못하였던 점을 인정하고 이들이 겪고 있는 불행에 대해 진지한 배려와 조속한 해결을 위한 최선의 노력을 다하지 못한 나머지 이들의 고통을 연장시키는 결과를 낳은 점에 대해서 해당 노동자 본인과 그 가족들에게 진정성 있는 사과의 뜻이 담긴 사과를 한다."로 했다. 방식은 기자회견에서 사과문 낭독, 홈페이지에 게재, 반올림 피해자에게 서신 형식의 사과문을 전달하는 것으로 했다. 따라서 이 부분은 종전의 조정안과 거의 같다.

셋째는 재발 방지 및 사회공헌에 관한 것이다. 재발 방지를 위해서, 삼성전자는 산재 방지를 위한 표준지침을 개발하는 등의 노력을 해야 한다. 삼성전자는 산학협력을 강화하고 연구개발 투자 확대를 위해 노력하며 임직원 및 이해관계자의 안전보건에 관한 알권리를 충족시키기 위해 노력한다고 적시했다. 그리고 삼성전자는 전자산업을 비롯한 산재 취약 노동자의 안전과 건강을 보호하고 중대 산재를 예방하기 위하여 500억 원의 산업안전보건 발전기금을 제공하는 것으로 했다. 이 기금의 용도는 전자산업 안전보건센터 설치 등 산업안전보건 인프라 구축으로 했다.

중재판정을 통한 문제 해결의 의미

중재판정이 내려진 이상 양 당사자는 이에 따를 수밖에 없다. 각 당사자가 중재판정으로 인해서 얻은 것은 무엇이고 잃은 것은 무엇이며 그 의미는 무엇일까? 전체적 흐름을 파악하기 위해서 그간의 변화를 정리해 보면 다음 페이지의 표 15와 같다.

표에서 보듯, 중재판정으로 인해 삼성은 종전에 없던 몇 가지 새로운 조치를 해야 한다. 즉 자체 보상 절차를 중지하고 사외의 지원보상위원회를 작동시켜야 하고, 500억 원의 발전기금을 독립법인에 출연하고, 자신의 잘못에 대한 시인을 담은 사과를 공개적으로 하고 그리고 개별적으로도 발송해야 한다. 하지만 중재판정과 조정권고안을 비교해 보면 중재판정으로 삼성의 부담이 크게 증가한 것은 아니다. 결국 반올림의 입장에서 노숙 투쟁 결과 얻어 낸 중재판정은 조정안으로의 복귀에 가깝다. 반면 삼성의 입장에서는 조정안으로의 복귀 자체가 양보라면 양보인 셈이다.

	조정권고안	삼성의 독자적인 실행	중재판정서
보상	- 일정한 근무 요건 - 청산 조항 포함 - 사외 공익법인이 보상 절차 진행 - 1,000억 원 출자 (이 중 700억 원을 보상금으로 사용)	- 일정한 근무 요건 (보상범위는 조정안 보다 약간 축소) - 청산, 비밀유지 등 요구 - 사내 자체 보상위원회 - 1,000억 원의 사내 기금 조성	- 일정한 근무 요건 (조정안 수준으로 회복) - 청산 조항 포함 - 사외 지원보상위원회 (여기서 보상액을 결정 하면 삼성이 지급함)
사과	- 부실한 관리 사실 인정 - 신속 해결 못 한 점 사과 - 기자회견 및 개별적 사과	- 신속 해결 못 한 점 사과 (부실한 관리 인정 없음) - 비공개 개별적 사과	- 부실한 관리 사실 인정 - 신속 해결 못 한 점 사과 - 기자회견 및 개별적 사과
재발 방지	- 노동인권선언 - 내부 시스템 정비 - 옴부즈맨 체제 도입	(이에 대해서는 별도의 절차를 진행하여 2016년 1월에 합의에 이름)	- 삼성의 자체 노력 - 산업안전보건 발전 기금 500억 출연 - 노동인권선언을 권고 사항으로 첨부함.

표 15. 조정권고안, 삼성의 독자적인 실행, 중재판정서의 내용 비교

    내용의 정당·부당을 떠나서 양 당사자는 중재판정을 받기로 합의했고 그에 입각하여 중재판정이 내려졌으니 이로써 양 당사자 사이의 분쟁은 일단락됐다고 보아야 할 것이다. 언론도 삼성 백혈병 문제가 공식적으로 종지부를 찍었고, 민변은 이 판정을 환영한다고 했다.[57] 하지만 이런 식의 해결이 과연 이 사건의 종지부일 수 있으며 환영받을 만한 해법인지에 대해서 적지 않은 의문이 생기는 것이 사실이다. 만약 이런 식의 해법을 국제사회에 공개하고 평가를 구한다면 과연 칭찬받거나 환영받을 수 있을지

---

57 앞의 각주 4, 5 참조.

의문이다. 이런 의문을 제기하는 데는 몇 가지 이유가 있다.

첫째, 보상이 중재판정에서 아주 중요한 부분을 차지하고 있는데, 과연 '보상'의 의미는 무엇인가? 피해자가 받게 되는 금전의 성격이 무엇인지는 중재위원회의 핵심적 고민 사항 중의 하나였다. '배상'인지 '보상'인지 '지원'인지를 두고 고민한 끝에, 중재위원회는 그것이 '지원보상'이라고 했다. 이 말의 의미는 금전의 성격은 '보상'이 중심이고 추가적으로 '지원'을 포함한다는 것이다.[58] 달리 표현하면 이 금전은 결코 삼성의 잘못에 근거한 '배상'이 아니라는 것이다. 금전에 대한 이런 식의 성격 규정이 적절한지에 대해서 뭔가 미진한 감을 지울 수 없다.

둘째 이유도 위 첫째와 관련 있는데, 삼성은 결코 자신의 잘못을 인정하거나 사과하지 않았다는 것이다. 중재판정이 요구한 사과문은 조정권고안에서의 사과문과 거의 동일하다. 하지만 조정 문서는 양 당사자의 합의를 담은 반면, 중재판정은 제3자(중재인)의 명령이다. 그렇기 때문에 동일한 사과문이라고 하더라도 조정에 입각한 사과문을 낭독하는 것은 삼성의 사과로 간주할 수 있지만, 중재판정서에 적혀 있는 사과문을 읽는 것은 중재판정을 실행하는 것일 뿐 고백이라는 의미의 사과는 아니다. 그런데 지금까지 드러난 증거에 의할 때, 삼성은 진지하게 사과하지 않아도 될까? 이런 점에서도 뭔가 미진한 감을 떨칠 수 없다.

셋째 이유는 재발 방지와 관련된 것이다. 중재판정서에 의하면 재발 방지를 위해서 삼성은 자체 노력을 하고 산업안전보건기금을 출연하는 것으로 하고 있다. 여기에서 어떤 문제의 재발을 방지하려는지조차 명료하지 않다. 만약 독성물질에 의한 산재 발생의 재발을 막는 것이 목적이라고 한다면, 중재판정서가 말하는 자체 노력으로 과연 재발 방지가 가능할까? 외부 감시 없는 삼성의 자체 노력을 어떤 근거로 신뢰할 수 있을까? 그리고

---

58 「중재판정서」, 30쪽.

산업안전보건기금을 내는 것과 삼성의 자체 노력은 무슨 상관이 있을까? 재발 방지와 관련된 이런 내용도 중재판정을 쉽게 납득하기 어렵게 한다.

이런 여러 미진함에도 불구하고 삼성은 많은 것을 얻었다. 삼성은 중재판정을 통해서 삼성 백혈병 사건을 최종적으로 종결시켰다. 삼성은 반올림의 노숙 투쟁을 중지시켰고, 반올림이 다시는 삼성을 상대로 추가적인 요구를 하지 못하도록 못 박았다. 또 삼성은 조정안에 있던 옴부즈맨 제도를 폐기했다. 이로써 삼성은 자체 노력에 대한 외부 감시를 효과적으로 배제했다. 마지막으로 삼성은 자신의 잘못을 시인하지 않고 문제를 종결시켰다. 오히려 삼성은 대승적 견지에서 경제적 부담을 졌다는 명분을 가져갔다.

다소 단순화하면, 10년 이상의 치열한 투쟁이 결국은 명분 없는 돈 문제로 환원됐다. 피해자는 소정의 금전을 받았지만 피해의 원인에 대한 규명도 사과도 없었고, 제시된 재발방지대책도 지극히 미심쩍은 것이었다.

우리는 삼성 백혈병 사건을 이대로 종결시켜야 하는가? 뭔가 미진하지 않은가? 그 미진함의 실체는 무엇인가? 피해자가 얻은 백혈병의 인과관계를 완전히 입증할 수 없다고 해서 이렇게 해결할 수밖에 없는 것일까? 이런 질문은 쉽게 답하기 어렵겠지만, 국제인권규범은 이에 대해서 일정한 대답을 가지고 있는 것으로 보인다. 아래에서 오늘날 국제인권규범이 삼성 백혈병 사건과 유사한 사건의 해결을 위해서 어떤 대안을 가지고 있는지를 살펴본다.

4. 삼성 백혈병 분쟁과 인권

1) 독성물질로부터 노동자를 보호하는 국제인권규범

삼성 백혈병 사건의 비평 및 대안 모색에 도움을 주는 국제인권규범을 어디에서 찾을 수 있을까? 여기서 나는 2019년 유엔 인권이사회가 채택한 '독성물질 노출로부터 노동자 보호 및 인권에 관한 원칙'(이하 '독성물질원칙')[59]이 일응(一應) 이 문제에 대한 가장 적절한 국제인권규범이라고 보았다. 이 문서를 논의의 출발점으로 삼는 것은 여러 점에 정당화할 수 있다.

첫째, 여기서 알고자 하는 지점이 독성물질에 의한 산재 사건으로서의 삼성 백혈병 사건을 새로운 관점에서 바라보고 그에 기초하여 새로운 대안을 모색하는 것인바, 독성물질원칙은 바로 이 점을 정면으로 다루고 있다. 즉, 독성물질원칙은 그 명칭에서 명백히 드러나듯이 노동자가 독성물질에 노출됨으로써 생기는 문제를 어떻게 정의하고 이 문제의 해결을 위해서 무엇이 필요한지를 다룬 문서이다(주석 3문[60]).

둘째, 독성물질원칙은 이 문제와 관련한 기존의 국제인권규범을 종합한 것이다. 즉, 독성물질원칙은 완전히 새로운 제안이라기보다, 기존의 일반적 인권규범, 여러 국제노동기구의 법률 문서,[61] 독성물질과 폐기물과 관련한 국제협정,[62] 그리고 '유엔 기업과 인권 이행원칙'(이하 '이행원칙') 등

---

[59] UN Human Rights Council, "Principles on human rights and the protection of workers from exposure to toxic substances," A/HRC/42/41, 17 July 2019.

[60] 독성물질원칙은 유엔 문서로 존재한다. 원칙 자체는 15개로 구성되지만, 그에 관한 해설이 96개의 문단으로 구성되어 있다. '주석 3문'은 그 문단 번호를 지칭한다. 이하 동일하다.

[61] 예컨대 ILO의 다음 협정을 포함한다. Chemicals Convention (1990, No. 170), Prevention of Major Industrial Accidents Convention (1993, No. 174), Safety and Health in Mines Convention (1995, 176), Safety and Health in Agriculture Convention (2001, No. 184).

을 종합하여 만든 문서이다(주석 8문).[63]

셋째, 독성물질원칙은 제정 과정에서 오랜 기간의 연구와 여러 국가와 전문가들의 의견수렴절차를 거쳤으며, 종국에는 유엔 인권이사회의 공식 입장으로 채택된 문서이다. 유엔이 인권 관점에서 독성물질에 대해 접근을 시도한 것은 1995년경이었다.[64] 이후 2014년 특별보고관으로 임명된 툰칵(Baskut Tuncak)의 주도로 이 문서의 제정 작업이 본격화됐다.[65] 특히 2017년 이후 툰칵은 의견수렴절차, 전문가 회의, 정부 의견의 수렴, ILO 협의 등의 절차를 거쳤다(주석 6문, 11문). 2019년에는 이들 이해관계자들에게 최종안을 유통한바, 거의 모든 응답자가 원칙을 지지한다고 했다(주석 제10문). 이런 협의와 광범한 지지 및 승인 절차는 이 문서의 권위를 높이는 요소이다.

넷째, 독성물질원칙이 2019년 9월에 인권이사회에 의해서 최종적으로 채택된바, 이는 독성물질원칙이 이 문제에 관한 가장 최근의 국제인권문서라는 것을 의미한다.

이런 모든 점들을 고려했을 때, 독성물질원칙은 독성물질에의 노출과 관련한 노동자 인권 문제를 다룬 가장 본격적인, 가장 최근의, 그리고 가

---

62 예컨대 다음을 포함한다. Stockholm Convention on Persistent Organic Pollutants; Minamata Convention on Mercury, Dubai Declaration on International Chemicals Management.

63 독성물질의 인권적 함의를 다룬 유엔 문서로는 다음도 참고할 만하다. UN Human Rights Council, "Report of the Special Rapporteur on the implications for human rights of the environmentally sound management and disposal of hazardous substances and wastes," A/HRC/39/48, 2018.

64 UN Commission on Human Rights, "Adverse effects of the illicit movement and dumping of toxic and dangerous products and wastes on the enjoyment of human rights," E/CN.4/RES/1995/81, 8 March 1995.

65 UN Human Rights Council, "Mandate of the Special Rapporteur on the implications for human rights of the environmentally sound management and disposal of hazardous substances and wastes," A/HRC/RES/36/15, 10 October 2017.

장 권위 있는 국제인권규범이라고 할 만하다. 독성물질원칙이 곧 국제인권 '법'이라고 할 수는 없지만 적어도 노동자의 독성물질에의 노출 문제를 다룬 국제인권법의 가장 권위 있는 해석이라고 하기에 부족함이 없다. 이제 이 문서의 내용을 소개하고 그 특징을 정리한 후, 이것이 삼성 백혈병 사건에 대해 갖는 함의를 순차적으로 서술하겠다.

2) '독성물질원칙'의 내용

아래에서 보듯이, 독성물질원칙은 기업에 고용된 노동자를 독성물질 노출로부터 보호하는 데 필요한 원칙을 15개로 압축하여 제시했다. 이 원칙들은 크게 ① 노출을 방지하기 위한 의무와 책임에 관한 원칙들, ② 정보, 참여, 그리고 집회에 관한 원칙들, ③ 효과적인 구제에 관한 원칙들 등 세 개의 그룹으로 나누어진다.

> 독성물질 노출로부터의 노동자 보호 및 인권에 관한 원칙
>
> A. 노출을 방지하기 위한 의무와 책임에 관한 원칙들
> 원칙 1. 모든 사람은 작업장에서 독성물질에 노출되지 않도록 보호되어야 한다.
> 원칙 2. 국가는 독성물질에 대한 노출을 방지함으로써, 노동자의 인권을 보호할 의무를 갖는다.
> 원칙 3. 기업은 독성물질에 대한 직무상 노출을 방지할 책임을 가진다.
> 원칙 4. 위험의 제거(hazard elimination)가 직무상 노출을 방지함에서 최선이다.
> 원칙 5. 노동자의 독성물질에의 노출을 방지하는 의무와 책임은 국경을

넘어서까지 미친다.

원칙 6. 국가는 제3자가 노출을 지속시키기 위해 과학적 증거를 왜곡하거나 절차를 조작하는 것을 막아야 한다.

원칙 7. 독성물질에 대한 노출로부터 노동자를 보호하는 것은 그들의 가족과 공동체와 환경을 보호한다.

B. 정보, 참여, 그리고 집회에 관한 원칙들

원칙 8. 모든 노동자는 자신의 권리에 대해 알권리를 갖는다.

원칙 9. 독성물질에 관한 보건 및 안전 정보는 결코 비밀이어서는 안 된다.

원칙 10. 안전하고 건강한 노동에 대한 권리는 결사의 자유, 단결권, 단체교섭권과 불가분하다.

원칙 11. 노동자, 노동자의 대표, 내부고발자, 그리고 권리옹호자는 모두 위협, 협박, 그리고 그 외 보복으로부터 보호되어야 한다.

C. 효과적인 구제에 관한 원칙들

원칙 12. 노동자, 그 가족, 그리고 지역사회는 적절하고 효과적인 구제에 즉각 접근할 수 있어야 하고, 이는 노출 시점부터 이용 가능해야 한다.

원칙 13. 노동자와 그 가족은 효과적인 구제에 접근함에서 질병과 장애의 원인을 입증할 부담을 지지 말아야 한다.

원칙 14. 노동자로부터 안전하고 건강한 노동의 권리를 빼앗는 것은 범죄로 되어야 한다.

원칙 15. 국가는 직무상 노출의 피해를 입은 노동자의 국경 간 사건에서 책임 부과를 보장해야 한다.

15개 원칙 자체는 다소 단출해 보이지만, 실제 이 원칙들 각각에는 상세한 주석이 달려 있다. 아래에서는 본격적으로 특징을 살펴보기에 앞서 주석을 참고하면서 독성물질원칙의 내용을 요약해 본다.

독성물질에의 노출은 인권침해이다

독성물질원칙은 노동자가 독성물질에 노출되는 것은 의문의 여지 없이 인권침해라고 단언한다(주석 21문).[66] 여기서 침해되는 인권은 사회권규약 제7조의 안전하고 건강한 노동조건에의 권리(right to safe and healthy working conditions)이며, 이 권리는 세계인권선언 제23조의 정당하고 유리한 노동조건에 대한 권리(just and favourable conditions of work)의 핵심적 측면이다(주석 16문, 20문). 안전하고 건강한 노동조건에의 권리는 다른 인권을 포함하는데, 여기에는 생명권(자유권규약 제6조), 얻을 수 있는 최고 수준의 신체적·정신적 건강을 향유할 권리(사회권규약 제12조), 그리고 신체적 완전성에 대한 권리를 포함한다(주석 16문, 21문).

노동자는 보편적 인권의 향유 주체이면서 하나의 취약한 그룹이므로 국가의 특별한 관심을 받아야 하며, 특히 이들 중 빈자, 아동, 여성, 이주노동자, 장애인 등은 더욱 취약한 지위에 있다는 점이 고려되어야 한다(주석 25문). 안전하고 건강한 권리는 특권이라기보다 모두의 인권이므로 비차별적으로 보장되어야 한다(주석 26, 27, 28문).

요컨대, 독성물질원칙은 '모든 노동자는 국제인권법에 근거하여 독성물질에 노출되지 않을 권리(인권)를 갖는다.'는 것을 논의의 출발점으로 삼고 있다. 노동자가 이런 권리를 갖는다는 것은 국가에게 이 권리의 침해로부터 노동자를 보호할 의무—즉 인권 보호 의무—가 있다는 것을 의미한

---

[66] 독성물질에의 노출이 인권 문제인지에 대해서 모두가 의문의 여지 없이 합의한 것은 아니었다. 예컨대, 2019년 ILO 100주년 행사에서 어떤 사용자 대표는 작업장의 안전과 보건이 인권이 아니라고 고집했다고 한다(주석 13문).

다. 그리고 기업은 이런 권리를 침해하지 않을 책임—즉 인권 존중 책임—을 진다는 것을 의미한다.

국가의 인권 보호 의무

독성물질원칙은 국가에게 노동자들이 일터에서 독성물질에 노출되지 않도록 다양한 정책을 적극적으로 펼쳐야 한다고 밝힌다. 국가는 직업상의 노출을 예방하고 조사하고 처벌하고 구제를 제공하기 위해서 효과적인 정책, 입법, 규제, 집행, 판결 등을 이용해야 한다(주석 31문). 이런 내용은 그다지 새로워 보이지 않지만, 안전하고 건강한 노동조건에 대한 노동자의 권리 실현을 위해서는 국가의 '적극적' 역할이 필요하다는 것을 강조한 점은 주목할 만하다. 그러면서 독성물질원칙은 이것이 국제인권법상 국가에 부과된 법적 의무라고 한다.

나아가 독성물질원칙은 국가가 해야 할 구체적인 정책도 제안했다. 즉, 독성물질원칙에 의하면 국가는 기업에게 실사 의무를 부과해야 하며(주석 44문), 노동자들의 알권리와 노동권, 구제에의 접근권 등이 실현될 수 있도록 해야 한다.

기업의 인권 존중 책임[68]

독성물질원칙은 기업이 독성물질에 대한 직무상 노출을 방지할 인권 책임을 진다는 점을 선언했다(원칙 3). 이는 기업이, 국가의 매개 없이, 직접 인

---

67 독성물질원칙이 명시적으로 '인권 존중 책임'이라는 단어를 사용하지는 않았다. '인권 존중 책임'은 이행원칙에서 등장한 개념이다. 하지만 인권을 침해하지 말아야 할 의무를 인권 존중 책임이라고 했을 때, 독성물질원칙이 기업의 인권 존중 책임을 인정했다는 것은 오류가 아니다. 아울러 독성물질은 이행원칙의 인권 존중 책임의 내용을 그대로 수용하여 독성물질과 관련한 기업의 책임을 정의하고 있다. 예컨대, 실사, 야기·기여·연결, 사업관계 등 이행원칙의 핵심 개념이 독성물질에 대한 기업의 인권 책임에 그대로 원용되어 있다. 그렇기 때문에 여기서는 독성물질원칙을 요약하면서 의도적으로 기업의 인권 존중 책임이라는 단어를 사용했다.

권을 존중할 책임을 진다는 것을 천명한 것이다. 독성물질원칙은 이러한 책임이 국내외의 모든 사업관계에 미치며 제품의 전 생명주기에 미친다고 했다(주석 35문). 나아가 기업은 부정적 인권영향을 방지·완화하기 위한 실사(due diligence)의 일부로서 직업상 노출을 방지할 책임이 있다고 했다(주석 38문). 그리고 노동자의 독성물질에의 노출을 방지하는 의무와 책임은 국경을 넘어서까지 미친다(원칙 5)고 하여 기업의 인권 존중 책임이 해외에 있는 사업관계에까지 확장되는 것으로 보았으며, 기업은 이에 대해서도 실사를 해야 한다고 밝혔다(주석 44, 45문). 이 모든 것은 국내법의 요구와 무관하게 기업이 지는 인권 책임이다.

독성물질원칙이 천명한 이런 내용들은 보기에 따라서 생소할 수 있다. 하지만 기업의 인권 존중 책임을 처음으로 권위 있게 정립한 이행원칙의 입장에서 보면 당연한 것이다. 이행원칙에 의하면, 기업은 당연히 인권실사(human rights due diligence)를 해야 하며,[68] 이는 해외 공급망을 포함하는 것으로 보기 때문이다.[69] 이렇게 볼 때, 독성물질원칙은 이행원칙이 정립한 기업의 인권 존중 책임을 독성물질과 관련한 노동자의 인권 문제에 적용한 것이라고 할 수 있다. 이런 점은 독성물질원칙이 이행원칙에 의거했다는 것을 스스로 명시적으로 밝힌 점에서 보더라도 명백하다(주석 8, 38문).

나아가 독성물질원칙은 이행원칙에서 언급되지 않은 내용을 추가적으로 담고 있다. 예컨대, 독성물질원칙은 노동자에게 독성물질에 대한 노출을 막아야 한다거나, 여의치 않은 경우 위험 통제의 위계에 따라야 한다거나,[70] 알권리 및 노동권을 보장해야 한다고 명시했다.

---

68 이행원칙의 인권실사 개념에 대해서는 본서 1장을 참고하라.

69 이행원칙 17문, 23문 참조.

건강하고 안전한 노동에 대한 권리를 실현하는 데 필수적인 인권의 보장

독성물질원칙은 독성물질로부터 노동자의 권리를 보호함에 있어서 알권리와 노동권의 중요성을 각별히 강조한다. 이런 권리는 독성물질로부터 노동자의 권리 침해를 방지하는 데 도움이 될 뿐만 아니라 효과적인 구제를 위해서도 필요하다고 했다(주석 52문).

노동자의 알권리 보장을 위해서 국가는 기업들이 사용하는 독성물질에 관한 정보를 생산, 수집, 평가, 업데이트할 의무를 지니며(주석 57문), 기업도 자신의 활동과 관련한 정보를 생산하고 공개할 의무를 지닌다(주석 58문). 특별히 독성물질원칙은 독성물질에 관한 보건 및 안전 정보는 결코 비밀이어서는 안 된다는 점을 명시했다(원칙 9). 이는 공공기관이나 기업이 보유하고 있는 모든 보건 및 안전 정보는 공개가 원칙임을 천명한 것이다(주석 62문). 비공개 사유는 프라이버시 혹은 공중보건 같은 공익에 한정된다고 했다. 따라서 기업은 경쟁력 약화나 이윤 악화를 이유로 독성물질에 관한 정보를 비공개로 해서는 안 된다(주석 62문).

그리고 독성물질원칙은 안전하고 건강한 노동에 대한 권리는 결사의 자유, 단결권, 단체교섭권과 불가분하다(원칙 10)고 하여, 독성물질 문제와 관련하여 노동권 보장이 갖는 각별한 중요성을 지적했다. 마지막으로 노동자, 노동자의 대표, 내부고발자, 그리고 권리옹호자를 보호하는 것의 중요성도 지적했다(원칙 11).

이처럼 독성물질원칙이 노동자의 알권리와 노동권의 보장이 독성물질로부터 노동자를 보호하는 데 결정적임을 지적한 것은 독성물질 문제의

---

70 위험 통제의 위계(hierarchy of hazard controls)는 위험물질에의 노출을 최소화하기 위해 취해야 할 조치의 5단계를 지칭한다. 가장 바람직한 것은 위험물질의 제거이며, 뒤이어 위험완화 선택, 기술적 통제, 행정적 통제, 개인보호장구의 이용 순으로 조치하는 것이 필요하다는 원칙이다. Yukun Ma et al. "Creating a hierarchy of hazard control for urban stormwater," *Environmental Pollution,* Vol. 255, Part 1, December 2019, p.2.

해결에서 노동자 자신의 노력과 참여가 중요하다는 점을 지적한 것이다(주석 69문).

효과적인 구제의 제공

독성물질원칙은 사법이나 효과적 구제에의 접근 보장은 노동자 인권일 뿐만 아니라 노동조건 개선의 강력한 유인이 되며, 반대로 비처벌은 노동조건 개선의 장애가 된다고 지적하고(주석 73) 효과적인 구제를 위한 중요한 세 지점을 부각했다. 첫째는 노동자는 효과적인 구제에 접근함에서 질병과 장애의 원인을 입증할 부담을 지지 말아야 한다는 것이다(원칙 13).

이는 노동자에게 과도한 입증책임을 부과해서는 안 된다는 원칙을 천명한 것이며, 기존 제도에 비해 노동자의 입증책임을 완화 또는 전환해야 한다는 것이다(주석 86). 특히 독성물질에 관한 정보가 고용주에게 있는 경우에는 입증책임이 전환되는 것이 원칙이어야 한다고 강조했다(주석 87). 둘째는 노동자의 안전하고 건강한 노동의 권리를 침해한 개인이나 기업을 형사처벌해야 한다는 것이다(원칙 14). 이는 가해자의 '형사처벌'을 부각하여 강조한 점에서 주목할 만하다. 마지막으로 독성물질원칙은 자국 기업의 해외에서의 인권침해에 대해서도 구제를 제공해야 한다고 했다(원칙 15).

3) 소결: 독성물질원칙의 특징

독성물질원칙이 제시한 해법의 특징을 한마디로 요약한다면 일터에서의 독성물질에 대한 인권적 접근이라고 할 만하다. 이 말의 의미는 상당히 중층적이다. 이 점을 염두에 두면서 독성물질원칙의 특징적인 측면을 정리해 본다.

첫째, 독성물질원칙은 인권 중심의 접근법이다. 즉, 독성물질원칙은 노동자들이 일터에서 독성물질에 노출됨으로써 입은 피해를 인권침해라고 성격 규정한다. 그 피해는 국제인권법상 보장된 안전하고 건강한 노동조건을 향유할 권리와 생명과 건강, 신체의 온전성을 유지할 권리의 침해에 상당한다.

둘째, 독성물질원칙은 권리(자) 중심적 접근법이다. 즉, 독성물질원칙은 인권의 실현 방식과 관련하여 노동자(피해자)가 권리 보유자로서 직접 나서야 한다고 본다. 이 점을 현저하게 보여 주는 것이 노동자의 알권리 및 노동권에 대한 강조이다. 그리고 피해자의 입증책임을 경감 또는 전환시킨다든지, 가해자의 형사처벌을 강화한다든지, 해외의 노동자들에게도 구제절차를 제공한다든지 하는 것도 권리 보유자의 자력화와 연결된다.

셋째, 독성물질원칙은 국가의 적극적인 역할을 요구한다. 즉, 국가는 모든 법과 정책 수단을 이용하여 노동자들이 일터에서 독성물질에 노출되지 않도록 조치해야 한다. 여기에는 노동자의 알권리 및 노동권의 실질적 보장 노력이 포함된다. 그리고 국가는 피해자의 효과적 구제를 위해서 피해자의 입증책임 경감 혹은 전환, 가해자의 형사처벌, 해외 피해자에 대한 구제의 제공 등을 강구해야 한다.

넷째, 독성물질원칙은 기업의 인권 존중 책임을 인정한다. 이 부분은 이행원칙의 영향이 특히 현저하게 드러나는 부분이다. 아무튼 독성물질원칙에 의하면, 기업은 노동자들이 독성물질에 노출되지 않도록 다양한 조치를 할 책임을 진다. 여기에는 독성물질 노출을 방지하기 위한 실사 의무를 포함하며, 실사는 자신의 사업 활동뿐만 아니라 국내외의 공급망을 포함해야 한다. 기업은 노동자의 알권리와 노동권을 실효적으로 보장해야 한다. 이런 식으로 기업의 인권 책임을 정의하는 것은 다소 생소해 보일 수도 있지만, 이행원칙이 글로벌 표준으로 정립되고 있다는 점을 감안한다면[71] 그리 새로운 것도 아니다.

종합해 보자면, 독성물질원칙은 이행원칙의 큰 틀과 성과를 계승하면서, 이를 노동자의 독성물질에의 노출 문제에 적용했다고 할 만하다. 결국 독성물질원칙은 독성물질과 관련한 기업의 책임을 정의하고, 기업이 이를 실행하도록 국가에 적극적 역할을 요구하고 노동자를 자력화시키는 방안을 제시하고 있다. 이것이 바로 독성물질로부터 노동자를 보호함에 있어서 오늘날 국제사회가 제시하는 대안이다.

4) 독성물질원칙이 삼성 백혈병 사건에 대해서 갖는 함의

독성물질원칙이 삼성 백혈병 사건에 대해서 갖는 함의는, 이 사건을 인권침해 사건으로 재구성(reframing)함으로써 새로운 비전과 방법론을 얻을 수 있다는 것이다. 삼성 백혈병 사건을 인권침해 사건으로 재구성하는 것은 그리 어려운 일이 아니다.

무엇보다 실제로 많은 노동자들이 삼성의 작업장에서 독성물질에의 노출로 인해서 생명 및 신체의 손상을 입었다. 반올림에게 알려진 사건만 보아도, 2008년부터 2020년 10월 7일까지 150명이 백혈병 등 질병으로 산재를 신청했고, 이 중 근로복지공단에 의해서 48명이, 법원에 의해 23명이 산재로 인정됐다.[72] 이 정도의 자료만으로도 삼성 백혈병 사건을 삼성에 의한 인권침해 사건으로 취급하기에 충분하다. 사정이 이러하므로 삼성의 노동자들이 안전하고 건강한 노동조건의 권리를 침해당했으며 생명권, 건강권 및 신체의 완전성에 대한 권리를 침해당했다고 주장하는 것은 충분히 납득할 만하다.

---

71 이행원칙의 지구적 확산에 대해서는 존 러기, 앞의 책, 214쪽 이하 참조.

72 「반올림 산재 신청 현황(2007. 6. 1.~2020. 10. 7.)」, <https://m.cafe.daum.net/samsung labor/MHzN/457>

그 외에도 독성물질에 대한 정보가 신속하게 전달되지 않은 것, 알권리가 충분히 보장되지 않은 점, 독성물질에 관한 정보가 제대로 수집되거나 관리되거나 전달되지 않은 것, 노동권이 보장되지 않은 점 등도 모두 인권 이슈이다. 이 모든 주장이 완전히 사실로서 입증되지 않았다고 하더라도 이것이 인권 문제임은 부인할 수 없을 것이다.

삼성 백혈병 사건을 이와 같이 인권침해 사건으로 성격 규정함으로써 우리는 독성물질원칙이 제안한 다양한 대안들을 삼성 백혈병 사건에 적용하여 그 함의를 살펴볼 수 있게 된다. 이제 독성물질원칙이 삼성 백혈병 사건에 관여된 여러 이해관계자 각각에게 어떤 메시지를 주는지 살펴보자.

독성물질원칙이 독성물질 노출 피해자에게 보내는 메시지

우선 독성물질원칙은 반올림과 피해자들의 투쟁이 정당했다는 메시지를 준다. 독성물질원칙에 의하면 이들의 투쟁은 인권침해를 회복하려는 피해자들의 정당한 투쟁이다. 독성물질원칙은 피해자들이 알권리와 노동권의 보장을 요구한 것도 정당했다고 인정한다.

다른 한편, 독성물질원칙은 삼성 반도체 사건을 인권 문제로 재구성함으로써 여러 가지 장점을 누릴 수 있다고 암시한다. 삼성 반도체 사건을 인권 문제로 성격 규정했더라면 삼성을 더 강하게 압박할 수 있었을 것이다. 왜냐하면 일반적으로 기업은 인권침해 기업으로 낙인찍히는 데에 큰 부담을 느끼기 때문이다. 그리고 인권 사건으로 재구성하는 경우 유엔 등 국제인권기구의 도움을 청할 수 있었을 것이다. 또 인권 사건으로 재구성하게 되면 국제사회의 지지와 연대를 확보하기 쉬웠을 것이다. 예컨대, 이미라는 삼성 반도체 공장에서 일어난 인권 문제를 미국의 크레도 모바일(Credo Mobile)에 폭로하라고 제안했다.[73] 마찬가지 방식을 투자자에게도 적용할

---

73 Mira Lee et. al. 앞의 글, pp.90-91.

수 있다. 실제로 인권경영을 표방하는 네덜란드 APG자산운용을 포함한 여덟 곳의 해외 기관투자자는 2009년 삼성에게 보낸 '투자자 공동질의서'를 통해서 삼성 백혈병 사건에 대한 해명을 요구했다.[74] 이런 것은 삼성 백혈병 사건을 인권 사건으로 구성했을 때 얻을 수 있는 이득이다.

나아가 독성물질원칙은 피해자와 반올림에게 대한민국 정부와 삼성을 상대로 무엇을 요구해야 하는지에 대한 아이디어와 힘을 준다. 예컨대, 독성물질원칙에 근거하여 정부에게 알권리와 노동권의 실질적 보장을 위한 정책의 실시, 구제와 관련한 법률의 개선 등을 요구할 수 있다. 삼성에 대해서는 독성물질원칙에 근거하여 국제 기준에 부합하는 재발방지대책을 요구할 수 있다. 예컨대, 독성물질원칙을 인용하면서, 삼성에게 국제사회가 수용한 수준의 인권 존중 책임을 다할 것을 요구하고, 그 연장선에서 자신과 공급망 전체를 포함하여 인권실사를 하도록 요구할 수 있고, 실사 절차에서 노동자의 참여를 요구할 수 있다.

독성물질원칙이 삼성에 보내는 메시지

독성물질원칙이 삼성에 보내는 메시지는 매우 신선하고 명확하다. 우선, 독성물질에 노출되지 않을 권리, 즉 건강하고 안전한 노동조건에의 권리를 노동자의 인권으로서 인정하라고 요구한다. 모든 노동자는 독성물질에의 노출을 피하기 위해서 독성물질에 관해서 알권리를 향유하고 또 단결권과 단체교섭권 등 노동권도 갖는다. 인권 피해가 발생한 경우 노동자는 신속하게 피해를 구제받을 권리를 갖는다. 이 모든 권리는 국내외의 노동자가 모두 평등하게 갖는 인권이며,[75] 특히 취약한 집단의 노동자는 추가적인 보호를 받을 권리를 갖는다. 삼성은 노동자들이 갖는 이런 인권을 인정하고 존중해야 한다. 이런 인식의 전환은 독성물질과 관련한 삼성의 책임

---

74 「외국 투자자들 '삼성반도체 백혈병' 진상 규명 요구」, 『한겨레21』, 2010. 5. 27.

을 새롭게 정의하는 기초가 된다.

둘째로 삼성은 이와 같은 노동자의 권리가 침해되지 않도록 하기 위한 사전예방조치로서 실사(due diligence)를 실시해야 한다. 실사란 일터에서 노동자들이 독성물질에 노출되지 않도록 사전 예방적으로 위험을 식별하고 대책을 세우는 제반 경영활동을 말한다. 이런 활동은 잠재적·현재적 피해자인 노동자의 참여하에 투명하게 실시되어야 한다. 그리고 실사는 자신의 사업 활동뿐만 아니라 국내외 모든 공급망을 포함하여 실시되어야 한다.

그 외에도 삼성은 노동자의 알권리 보장 차원에서 독성물질에 관한 정보를 세밀하게 분류하여 수집하고 관리하고 이를 노동자에게 공개해야 한다. 그리고 노동권을 실질적으로 보장해야 하고, 피해자의 구제 활동도 해야 한다. 이런 모든 것은 삼성이 갖는 인권 존중 책임의 실천이지 결코 시혜적 활동이 아니다.

요컨대, 독성물질원칙은 오늘날 국제사회가 삼성에게 요구하는 것이 무엇인지를 명확히 보여 준다. 즉, 삼성은 노동자의 참여하에 독성물질로부터 노동자를 보호하는 경영을 실천해야 한다는 것이다.

독성물질원칙이 대한민국 정부에 보내는 메시지

삼성 백혈병 분쟁에서 당사자가 문제 해결에 나서는 동안 대한민국 정부의 역할은 지극히 제한적이었다. 그러나 독성물질원칙은 정부에게 적극적인 역할을 요구한다. 독성물질원칙은 그러한 역할이 국제인권법상 각국

---

75 예컨대, 삼성전자의 베트남 공장에서 화학물질과 관련한 다수 인권침해가 있었다는 상세한 보고서가 있다. IPEN, COFED, 『베트남 전자산업 여성노동자들의 이야기』, 2017. <https://ipen.org/sites/default/files/documents/Stories%20of%20Women%20Workers%20In%20Vietnam%27s%20Electronics%20Industry%20FINAL%20Nov%202017%20Korean.pdf>

정부에 부과된 법적 의무라는 것을 상기시킨다.[76] 정부는 모든 수단을 동원해서 노동자들이 독성물질에 노출되지 않도록 사전적·사후적으로 조치해야 한다. 여기에는 다음의 것들이 포함된다.

첫째, 정부는 노동자의 자력화를 도와야 한다. 이를 위해 정부는 노동자의 알권리가 실질적으로 보장되도록 독성물질에 관한 정보를 취합, 관리, 공개해야 한다. 또한 노동권이 실질적으로 보장되도록 해야 한다. 그리고 구제절차가 효과적으로 작동하도록 하는 차원에서 피해자의 입증책임 부담을 경감 또는 전환하는 제도를 도입해야 한다.

둘째, 정부는 삼성을 비롯한 기업이 독성물질 실사를 하도록 정책을 펼쳐야 한다. 최근 유럽을 중심으로 인권실사의 법적 의무화는 활발하게 논의되고 있는바,[77] 우리 정부도 이를 적극 검토해야 할 것이다. 즉, 인권실사의 실천으로서 독성물질 실사가 이루어지도록 하는 것이 자연스러울 것이다(주석 38문 참조).

셋째, 정부는 기업활동에서 독성물질이 노동자에게 노출되지 않도록 스스로 적극적인 규제 정책을 펼쳐야 한다. 예컨대, 독성물질이 개별 기업에 의해서 제대로 관리되고 있는지 등의 감시 활동을 해야 하며(주석 32문), 부실한 관리가 적발되는 경우 기업과 개인에 대해서는 형사처벌이 이루어지도록 해야 한다.[78]

요컨대, 독성물질원칙은 대한민국 정부가 삼성 반도체 사건의 재발 방지를 위한 정책을 적극적으로 개발하고 실행해야 할 것을 요구하고, 그것이 바로 현행 국제법상의 국가의 의무라고 상기시킨다.

---

76 대한민국은 유엔의 회원국일 뿐만 아니라 사회권규약과 자유권규약의 가입 국가이다.

77 현재 실사의무화법을 제정한 나라는 프랑스, 독일, 노르웨이 등이다. 유럽연합 차원의 실사 의무화법제가 제안되어 있으며, 유엔은 실사 의무화를 핵심 내용으로 하는 기업과 인권 조약의 제3초안을 공개하고 조만간 국가간 협상을 진행할 예정이다.

78 2021년 1월 8일 '중대재해처벌 등에 관한 법률'이 국회를 통과했다. 이런 법은 중대재해를 방지하기 위한 경영활동 — 즉 실사 — 을 향한 압력으로 작동할 것이다.

결국 독성물질원칙은 삼성에게 변화를 호소하고 동시에 삼성이 변신하도록 외부에서 압박하는 방식으로 독성물질로 인한 산재 문제를 해결해야 한다는 제안이라고 할 수 있다. 그런데 삼성 백혈병 사건의 최종적 해결책인 중재판정에는 이런 내용이 결정적으로 빠져 있다. 중재판정은 '삼성의 자체 노력'을 말할 뿐 삼성이 구체적으로 무엇을 해야 하는지에 대해 침묵했다. 이에 비해 독성물질원칙은 삼성이 무엇을 해야 하는지를 명확히 보여 줄 뿐만 아니라, 삼성으로 하여금 그것을 하도록 압박하기 위해서 정부와 노동자는 무엇을 해야 하는지를 명확히 보여 준다. 중재판정은 이런 핵심적인 문제들을 뒷전으로 밀어 버린 해결책이었다. 그런 점에서 지금 우리의 당면 과제는 본건 중재판정의 한계를 명확히 인식하고, 독성물질원칙을 지침 삼아 삼성과 국가 그리고 노동자(피해자)의 역할을 재정립하는 일이라고 생각된다. 올바른 방향은 알권리와 노동권 강화를 통해 노동자를 자력화시키고 국가도 적극적으로 정책을 펼침으로써 삼성에 압력을 가하는 것이고, 삼성도 이에 화답하여 노동자 참여하의 투명한 산재 예방 경영—이것이 바로 실사(due diligence)다—을 실천하는 것이다.

마지막으로 독성물질원칙의 제안이 갖는 중요성을 한 가지 더 추가하자면, 삼성의 산재 예방 경영(실사)은 삼성과 거래하는 국내외 수많은 (중소)기업에서의 산재도 줄인다는 것이다. 우리가 삼성의 산재 예방 경영에 각별히 관심을 갖는 이유는 단지 삼성의 공장에서 인권침해가 일어났기 때문만이 아니라, 삼성이 가지고 있는 이러한 엄청난 영향력을 기대하기 때문이다.

인권경영, 피할 수 없는 거대한 흐름

인권경영이 무엇인지를 설명하는 긴 여정을 마칠 때가 됐다. 이 긴 글을 통해서 인권경영이 뭔지, 인권경영은 왜 해야 하고 어떻게 해야 하는 것인지 등을 보여 주고자 했다. 하지만 독자들은 여전히 혼란스러울 수도 있다. 그 책임의 상당 부분은 인권경영의 전모를 제대로 설명하지 못한 나에게 있겠지만, 인권경영 개념 자체가 갖는 생소함과 복잡성에도 기인한다고 믿는다. 이제 마지막 남은 지면을 이용하여 인권경영의 핵심을 최대한 쉽게 정리하는 것으로써 이 책을 마감하고자 한다.

인권경영이란

인권경영은 '유엔 기업과 인권 이행원칙'을 실천하는 활동이다(1장). 인권경영의 메시지를 한마디로 하면 '남에게 해를 끼치지 말라(do no harm)'는 것이다. 즉, 인권경영의 메시지는 기업에게 선행을 요청하는 것이 아니다. 인권경영은 말한다. "기업아, 예전과 다름없이 자유롭게 영리활동을 하되, 너로 인해 다른 사람에게 인권 피해가 일어나지 않도록 해라!" 그것은 뭔가를 '하지 말라'라는 소극적 메시지를 담고 있다. 이런 점에서 인권경영은 사회를 위해 '기부나 선행을 하라'라는 기업의 사회적 책임(제2장)이나 지속가능경영에 '투자하라'라는 ESG(제3장)와 다르다. 평생 사회봉사를 실천해 온 자선사업가라고 해서 아동노동이 섞인 커피를 마실 권리를 갖지 않듯이, 아무리 많이 사회적 기여를 하고 아무리 많이 탄소 배출 감소에 기여한 기업이라고 하더라도, 단 한 푼어치도 아동노동으로부터 수익을 얻는 것이 허용되지 않는다. 오히려 기업의 사회적 책임과 ESG를 잘 실천해 온 기업일수록 약자의 인권침해에 대한 비난 강도는 더 높아진다. 이것이 인권경영이 추구하는 근본적 가치관이다.

하지만 인권경영은 그저 기업에게 인권침해에서 멀리 떨어져 있을 것을 요구하는 것이 아니다. 반대로 인권경영은 기업에게 인권침해를 하지 않기 위한 적극적 조치를 취할 것을 요구한다(1장). 인권경영 시대에 기업은 인권경영 체계를 운용해야 한다. 인권경영 체계란 인권정책선언, 인권실사, 구제(고충처리)절차의 제공을 말한다. 인권실사란 기업의 인권침해를 사전 예방적으로 파악해서 대책을 세우고 실행하며, 그 과정과 결과를 공개하는 활동이다. 이를 통해 기업은 자신이 인권을 침해하고 있지 않다는 것을 대외적으로 입증해야 한다. 이것이 이른바 '알고 보여 주기(know and show)'다. 기업에 의한 인권침해에 대한 예전의 대응은 주로 NGO의 몫이었고, 이들이 가진 수단은 '콕 집어 비난하기(naming and shaming)'였다. 인권경영 시대에는 NGO의 역할에도 변화가 요구된다. NGO가 비판활동을 포기해서는 안 되겠지만, 이제 NGO는 기업에 늘 적대적이기보다는 협력하는 태도를 함께 가져야 한다. 기업은 인권침해 문제의 해결 과정에서 NGO의 협력을 요구해야 하고, NGO도 기업과 함께 문제 해결에 나서야 한다.

이 모든 것이 이행원칙이 정립한 인권경영이거니와, 여기서 이행원칙이 단지 권고일 뿐이므로 이를 준수할 필요가 없다고 말하면 안 된다. 이행원칙은 이미 국제사회에서 하나의 규범적 지위를 획득했기 때문이다. 말하자면 인권경영은 그저 하나의 경영기법이 아니다. 그것은 기업활동에 관한 국제인권규범이다. 그렇기 때문에 인권경영은 해도 되고 안 해도 되는 것이 아니다. 그것은 기업이라면 반드시 실천해야 하는 최소한의 도덕규범이다. 다만 이를 위반한 기업에 대한 법적 제재 장치는 아직 충분히 발달하지 못한 것이 사실이다.

인권경영의 비전은 담대하다

그렇다면 국제사회는 기업에게 왜 인권경영을 하라고 요구할까? 특히 국제사회는 왜 법을 이용하여 기업의 인권침해 행위를 직접 규제하는 방식을 선택하지 않았을까? 이에 대해서 몇 가지 측면에서 대답해 본다.

첫째, 인권경영은 기업에게 법보다 높은 기준의 준수를 요구한다. 사실 많은 나라에서, 특히 선진국에서 대부분의 인권침해는 법률 위반이다. 그렇기 때문에 법률만 잘 준수해도 인권침해 문제가 거의 발생하지 않는다. 하지만 늘 그런 것은 아니다. 예컨대, 시장에서 아동노동이나 강제노동이 섞여 있는 재료를 확인하지 않고 구매한 경우 그것이 불법은 아니지만, 인권경영은 그것이 잘못이라고 말한다. 미얀마 군부와 합작사업을 하더라도 불법은 아니지만, 인권경영은 그것이 인권침해가 될 수 있다고 본다. 하청노동자의 산재에 대해서 관심을 가지지 않더라도 불법은 아니지만, 인권침해가 될 수 있다. 이처럼 인권경영은 합법적이더라도 도덕적으로 허용되지 않는 행위를 금지하고자 한다.

둘째, 인권경영은 법으로는 도저히 해결할 수 없는 문제를 해결하고자 한다. 좀 더 정확히 표현하면 전통적인 명령-통제의 규제 방식으로는 해결할 수 없는 복잡하고 어려운 문제를 해결하고자 한다(7장). 예를 들어보자. 현대중공업에서 하청노동자의 사망사고가 빈발한다면 어떻게 해결해야 하는가? 현장에서 사망사고가 없으면 좋겠지만 전혀 발생하지 않도록 할 수 있을까? 아마 그것은 사업을 포기하지 않는 한 불가능할 것이다. 그렇다면 우리는 어느 정도의 사망사고까지 감내할 수 있는가? 사망사고를 줄이기 위해서 어떤 조치가 가장 필요한가? 이런 질문에 대해서 법이 최소 기준을 제시할 수는 있겠지만, 법이 현장에 최적화된 답을 내는 것은 불가능할 것이다. 올바른 대답은 산업 업종에 따라서, 규모에 따라서, 심지어 시간의 추이에 따라서도 달라질 것이기 때문이다. 이에 대해 인권경영은 답한다. "법적 기준을 넘어서는 부분에 대해서는 방치하지 말고 기업이 자체적으로 해결하라!" 인권경영은 만약 기업 자신도 최선의 방법이 무엇인지 모를 경우에는 노동자들을 포함한 이해관계자들과 협의하고, 필요하면 관련 전문가의 자문을 받아서 해결하라고 요구한다. 그리고 그것을 어떻게 해결했는지 보고서를 작성하여 공개하라고 요구한다. 기업이 문제를 제대로 해결했는지는 피해자, 노동자, 소비자, 구매자, 투자자 등 다양한 이해관계자들이 보고서를 통해 판단할 것이고, 부실한 경우 각자의 방식으로 제재할 것이다. 말하자면 기업은 자신의 비용으로 인권 문제를 해결한 후 결과 보고서를 통해서 잘 해결했다는 것을 대외적으로 입증해야 한다. 이것이 인권경영이다.

인권경영에서 피해자나 NGO 등 이해관계자의 역할은 매우 중요하다. 사실 복잡한 인권 문제는 이해관계자와의 소통을 통하지 않고는 바르게 해결될 수 없다. 왜냐하면 이해관계자(특히 피해자)야말로 인권침해 여부를 제대로 판단할 수 있고, 올바른 해법이 무엇인지 제안할 수 있고, 제시된 해법이 소기의 성과를 냈는지를 판단할 수 있기 때문이다. 그렇기 때문에 인권경영은 "이해관계자와 함께 인권 문제를 해결하라."는 메시지에 다름 아니다. 이런 점에서 인권경영은 기업이 직면한 인권 문제의 해결과 관련하여 기업 차원에서 참여민주주의를 구현한 것이다.

이해를 돕기 위해 하나 더 예를 들어 보자. 인터넷 정보기술은 인간에게 유익을 주지만 동시에 프라이버시, 편향된 알고리즘, 허위 정보, 혐오 표현, 불평등 심화, 감시, 범죄 등 인권 문제를 유발할 수도 있다. 그렇다면 네이버나 카카오 등 정보기술 기업은 어떻게 해야 하는가? 현재 법률은 이들 기업들에게 구체적으로 무엇을 지시하지 않는다. 정확히 말하면 규제 당국조차 무엇을 지시해야 할지 모르고 있다. 문제들이 모두 어렵고 적절한 해법이 아직 개발되지 않았기 때문이다. 그렇다면 이에 대해 인권경영은 어떤 대답을 내놓고 있는가? 인권경영은 말한다. "네이버나 카카오는 이해관계자와 전문가와 협의하면서, 어떤 인권 문제가 발생할지를 사전에 탐지하여 대책을 세우고, 그 대책과 성과를 담은 인권경영 보고서를 작성해서 공개하라!" 공개를 요구한다는 것은 기업 측의 조치가 최적이었는지에 대해서 이해관계자의 평가를 받으라는 것이다. 기업에게 인권 문제 해결의 주도권을 주면서도 사회적 감시를 통해 허술한 해결을 용납하지 않는 것, 이것이 인권경영이다.

셋째, 인권경영이 불법의 문제를 다루지 않는 것은 아니다. 예컨대 삼성 반도체 사건에서와 같은 산재가 발생했다고 생각해 보자. 피해자는 민사 손해배상을 청구할 수 있을 것이며, 책임 있는 자를 형사처벌할 수도 있을 것이다. 하지만 문제는 그렇게 간단하지 않다. 삼성 반도체 사건에서 보듯이 피해를 법정에서 입증하는 것은 어렵고 비용도 많이 들고 효율적이지도 않다(13장). 만약 인권경영 체제가 존재했다면, 이런 문제들이 법정까지 가지 않고 삼성과 피해자가 모두 만족하는 선에서 훨씬 신속하게 해결됐을 수도 있다. 물론 그렇지 않을 수도 있다. 또 다른 예로 직장 상사가 부하를 상대로 심한 욕을 했다고 가정해 보자. 이는 민사 손해배상감이고 형사처벌감이다. 하지만 이런 경우 법적인 해결이 최선일까? 기업내에 고충처리장치가 작동한다면 피해자와 소통하는 속에서 문제를 훨씬 쉽게 해결할 수도 있다. 피해자가 보상에 만족하고 재발도 방지하고 직장생활도 방해받지 않는 해법이 찾아질 수도 있다. 이처럼 인권경영은 법적인 문제에서도 피해자와 가해자가 모두 만족하는 신속한 해결을 도모한다.

넷째, 인권경영은 사전 예방적으로 문제를 해결하고자 한다. 기업이 불법을 수반하는 인권침해를 일으킨 경우, 사후에 법으로 대응할 수는 있다. 하지만 최선은 인권침해 자체가 일어나지 않도록 예방하는 것이다. 최근 아파트 신축 중 일부가 붕괴되어 많은 노동자가 사망했다. 만약 그 기업에 인권경영 체제가 원활히 작동했더라면, 미연에 방지됐을 수도 있다. 이처럼 인권경영은 운영하기에 따라 준법장치(complinace)를 포괄할 수 있다.

다섯째, 인권경영은 인권가치를 기업 밖으로까지 확산시킨다. 법적 규제는 원칙적으로 기업이 직접 초래하거나 기여한 인권침해에만 대응한다. 그러나 인권경영은 기업에게 공급망에서 발생하는 인권침해에 대한 대응을 요구한다. 예컨대, 삼성이 인권경영을 한다는 것은 삼성에 납품하는 재료에 인권침해가 섞여 있지 않도록 조치하는 것을 포함한다. 뿐만 아니라 삼성은 자신이 공급하는 제품이 인권침해에 이용되지 않도록 유의해야 한다. 말하자면 삼성은 공급망을 통해서도 인권침해에 연결되지 않도록 조심해야 하며, 그러한 연결이 발견되면 적절한 조치를 해야 한다. 만약 조치할 수 없거나 조치의 효과가 없다면, 그 거래를 중지할 것이 요구된다. 인권경영의 이런 특성을 앞에서 인권경영의 확산효과라고 했다(11장). 이런 효과 때문에, 한 기업이 인권경영을 하면 주변의 기업들에서 인권침해가 사라진다. 뿐만 아니라 그 기업과 거래를 하는 기업 이외의 주체에서도 인권침해가 줄어들거나 사라진다. 예컨대, 인권경영은 제노사이드를 일으킨 미얀마 군부에 영향을 미치며, 콩고의 불법적 무장단체들에도 영향을 미친다.[1] 페이스북 논란에서 보듯이, 트럼프 같은 정치가의 인권침해적 발언도 막는다. 기업과 연결되지 않은 인간활동이 거의 없을 지경이라고 했을 때, 인권경영을 확산시키는 것은 기업뿐만 아니라 지구촌 전반에서 발생하는 인권침해를 줄이는 일이라고 할 수 있다.

마지막으로 한 가지 더 지적하면, 인권경영의 기법은 기업 이외의 조직에서도 채용되고 있다. 예컨대, 피파(FIFA)는 인권경영을 선언했다. 따라서 인권침해 기업은 피파에 축구공을 납품하거나 경기장 건설에 참여할 수 없다. 일본은 도쿄올림픽을 인권경영 원칙에 따라서 운영하겠다고 했다. 학교는 어떤가? 미국의 주요 대학들은 노조를 인정하지 않는 기업으로부터는 스포츠웨어의 납품을 받지 않겠다고 했다. 이것은 학교 차원의 인권경영이다. 세계은행 산하의 국제금융공사(IFC)는 프로젝트 금융의 조건으로 인권영향평가를 요구한다. 광주시는 지방자치단체로서 인권도시를 선언했다. 인권도시라면 인권경영을 하겠다는 의미일 것이다. 경상남도교육청은 교육청 단위에서 인권경영을 실시하겠다고 선언했다. 이 모든 조직에서 기업의 인권경영 기법이 채용되고 있다. 향후 노동조합, 시민단체 등 기타 비영리단체도 인권경영을 요구받을 것이다.

요컨대, 인권경영은 기업에게 직접 인권침해를 자제하도록 하는 데 그치지 않고, 자신과 연결된 모든 기업과 조직과 사람들의 인권침해를 막도록 작동한다. 그것의 영향은 실로 지구촌 전체를 포괄한다고 해도 과언이 아니다. 이것이 인권경영이 추구하는 장기 비전이다. 인권경영의 등장 계

---

1 2022년 2월 24일 러시아가 우크라이나를 침공했다. 이번 침공은 민간인에 대한 공격을 포함하였으며, 책임자는 집단살해죄(제노사이드), 반인도범죄, 전쟁범죄, 침략범죄 등의 책임을 질 수 있다. 이에 거대 다국적기업들은 러시아로부터 빠르게 거리를 두기 시작했다. 여기에는 애플, 트위터 등 IT기업, 셸, 엑슨모빌 등 에너지기업, 핀에어 등 항공사, 노르웨이 국부펀드 등 기관투자자와 은행, 폭스바겐 등 자동차회사를 포함한 다양한 다국적기업이 포함된다. 인권경영을 생각한다면 대규모 인권침해를 유발하는 범죄자에 기대어 영리사업을 할 수는 없는 일이다. 이러한 기업의 '탈-러시아' 흐름은 인권경영이 어떤 식으로 기업 밖의 세상에 영향을 미치는지, 그리고 얼마나 강력하게 영향을 미칠 수 있는지를 극명하게 보여 준다. 이런 글로벌의 흐름에 비해 한국 기업들의 발걸음은 한없이 무거워 보인다.

기는 몇몇 다국적기업의 공급망에서 발생한 인권침해를 막겠다는 것이었지만, 그것이 지향하는 비전은 이토록 담대해졌다. 이제 인권경영은 우리 사회의 구석구석, 지구촌의 모든 곳에 영향을 미치고자 한다.

인권경영의 어려움과 극복 방향

인권경영이 위와 같은 담대한 비전을 가지고 있다면, 인권경영은 왜 신속히 확산되지 않는가? 그것은 단지 기업 경영자의 낮은 인권의식 탓만은 아니다. 사실 경영자가 선한 의지를 가지고 있더라도 인권경영을 실천하는 것은 쉽지 않다. 기업은 자신의 인권 위험(risk)을 식별하는 것조차 어려울 수도 있다. 찾아진 인권 위험에 대한 적절한 대책을 찾는 것은 더욱 어렵다. 예컨대, 인공지능을 개발하는 기술 기업은 인공지능이 어떤 인권 문제를 낳는지 모를 수 있다. 안다고 하더라도 어떻게 대응하는 것이 적절한지 모를 수 있다. 이해관계자나 전문가, 컨설팅 회사나 로펌 등의 도움을 받는다고 하더라도 쉽지 않다. 이런 일은 매우 번거롭고 어려우며, 게다가 적잖은 비용이 든다. 그렇기 때문에 사활적 경쟁에 내몰려 있는 기업의 경우 인권경영을 실천하는 것은 더욱더 어렵다. 착한 기업이 돈을 들여 인권경영을 하는 동안, 악덕 기업은 아무것도 하지 않음으로써 경쟁우위를 누릴 수 있다. 이렇게 볼 때 인권경영의 도입 지체를 경영자의 개인적 도덕성 탓으로 매도할 수는 없다.

결국 인권경영이 도입되려면 법과 제도가 나서지 않으면 안 된다. 그리하여 인권경영을 실천하는 착한 기업이 그로 인해 피해를 입지 않도록 해야 하고, 반대로 인권침해를 일삼는 악한 기업이 그를 통해서 경쟁우위를 누리지 못하도록 막아야 한다. 그리하여 궁극적으로는 시장에 존재하는 기업 모두가 인권경영을 하도록 해야 한다. 그러나 법으로 규제하자는 이

맺는 장 431

말에도 맹점은 있다. 근본적으로 인권경영은 법적 의무를 넘어(beyond the law) 도덕적 의무를 기업에게 부과하는 것이기 때문이다. 인권경영은 기업에게 준법을 요구할 뿐만 아니라, 아직 법에 반영되지 않았고 어쩌면 앞으로도 법에 반영될 수 없는 인권규범을 존중하면서(즉, 인권침해를 하지 않으면서) 사업 활동을 해야 한다는 주장이다. 이처럼 인권경영은 본질적으로 법을 통한 강제에 친하지 않은 개념이다.

기업(경영자)의 자발성도 아니고 법을 통한 직접 규제도 아니면 뭔가? 우리는 인권경영 시대로 나아가기 위해서 무엇을 어떻게 해야 하는가? 인권경영은 기업 측의 자발성을 조롱하지도 않고 규제의 효과성도 부인하지 않는다. 오히려 인권경영은 기업 측의 자발성과 국가적 차원의 규제가 필수적이라고 주장한다. 동시에 이것만으로는 부족하다고 본다. 인권경영이 제시하는 대안의 핵심은 다양한 이해관계자의 참여다. 여기서 기업의 자발성도 필수적이고 정부의 규제도 필수적이지만, 이해관계자야말로 인권경영의 최종적인 동력이다. 그리고 이들이야말로 이 책이 바라마지 않는 진정한 독자이다. 거듭 강조하건대, 인권경영은 노동자, 노조, 피해자, 투자자, 일반 시민, NGO 등 여러 이해관계자 모두가 각자의 영역에서 기업의 인권침해 행위를 감시-비판하는 한편 해당 기업과 협력하면서 함께 해법을 찾아갈 때 완수되는 것이다.

이런 일은 금방 이루어지지 않을 것이다. 하지만, 이미 변화는 시작됐다. 많은 이해관계자는 기업의 인권침해가 용납되어서는 안 된다고 생각하고 행동하기 시작했다. 소수이긴 하지만 일부 기업도 이런 흐름을 이해하고 수용하기 시작했다. 인권경영을 진지하게 실천하는 기업의 수가 일정 지점(임계점)에 이르는 순간, 그때부터는 기업들 사이의 연쇄적인 반응에 의해 신속한 변화가 일어날 것이다. 이것이 이 책에서 말하는 인권경영의 확산효과이다(11장). 상당수의 주요 기업이 인권침해 기업과 거래하지 않기로 결심하면, 이것이 기업들 사이의 상호 감시와 견제 효과를 일으키면서 인권침해 기업이 빠른 속도로 시장에서 배제된다는 것이다. 이 단계에 이르면 시장의 메커니즘에 의해서 자동적으로 시장 내의 모든 기업들이 인권경영으로 향하게 된다. 그렇게 하지 않으면 시장의 힘에 의해서 퇴출당하기 때문이다. 이렇게 볼 때, 인권경영의 완성은 반드시 먼 미래의 일이라고 볼 수 없다. 지금 필요한 것은 그 임계점에 이를 때까지 배전의 노력을 하는 것이다.

그렇다면 구체적으로 우리가 할 수 있는 일은 무엇인가? 인권경영의 이론이 제시하는 대안은 '현명한 혼합(smart mix)'이다. 그것은 다양한 수단을 모두 함께 이용해야 한다는 것이다. 그래서 기업들에게 인권경영을 실행하는 이외에 선택지가 없다는 것을 확실히 보여 주는 것이다. 아래는 우리 사회에서 상상할 수 있는 예시들이다. 이런 것들을 순서와 관계없이 하나씩 하나씩 도입하면, 우리 사회의 인권경영도 바로 그만큼 한걸음 한걸음씩 앞으로 나아갈 것이다. 그러다 보면 어느 순간 인권경영이 확 팽창하여 정착하는 지점이 올 것이다.

정부의 역할

(1) 인권경영의 제도와 문화를 도입함에 있어서 정부의 역할은 아무리 강조해도 지나치지 않다. 정부가 해야 할 일은 너무나 많아서, 정부는 우선 인권경영 전반에 관한 정책 방향을 명백히 하고, 그것을 하나씩 하나씩 차분히 풀어 나가면서 실천할 필요가 있다. 이와 관련하여 정부는 2021년 매우 중요한 법안을 제안했다. 이른바 '인권정책기본법'이다. 이 법 제5장은 다음과 같이 규정했다.

제5장 기업과 인권

제21조 (국가의 인권보호의무)

① 국가와 지방자치단체는 기업의 인권침해를 방지하기 위해 법령·제도·정책을 마련하고 기업의 인권 존중 책임의 실천을 장려·지원하여야 한다.

② 국가와 지방자치단체는 기업의 인권침해 피해자에게 적절한 구제절차를 제공·지원하여야 한다.

제22조 (기업의 인권존중책임)

① 기업은 기업활동을 통해 국내외에서 다른 사람의 인권을 침해하거나 제3자의 인권침해에 관여하지 않아야 한다.

② 기업은 기업활동으로 인한 인권침해 피해자에 대한 적절한 권리구제 수단을 마련하기 위하여 노력하여야 한다.

제23조 (기업의 인권존중 증진)

① 정부는 기업의 인권 존중 책임의 실천을 증진하기 위하여 이에 관한 지침을 마련하고 보급하여야 한다.

② 정부는 기업이 기업의 인권 존중 책임과 관련된 정보를 공개할 수 있도록 정보공개 표준을 마련하여야 한다.

③ 정부는 기업의 인권 존중 책임에 대한 평가기준 및 평가지표를 설정하여 운영할 수 있다.

④ 정부는 제1항 내지 제3항의 지침 및 정보공개 표준 마련, 평가기준 및 평가지표 설정·운영을 위하여 국가인권위원회에게 의견 및 협력을 요청할 수 있다.

⑤ 국가와 지방자치단체는 계약 및 조달 절차에서 기업의 인권 존중 책

임과 관련된 정보를 고려할 수 있다.

이런 법안의 통과는 매우 중요하다. 인권경영에 대한 정부의 기본 입장과 주요한 원칙들을 담고 있기 때문이다. 이 법안은 기업에 인권 존중 책임이 있다는 것을 명백히 하고, 정부는 기업의 인권 존중 책임을 증진시키기위해 제반 노력을 할 의무가 있다고 밝히고 있으며, 가능한 정책 그 몇 가지를 예시로 담고 있다. 이후에 더욱 구체화하는 후속 입법이 필요하겠지만, 이런 입법만으로도 기업에게 확실한 메시지를 전달하는 효과가 있다.

(2) 현재 진행 중인 공공기관 인권경영 정책의 내실화가 필요하다. 공공기관이 인권경영을 충실히 하면 사기업의 인권경영이 영향을 받게 된다. 예컨대, 국민연금은 피투자 기업의 인권침해를 문제 삼을 수 있다(12장). 한국수출입은행은 수출신용장 발부에서 신청 기업의 인권경영을 고려할 수 있다. 공공기관이 자기 거래처인 사기업에 인권침해의 중지를 요구하거나 인권침해 기업과 거래하지 않기로 결정하는 것은 갑질도 아니고경영 간섭도 아니다. 오히려 그렇게 요구하는 것이 인권경영을 실천하는공공기관의 의무이다. 공공기관의 이런 역할이 한국에서 사기업의 인권경영이 정착하는 데 매우 중요함에도 불구하고 지금까지 성과는 거의 없다.사실 공공기관의 인권경영은 평가기관(기획재정부, 행정안전자치부 등)만 결심하면 언제든지 가시적인 성과를 낼 수 있는 부분이다. 그럼에도 불구하고 공공기관의 인권경영이 현장에서의 가시적 성과를 내지 못하고 있는것은 아쉬운 일이다(7장).

(3) 마찬가지로 'OECD 다국적기업 가이드라인'에 따라 설치된 한국연락사무소(NCP)를 정상화하는 것이 필요하다(5장). NCP는 특정 다국적기업이 (법 위반 여부와 무관하게) 인권을 침해했다는 진정이 제기되는 경

우, 사실관계를 조사하고, 침해 여부를 판정하거나 적절한 권고를 할 수도 있고, 합의나 권고가 제대로 이행되는지 감시하는 일을 할 수 있기 때문에, 인권경영의 정착 과정에서 중요한 역할을 할 수 있다. 그런데 한국 NCP는 이런 일이 자기 역할이 아니라고 굳이 주장하면서, 문제의 기업이 협력을 거부하기만 하면 그대로 진정 사건을 종결시켜 버린다. 이제 한국 NCP의 대대적인 개혁은 불가피해 보인다. 현재 한국 NCP의 상급기관은 통상자원부이다. 지금까지의 경과를 볼 때 상급기관을 변경하는 것도 필요해 보인다. 인권가치와 통상자원부의 친기업적 성향 사이에 가치 충돌이 심하고, 그것이 NCP 기능부전을 낳는 것으로 보이기 때문이다. 이와 관련하여 인권위원회도, 법을 개정해서라도, 좀더 적극적으로 나서서 기업의 인권침해 여부를 판정해 주는 것이 필요하다. 아무튼 NCP나 인권위원회가 특정 기업의 인권침해 여부를 적극적으로 판정해 준다면, 그 자체만으로도 기업들은 인권경영을 향한 강한 압박을 느낄 것이다.

(4) 최근 글로벌에서 전개되는 ESG의 흐름을 타고 비재무정보의 공시가 유행처럼 확산되고 있다. 앞에서 보았듯이, ESG와 인권경영은 다른 것이다(3장). 하지만 ESG의 의무적 공시 항목에 인권경영에 관한 내용이 포함된다면, 이는 인권경영의 도입과 확산에 도움이 될 것이다. 인권경영에 관심을 가진 투자자가 인권경영의 관점에서 피투자 기업을 선정하거나 피투자 기업에 영향력을 행사할 것이기 때문이다.

(5) 최근 유럽을 중심으로 인권경영(인권실사) 자체를 의무화한 법률이 도입되고 있다. 우리나라도 인권경영을 의무화하는 법제의 도입을 준비해야 한다. 일단 대기업에 한정하여 인권경영을 의무화한다면 큰 부담이 되지 않을 것이다. 인권경영의무화법은 기업의 인권 존중 책임의 내용을 상세히 규정하고, 위반 시의 제재에 관한 내용을 담아야 하며, 특히 이해관계

자의 참여권을 실질적으로 보장하는 규정을 담아야 한다(8장).

(6) 기업의 인권침해는 많은 경우 법 위반을 수반하기도 하는데(예컨대 노조 파괴 행위), 이 경우 법적 책임을 확실히 묻는 것이 필요하다. 여기에는 민사 손해배상, 형사처벌, 행정벌이 포함된다. 이런 법적 제재는 인권경영의 영역이라기보다 준법의 영역이다. 하지만, 이런 법적 책임이 확실히 부과될 때 인권경영도 힘을 얻게 된다. 예컨대, 최근에 도입된 중대재해처벌법은 기업들의 인권경영을 앞당기는 계기가 될 것이다. 또 법적 제재와 인권경영을 연동하게 되면, 법 위반이 줄어들고 인권경영이 증가되는 효과를 낳을 수 있다. 다시 말해, 충실한 인권경영을 했는지 여부가 민형사 및 행정적 제재의 강도에 영향을 미치도록 하는 법 제도를 도입하면, 기업은 훨씬 적극적으로 인권경영에 나설 것이다.

시민의 각성과 변화

(1) 인권경영은 정부의 노력만으로 되는 일이 아니다. 사실 정부도 자발적으로 인권경영 정책을 추진할 내적 동기가 있는 것은 아니다. 정부는 기업과 국민의 요구를 반영할 뿐이다. 결국 정부를 움직이는 것은 국민이다. 그리고 기업을 움직이는 것도 결국은 소비자 혹은 시민이다. 이런 큰 맥락에서 보면, 인권경영의 성공을 위해서는 시민의 각성이 필수적이다. 공적 주체로서의 국민은 국가에 인권경영 정책의 실시를 요구해야 한다. 소비자로서의 시민은 인권침해가 섞인 제품의 구매를 거부해야 한다. 투자자로서의 시민은 인권침해 기업으로부터 수익을 얻지 않겠다고 선언해야 한다. 이런 식으로 시민이 인권침해 기업을 감시하고 제재하면서, 윤리적 소비와 투자를 실천해야 한다. 우리나라에서 인권경영을 지지하고 지원하는

시민의 수가 늘어나는 만큼 인권경영도 그에 발맞추어 확산될 것이다. 그렇기 때문에 인권경영에 대한 시민적 교육과 홍보는 지극히 중요하다.

(2) 노동조합이나 시민단체의 역할도 변해야 한다. 노동조합이나 시민단체는 감시와 폭로 역할을 해야 하지만, 그에 멈추어서는 안 된다. 이제 이들은 인권경영의 참여자 및 협력자로서의 역할도 수행해야 한다. 투쟁 일변도의 자세보다는 대화와 타협을 거부하지 말아야 하며, 합리적 대안을 가지고 협상에 임하는 전문성을 갖추어야 한다.

인권활동가들에게 한 가지 꼭 제안하고 싶은 것은 인권경영의 확산효과를 최대한 활용하라는 것이다(11장). 예컨대 삼성의 공급망에서 인권침해가 벌어지면 삼성 본사에 항의하라는 것이다. 내용을 잘 정리해서 정중하게 편지 한 통 보내면 된다. 아마 즉시 해결해 줄 것이다. 삼성이 이를 무시하면 국내외 언론사나 혹은 삼성의 경쟁사 앞에 가서, "삼성이 공급망 관리를 하지 않는다."고 폭로하라. 이곳이 삼성의 가장 약한 부분이다. SK, LG 등 우리나라 유수의 대기업도 마찬가지다. 이들 글로벌기업은 의외로 여론에 취약하다. 특히 이들은 인권침해 기업으로 낙인찍히는 것을 두려워한다. 글로벌의 양심에 호소하는 이런 접근은 인권경영 시대가 열어 준 새롭고도 강력한 전술이다.

(3) 그외 인권경영을 위한 다양한 사회적 인프라가 만들어져야 한다. 인권경영에 대해서 컨설팅을 제공하는 회사들과 로펌이 다수 등장하여, 기업과 이해관계자에게 인권경영 시대에 맞는 자문을 제공해야 한다. 인권경영의 수준을 평가하거나 인증하는 기관들도 인권경영의 확산에 도움이 된다. 언론은 인권경영의 모범 사례를 확산하고, 인권침해 기업을 폭로하고, 피해자의 목소리를 대변하는 역할을 잘 수행해야 한다.

(4) 경영자의 인식 변화도 필요하다. 인권경영이 시혜적 활동이라는 생각은 옳지 않다. 인권경영을 위해서 돈을 들이는 것은 필수 경비라고 생각하는 편이 나을 것이다. 아무리 대단한 기업이라고 해도 다른 사람의 인권에 부정적 영향을 미칠 권리는 없다. 경영자는 솔직 담백하게 "우리는 인권침해로부터는 수익을 내지 않겠다."고 선언하고 그것을 실행하는 체제를 만들고 실천해야 한다. 다시 말해 인권경영을 시작해야 한다. 설사 그것이 법적 의무로서 법률에 명시되어 있지 않더라도 그렇다. 경영자는 양보와 타협의 정신을 가지고 잠재적 피해자나 현재적 피해자와 대화를 해야 한다. 그 전제로서 경영자들도 이제는 이해관계자를 무조건 불신하는 태도를 버리고, 피해자 등 이해관계자를 정당한 대화 상대방으로서 인정해야 한다.

기업의 사회적 책임을 위해 수십억, 수백억을 쾌척하는 기업이나 경영자가 "인권침해로부터는 돈 벌지 않겠다."는 약속을 못 하는 이유는 뭔가? 인권침해로 번 돈, 피 묻은 돈으로 선행을 하겠다는 것인가? 이제는 기업과 경영자가 나서서 자신의 피 묻은 손을 씻고 나아가 지구촌의 인권침해를 줄이는 일에 나설 때이다. 인권경영은 바로 이것을 하자는 것이다.

인권경영 시대로 나아감에 있어서 정부와 시민이 당장 실천할 만한 것을 몇 가지 적어 보았는데, 이것 말고도 더 기발하고 좋은 아이디어가 많을 것이다. 아무튼 인권경영 시대로 간다는 것은 단지 새로운 경영기법을 도입하는 것이 아니고, 인권경영을 위한 새로운 기업환경을 만드는 것을 의미한다. 그것은 인간의 존엄과 자유를 보장하면서 동시에 시장경제의 활력을 유지시키는 길이다. 그것은 기업의 과제이며, 우리 모두의 과제이다. 이 모든 것을 일거에 구현할 수는 없을 것이다. 그렇기 때문에 인권경영은 점진적으로 추진할 수밖에 없다. 점진적이라는 말은 지금 할 수 있는 일을 나중에 하자는 의미가 아니다. 지금 당장 할 수 있는 것은 지금 당장 해야 한다. 다만, 지금 당장 할 수 있는 것을 지금 당장 다 한다고 해도 인권경영의 완성에는 시간이 걸린다는 뜻이다.

인권경영은 피할 수 없는 흐름이다

이행원칙이 제시한 인권경영을 공부한 지 10년이 넘는데, 인권경영의 원리는 보면 볼수록 신통방통하다는 생각이 든다. 국제사회가 기업에 의한 인권침해에 대처하는 대안으로서 인권경영을 제시한 것은 우연이 아니다. 인권경영은 쉽지도 않고 그것이 100퍼센트 성공한다고 장담하기는 어렵지만, 그보다 더 나은 대안을 찾기는 쉽지 않다. 선진국들은 이미 인권경영의 잠재력에 대해서 확신을 가지고 관련 법과 정책을 펼치기 시작했고, 이제는 돌이킬 수 없는 지점도 넘은 듯하다. 세계화 시대에 선진국과 더불어 살아가야 하는 우리나라로서 이런 흐름을 거부하는 것은 사실상 불가능해 보인다. 우리가 원하지 않더라도 대한민국에 인권경영의 시대는 오고야 말 것이다. 방향은 정해졌고, 남은 문제는 속도다.

기업들은 경쟁력 운운하며 어려움을 토로하고, 법과 정책을 추진할 정부는 머뭇거린다. 특히 기업에 영향력이 큰 정부 부처일수록 더 소극적이다. 더 이상 물러설 수 없을 때까지 기다리자는 주장처럼 들린다. 때로는 인권경영을 하지 말자는 말처럼 들린다. 맞다, 인권경영을 하면 일정하게 비용이 든다. 그렇다고 우리가 사회적 약자의 삶을 짓밟고 살아야 할 만큼 절박하고 취약한가? 주위를 둘러보라. 기업에 의한 인권침해는 후진국에 있지만, 인권경영은 선진국이 적극적이다. 자국민과 타국민의 인권침해를 경쟁우위의 도구로 삼는 것이 후진국이다. 이에 비해 인권경영으로 인한 비용과 경쟁열위를 감수하는 것이 선진국이다. 우리는 어디에 있는가? 그리고 어디로 가려고 하는가? 이것이 이 책이 우리 모두에게 제기하는 질문이다.

국내 논문·단행본·자료집

고용노동부, 「지난해 산재 사망사고가 많이 발생한 사업장 등 공개」, 고용노동부 공고
　　제2015-360호, 2015. 12. 16.

공유정옥, 「반올림 10년 변한 것과 남은 과제」, 『반올림 10주년 토론회 자료집』, 2017.

_____, 「조선업 사내하청노동자의 노동조건과 건강 (1), 기획: 비정규직 노동조건과
　　건강실태 4」, 『현장에서 미래를』 제116호, 2007. 1. 15.

공지영, 『의자놀이』, 휴머니스트, 2012.

곽관훈, 「사회적 책임투자(SRI)와 기관투자가의 역할」, 『제118회 정기세미나 자료집』,
　　한국증권법학회, 2006. 4.

구도희, 「산업재해의 사각지대」, 『노동사회』 제170권, 2013.

구창우, 「스튜어드십 코드 도입 이후의 국민연금의 사회책임투자에 대한 제언」, 『기업
　　과 인권네트워크, 국민연금투자 활성화 어디로 가고 있나』(국회 공개토론회 자료
　　집), 2019. 5. 8.

국가인권위원회, 「공공기관의 인권경영 실천·확산을 위한 경영실적 평가제도 개선 권
　　고」, 2016. 2. 25.

_____, 『공공기관 인권경영 매뉴얼』, 2018.

_____, 『기업과 인권이행지침: 유엔 '보호, 존중, 구제' 프레임워크의 실행』, 2011.

국가인권위원회 상임위원회 결정, 「OECD 다국적기업 가이드라인에 따른 한국연락사무소(연락사무소)의 구성·운영 상황 개선 권고」, 2011. 10. 6.

_____, 「경제협력개발기구(OECD) 국내연락사무소 제도 개선 권고」, 2018. 2. 8.

국가인권위원회 역, 『기업과 인권을 위한 정책 프레임워크: 보호, 존중, 구제』, 국가인권위원회, 2010. 12.

국민연금, 「국민연금기금운용지침·국민연금기금 투자정책서」, 2018. 7. 30.

국제민주연대, 『아시아지역 한국기업 인권침해 사례 모음』, 2013.

국회사무처, 「2014년도 국정감사, 환경노동위원회 회의록」, 2014. 10. 24.

기업인권네트워크(KTNC Watch), 『2016 해외 한국기업 인권실태 조사: 멕시코 조사 보고서(2015. 9. 1.~9. 12., 2016. 8. 11.~18.)』, 2016.

_____, 『2016 해외 한국기업 인권실태 조사: 인도네시아 조사 보고서(2016. 11. 10.~2016. 11. 25.)』, 2016.

_____, 『2016 해외 한국기업 인권실태 조사: 중국 조사 보고서』, 2016.

기업인권네크워크, 노동건강연대, 전국금속노동조합 현대중공업 사내하청지회, 「현대중공업 산재 발생에 관한 의견서」, 2015. 4. 13.

기업인권네트워크, 한국 연락사무소(NCP) 개혁을 위한 모임, 발전대안 피다, 「제3차 NAP 기업과 인권 부분 시민사회 초안」, 2018. 3. 22.

기획재정부, 「보도자료: 2019년도 공공기관 지정」, 2019. 1. 30.

_____, 『2018년도 공공기관 경영평가 편람』, 2017. 12.

김명숙, 「막스 베버의 법사회학」, 양현아 등, 『법사회학: 법과 사회의 대화』, 다산출판사, 2013.

김수박, 『삼성에 없는 단 한 가지·사람냄새』, 보리, 2012.

김영천, 『질적연구방법론 Bricoleur』, 아카데미프레스, 2013.

김윤나용, 「정몽준의 현대중공업, 조직적 산재 은폐?」, 『프레시안』, 2013. 7. 5.

김종영·김희윤, 「반올림 운동과 노동자 건강의 정치경제학」, 『경제와 사회』 제109호, 2016. 3.

김형철, 「사회책임투자 운동과 증권산업」, 『증권』 제121호, 한국증권업협회, 2004. 12.

노한균, 『ISO 26000을 통해 사회책임 살펴보기: 새로운 국제표준의 이해와 실천』, 박영사, 2011.

대한민국 국내연락사무소(NCP), 「라오스 세피안·세남노이 보조댐 붕괴사고 관련 OECD 다국적기업 가이드라인 이의제기사건 최종성명서」, 2020. 7. 23.

러셀 스팍스, 넷임팩트 코리아 옮김, 『사회책임투자, 세계적 혁명』, 홍성사, 2007.

류영재, 「사회책임투자 관련 두 가지 소고」, 『계간 기업지배구조연구』 통권 제7호, 좋은 기업지배구조연구소, 2003. 6.

_____, 『한국형 사회책임투자』, 홍성사, 2010.

밀양 765kV 송전탑 반대 대책위원회, 「밀양 송전탑 '벌금폭탄' 사태에 대한 불복종 노 역형 선언 기자회견 자료」, 2015. 2. 26.

_____, 「밀양송전탑 관련 쟁점 사항 설명자료」(PPT 자료).

박일환/반올림, 『삼성이 버린 또 하나의 가족: 삼성반도체와 백혈병』, 삶이보이는창, 2010.

박종식, 「위험의 전이와 제도의 지체: 현대자동차 울산공장 정규직과 사내하청업체 노 동자 2005년 산재통계비교」, 『산업노동연구』 제13권 제2호, 2007.

_____, 「조선산업 사내하청의 현황과 공정별 현황: 9대 조선해양업체 사내하청 10 만 명 돌파, 그들은 어떤 일을 하는가?」, 『2014-11 금속연구원 이슈페이퍼』, 2014.

반올림, 「삼성은 「재발방지대책」 합의 내용을 성실히 이행하고, 「사과」·「보상」에 대한 교섭 약속을 이행하라」, 반올림 기자회견 자료집, 2016. 1. 13.

방희경·원용진, 「언론이 산업재해를 보도하는 방식에 관한 연구·삼성 백혈병 사태의 경 우」, 『한국언론정보학보』 제79권, 2016. 10.

백윤철, 「프랑스 헌법재판에 관한 연구」, 『한양법학』 제30권 제3집(통권 제67집), 2019. 8.

사회책임투자연구회, 『사회책임투자 개념 및 국제 동향』, Working Report 06-01, 한국 증권연구원, 2006.

삼성노동인권지킴이, 「성명서: 삼성은 직업병 피해자를 우롱하는 일방적인 보상위원회 를 폐기하고 조정위권고안을 수용하라!」, 2015. 9. 15.

삼성전자 반도체 등 사업장에서의 백혈병 등 질환 발병과 관련한 문제 해결을 위한 조 정위원회, 「조정권고안」, 2015. 7. 23.

_____, 「조정의제 중 재해예방대책에 관한 조정합의의 성립·옴부즈맨 위원회의 구성 및 운영」(보도자료), 2016. 1. 12.

_____, 「중재판정서」, 2018. 11. 23.

성동규, 「쌍용자동차 파업 관련 보도분석: '파업부당성'과 '노동자 동정'으로 갈려」,

『신문과 방송』, 2009. 9.

_____, 「용산사태 관련 보도: 정파적 보도로 희생된 국민의 알 권리」, 『신문과 방송』, 2009. 3.

세계변호사협회, 대한변호사협회 옮김, 「IBA 기업변호사를 위한 기업과 인권 실무지침」, 2016. 5. 28.

심재진, 「사내하도급 근로자의 건강과 안전에 대한 도급사업주의 책임」, 『노동법연구』, 제38호, 2015 상반기.

안병훈·이승규·이수열, 『우리나라 기업의 사회책임경영 현황 및 전망에 관한 조사보고서』, 한국과학기술원 사회책임경영 연구센터, 대한상공회의소 지속가능경영원, 2006. 3.

엄은희, 「환경(부)정의의 공간성과 스케일의 정치학: 밀양 송전탑 갈등을 사례로」, 『공간과사회』 제22권 제4호, 2012.

에이미 도미니, 구형표·이주명 옮김, 『사회책임투자』, 필맥, 2001.

오건호, 「국민연금기금의 사회책임투자 현황과 과제」, 『한국사회복지정책학회 2012 춘계학술대회 발표논문집』, 2012.

울산광역시 동구, 『울산광역시 동구 비정규직 노동자 실태조사』, 2012. 2.

울산지역 노동자건강권대책위, 금속노조울산지부 현대중공업 사내하청지회, 「산재지정병원과의 유착, 반드시 끊어내야 한다! 노동부는 즉각 조사에 나서라!」(기자회견문), 2015. 6. 24.

이계수, 「강제퇴거와 재개발 ; 주거권의 재산권적 재구성: 강제퇴거금지법 제정운동에 붙여」, 『민주법학』 제46권, 2011.

이광석, 「행정과 생활세계의 충돌과 조화에 관한 연구: 의식의 흐름 방법을 적용한 밀양 송전탑 사태의 분석」, 한국행정학회, 『한국행정학보』 제48권 제3호, 2014.

이동승, 「기관투자자의 사회적 책임투자」, 『강원법학』 제45호, 2015. 6.

이상수, 「공공조달을 통한 사회 환경적 가치의 구현: EU의 공공조달 관련법제를 중심으로」, 『행정법연구』 제33호, 2012. 8.

_____, 「공급망에서 발생한 인권침해에 대한 기업의 책임: 현대중공업 사내하청 노동자의 산업재해 문제 해결을 위한 새로운 접근」, 『법과사회』 제52호, 2016.

_____, 「국민연금의 사회책임투자 정책에 대한 비판적 고찰」, 『법과기업연구』 제9권 제2호, 서강대학교 법학연구소, 2019. 8.

_____, 「국제인권법상 국가의 역외적 인권보호의무·다국적 기업에 의한 해외 인권침해의 맥락에서」, 『홍익법학』 제22권 제3호, 2021. 10.

_____, 「기업과 인권이 기업변호사와 로펌에 제기하는 기회와 도전」, 『인권과 정의』 490호, 2020. 6.

_____, 「기업과 인권이슈에 대한 국제사회의 대응: 유엔 기업인권규범 및 기업인권 이행지침의 재평가」, 『법과사회』 제44호, 2013. 6.

_____, 「'기업과 인권 조약' 논의의 쟁점과 전망」, 『법과기업연구』 제7권 1호, 서강대학교 법학연구소, 2017. 5.

_____, 「기업범죄의 예방장치로서의 준법장치와 양형: 미국 연방 양형지침을 중심으로」, 『이화여대 법학논집』 제25권 제2호, 2020. 12.

_____, 「기업에 의한 대규모 인권침해의 구조」, 『법과사회』 제48호, 2015. 4.

_____, 「기업의 사회적 책임 맥락에서 본 유노칼 판결의 의미」, 『전남대학교 법학논총』 제31집 제2호, 2011. 8.

_____, 「기업의 인권침해에 대한 법적 규제」, 『법과기업연구』 제8권 제3호, 서강대학교 법학연구소, 2018. 12.

_____, 「기업의 인권침해 연루에 관한 법적 규제·국제법상 연루의 법리를 중심으로」, 『법과기업연구』 제8권 제1호, 서강대학교 법학연구소, 2018. 4.

_____, 「다국적기업에 의한 인권침해와 OECD 다국적기업 가이드라인」, 『서울대학교 법학』 제55권 제3호, 2014. 9.

_____, 「밀양 송전선 분쟁에 대한 기업인권적 접근」, 『이화여자대학교 법학논집』 제18권 제2호, 2013. 12.

_____, 「사회적 가치 관점에서 본 프랑스 실사의무화법 제정의 의의」, 한국법제연구원, 『사회적가치 이슈페이퍼』 21-19-1, 2021.

_____, 「UN지구협약의 특징과 가능성: soft law vs. hard law」, 『홍익법학』 제12권 제1호, 2011.

_____, 「인권실사의 개념과 법제도화 가능성」, 『법과기업연구』 제5권 제1호, 서강대학교 법학연구소, 2015.

이상헌·이정필·이보아, 「다중스케일 관점에서 본 밀양 송전탑 갈등 연구」, 한국공간환경학회, 『공간과 사회』 제48권, 2014.

이원재, 「왜 글로벌 패션의류기업은 인권경영에 나서게 되었나?」, 『패션정보와 기술』 제6권, 2009.

이은선·최유경, 『ESG 관련 개념의 정리와 이해』, 한국법제연구원, 2021.

이인영, 「안전사각지대 대한민국 조선소, 현대중공업 '물량팀'의 실체 최초공개」(국회의원 이인영 보도자료), 2014. 10. 8.

이화연·윤순진, 「밀양 고압 송전선로 건설 갈등에 대한 일간지 보도 분석: 환경정의의 관점에서」, 『경제와 사회』 통권 제98호, 2013.

『인권경영가이드라인 및 체크리스트』, 2014.

『인권영향평가 및 관리에 관한 지침』, 2014.

임자운, 「반올림 10년, 정부 법제도의 변화와 남겨진 과제」, 『반올림 10주년 토론회 자료집』, 2017.

_____, 「삼성의 반인권적 행위들」, 법무부/국가인권위원회/휴먼아시아, 『기업과 인권 포럼 자료집: 인권경영의 국제적 동향과 기업의 실천방향 및 정부의 역할』, 2020. 12. 4.

장민선, 『사회적 가치 창출을 위한 E.S.G 기초연구(II): 기업의 사회적 가치 실현을 위한 인권실사(due diligence) 제도도입에 관한 연구』, 한국법제연구원, 사회적 가치법제 21-19-③, 2021.

장우영, 「연기금 기관투자자의 사회책임투자 한계에 관한 고찰」, 『상사법연구』 제37권 제2호, 2018.

전국금속노동조합 조선업종 물량팀 노동조건 실태연구팀, 울산산재추방운동연합 등, 『2015년 조선업종 물량팀 노동조건실태연구』, 2015.

정부(국토해양부, 외교통상부 등), 「원양어선내 외국인선원 인권침해 엄중 처벌키로─외국인 선원 근로여건 및 인권 개선대책 마련」(보도자료), 2012. 9. 28.

정신영, 「우즈벡 정부, 한국기업 그리고 우리는 어디에 있었을까?」, 『우즈벡 목화농장 아동노동과 한국기업의 책임』(시민정치포럼, 진보정의당 박원석 의원, 국제민주연대, 공익인권법센터 어필 공동 주최 토론회 자료집), 2012.

조효재, 『탄소사회의 종말』, 21세기북스, 2021.

존 러기, 이상수 옮김, 『기업과 인권』, 필맥, 2014.

『중소기업 인권경영 실태조사 및 법령제도 개선방안 연구』, 2014.

지식경제부 기술표준원, 『사회적 책임에 대한 지침, KSA ISO 26000』, 2012.

최연순, 「반도체 사업장의 화학물질 보유실태와 포토공정 물질안전보건자료의 영업비밀 구성성분 확인 및 정확성 평가」, 서울대학교 보건대학원 석사학위 논문, 2016.

최준선, 「국민연금 대한항공 의결권 행사, 다수 주주 의사 저버린 것」, 『뉴데일리 경제』, 2019. 4. 4.

최홍석·임효숙, 「밀양 송전선로 건설 갈등의 인지격차 분석: 한국전력 대 지역주민」, 한국정부학회, 『한국행정논집』 제26권 제4호, 2014.

한국산업안전공단 산업안전보건연구원, 『유해·위험작업에 대한 하도급업체 근로자 보호강화 방안』, 2007. 11.

한국 연락사무소(NCP) 개혁을 위한 모임, 「OECD 회원국으로서 이제는 정상운영되어
　　야 할 다국적기업 가이드라인 국내연락사무소」, 2017.

한국전력, 「한전, 밀양 765kV 송전선로 건설공사 관련 입장 발표」(보도자료), 2013. 5.
　　18.

한국조선플랜트협회, 『2014년도 조선자료집』, 2014.

한국토지공법학회, 『송·변전설비 건설 시 피해범위와 적정 편입범위 산출 및 보상방법
　　연구』, 2011. 10.

한림대 산학협력단, 『2014년 산재위험직종 실태조사』, 인권위원회, 2015.

한정애, 「현대중공업 사망재해 다발사업장으로 하청기업 웬만한 부상은 산재 은폐, 그
　　럼에도 2009년부터 현재[2013]년까지 768억 8천만 원 산재보험료 감액받아」(한정
　　애 의원 보도자료), 2013. 10. 10.

한철, 「사회적 투자의 법리」, 『경영법률』 제11집, 2000.

함승경·김영욱, 「담론경쟁을 통한 PR 커뮤니케이션 사회적 차원 확대 연구: 밀양 송전
　　탑 건설 갈등을 중심으로」, 한국PR학회(구 한국홍보학회), 『홍보학 연구』 제18권
　　제1호, 2014.

해외한국기업감시(KTNC Watch), 『캄보디아 유혈진압과 한국기업 및 한국정부의 연
　　루』(2014년 해외한국기업감시 캄보디아 유혈진압 현지 실태조사 보고서), 2014.

행정안전부, 지방공기업평가원, 『2020년도 지방공기업 경영평가 편람』, 2019. 5.

허환주, 「1년간 13명 '죽음의 공장'…대체 무슨 일?」, 『프레시안』, 2015. 6.

현대중공업노동조합, 전국금속노동조합 현대중공업 사내하청지회, 「2014년 현대중공
　　업 사내하청 노동환경실태조사 결과발표」(기자회견 자료), 2014. 4. 16.

황필규, 「OECD 다국적기업 가이드라인 효과적 이행방안 토론」, 전순옥 의원실 주최,
　　『OECD 다국적기업 가이드라인 효과적 이행방안』, 2014. 1. 13.

황필규·나현필, 『필스전 현지조사 보고서(2007. 11. 22.~2007. 11. 27.)』, 2017.

Creswell, John, Poth, Cheryl N., 조홍식 외 3인 옮김, 『질적연구방법론』, 학지사, 2010.

IPEN, COFED, 『베트남 전자산업 여성노동자들의 이야기』, 2017.

Lee, Sang Soo, 「Reflexive Law Approach to Business and Human Rights: Cases in France
　　and Korea」, 『법과기업연구』 제9권 제3호, 서강대학교 법학연구소, 2019. 12.

NPS 국민연금연구원, 「공적 연기금의 사회책임투자(SRI) 방안」, 2006.

OECD 다국적기업 가이드라인 대한민국 연락사무소 사무국, 『OECD 다국적기업 가
　　이드라인』, 2011.

국내 언론 기사, 보도자료

「경남 밀양 송전탑 현장 경찰력 투입 비용 100억」,『연합뉴스』, 2014. 6. 27.

「'경제계의 박근혜' 이재용은 청문회 남우주연상감?」,『오마이뉴스』, 2016. 12. 6.

「국민연금 스튜어드십 코드 행사 미흡했지만 최선의 판단」,『한겨레신문』, 2019. 2. 21.

「[기자회견] 삼성반도체 백혈병은 산업재해다」, 반올림 등 다수 단체, 2014. 8. 25.
　　　<http://www.peoplepower21.org/Labor/1198951>

「대한항공, '세계 항공사 리포트' 2018 최고 실적 항공사 선정」,『중앙일보』, 2019. 8. 8.

「돈으로 죽음을 덮으려는 삼성」,『한겨레21』, 2010. 7. 12.

「문재인 대통령 "ESG 확산 원년…따뜻한 자본주의 시대"」, Newscape, 2021. 3. 31.

「[민변논평] 삼성전자 중재판정 환영」, 민주사회를 위한 변호사 모임, 2018. 11. 2.

「밀양송전탑 공사는 재개되어야 한다」,『중앙일보』사설, 2013. 9. 12.

「박능후 장관 명백한 위법으로 국민연금 손해 시 주주권 적극 행사」,『한겨레신문』,
　　　2019. 2. 1.

「반올림 1023일 노숙 농성 '해피엔딩' 비결은?」,『한겨레21』, 2018. 8. 10.

「반올림 산재 신청 현황(2007. 6. 1.～2020. 10. 7.)」. <https://m.cafe.daum.net/samsung
　　　labor/MHzN/457>

「법무법인 지평, '인권경영팀' 출범」,『법률신문』, 2020. 2. 14. <https://m.lawtimes.co.kr/
　　　Content/Article?serial=159550>

「삼성 백혈병 합의, 기업의 사회적 책임 각성 계기로」,『국민일보』, 2018. 7. 23.

「삼성반도체 '발암성 물질' 6종 사용 확인」,『한겨레21』, 2010. 5. 17.

「세계 일류 삼성반도체, 산업재해 은폐하려 했나?」,『말』, 2007. 4. 1.

「송전탑 반대 전국 확산, 이대로라면 나라가 제자리걸음」,『조선일보』사설, 2013. 8. 5.

「11년 걸린 삼성의 '백혈병' 사과, 다시는 재발되지 않도록」,『경향신문』, 2018. 11. 23.

「11년간 삼성 괴롭힌 반도체 백혈병 분쟁 종지부…전원 보상 결정」,『조선일보』, 2018.
　　　11. 1.

「'연금사회주의가 현실로' 충격 휩싸인 재계」,『한국경제신문』, 2019. 3. 27.

「5대 로펌 매출 2.2조 원 육박…광장, 첫 '3,000억 클럽' 진입」,『한국경제』, 2020. 2. 9.

「외국 투자자들 '삼성반도체 백혈병' 진상 규명 요구」,『한겨레21』, 2010. 5. 27.

「외부세력 유무, 군산·밀양 송전탑 합의 성패 갈랐다」,『조선일보』사설, 2013. 12. 14.

「유골 뿌리기 직전 돈이 입금됐다」,『한겨레21』, 2010. 7. 12.

「은폐된 사내하청 산재, 최대 60배 의혹」,『한겨레』, 2015. 4. 28.

「인권경영 없이는 기업도 없다」, 『한겨레21』 제826호, 2010. 9. 3.

「'잇단 산재' 현대중공업 결국 작업 중단」, 『경향신문』, 2016. 4. 20.

「조양호 경영권 박탈, 재벌 총수 전횡 끝내는 계기 되기를」, 『경향신문』 사설, 2019. 3. 27.

「조양호 연임 부결, 주주 힘으로 '황제 경영' 바로잡을 길 열었다」, 『한겨레신문』 사설, 2009. 3. 27.

「첫발 내디딘 국내 인권경영 시스템…법무부·인권위, 실행계획 세운다」, 『한국경제』, 2019. 3. 25.

「한전, 밀양 송전탑 관련 주민 매수…주민대표 통장에 3,500만 원 입금」, 『조선비즈』, 2014. 10. 16.

「한전, 밀양 송전탑 반대 주민 매수 시도」, 『한겨레신문』, 2014. 9. 31.

「현대중 살인적인 '기성' 삭감 중단을」, 『한겨레』, 2015. 12. 21.

「호주 청소년 "삼성 불매" 예고에…삼성 "호주 석탄터미널 손 떼겠다"」, 『경향신문』, 2020. 7. 20.

외국 논문·단행본·자료

ABA, "ABA House of Delegates Resolution 109," February 201

ABA, "ABA Model Business and Supplier Policies on Labor Trafficking and Child Labor," February 2014.

Advocates for International Development (A4ID), *The UN Guiding Principles on Business and Human Rights: A Guide for the Legal Profession*, 2013.

Amao, Olufemi, *Corporate Social Responsibility, Human Rights and the Law: Multinational Corporations in Developing Countries,* Routledge, 2011, p.21.

American Federation of Labor-Congress of Industrial Organizations (AFL-CIO), *Responsibility Outsourced: Social Audit, Workplace Certification and Twenty years of Failure to Protect Worker Right*s, 2014.

Amnesty International, "Human Rights Principles for Company," ACT 70/001/1998, 1998.

_____, *Injustice Incorporated: Corporate Abuses and the Human Rights to Remedy,* London: Peter Benenson House, 2014.

Anner, Mark, Bair, Jennifer, Blasi, Jeremy, "Toward Joint Liability in Global Supply Chains: Addressing the Root Causes of Labor Violations in International Subcontracting

Networks," 35 comp. Lab. L & Pol'y J. 1, 2013.

Backer, Larry Catá, "Making Sausages?: Preliminary Thoughts on the 'Zero-Draft,' the First Official Draft of the Legally Binding Instrument to Regulate, in International Human Rights Law, the Activities of Transnational Corporations and other Business, Enterprises," Human Rights Resource Center, September 18, 2018.

—————————, "Multinational Corporations, Transnational Law: The United Nations' Norms on the Responsibilities of Transnational Corporations as a Harbinger of Corporate Social Responsibility in International Law," 37 Colum. Hum. Rts. L. Rev. 287, 2005-2006.

—————————, "Rights and Accountability in Development (RAID) v DAS Air and Global Witness v Afrimex," 10 Melb. J. Int'l L. 258, 2009.

Balaton-Chrimes, Samantha, POSCO's Odisha Project: OECD National Contact Point Complaints and a Decade of Resistance, June 2015.

Barrientos, Stephanie, "Contract Labour: The 'Achilles Heel' of Corporate Codes in Commercial Value Chains," *Development and Change*, Vol. 39, Issue 6, 2008.

Bodansky, Daniel, "Introduction: Climate Change and Human Rights: Unpacking the Issues," 38 Ga. J. Int'l & Comp. L. 511, 2010.

Bowen, Howard R., *Social Responsibility of the Businessman,* Iowa City: University of Iowa Press, 2013 (1953).

Brabant, Stéphane, "Law on the Corporate Duty of Vigilance: A Contextualized Approach," *Revue Internationale de la Compliance et de l'éthique des affaires — Supplément à la Semaine jurisdique Entrepris et affaires,* no 50 du Juede 14 Décembre, 2017.

—————————, "Scope of the Law on the Corporate Duty of Vigilance," *Revue Internaionale de la Compliance et de l'éthique des affaires — Supplément à la Semaine juridique Entreprise et affaires,* no 30 du Jeudi 14 décembre 2007.

Brabant, Stéphane, Michon, Charlotte, Savourey, Elsa, "The Vigilance Plan: Cornerstone of the Law on the Coporate Duty of Vigilance," *Revue Internaionale de la Compliance et de l'éthique des affaires — Supplément à la Semaine juridique Entreprise et affaires,* no 30 du Jeudi 14 décembre 2007.

Brabant, Stéphane, Savourey, Elsa, "A Closer Look at the Penalties Faced by Companies," *Revue Internaionale de la Compliance et de l'éthique des affaires — Supplément à la Semaine juridique Entreprise et affaires,* no 30 du Jeudi 14 décembre 2007.

Braunig, Warren A., "Reflexive Law Solution for Factory Farm Pollution," 80 N.Y.U. L. Rev. 1505, November 2005.

Brown, Garrett D., "Fashion Kills: Industrial Manslaughter in the Global Supply Chain," *EHS Today*, 2010. 9. 1.

_____, "Effective Protection of Workers' Health and Safety in Global Supply Chains," *Int'l J Labor Research*, Vol. 7, 2015.

California Department of Justice, *The California Transparency in Supply Chains Act: A Resource Guide*, 2015.

California Transparency in Supply Chains Act of 2010, Cal. Civ. Code, § 1714.43.

Carroll, Archie B., "Corporate Social Responsibility: Evolution of a Definitional Construct," *Business and Society*, September 1999.

_____, "The Pyramid of Corporate Social Responsibility: Toward the Moral Management of Organizational Stakeholders," *Business Horizon*, July-August 1991.

Cassel, Doug, "Treaty Process Gets Underway: Whoever Said It Would Be Easy?," 2015.

Cassel, Douglass and Ramasastry, Anita, *White Paper: Options for a Treaty on Business and Human Rights*, 2015.

CCBE, *CCBE Practical Issues for Bars and Law Societies on Corporate Social Responsibility: Guidance III, May* 2017.

_____, *Corporate Responsibility and The Role of the Legal Profession,* February 2013.

_____, *Corporate Social Responsibility and the Legal Profession, Guidance II*, February, 2014.

Center for Constitutional Rights, *Factsheet: The Case Against Shell*, March 24, 2009.

China Labor Investigation, *Corrupt Audits Damage Worker Rights: A Case Study Analysis of Corruption in Bureau Veritas Factory Audits, A China Labor Watch Investigation*, 2009. 12.

CHRB (Corporate Human Rights Bench) 한국어 번역본. <https://www.worldbench markingalliance.org/corporate-human-rights-benchmark/>

Claeson, Bjorn, *Deadly Secret: What Company Know about Dangerous Workplaces and Why Exposing the Truth can Save Workers' Lives in Bangladesh and Beyond*, International Labor Rights Forum (ILRF), 2012.

Clapham, Andrew, *Human Rights: A very Short Introduction,* Oxford University Press, 2015.

Coglianese, Cary, Lazer, David, "Management-Based Regulation: Prescribing Private Management to Achieve Public Goals," 37 Law & Society Rev. 691, December 2003.

Conseil Constitutionnel, Décision no 2017-750 DC du 23 mars 2017.

Council of Bars and Law Societies of Europe (CCBE), *Charter of Core Principles of the European Legal Profession and Code of Conduct for European Lawyers*, 31 January 2008.

Crossart, Sandra et. al, "The French Law on Duty of Care: A Historic Step Towards Making Globalization Work for All," *Business and Human Rights Journal, No. 2, 2017*.

Curran, Vivian Grosswald, "Harmonizing Multinational Parent Company Liability for Foreign Subsidiary Human Rights Violations," 17 Chi.J Int'l L. 403, Winter 2017.

Davarnejad, Leyla, "In the Shadow of Soft Law: The Handling of CSR Disputes Under OECD Guidelines for Multinational Enterprises," 2011 J. Disp. Resol. 351, 2011.

Debevoise & Plimptom, *Practicla Definitions of Cause, Contribute, and Directly Linked to Inform Business Respect for Human Rights,* Feburary 2017.

Deming, Rachel E., "A Tale of Two Continents: Environmental Management-Based Regulation in the European Union and the United Nations," 46 Envtl. L. 811, Fall 2016.

Deringer, Freshfields Bruckhaus, "A Legal Framework for the Integration of Environmental," *Social and Governance Issues into Institutional Investment,* October, 2005.

Deva, Surya, "Bhopal: The Saga Continues 31 Years on," Dorothée Baumann-Pauly & Justin Nolan (eds.), *Business and Human Rights: From Principles to Practice*, London: Routledge, 2016.

Deva, Surya, Bilchitz, David, Lee, Sang Soo et al, "An Open Letter to States Concerning an International Legally Binding Instrument on Business and Human Rights," October 1, 2018.

Doreen, McBarnet et al (eds.), *The New Corporate Accountability: Corporate Social Responsibility and the Law*, Cambridge: Cambridge University Press, 2009.

ENNHRI, "ENNHRI statement to the Open-ended intergovernmental working group on transnational corporations and other business enterprises with respect to human rights," October 2021.

EU Commission, Directive 2014/95/EU of the European Parliament and of the Council 22 October 2014, amending Directive 2013/34/EU as regards disclosure of non-financial and diversity information by certain large undertakings and groups, 2014.

European Commission, "Communication from the Commission to the European Paliament, the Council, the European Economic and Social Committee and the Committee of the Regions: A Renewed Strategy 2011-14 for Corporate Social Responsibility," CoM(2011) 681 final.

_____, "Guidelines on Non-Financial Reporting: Supplement on Reporting Climate-related Information," 2019/C 209/01, 20 June 2019.

European Parliament, "Draft Report with Recommendations to the Commission on Corporate Due Diligence and Corporate Accountability," 2020/2129(INL), 2020.

Evans, Benjamin A., "Accord on Fire and Building Safety in Bangladesh: An International Response to Bangladesh Labor Conditions," 40 N.C.J.Int'l L.&Com.Reg. 597, 2015.

FIDH (International Federation for Human Rights), "Joint Civil Society Statement on the draft Guiding Principles on Business and Human Rights," 3 March 2011.

FIDH, HRIC, ECCU, Italian Legislative Decree No. 231/2001: A Model for Mandatory Human Rights Due Diligence Legislation?, November 2019.

Foort, Sander van't, "The History of National Contact Points and the OECD Guideline for Multinational Enterprises," Journal of Max Plank Institute for European Legal History , Vol.25, 2017.

Frank, T. A., "Confessions of a Sweatshop Inspector," Washington Monthly, 2008. 4.

Freeman, Edward, *Strategic Management: A Stakeholder Approach,* London: Cambridge University Press, 1984.

Friedman, Milton, "The Social Responsibility of Business is to Increase its Profits," *New York Magazine*, 13 September 1970.

Gaines, Sanford E., "Reflexive Law as a Legal Paradigm for Sustainable Development," 10 Buff. Envtl. L.J. 1, Fall 2002-Spring 2003.

Gesetz über die unternehmerischen Sorgfaltspflichten in Lieferketten Vom 16. Juli 2021.

Global Sustainable Investment Alliance, "2018 Global Sustainable Investment Review".

Goodmark, Legh, "Telling Stories, Saving Lives: The Battered Mother's Testimony Project, Women's Narratives, and Court Reform," 37 Airz. St. L.J. 709, 2005.

Greene, Adam B., "Comments from the International Business Community on the Work of the Special Representative on Business and Human Rights," in Penelope Simons, "The Future of Corporate Accountability for Violations of Human Rights", 103 Am. Soc'y Int'l L. Proc. 281, 2009.

Guidance for the Imformation and Communication Technologies (ICT) Sector on Implementing the UN Guiding Principles on Business and Human Rights.

Hahn, Ruediger, Weidtman, Christian, "Transnational Governance, Deliberative Democracy, and the Legitimacy of ISO 26000: Analyzing the Case of a Global Multi-Stakeholder Process" (*Business and Society*에 게재 예정 논문)

Halpern, Iris, "Tracing the Contours of Transnational Corporations' Human Rights Obligations in the Twenty-first Century," 14 Buff. Hum. Rts. L. Rev. 129, 2008.

Harney, Alexandra, *The China Price: The True Cost of Chinese Competitive Advantage*, New York: The Penguin Press, 2008.

Harrison, James, *An Evaluation of the Institutionalisation of Corporate Human Rights Due Diligence*, University of Warwick School of Law, Legal Studies Research Paper, No. 12-18, 2012.

Heede, Richard, "Tracing Anthropogenic Carbon Dioxide and Methane Emissions to Fossil Fuel and Cement Producers, 1854-2010," *Climatic Change*, 2014.

Henkin, Louis, "The Universal Declaration at 50 and the Challenge of Global Markets," 25 Brook. J. Int'l L. 17, April 1999.

Hess, David, "The Transparency Trap: Non-financial Disclosure and the Responsibility of Business to Respect Human Rights," 56 Am. Bus. L. J. 5, Spring 2019.

Hirsh, Dennis D., "Green Business and the Importance of Reflexive Law: What Michael Porter didn't Say," 62 Admin. L. Rev. 1063, Fall 2010.

IBA, *The Reference Annex to the IBA Practical Guide on Business and Human Rights for Business Lawyers*, 2016. 11. 1.

IFC/IBLF, *Guide to Human Rights Impact Assessment and Management*, 2010.

ILO, "The Tripartite Declaration of Principles concerning Multinational Enterprises and Social Policy," 1977.

Independent International Fact-Finding Mission on Myanmar, "The Economic Interests of the Myanmar Military, Human Rights Council," A/HRC/42/CRP.3, 5 August 2019.

International Bar Association, *Business and Human Rights Guidance for Bar Associations*, Adopted by the IBA Council on 8 October 2015.

International Commission of Jurists, "The Scope of Legally Binding Instrument on Business and Human Rights: Transnational Corporations and other Business Enterprises," 2015. 5.

International Coordinating Committee of National Institutions for the Promotion and

Protection of Human Rights, "The Edinburgh Declaration," 2010.

International Council on Mining and Metals (ICCM), "Integrating Human Rights Due Diligence into Corporate Risk Management Processes," 2012. 3.

International Federation for Human Rights (FIDH), *Corporate Accountability for Human Rights Abuse*, 2012.

International Law Commission, "Fragmentation of International Law: Difficulties Arising from the Diversification and Expansion of International Law," UN Doc. A/CN.4/L.682, 13 April 2006.

ISO, *Guidance on Social Responsibility*, ISO 26000, 2010.

Jiang, Bin, "Implementing Supplier Code of Conduct in Global Supply Chains: Process Explanation from theoretic and Empirical Perspective," *Journal of Business Ethics*, Vol. 85, 2009.

Joint Declaration of Commitment on the Development of the Field of Business and Human Rights within the Legal Profession, 2015.

"Joint NGO Statement to the Eighth Session of the Human Rights Council," May 19, 2008.

Kauzlarich, Richard D., "The Review of the 1976 OECD Declaration on the Interantional Investment and Multinational Enterprises," 30 Am. U. L Rev. 1009, 1980-1981.

Kim, Inah, Kim, Hyun J., Lim, Sin Y. & Kongyoo, Jungok, "Leukemia and non-Hodgkin lymphoma in semiconductor industry workers in Korea," *International Journal of Occupational and Environmental Health*, 18:2, 2012.

Kim, Jongyoung, Kim, Heeyun & Lim, Jawoon, "The Politics of Science and Undone Protection in the 'Samsung Leukemia' Case," *East Asian Science, Technology and Society: An International Journal*, 14:4, 2020.

Kinley, David and Chambers, Rachel, "The UN Human Rights Norms for Corporations: The Private Implications of Public International Law," 6 Hum. Rts. L. Rev. 447, 2006.

Kinley, David and Tadaki, Junko, "From Talk to Walk: The Emergence of Human Rights Responsibilities for Corporations at International Law," 44 Va. J. Int'l. L. 391, 2004.

Knox, John H., *The Ruggie Rules: Applying Human Rights Law to Corporations*, Wake Forest University Legal Studies Paper, No 1916664, 2011. 8.

Later, Sandra, *The Impact of the United Nations Secretary-General's Special Representative & The UN Framework on the Development of the Human Rights Components of ISO 26000*, *Corporate Social Responsibility* Initiative Working Paper, No. 64, 2011. 6.

Law Council of Australia, *Business and Human Rights and the Australian Legal Profession*, January 2016.

Lee, Mira & Waitzkin, Howard, "A heroic struggle to understand the risk of cancers among workers in the electronics industry: the case of Samsung," *International Journal of Occupational and Environmental Health*, 18:2, 2012.

Lee, Sang Soo, "CSR vs 'Business and Human Rights' Approach with some Experiences in Korea," Li-Jiuan Shen-Rabich ed., *The Trend of Corporate Social Responsibility in the EU*, Tamgang University Press, 2018.

Lewis, Morgan, "French Companies Must Show Duty of Care for Human and Environmental Rights," *Juspra*, April 4, 2017.

Locke, Richard, Qin, Fei, and Brause, Alberto, *Does Monitoring Improve Labor Standard: Lessons from Nike, Corporate Social Responsibility Initiative*, Working Paper No. 24. John F. Kennedy School of Government, Harvard University, 2006.

Lomenie, Tiphaine Beau de, Cossart, Sandra, "Stakeholders and the Duty of Vigilance," Revue Internaionale de la compliance et de l'éthique des affaires-supplément à la Semaine Juridique entreprise et affaires no 30 du Jeudi 14 décembre 2007.

Lomenie, Tiphaine Beau de, Cossart, Sandra, Morrow, Paige, "From Human Rights Due Diligence to Duty of Vigilance: Taking the French Example to the EU Level," Angelica Bonfanti (ed), *Business and Human Rights in Europe, Routledge*, 2019.

Lund-Thomsen, Peter, "The Global Sourcing and Codes of Conduct Debate: Five Myths and Five Recommendations," *Developmnet and Change*, Vol. 39. No. 6, 2008.

Ma, Yukun et al. "Creating a hierarchy of hazard control for urban stormwater," *Environmental Pollution*, Vol. 255, Part 1, December 2019.

Mitchell, Lawrence, "The Board as a Path toward Corporate Social Responsibility," Doreen McBarnet et al., *The New Corporate Accountability: Corporate Social Responsibility and Law*, Cambridge: Cambridge University Press, 2007.

Nolan, Justin, "Rana Plaza: The Dollapse of a Factory in Bangladesh and its Ramification for the Global Garment Industry," Dorothée Baumann-Pauly & Justin Nolan (eds.), *Business and Human Rights: From Principles to Practice, London: Routledge*, 2016.

Nonet, Philippe, Selznick, Philip, *Law and Society in Transition: Toward Responsive Law*, 1978.

Norwegian National Contact Point (NCP), Procedural Guideline for Handling Complaints,

1 October 2013.

Nova, Scott, Shapiro, Isaac, "Polishing APPLE: Fair Labor Association gives Foxconn and Apple Undue Credit for Labor Rights Progress," *Economic Policy Institute Briefing Paper,* No. 352, November 8, 2012.

OECD Due Diligence Guidance for Responsible Business Conduct, 2018.

OECD Due Diligence Guidance for Responsible Supply Chains of Minerals from Conflict-Affected and High-Risk Areas: Second Edition, 2013.

OECD Watch, "OECD Watch Statement on the Update of the OECD Guideline for MNEs: Improved Content and Scope, but Procedural Shortcomings Remain," 2011. 5. 21.

_____, "Reforms to Strengthen the South Korea NCP thorugh the South Korean National Action Plan," 25 April 2018.

_____, *10 Years On: Assessing the Contribution of OECD Guidelines for Multi-naitional Enterprises to Responsible Business Conduct*, 2010.

_____, *Five Years On: A Review of the OECD Guidelines and National Contact Points*, 2005.

_____, *Get Fit: Closing Gaps in the OECD Guidelines to Make them Fit for the Purpose*, June 2021.

_____, *Model National Contact Point*, 2007.

OECD, "OECD Guideline for Multinational Enterprises," 1976.

_____, "OECD Guidelines for Multinational Enterprises: 2003 Annual Meeting of the National Contact Points," Report by the Chair the Annual Meeting of the National Contact Points, June 2003.

_____, Declaration by the Governments of OECD Member Countries and Decision of the OECD Council on Guidelines for Multinational Enterprises, National Treatment, International Investment Incentive and Disincentives [and] Consultation Procedures, 1976.

_____, *National Contact Point Peer Reviews KOREA*, 2021.

_____, *OECD Due Diligence Guidance for Meaningful Stakeholder Engagement in the Extractive Sector*, 2017.

_____, *OECD Due Diligence Guidance for Responsible Business Conduct*, 2018.

_____, *OECD Due Diligence Guidance for Responsible Supply Chain in the Garment and Footwear Sector*, 2017.

_____, *OECD Due Diligence Guidance for Responsible Supply Chains of Minerals from Conflict-Affected and High-Risk Areas: Second Edition*, OECD Publishing, 2013.

_____, *OECD Guidelines for Multinational Enterprises*, 1976.

_____, *OECD Guidelines for Multinational Enterprises*, 2011.

_____, *Responsible Business Conduct for Institutional Investors Key Considerations for Due Diligence under the OECD Guidelines for Multinational Enterprises*, 2017.

_____, *Review of the 1976 Declaration and Decision*, 1979.

OECD-FAO, *OECD-FAO Guidance for Responsible Agricultural Supply Chains*, 2016.

Office of the High Commissioner for Human Rights, "Human Rights and Transnational Corporations and other Business Enterprises," E/CN.4/RES/2005/69.

_____, "Responsibilities of Transnational Corporations and related Business Enterprises with regard to Human Rights," E/CN.4/Dec/2004/116, 20 April 2004.

Oldenziel, Joris, "The 2000 Review of the OECD Guidelines for Multinational Enterprises: A New Code of Conduct?," SOMO(Center for Research on Multinational Corporations), 2000.

Orts, Eric W., "Reflexive Environmental Law," 89 Nw. W. L. Rev. 1227, Summer 1995.

Oshionebo, Evaristus, "The OECD Guidelines for Multinational Enterprises as Mechanisms for Sustainable Development of Natural Resources: Real Solutions or Windows Dressing?," 17 Lewis & Clark L. Rev. 545, 2013.

Parella, Kishanthi, "Outsourcing Corporate Accountability," 89 Wash. L. Rev. 747, 2014. 10.

Pena, Susana C. Mijares, "Human Rights Violations by Canadian Companies Abroad: Choc v Hudbay Mineral Inc," Western Journal of Legal Studies, Vol. 5. Issue 3. 2014.

Plomp, C., "Aiding and Abetting: The Responsibility of Business Leaders under the Rome Statute of the International Criminal Court," *Utrecht Journal of International and European Law,* 30(79), 2014.

Porter, Michael E., "The Role of Business in Society: Creating Shared Value," Badson Enterpreneurship Forum, 2011.

Porter, Michael E. and Kramer, Mark R., "Strategy and Society: the Link Between Competitive Advantage and Corporate Social Responsibility," Harvard Business Review, No. 12, December 2006.

PWC, Strategies for Responsible Business Conduct, December 2018.

Ratner, Steven R., "Corporation and Human Rights: A Theory of Legal Responsibility," 111 Yale L.J. 443, November 28, 2001.

Rauxloh, Regina E., "A Call for the End of Impunity for Multinational Corporations," 14 Tex. Wesleyan L. Rev. 297, 2008.

Reporter Brazil, SOMO, *From Moral Responsibility to Legal Liability? Modern Day Slavery Conditions in the Global Garment Supply Chain and the Need to Strengthen Regulatory Frameworks: The Case of Inditex-Zera in Brazil*, 2015. 5.

Roling, Sandra and Koenen, Thomas, *Human Rights Impact Assessments: A Tool towards Better Business Accountability*, CSR Europe, 2010.

Ruggie, John G. & Middleton, Emily K., *Money, Millenials and Human Rights: Sustaining 'Sustainable Investing'*, M-RCBG Faculty Working Paper Series / 2018-1.

Ruggie, John G., Sherman III, John F., "Adding Human Rights Punch to the New Lex Mercatoria: The Impact of the UN Guiding Principles on Business and Human Rights on Commercial Legal Practice," Journal of International Dispute Settlement, 13 October 2015.

Ruggie, John Gerard & Nelson, Tamaryn, "Human Rights and the OECD Guidelines for Multinational Enterprises: Normative Innovations and Implementations Challenges," 22 Brown J. World Aff. 99, 2015.

Schliemann, Chritian, "Procedural Rules for the Implementation of the OECD Guideline for Multinational Enterprises—a Public Interantional Law Perspective," 13 German L.J. 51 2012.

Schutter, Oliver De, "Towards a New Treaty on Business and Human Rights", 1 Business & Hum. Rts J. 41, January 2016.

_____, Ramasastry, Anita, Taylor, Mark B., Thompson, Robert C., *Human Rights Due Diligence: The Role of State*, ICAR, 2012.

Sen, Amartya, "Elements of a Theory of Human Rights," *Philosophy and Public Affairs*, Volume 32, Issue 4, Fall 2004.

Shamir, Ronen, "Between Self-Regulation and the Alien Tort Claims Act: On the Contested Concept of Corporate Social Responsibility," 38 Law & Soc'y Rev. 635, December 2004.

Sherman, John F., "Should a Parent Company Take a Hand-Off Approach to the Human Rights Risks of Its Subsidiaries?," 19 No. 1 Bus. L. Int'l 23, January 2018.

Sherman, John & Lehr, Amy, *Human Rights Due Diligence: Is it Too Risky?*, Corporate

Social Responsibility Initiative Working Paper, No. 55, Cambridge, MA: John F. Kennedy School of government, Harvard University, 2010.

Sherpa, "Mining with Meaning Protecting Human Rights and the Environment in the Shift to Clean Energy," 2020.

_____, Vigilance Plans Reference Guidance, 2019.

Sherpa, Actionaid, Les Amis de la Terre, Amnesty International, Terre Solidaire, and Collectif Ethique Sur L'Etiquette, "The Law on the Duty of Vigilnace of Parent and Outsourcing Companies, Year 1: Companies Must Do Better," 2019.

Shue, Henry, Basic Rights, Subsistence, Afluence, and US Foreign Policy, Princeton University Press, 1980.

Snyder, David, Maslow, Susan A., "Human Rights Protection in International Supply Chain--Protecting Workers and Managing Company Risk: 2018 Report and Model Contract Clauses from the Working Group to Draft Human Rights Protection in International Supply Contract," ABA Business and Law Section, 73 Bus. Law. 1093, Fall 2018.

"Statement of Support for the UN Human Rights Norms for Business," 18 March 2004.

Students & Scholars Against Corporate Misbehaviour (SACOM), "New iPhone, Old Abuses Have working conditions at Foxconn in China improved?," Press Rolease, 2012. 9. 20.

Sub-Commission on the Promotion and Protection of Human Rights, Norms on the Responsibilities of Transnational Corporations and Other Business Enterprises with Regard to Human Rights, U.N. Doc. E/CN.4/Sub.2/2003/L.11, 2003.

Teubner, Gunther, "Substantive and Reflexive Elements in Modern Law," Law and Society Review, Vol. 17, No. 2, 1983.

The International Business Leaders Forum and the International Finance Corporation, Guide to Human Rights Impact Assessment and Management (HRIAM), 2010.

The Law Association for Asia and the Pacific, Business and Human Rights: A Guide for Lawyers in the Asia Pacific, 2019.

The Law Society, Business and Human Rights Advisory Group Recommendation, March 2014.

The Law Society, Business and Human Rights: A Practical Guide, 2016.

Townley, Stephen (Delegation of the United States of America), "Proposed Working Group Would Undermine Efforts to Implement Guiding Principles on Business and Human Rights, UN Human Rights Council—26th Session," June 26, 2014.

Treaty Alliance, "Enhance the International Legal Framework to Protect Human Rights from Corporate Abuse".

UK National Contact Point Procedures for Dealing with Complaints Brought Under the OECD Guidelines for Multinational Enterprises, September 2019.

UK Public Contracts Regulations of 2015, 2015.

UN Commission on Human Rights, "Adverse effects of the illicit movement and dumping of toxic and dangerous products and wastes on the enjoyment of human rights," E/CN.4/RES/1995/81, 8 March 1995.

UN Economic and Social Council, "The Rights to Adequate Fod as an Human Rights, Report prepared by Mr A Eide," E/CN.4/Sub.2/1987/23, 1987.

UN Human Rights Council, "Elaboration of a international legally binding instrument on transnational corporations and other business enterprises with respect to human rights," A/HRC/26/L.22/Rev.,1A/HRC/RES/26/9, 14 July 2014.

_____, "Guiding Principles on Business and Human Rights: Implementing the United Nations 'Protect, Respect and Remedy' Framework," HR/PUB/11/04, 2011.

_____, "Human Rights and Transnational Corporations and other Business Enterprises," A/HRC/RES/26/22, 15 July 2014.

_____, "Mandate of the Special Rapporteur on the implications for human rights of the environmentally sound management and disposal of hazardous substances and wastes," A/HRC/RES/36/15, 10 October 2017.

_____, "Principles on human rights and the protection of workers from exposure to toxic substances," A/HRC/42/41, 17 July 2019.

_____, "Report of the Special Rapporteur on the implications for human rights of the environmentally sound management and disposal of hazardous substances and wastes," A/HRC/39/48, 2018.

_____, "Report on the First Session of the Open-ended Intergovernmental Working Group on Transnational Corporations and other Business Enterprises with respect to Human Rights, with the Mandate of Elaborating an International Legally Binding Instrument," A/HRC/31/50, 5 February 2016.

UN Security Council, "Letter dated 15 November 2010 from the Chair of the Security Council Committee established pursuant to Resolution 1533 (2004) concerning the

Democratic Republic of the Congo addressed to the President of the Security Council," S/2010/596, 29 November 2010.

UN, "Basic Principles on the Role of Lawyers," Adopted by the Eighth United Nations Congress on the Prevention of Crime and the Treatment of Offenders, Havana, Cuba, 27 August to 7 September 1990.

___, "Principles for Responsible Contract: Integrating the Management of Human Rights Risks into State-Investor Contract Negotiations," HR/PUB/15/1, 2015.

___, "Protect Respect and Remedy: a Framework for Business and Human Rights," A/HRC/8/5, 7 April 2008.

___, The Declaration on the Rights of Indigenous Peoples, 2007.

UNI Global Union and Sherpa, "UNI Global Union and Sherpa send formal notice to Teleperformance—calling on the world leader in call centres to strengthen workers' rights," Press Release, 18 July 2019.

United Kingdom National Contact Point (NCP), Final Statement for the OECD Guidelines for Multinational Enterprises: AFRIMEX (UK) LTD, 28 August 2008.

_____, Statement for OECD Guideline for Multinational Enterprises: DAS AIR, 17 July 2008.

United Nations, "Guiding Principles on Business and Human Rights: Implementing the United Nations 'Protect, Respect and Remedy' Framework," A/HRC/17/31, 21 March 2011.

_____, "Guiding Principles on Business and Human Rights: Implementing the United Nations 'Protect, Respect and Remedy' Framework," HR/PUB/11/04, 2011.

_____, "Norms on the Responsibility of Transnational Corporation and other Business Enterprises with regard to Human Rights," E/CN.4/Sub.2/2003/12/Rev.2, 26 August 2003.

_____, "Protect, Respect and Remedy: a Framework for Business and Human Rights," A/HRC/8/5, 7 April 2008.

United Nations Human Rights Council, "Protect, Respect and Remedy: a Framework for Business and Human Rights," A/HRC/8/5, 7 April 2008.

United States, Executive Order 13627, September 25, 2012.

Weissbrodt, David, "Business and Human Rights," 74 U. Cin. L. Rev. 55, 2005-2006.

Weissbrodt, David and Kruger, Muria, "Norms on the Responsibilities of Transnational

Corporations and Other Business Enterprises with Regard to Human Rights," *The American Journal of International Law*, Vol. 97, No. 4, Oct 2003.

Wettstein, Florian, "CSR and the Debate on Business and Human Rights: Bridging the Great Gap," *Business and Ethics Quarterly*, Vol.22 No.4, October 2012.

Wu, Chuan-Feng, "Transnational Pharamceutical Corporations' Legal and Moral Human Rights Responsibility in Relation to Access to Medicines," 7 Asian J. WTO & Int'l Health L & Pol'y 77, 2012.